IAMAC
系列丛书

2015
IAMAC 年度系列研究课题集

Proceedings of IAMAC Annual Series Research Projects

中国保险资产管理业协会　编

（上册）

上海财经大学出版社

图书在版编目(CIP)数据

2015 IAMAC 年度系列研究课题集.中国保险资产管理业协会编.
—上海:上海财经大学出版社,2016.12
ISBN 978-7-5642-2578-0/F·2578

Ⅰ.①2… Ⅱ.①中… Ⅲ.①保险-文集 Ⅳ.①F84-53

中国版本图书馆 CIP 数据核字(2016)第 260081 号

□ 责任编辑 何苏湘 汝 涛
□ 封面设计 张克瑶
□ 版式设计 朱静怡

2015 IAMAC NIANDU XILIE YANJIU KETI JI
2015 IAMAC 年度系列研究课题集
中国保险资产管理业协会 编

上海财经大学出版社出版发行
(上海市武东路 321 号乙 邮编 200434)
网 址:http://www.sufep.com
电子邮箱:webmaster @ sufep.com
全国新华书店经销
上海华业装潢印刷厂印刷装订
2016 年 12 月第 1 版 2016 年 12 月第 1 次印刷

787mm×1092mm 1/16 63.25 印张(插页:1) 1160 千字
印数:0 001—3 000 定价:168.00 元
(共上下两册)

编 委 会

汇聚行业智慧　推动创新发展

经过十多年的探索和实践,中国保险资产管理业实现了从起步到壮大、从粗放到专业、从简单资金运用到与大资管同台竞争、与国际资管实现接轨的跨越式发展。保险资金运用市场化改革的持续深入,充分激发了行业市场活力和发展内生动力,资产规模快速增长、市场主体日益多元、配置结构日趋灵活、投资收益稳步提升、创新意识明显提升,行业整体实力显著增强,保险资产管理业逐步发展成为大资管市场的中坚力量。行业的大发展,为相关研究提供了实践基础和创新土壤。

但是,近年来国内外经济环境发生了重大变化。从国际看,宏观局势复杂多变,经济复苏乏力、贸易保护主义抬头、金融市场波动不定、地缘政治风险上升、风险事件频发、世界经济不确定性增加。从国内看,经济进入新常态,经济增速呈现"L"型特征,新旧动能转换和经济结构调整相互交织,实体经济转型升级任务艰巨,经济增长内在动力有待加强。持续低利率市场环境、"资产荒"、大资管激烈竞争等严峻形势,给保险资产管理行业带来了巨大的挑战。

党的十八届五中全会提出了"创新、协调、绿色、开放、共享"五大发展理念,为保险资金运用改革创新指明了方向。供给侧结构性改革国家战略部署的全面推进,为保险资产管理行业服务实体经济转型升级提供了政策机遇;"新国十条"明确指出"保险成为政府、企业、居民风险管理和财富管理的基本手段",为保险资产管理行业全面参与社会财富管理提供了方向指引;基因技术、大数据、互联网金融等新业态、新模式的涌现,为保险资产管理行业自身创新发展提供了外在驱动;保险业国际地位显著提升、参与保险国际规则制定的话语权不断增强等,为保险资产管理行业布局国际资产配置提供了竞争舞台。

　　行业的创新发展，离不开理论研究和业务探索的持续推动。保险资产管理行业正处在一个复杂而特殊的历史阶段，需要全行业增强研究创新的责任感、使命感和紧迫感。中国保险资产管理业协会（以下简称"协会"）自成立之初就高度重视研究工作。为汇聚行业智慧、推动创新发展，协会 2015 年创办了"IAMAC 年度系列研究课题"，旨在调动行业和社会科研力量与智力资源，紧紧围绕国家发展战略和行业发展大局，以更高远的站位、更开放的格局、更新颖的视角、更精准的剖析，积极开展资产管理领域重大理论问题和业务问题的研究与探索。

　　经过业内外的共同努力，"2015IAMAC 年度系列研究课题"活动共收获了 36 项研究成果。其中，有对国外资产管理先进理念的分析借鉴、有对行业发展宏观路径的前瞻思考、有对业务布局中观战略的深入探讨、有对产品开发微观领域的大胆创新、有对风险监测预警防范的政策建言，这是行业研究实力的集中展现，是行业创新发展的智力源泉。我们精选了 24 项课题研究成果，纳入协会 IAMAC 系列丛书——《2015IAMAC 年度系列研究课题集》，与业内外共同分享研究成果、探讨热点问题、谋求发展路径。

　　目前，"IAMAC 年度系列研究课题"已经成为保险资产管理行业的重要研究品牌，在激发研究热忱、汇聚研究合力方面发挥了积极作用。未来，协会将继续做好课题研究工作，不断增强行业基础性、战略性、前瞻性问题的研究能力和水平，为行业发展和业务创新提供理论基础和智力支持。

　　是为序。

中国保险资产管理业协会

执行副会长兼秘书长

2016 年 11 月 8 日

目　录

行业发展篇

保险资管在大资管竞争背景下的发展策略

安邦资产管理有限责任公司

李关政　赵阳芝　胡　斌

摘要

随着券商、银行、信托、期货公司等金融机构进入资管市场,传统的资管市场已经进入大资管时代,各个主体之间的竞争与合作也在不断深化。本课题首先从历史、业务及监管等方面对各资管主体进行对比;然后着重从资产规模、市场份额、目标群体、投资能力、筹资能力、发展空间等维度深入分析保险资管的优势和劣势。

在此基础上,提出保险资管的竞争策略,包括:改革投资管理体系、巩固固定收益投资优势、加强权益投资能力、配置优质基础设施和股权资产、以夹层投资为突破口开展股权投资、积极推进养老领域布局、拓展海外资产配置、拓展企业年金管理业务等。

与此同时,各资管主体的业务各有特色,形成互补,因此有着众多合作空间。保险资管与银行资管之间的合作策略有:互买互投、资产推荐和结构化投资、资产证券化等。保险资管与信托资管的合作策略包括:险资对接信托资产、股权合作、产品开发等。保险资管与基金的合作策略包括:产品设计、开发和渠道共享等。保险资管与证券资管的合作策略包括:融资合作、投资合作等方面。

各资管主体之间的竞争与合作将进一步加快资管行业的发展:一是资管行业运行效率整体提高;二是资管行业进一步细分,发挥龙头优势;三是监管政策将趋于统一。课题相应提出促进大资管发展的政策建议:一是监管部门应合理拓宽投资渠道;二是监管部门应适度降低法定门槛;三是保险资管应提高资产负债匹配能力。

关键词

资产管理　保险　竞争策略　合作策略　监管

绪　论

伴随着过去 30 多年国民经济的持续快速增长,我国居民收入水平不断提高,积累和储蓄了大量财富,工业、房地产部门产能也迅猛增长。经济繁荣,物价高企,但由于存款利率管制,存款实际利率为负,居民储蓄购买力不断缩水。追逐 GDP 造成的投资过剩和房地产泡沫也迫使政府出台了一系列限制措施,使相关企业无法顺利得到银行贷款。近年来,宏观经济景气度下降,银行不良贷款率有所抬升,新兴行业、中小企业需要更多的直接融资渠道。

一方面是不能顺利得到银行贷款、转而向外寻求资金的企业,另一方面是资产持续积累、财富管理需要日益增长的居民。于是商业银行与信托公司一起,利用主管部门对两者的监管差异,设计并发行了大量银信产品。这些产品不仅满足了居民的理财投资需求,还合理地规避了监管约束,创造性地解决了企业的资金需要。银行业金融机构与非银行业金融机构相互合作的大资管时代就此开启。

十年来,由商业银行、信托公司、保险公司、基金管理公司、证券公司五大主体构成的金融市场规模空前膨胀。金融管制也不断放松,逐步从"严控前端"转向"管住后端"。行业内涌现出大量的业务创新、产品创新,既便利了实体经济融资,又让投资者分享到了经济发展的成果。

眼下,我国金融行业已进入多层次、市场化、创新驱动、混业经营的"大资管"时代,囊括银行理财、信托计划、保险计划、公募基金、私募基金等各类产品。对"大资管"时代下的各类机构和产品进行分析,不仅有助于我们深入认识市场,更有助于我们找到行业发展的脉络,进而辨清未来发力的方向。在正文中,我们将从发展沿革、业务模式、产品收益、机构盈利、行业监管五个角度,对银行理财、信托计划、保险计划、基金公司产品、券商资管产品进行探索。

第一章 资管市场主体对比分析

　　截至 2014 年 12 月底,我国所有金融机构受委托管理的总资产规模已达 58.83 万亿元。其中,银行理财产品的余额合计为 15.02 万亿元,规模最大,占总资产规模的 25%。信托资产紧随其后,13.98 万亿元的资产管理规模,占比 24%。保险公司、公募基金、券商资管、基金公司及基金子公司专户等资产管理规模次之,私募基金规模最小。各类机构资产管理业务规模及占比如图 1—1 所示:

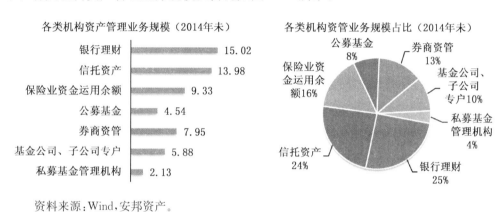

资料来源:Wind,安邦资产。

图 1—1 各类机构资产管理业务规模及占比

第一节 银行理财

一、历史沿革

　　从 2004 年发行第一款银行理财产品开始,银行理财产品存续规模就一直在资管市场上独占鳌头。截至 2014 年 12 月底,全国开展理财业务的银行共 525 家,发行的存续理财产品共 55 000 只,存续的资金余额为 15.02 万亿元。银行理财产品余额及信托余额如图 1—2 所示。

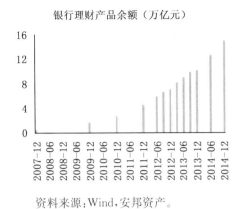

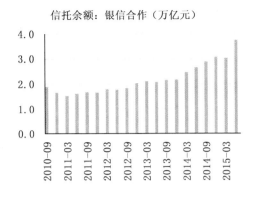

资料来源：Wind,安邦资产。

图1－2　银行理财产品余额及信托余额

　　银行理财产品迅猛增长始于 2011 年。原因有三：一是在存款利率管制下,高通胀导致实际利率为负,使银行面临存款"搬家"的巨大压力;二是在经济过热背景下,贷款规模扩张受限,但实体经济融资需求仍较旺盛,理财产品能对接部分实体经济的融资需求,同时规避贷款管制措施;三是严格的存贷比监管制约了银行资产的表内扩张,使信贷类银信合作业务扩张受限。除投向债券、货币市场工具和银行存款以外,大量银行理财资金投向非银行金融机构,其实质是银行资产负债出表,借道非银行金融机构从事类贷款业务。与常规贷款业务相比,银行理财业务的优势有:不纳入银行存贷比考核、同业业务的风险权重较低、同业负债无须缴纳准备金。

　　银信合作一度是银行进行表外融资的主要渠道:2010 年 9 月,信托余额中银信合作的占比高达 64.02%,其中信贷类银信合作产品是主要品种。2010 年、2011 年,受一系列银信合作规范政策影响,银信合作在信托余额中的占比有所降低,信贷类银信合作产品发行也大幅下降。2012 年以来,随着一系列监管政策的出台,银行理财资金有了基金子公司专项资管计划、保险资管基础设施债权投资计划等新投向,因此银行基金合作、银行保险合作渐增。2014 年,银行理财业务部门向事业部进行改革的步伐快速推进,部分银行更进一步将理财事业部向资产管理公司进行转型。

　　银行理财资金借道非银行业金融机构,不仅增加了融资环节、提高了资金成本,而且不利于控制金融风险。目前,监管层有意引导银行开发开放式的净值型理财产品,并鼓励银行通过动态管理、组合投资等手段配置各种金融资产,使理财产品资金运用契合实体经济资金需求,通过投向债券等传统金融工具、以适当的比例和方式参与股权投资、开发理财产品投资工具(如理财直接融资工具)等,直接对接实体经济资金需求,服务实体经济发展。

二、业务概览

理财业务作为银行的财富管理业务的一种形式,起初大多面向工薪阶层及机构客户,个人客户投资门槛大多在 5 万～10 万元,高净值客户、机构客户资金量相对较大。银行理财资金来源及资金投向如图 1－3 所示。

银行理财统计:资金来源（2014年末）

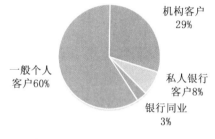

理财资金资产投向（2014年末）万亿元

资料来源:Wind,安邦资产。

图 1－3　银行理财资金来源及资金投向

投资者方面,一般个人客户仍是银行理财资金的主要来源。2014 年末的银行理财资金余额中,来自一般个人客户的资金有 8.95 万亿元之多,占全部银行理财余额的60%。其次是机构客户资金 4.44 万亿元,占比 29%,私人银行客户资金 1.14 万亿元,银行同业资金 0.49 万亿元,占比较小。

就资金运用看,银行理财产品主要投向固定收益产品如债券、利率和票据类,权益类资产如股票、公募基金和信贷类产品较少。截至 2014 年末的数据显示,银行理财资金投向债券、货币市场工具及银行存款占比高达 73%,非标准化债权投资占比 22%,权益类资产、公募基金等投向较少。

从理财资金最终投向行业来看,土木工程建筑业最多,电力热力生产和供应业、农业次之,批发零售业较少。银行理财产品余额及产品数量如图 1－4 所示。

2014 年,非保本浮动收益类理财产品余额增长 3.56 万亿元,同比增长 50% 以上;保证收益类产品余额增长 0.54 万亿元,同比增长 47%。

发行数量方面,封闭式非净值型产品发行数量较大,主要是由于这类产品期限较短。

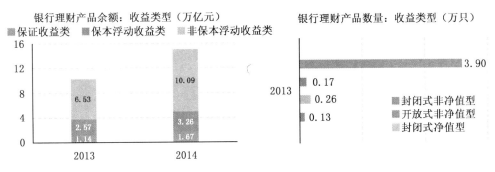

资料来源：Wind，安邦资产。

图 1－4　银行理财产品余额及产品数量

三、监管措施

存款利率管制和商业银行监管是驱动银行理财发展的两大动力。相关内容如图 1－5 和表 1－1 所示。

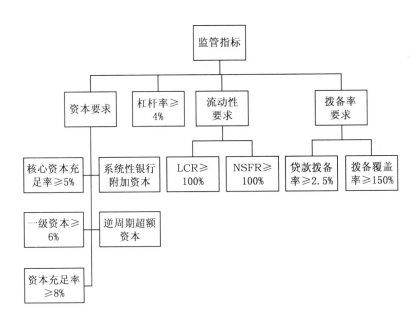

资料来源：安邦资产。

图 1－5　银行监管指标

表 1－1   银行理财监管小结

法规依据	商业银行法 商业银行个人理财业务管理暂行办法 风险管理指引
监管部门	银监会
合格投资者	投资主体:要求商业银行对理财客户进行风险承受能力评估 投资门槛:根据风险级别的不同分别为 5 万元、10 万元和 20 万元。
投资限制	投资范围比较狭窄,主要投向银行间固定收益债券、挂钩衍生品的结构性产品、"非标债权"的融资项目、两融收益权、结构化信托的优先级和少量的债权直投计划。对于代客境外理财范围则广一些,通过海外票据,可以投资外汇、大宗商品在内的一切其他类别的产品。

资料来源:安邦资产。

第二节　信托计划

一、历史沿革

从 20 世纪 70 年代末中国信托行业重新发展后,至今已过 30 多年,但直至 21 世纪初《信托法》施行后,信托业务才有法律依据。2007 年,银监会颁布了新的信托监管规定,这使得信托公司定位更加明确。"四万亿元"刺激后,银行信贷收紧,大量基建、地产项目仍需后续资金支持,促使银信合作进入爆发期。

其他资管主体出现后,信托业通道类业务收入下降,信托资产规模增速明显回落,信托业发展进入"瓶颈"期。2014 年 4 月,银监会发布《关于信托公司风险监管的指导意见》,进一步明确了信托业转型的方案。

二、业务概览

信托公司传统业务包括私募基金合作业务、私募股权投资信托业务、房地产信托业务、资产证券化业务、受托境外理财(QDII)业务,以及银信合作、信证合作、政信合作等通道业务。近年来,信托业创新频频,发展了产业投资基金业务、结构化伞形信托、新三板、私募债投资业务、土地信托、消费信托、年金信托、养老信托、公益信托等事务管理信托业务,黄金实物管理业务,高端酒水、茶叶、艺术品信托业务等新型业务。

当前,信托资产来源方面仍以资金信托为主、财产信托仍是辅助方式。截至 2014年 12 月,资金信托规模为 13.04 万亿元,占全部信托资产的 93.28%,财产信托规模占比仅为 6.72%。

从信托资金来源看,资金信托仍是单一资金信托、集合资金信托、银信合作单一信托三方相互制衡的格局。占比方面,分别为 40.44%、30.70%、22.14%。特别需要注意的是,2014 年集合资金信托占比同比提高 5.80%,表明信托业主动管理能力增强。

从信托功能看,融资信托已不再一枝独秀。2014 年度融资类信托占比首次降到四成以下,较 2010 年 59.01% 的历史最高降低了 25.36%。而投资类信托占比为 33.70%,同比提升 1.16 个百分点;事务管理类信托占比 32.65%,首次突破了 30%,同比大幅提升 12.95%。

三、业务模式

信托公司当前的主要业务模式仍是通道业务。2014 年以来,信托公司主动管理类业务占比有所提高,一部分信托公司开始发力主动管理的证券投资业务,发行私募基金等产品。例如,基金化房地产信托,该类业务是先有"资金池",再从"项目池"中选择合适的项目进行投资。

四、监管措施

2007 年,多项法规的相继颁布,将信托公司定位到"受人之托,代人理财"的专业化机构上来,正式确立了信托业"一法三规"的监管框架。此后,监管注意力转向规范信托业务,对票据、银信合作、政信合作的窗口指导也开始增多。此外,监管部门也加大了支持信托公司的创新发展。

2014 年,监管部门下发了《关于信托公司风险监管的指导意见》,既聚焦了当前信托业面临的风险问题,也提出了行业转型发展的新方向,拉开了监管变革的序幕。2014 年末,监管部门进一步更新了《净资本管理办法》、《信托公司监管评级与分类监管指引》,并颁布了《信托业保障基金管理办法》。2015 年,银监会单独设立信托部,提升信托业监管的专业性,同时升级《信托公司管理办法》,拟定了《信托公司条例(征求意见稿)》,对信托公司分类监管、融资、业务集中度、杠杆率等提出要求,并下发了配套的《信托公司行业评级指引(征求意见稿)》。相关内容如表 1—2 和表 1—3 所示。

表 1—2   信托业部分重要监管指标

监管指标	监管要求	出处
净资本	≥2 亿元	《信托公司净资本管理办法》

续表

监管指标	监管要求	出处
净资本/各项风险资本之和	≥100%	《信托公司净资本管理办法》
净资本/净资产	≥100%	《信托公司净资本管理办法》
对外担保余额/净资产	≤50%	《信托公司管理办法》
同业拆入余额/净资产	≤20%	《信托公司管理办法》
单个集合信托计划自然人人数	≤50人,单笔委托金额在300万元以上的自然人投资者和合格的机构投资者数量不受限制	《信托公司集合资金信托计划管理办法》
贷款类集合资金信托/集合信托余额	≤30%	《信托公司集合资金信托计划管理办法》
单个信托持有单家上市公司股票/信托资产净值	≤20%	《关于加强信托公司结构化信托业务监管有关问题的通知》
融资类业务余额/银信理财合作业务余额	≤30%	《关于规范银信合作理财合作业务有关事项的通知》

资料来源:安邦资产。

表 1—3 **信托资管监管小结**

法规依据	《信托法》 《信托公司管理办法》 《信托公司集合资金信托计划管理办法》 《信托公司净资本管理办法》
监管部门	银监会
合格投资者	集合资金信托 投资主体:自然人、法人或者依法成立的其他组织 投资门槛:不低于100万元人民币 QDII信托 投资主体:自然人、法人或者依法成立的其他组织 投资门槛:集合资金信托单个委托人的资金数额不低于100万元人民币或按信托成立前一日中国外汇交易中心公布相应汇率中间牌价计算的等额外汇;单一资金信托投资者单笔委托金额不低于1 000万元人民币或等值外币
投资限制	投资范围主要投向非标债权融资、股票融资、未上市股权投资。不可直接投资于商业汇票,不能正回购操作,禁止投资商品期货,禁止融资融券。对于股指期货,仅限于套保和套利目的的交易,结构化集合信托不得参与。可以作为"新三板"挂牌企业的股东,需要穿透识别最终股东人数。另外,在银信合作中无法投资票据资产

资料来源:安邦资产。

第三节　保险资管

一、历史沿革

随着 2004 年 6 月 1 日《保险资产管理公司管理暂行规定》开始施行,保险公司开始发展理财业务。

2011 年 4 月,保监会对《保险资产管理公司管理暂行规定》做出调整,提高了发起人资产门槛,同时降低了对发起人经营的时间要求,并明确提出保险资管公司偿付能力不得低于 150%,总资产不得低于 100 亿元,保险集团(控股)公司的总资产不得低于 150 亿元。保险资管公司注册资本最低限额从 3 000 万元提高为 1 亿元人民币或等值的自由兑换货币。

2012 年 7 月以后,保监会发布了一系列监管新规,扩大投资范围、简化投资比例、降低投资门槛、转变监管方式,明确保险资管公司可以受托管理保险业以外的资金,极大地激发了市场内在的活力。2013 年 12 月,保险资产管理公司受托管理资产规模为 6.49 万亿元,保险业基于保单契约筹集的债务资本中,委托给保险资产管理公司管理达 84%。

就保险资管产品来看,保监会在 2006 年曾批准保险资管产品试点。2013 年,保监会发布通知,保险资管产品再次试点。文件明确了保险资管公司开展资管产品业务的资质条件、可发行的产品类型、投资人范围、产品发行审核程序、投资领域和方向。

2013 年,保监会将债权投资计划发行由备案制改为注册制后,保险资产管理产品进入快速发展时期。

二、业务概况

就资金来源看,在 2014 年保险资管机构发行的各类资管产品中,保险机构认购金额为 1 567.6 亿元,占比 68.6%,同比下降 20.8 个百分点;保险行业外机构的认购金额大幅增长,来自银行、企业年金、财务公司等机构的认购金额占比大幅增至 31%。

就产品类型看,基础设施债权计划增长较快,2014 年注册个数和规模同比分别增长 47.7% 和 41.7%。此外,股权投资计划也有所增长,全年注册计划 11 个,注册规模同比增长 30.5%。不动产债权计划下降呈现结构性特点:商业不动产和保障房投资同比增加,旧城改造和土地开发同比减少较多。这主要是因为国家改革地方政府土地财政政策和房地产市场调控,保险资金因此增加与土地无直接关联的商业不动产投资。项目资产支持计划减少是暂时的,随着相关政策的进一步细化和开放将会逐步增加。保险资金从事资产证券化业务也是"新国十条"鼓励和支持的。

值得提出的是,保险资金 2014 年投资保障房、旧城改造和棚户区改造等民生项目 11 个,注册金额 203.5 亿元,较 2013 年投资项目数增加 6 个,规模同比增加 24.1%,西部地区债权投资计划注册项目数量同比增加 100%,表明保险资管对民生支持力度明显加大。

三、业务模式

保险资产管理公司业务包括投行以及资产管理,涉及的业务主要有七大方面:保险资产管理计划、企业年金服务、公募业务、投资连结保险(简称"投连险")管理服务、基础设施和不动产债权投资计划、增值平台服务、第三方保险资产管理服务。投连险、基建设施和不动产债权投资计划起步较早。而保险资金以协议存款的形式将资金存放到商业银行,是近几年新兴的通道类业务。

四、监管措施

保险资产管理面临的监管如表 1—4 所示。

表 1—4　　　　　　　　　　　　　　保险资管监管

法规依据	《保险法》 《分红保险管理暂行办法》 《投资连结保险管理暂行办法》
监管部门	保监会
合格投资者	投资主体:境内保险集团(控股)公司、保险公司、保险资产管理公司等具有风险识别和承受能力的合格投资人 投资门槛:向单一投资人发行的定向产品,投资人初始认购资金不得低于 3 000 万元人民币;向多个投资人发行的集合产品,投资人总数不得超过 200 人,单一投资人初始认购资金不得低于 100 万元人民币
投资限制	限于银行存款、股票、债券、证券投资基金、央行票据、非金融企业债务融资工具及基础设施投资计划、信贷资产支持债券、不动产投资计划和项目资产支持计划等"非标资产"

资料来源:安邦资产。

第四节　公募基金

一、历史沿革

中国基金业起步于 20 世纪 90 年代初,《证券投资基金管理暂行办法》颁布,首批基金管理公司成立。2001 年开放式基金开始发行,公募基金规模快速扩大。2014 年 7 月,证监会将公募基金产品的审查改为注册制。到 2015 年 6 月,公募基金资产管理规模突破 7 万亿元。公募基金净值和数量如图 1－6 所示。

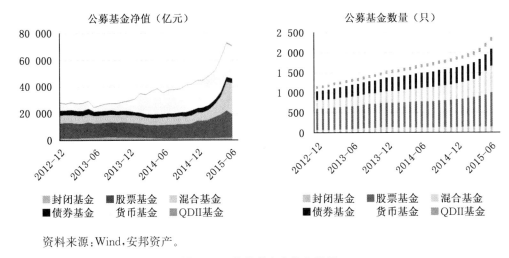

资料来源:Wind,安邦资产。

图 1－6　公募基金净值和数量

二、业务概览

规模方面,2014 年公募基金资产规模(剔除连接基金)总计达 4.44 万亿元,较 2013 年增长 51.86％,其中货币基金在互联网金融热潮下规模扩张更是达到了 179.06％。进入 2015 年,混合基金占比有所提升,货币基金规模有所收敛。

发行方面,受股票市场行情较好的影响,偏股产品供应提速。其中,混合型产品发行数量及募集规模均较 2013 年大增,而债券型品种则现退热迹象。未来,偏股型产品发行将继续增加。

产品创新方面,分级 B 级在牛市里成了获利颇丰,量化对冲基金则不尽如人意。

三、监管措施

2003 年《证券投资基金法》颁布，在法律上确认了基金业在证券市场中的地位和作用。《基金业务外包服务指引》出台，对公募和私募基金外包业务各项环节进行规定，有利于基金公司降低运营成本、引导资源向投研部门倾斜配置，提高投资专业化水平。公募基金资管监管如表 1－5 所示。

表 1－5 　　　　　　　　　　　　　公募基金资管监管

法规依据	《证券投资基金法》 《基金管理公司特定客户资产管理业务试点办法》
监管部门	证监会
合格投资者	基金一对多专户 投资门槛：和保险资管类似，向单一投资人发行的定向产品，投资人初始的认购金不得低于 3 000 万元人民币，但是上限不得超过 50 亿元。向多个投资人发行的集合产品，单一投资人初始认购资金不得低于 100 万元 集合资金信托计划 投资门槛：下列标准满足其一： (1)最低金额不低于 100 万元人民币的法人、自然人或依法成立的其他组织 (2)个人或家庭金融资产合计在认购时超过 100 万元人民币 (3)个人收入在近三年内每年收入超过 20 万元人民币或者夫妻双方合计收入在近三年内每年超过 30 万元
投资限制	基金子公司专户 投资范围囊括了几乎所有的投资领域，唯一的限制是，不得直接或者间接持有或者以其他方式投资基金管理公司、受同一基金管理公司控股的其他子公司的股权 基金专户 只能投资于在交易所或者银行间交易的标准化金融产品，非标准化私募产品或者未上市的股权等均不能投资

资料来源：安邦资产。

第五节　基金专户

一、历史沿革

证监会于 2007 年颁布并于 2010 年修订针对基金专户的法律条文，允许公募基金开展投资范围限定在货币市场和资本市场上的标准化金融工具的专户业务。

2012 年明确基金管理公司可以针对单一客户和多个客户设立"资产管理计划"，投资金融市场上的标准化金融工具，而且允许其设立准入门槛仅为 2 000 万元注册资本的子公司，开展"专项资产管理计划"。2014 年 5 月后，证监会对基金管理公司子公司及其专户业务进行备案管理，其业务规模迅速扩张。

二、业务概览

扣除基金公司社保基金及企业年金专户后,2014 年 12 月底基金公司及基金子公司专户规模为 5.88 万亿元,其中基金公司专户规模 1.22 万亿元,远小于基金子公司专户的 3.74 万亿元。受金融市场繁荣影响,2015 年 6 月末基金专户规模迅速扩大到 9.05 万亿元,较年初增长 53.4%。基金专户产品数量及规模如图 1—7 所示。

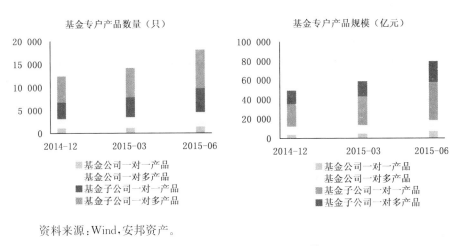

资料来源:Wind,安邦资产。

图 1—7 基金专户产品数量及规模

从管理方式来看,基金公司专户中超过 3/4 是主动管理产品,通道产品占比较低,主要是银基、信基合作产品。基金子公司专户中有 60% 左右的通道产品,其余 40% 的主动产品中,也存在相当规模的合作管理项目。这些项目一般由银行或者信托公司等发起方推荐,基金子公司与发起方分工管理,并依据协议承担相应的风险管理责任。基金公司专户规模及基金子公司专户规模如图 1—8 所示。

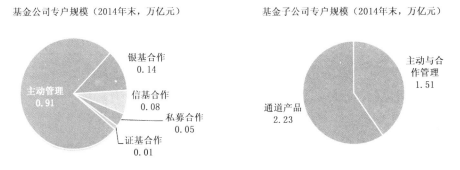

资料来源:Wind,安邦资产。

图 1—8 基金公司专户规模及基金子公司专户规模

就新设情况来看,2014 年新成立基金子公司专户 3.02 万亿元,基金公司专户 0.49 万亿元,其中基金子公司一对一产品占比在 50% 以上。2014 年新设基金专户规模及新设基金子公司专户如图 1—9 所示。

资料来源:Wind,安邦资产。

图 1—9 2014 年新设基金专户规模及新设基金子公司专户

就产品投向看,基金公司专户只能投资于标准化金融产品,专户主要投向债券市场和股票市场。基金子公司专户主要投向财产收益权、债权、股权等非标准化产品。基金公司专户投向及基金子公司专户投向如图 1—10 所示。

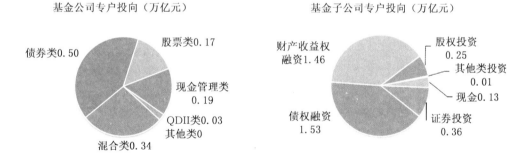

资料来源:Wind,安邦资产。

图 1—10 基金公司专户投向及基金子公司专户投向

三、监管措施

基金公司专户、基金子公司专户主要受《证券投资基金法》《基金管理公司特定客户资产管理业务试点办法》等约束。

第六节 券商资管

一、历史沿革

券商资管主要有定向资管、集合资管、专项资管计划（资产证券化）三大类，于1993 年开始办理业务，当时主要面向个人投资者提供代客理财服务。1996 年，在大量机构投资者特别是资金充裕的上市公司参与股市的情况下，证券公司开始设置专门的部门开展资产管理业务。

二、业务概览

2014 年 12 月，券商受托资管规模近 8 万亿元，同比增长超 50％，较 2012 年底增长则超过 3 倍。券商集合资管计划一度有"大集合"和"小集合"之分。2013 年以后，人数在 200 人以下，单个客户投资金额不低于 100 万元的为券商资管"小集合"，超过 200 个客户的"大集合"转为公募基金。因此，2014 年券商集合理财产品发行数量较 2013 年下降近 23％，共发行设立产品 666 只，其中债券型产品仍旧占据发行数量榜首。

三、监管措施

券商资管监管如表 1－6 所示。

表 1－6 券商资管监管

法规依据	《证券法》 《证券公司客户资产管理业务试行办法》 《中国证券监督管理委员会办公厅关于加强证券公司资产管理业务监管的通知》 《规范证券公司与银行合作开展定向资产管理业务有关事项的通知》
监管部门	证监会
合格投资者	集合资产管理计划 投资主体：自然人、法人或者依法成立的其他组织 投资门槛：自然人不低于 100 万元人民币且不得用筹集的他人资金参与集合计划；法人或者依法成立的其他组织不低于 1 000 万元人民币且用筹集的资金参与集合计划的，应当向证券公司、代理推广机构提供合法筹集资金的证明文件。集合资管计划规模上限为 50 亿元 定向资产管理计划 投资主体：除证券公司董事、监事、从业人员及其配偶以外的自然人、法人或者依法成立的其他组织 投资门槛：不低于 100 万元人民币

投资限制	集合资产管理计划 投资范围仅限于交易所交易的产品、银行间市场交易的产品和金融监管部门批准或备案发行的金融产品。不能直接放贷款,投资委托贷款,不能投资未在交易所转让的股权、债权、信托受益权和财产权等 定向资产管理计划 投资限制少,但需要证监会逐一审批,操作效率低 银证合作: (1)券商资管募集资金不得投资于高污染、高能耗等国家禁止投资的行业 (2)银行总资产不能少于 300 亿元

资料来源:安邦资产。

第二章　保险资管的优劣势分析及竞争策略

保险资金具有规模大、可投资期限长的优势,而保险资管公司通过多年管理保险资金,在投资管理实践中积累了一定的优势,尤其在资产组合、负债驱动投资以及资产配置拥有比较多的实战经验。同时,保险资管公司可以共享保险集团内强大的客户资源和成熟的销售网络,在发行资管产品和公募基金产品方面具有得天独厚的客户和销售优势。但是,保险资管也存在着组织体系不健全、管理效益不足、收益要求高、利率敏感性高、非标业务投资管理能力弱等劣势,需要进一步改进。

第一节　保险资管优势

一、资金规模大

截至 2014 年末,保险公司全行业总资产 10.16 万亿元,其中产险 1.41 万亿元、寿险 8.25 万亿元、再保险 3 513.56 亿元、资产管理公司 240.64 亿元。保险公司资金运用余额为 9.33 万亿元,规模庞大,而同期基金管理公司管理公募基金规模仅 4.54 万亿元。保险行业资产分布如图 2—1 所示。

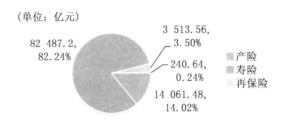

（单位：亿元）

资料来源：中国保险监督管理委员会网站，安邦资产。

图2－1　保险行业资产分布

二、资金可投期限长

传统寿险是一种期限很长的保险产品，其期限通常在15年以上，部分产品期限甚至在30年以上。寿险分红险是一种期限中等的产品，其期限一般在5年以上，部分产品的期限也达到了10年甚至20年。万能险、投连险等投资型产品，投资期限虽然短于传统寿险，但在实践中这类寿险产品的实际资金滞留期限通常在5年以上。总体而言，保险公司的负债具有显著的长期特性，可投资周期较长。

三、投资经验丰富

由于保险资金存在偏长的负债久期、稳定的资金来源以及受限的投资渠道等特点，在资金的投资偏好方面，更倾向于回报稳定的品种。而由于资金负债特性，决定了其投资要风险可控，收益要覆盖资金成本，因此追求绝对收益是保险资管公司一大特色。基于以上原因，固定收益类产品成为保险资金的主要投资对象。作为债券市场的主要机构投资者，保险资管公司的投资经验得到了充足的积累。

四、投资研究体系完善

保险资管公司管理保险资金规模巨大，已成为中国资本市场上的重要机构投资者，经过多年的摸索和建设，其已培养出经验丰富的专业投研团队，投资研究体系也较为完善，投资决策流程清晰。除此以外，保险资管作为市场上的买方，其投资业务可以参考卖方研究的调研、报告等，提高研究效率。

五、投资配置全球化

目前，已经获批在中国香港设立资产管理公司的有10家，包括PICC、安邦、华泰、生命人寿、新华、泰康、太平、太保、平安、国寿。通过设立中国香港资产管理子公司，保险公司可以在当前人民币半开放的市场条件下，进行全球化的资产配置，这相比其他资产管理机构是一个优势。

六、基础设施投资领域竞争力强

基础设施投资领域有着许多其特有的特征，首先是投资周期长，比如公路道桥、石油天然气管道铺设等，其运营和建设周期很长，这就要求与之匹配的长期资金。其次是基础设施投资受政府政策、宏观规划、产业调整以及财税体系等方面的影响较大，回报的不定因素较多。最后是受到如上提到的不确定因素所带来的风险成本影响，基础设施建设投资的收益率不高。对于对回报有着短期、快速诉求的非保险金融机构而言，基础设施建设投资并不具吸引力。这反过来成就了保险资金在该领域的强大竞争力。同时，保险资金久期长的特点与基础设施建设投资不谋而合，有利于险资的资产负债匹配。

七、销售渠道庞大

对于资产管理的产品销售而言，最重要的无疑是渠道。随着保险公司的不断发展完善，已建立起较为成熟的营销体系，其庞大的渠道资源和销售人力均能够为保险资产管理销售产品提供有力的帮助。

第二节　保险资管劣势

一、组织体系不健全

我国保险资管起步晚、体系不健全，目前处于内设资管部门、成立资管公司以及委外管理三种形式并存的阶段。其中，内设资管部门、委外投资这两种形式主要出现在仍处于成立初期的中小型保险公司上。造成这种状况的原因一方面由于其暂时不具备成立独立资产管理公司的资质，另一方面也是因为其投资能力、风控能力弱，无法满足保险资金资产负债匹配的要求。而即使对于已经成立资产管理公司的保险公司，受制于股权结构、公司运营等原因，资管公司在投资决策上仍依附于母公司经营需要，管理效率较低，难以发挥资管公司专业化、系统性的作用。

二、管理效益不足

险资管理效益是当前保险行业发展的重要组成部分。承保端业务快速发展，保费剧增，如果没有高效的资管体系支撑，将带来严重的资产负债不匹配的问题，影响承保端的偿付能力和整个保险集团经营的稳定性。当前资管体系存在的问题如下：首先，期限结构不匹配。与国外债券市场不同，我国目前的债券市场缺乏长久期产品。债券投资在险资配置中占比很高，而其他的配置资产，如股权、非标等在久期上普遍比债权资产还低。资产配置的短久期和保险负债端的长久期难以匹配。其次，资金运用结构不合理。以协议存款为主的低风险、低收益存款在整个保险资产配置中占比较高，证券化产品、结构性产品等高风险、高收益的资产在整个险资配置中占比过低，导致险资的整体收益能力不强。最后，投资品种单一。当前国内市场可供投资的产品还比较传统，险资在投资时可选择的余地不多，这无形中加重了资产负债匹配的难度，影响了险资的运用效率。

三、收益要求高

保险资金对收益要求较高，通常要保证最低收益，不得出现亏损。传统保障型寿险产品在精算后会明确规定产品的预定利率，险资投资收益必须超过该预定利率。分红险产品在考虑精算预定利率的基础上，也需要满足市场竞争的机会成本以及运营成本等，负债成本也较高。在当前情况下，如果分红险投资收益低于负债成本，则保险公司将承担资本风险。万能险是固定保底加浮动收益型产品，与分红险有相似的收益要求。而券商、基金等资产管理类公司则无须承担最低收益的要求，在行情不好的时候，其投资收益可以为负。

四、利率敏感性高

险资配置时面临的最主要风险之一是利率风险。负债端保单的存续期长达 20 年以上。利率波动所带来的负债端现值变化会打破保险公司原有的资产负债匹配。另外，正如上文提到的，固定收益类资产占到了险资投资的主要部分。固定收益类资产，尤其是存续期长的固定收益类资产对利率的敏感性很高，从而投资端也会受到利率风险的影响，影响保险公司的稳定运营。

五、非标业务投资管理能力弱

保险机构非标业务投资管理能力与同业相比还存在一定差距。在传统金融产品投资,如固定收益类投资、股票市场投资等领域,保险资管的投资管理能力较强,但是,在非标投资方面,保险资管与同业,如信托、基金等还存在一定的差距。这主要是在市场化程度、项目储备及人才储备等方面存在差距。

第三节　保险资管竞争策略

资管领域上,真正意义的"大资管时代"已经来临。金融投资不仅仅局限于公开市场投资,还扩展到依托实体经济和金融产业链分工的各个领域,包括基础设施建设、私募股权投资、不动产投资、信托、资产管理、银行理财等方面。所有金融行业包括银行、信托、保险资管、基金、基金专业子公司、券商资管、PE 等金融机构在同一平台上展开了激烈的竞争。

值得注意的是,即使是由不同的金融实体所开展,各个金融实体所发行的产品在实质上是趋同的。保险产品面临来自信托、理财、券商资管产品等多方面的竞争和挑战,其结果是保险产品很容易被替代。因此,在大资管时代,保险资管公司应选择合适的竞争策略来应对挑战。

一、改革投资管理体系

面对竞争激烈的金融市场,保险资管若要脱颖而出,应对大资管、市场化的挑战,必须进行投资管理体系的大变革,改变过去的低收入、无激励的制度,参考私募的超额收益分成制度、员工持股制度等,坚定地走市场化和专业化道路。以市场为出发点,符合市场化的要求,要想在市场化的竞争中站稳脚跟,专业化则成为必然选择,专业化要求保险资产管理机构要建立现代投资治理架构,实行事业部制管理,全面提升投资管理能力。

二、巩固固定收益投资优势

在宏观经济方面,受到经济转型、需求疲弱、通胀大幅上涨概率低等因素影响,其基本面对固收市场将形成比较有效的中长期支持。保险资管公司最强的投资领域为固定收益板块,因此保险公司应从中长期配置角度出发,把握配置时机,巩固固定收益投资优势。

三、加强权益投资能力

保险资管公司应加强权益投资的能力,把握结构性机会,努力取得相对稳健的超额收益。在经济转型的大背景下，符合政策导向和经济转型方向的新兴产业、新兴行业如生物医药、新能源、环保、"互联网＋"等领域仍可能稳步增长甚至是快速增长，在维持现有仓位稳定的基础上，保险机构应把握机遇，重点关注估值较低、业务符合转型方向的行业及公司，挖掘投资机会。

四、配置优质基础设施和股权资产

在战略上保险公司应通过配置长久期、低风险、高收益的资产来补全现有传统资产配置的缺口。这种资产就包括优质的基础设施和股权资产，一方面，这种资产可以匹配经济转型、国企改革所带来的机遇，打通险资和实体经济链接的"命脉"。另一方面，险资久期较长，可以通过创新运用多资产组合的方式，优化结构降低错配风险。

2015年10月至12月，包括人保、阳光、富德、前国华、上海、君康、百年在内的8家保险公司举牌了近20家上市公司，收益颇丰，自身的品牌效应也得到了加强。平安资产管理公司于2008年作为牵头发起人，泰康资产管理有限责任公司、太平洋资产管理有限责任公司、太平资产管理有限公司作为共同发起人，设立京沪高铁股权投资计划，总共有7家保险公司参与投资，总投资规模160亿元。该计划是险资以股权投资方式投资国家重大基建设施的第一步，对日后的类似投资有着重要的指导作用，是一次重大的创新。由于严格专业的风险控制，京沪高铁的投资获得了很好的经济效益和社会效益，目前已经扭亏为盈。此外，2013年保险行业投资260亿元，由泰康资管牵头发起设立的"中石油西一、二线西部管道项目股权投资计划"与中国石油共同设立合资公司进行管道建设。这是民营资本与央企合作共同进行股权投资的标志性事件，为整个保险行业获取了长期安全的战略性投资机会。开创了保险公司投资国家大型能源项目的先例，在业内形成良好的示范效应与品牌效应。

五、以夹层投资为突破口开展股权投资

夹层投资的收益特征符合保险资金匹配需求。这里以优先股为例，因为优先股回报稳定、不需要承担普通股收益波动的影响，这与险资的投资需求相匹配。同时，相比于信托产品、银行理财等期限较短的产品，险资的长期限与优先股的融资需求相匹配。

六、积极推进养老领域布局

人口老龄化是中国未来数十年人口结构与社会结构变迁的重要特征。保险资管公司应充分利用国家政策，抓住中国人口老龄化的机遇，发挥自身优势，积极推进养老

领域投资,以形成独特的品牌效应,来与其他资产管理机构竞争。目前,泰康人寿在养老社区建设上已抢占先机,泰康起步早,坚持走高端连锁战略,聚焦持有型养老物业,深耕核心区域和城市,商业模式成熟,已基本完成了全国一线城市布局,处于国内领先地位。

与其他资管主体、房地产公司、医药企业相比,保险资管在养老产业有着独特的资源优势、信息优势与业务管理优势,应该积极布局养老产业。

七、拓展海外资产配置

保险公司投资境外市场最大的障碍是投资管理能力低,目前保险公司全球资产配置的能力相对较弱,要着力提升对国际宏观和资本市场投资研究水平,打造全球资产配置能力。例如,安邦保险 2014 年花费 19.5 亿美元收购的美国华尔道夫酒店。此外,其相继投资收购了比利时有着百年历史的保险公司 FIDEA,以及比利时金融机构德尔塔·劳埃德银行 100% 的股权。阳光保险集团斥资 2.3 亿美元收购位于纽约曼哈顿中城的酒店 Baccarat、斥资 4.63 亿澳元收购位于澳大利亚悉尼的喜来登公园酒店。

八、适当运用金融衍生品投资

在消除市场波动风险方面,仅仅依靠多元化资产组合配置是不够的。这就需要保险公司在传统投资的基础之上增加衍生品投资的运用以对冲市场风险。当前,有一些保险公司已经通过利率互换、外汇远期等方式进行了衍生品的尝试,效果很好。但是,这离真正的衍生品投资还很远,除了套期保值以外,衍生品还能够运用在保险资产配置上,而这些都没有被挖掘出来。随着中国金融市场的不断发展,各种金融衍生品工具日益丰富,政策监管进一步放宽,保险资管公司应适当运用金融衍生品投资来对冲风险。

九、拓展企业年金管理业务

企业年金的定义是在国家强制实施的公共、国家养老金之外,在国家政策指导下,企业根据自身经济状况设立的,为本企业职工提供一定退休保障的补充性养老年金制度。为确保年金账户的安全性,其采取信托的模式管理,托管人、受托人、账管人以及投资管理人四方分权制衡,相互监督。开展企业年金管理的机构必须首先获得劳动和社会保障机构所颁发的企业年金牌照(包括托管人牌照、受托人牌照、账管人牌照以及投资管理人牌照),其中受托人包括大型商业银行、信托公司以及养老保险公司;托管人一般为大型银行;投资管理人以基金公司为主,还包括保险资产管理、养老保险公司、证券公司等金融机构。截至2014年底,通过资格审批的年金受托人12家、账管人18家、托管人10家、投资管理人21家。在参与年金管理业务的保险公司中,平安旗下的平安养老、太保旗下的长江养老、国寿旗下的人寿养老以及泰康人寿拥有受托人、账管人、投资管理人三个牌照,基本保持了企业年金领域的优势地位。企业年金牌照有利于企业成本控制和效率提高。当前,险资在企业年金领域的参与度已经很高,随着企业年金市场的不断发展,保险机构在该领域的发展将更加繁荣。

十、适时开展公募业务

2012年12月30日,证监会公布《资产管理机构开展公募证券投资基金管理业务暂行规定(征求意见稿)》,拟允许条件符合的券商、保险资管、私募三类机构投资者直接开展公募基金。2013年6月,证监会和保监会联合发布《保险机构投资设立基金管理公司试点办法》,明确了险资开展公募基金的具体细节。2013年11月6日,首家保险系基金公司——国寿安保基金挂牌正式成立,是由中国人寿资产管理有限公司联合澳大利亚安保资本发起设立,注册资本5.88亿元人民币。其中,国寿资管出资5亿元人民币,占比85.03%;安保资本出资0.88亿元人民币,占比14.97%。2015年1月,安邦保险集团旗下安邦人寿保险股份有限公司出资5亿元人民币设立安邦基金管理有限公司的申请已获得保监会的批复,目前已经得到证监会批复。其他保险公司也应抓住机遇,适时开展公募业务,以扩大自身的产品线来保持自身的竞争力。

第三章　保险资管与其他市场主体的合作策略

当前整个市场已经迈入了真正的"大资管"时代。"大资管"时代下,各主体在竞争不断加强的同时也在寻找着新的合作机遇,从前"自扫门前雪"的封闭市场逐渐被打破。为了开拓市场、降低成本、推动自身的快速发展,保险资管与信托、银行、证券公司、基金等金融机构加强沟通与合作已经成为其拓展业务的必然选择。

第一节　各资管主体的业务特色

一、保险资管业务特色

保险资管的核心是险资,即保险公司的自由资本金、准备金、运营资金、公积金、未分配利润以及其他负债,还包括如上资金所衍生出的资产。保险资金特有的负债属性要求保险资管公司必须审慎、理性进行投资,有效全面地管理风险。

保险资金在基础设施、公用事业等领域发力较多。这是因为险资具有资金量大、来源稳定、资金期限长等特点,保险业资金运用追求的首先是巨额资金的长期保值增值。而与此相对的,基建项目融资的需求也表现出量大、期长的特点,且基建项目建成后拥有比较稳定的投资回报。险资的投资需要与基建、公用事业项目融资需求高度契合。

"新国十条"中明确规定,要深度挖掘险资产期投资的优势,鼓励险资投资国家重大基础设施建设,鼓励保险公司通过多种形式为科技企业、小微企业、战略性新兴产业等发展提供资金支持。2015 年 7 月 3 日,国务院原则同意《中国保险投资基金设立方案》,认可设立保险投资基金可以有效助力险资长期投资的优势,对接国家重大战略投资、支持实体经济发展。除上述以外,险资也正推进项目资产支持计划。

目前,保险资管产品面临流动性不足的问题。2015 年 1 月,保监会副主席陈文辉在保险资管协会调研时提及,保险资管产品注册系统上线后,下一步要让保险资管产品能够交易,产生流动价值。这代表保险资管将自基础设施建设起,组建全行业的资产托管中心和保险资产交易平台。

二、银行理财业务特色

银行理财运作原理是资产池与资金池的匹配,产品收益来源于融资收益和期限错配收益。该类产品的特点是"集合运作、滚动打手、分离定价、期限错配"。一个资产池中的所发行的理财产品不与各自的资金投向一一对应,期限并不匹配。这样通过资产规模的规模优势以及自由的流动性管理可以包容大规模资金的期限错配,利用专业管理所带来的上行收益率,提高投资者的整体收益。

银行理财资金具有期限短、规模大的特点,主要投向银行间市场。2013 年底,中证登发布《关于商业银行理财产品开立证券账户有关事项的通知》,明确指出每一个商业银行理财产品可在沪深市场各开立一个证券账户。此账户只能参与固定收益类产品的投资(包括标准化债券、信贷资产支持证券、优先股等),不得参与股权类产品的投资(包括不限于未上市公司股权、上市公司非公开发行交易股份),但高风险偏好的高净值客户、私行客户、机构客户产品不受该限制。

三、信托业务特色

信托公司是目前单一的、可以横跨货币、证券、实业三个市场的金融机构,投资标的广泛、经营范围广、组合选择空间大是信托公司最大的优势。

但信托公司投研能力较弱、销售网络稀缺、产品流动性较差。信托公司发行产品,还面临集合资金类信托计划 100 万~300 万元投资者名额 50 人、100 万元人民币投资门槛、禁止收益承诺、禁止异地业务开展等限制,竞争劣势明显。除此以外,信托还面临过户制度、财产登记制度、税收制度等制度不健全等的限制。不动产、股权、应收账款等非资金财产信托需求被长期压制。

四、基金业务特色

公募基金市值由公募基金公司直接成立发行的,公开募集的,没有特定投资者的基金,投资门槛仅为 1 000 元,能满足普通居民的投资需求。公募基金擅长投资标准金融产品,积累了专业的投研体系,能够投资于除期货、外汇以外的大部分国内金融产品,投资业绩优秀,但不能参与股指期货对冲。目前,公募基金已经形成了较大业务规模。其优势主要体现在完整的产品线、成熟的业务模式、充分的信息披露、良好的市场基础、优秀的投资业绩、专业的投研体系、强大的后台支持。

基金公司专户理财是指投资人为特定客户的、其担任专业的资产管理人、商业银行担任托管人的以委托人的利益为出发点管理的证券投资。相较于公募基金,专户的优势包括:(1)定制性:针对投资者需求。(2)投资范围广:可投资股票、债券、基金、央行票据、短融、资产支持证券、金融衍生品等。(3)独立资金账户及证券账户:投资人直接拥有账户内的证券而非基金的份额。(4)操作灵活:限制少。

基金子公司专户投资范围还包括未在证券交易所挂牌交易的股、债以及其他财产权。实际运作中,基金子公司专户以债权融资、财产收益权融资业务为主,股权投资中的大部分也往往是"明股实债"。

基金子公司不受净资本约束、相对券商资管成本较低。其最低注册资本要求仅为 2 000万元,也远低于券商资管、信托公司的监管要求。基金子公司投资范围广,约束只有"不予许直接、间接持有或以其他方式投资基金管理公司以及其控股子公司的股权",而券商资管如果想开展委托贷款业务还要通过集合信托集合做通道。因此,基金子公司从某种意义上变成了银行投资不动产项目以及地方政府融资平台项目的新通道。

五、券商资管业务特色

在运作方式方面,券商集合理财产品有两个比较显著的特点:(1)存续期与封闭期;(2)自有资金投入及有限补偿。当前运作中的券商集合理财产品中近七成设定了存续期,存续期大多为2~5年。其中最长的为光大阳光6号,存续期高达20年;最短的为东证分级股票2号,存续期仅为6个月。券商集合理财通常会设定一个封闭期,封闭期内不会开放日频的申购和赎回,流动性低于开放式的基金。

为鼓励管理人的积极性,券商集合理财产品的管理计划中除投资人的资金外还会放入一定比例的、在计划存续期内不会退出的自有资金。为进一步给产品增信,部分集合资产管理计划还设置了本金以及最低收益率。若不达预定收益率,管理人需要动用自有资金、投资收益、管理收益等对投资人进行有限范围内的补偿。当前运作中的券商集合理财,有近四成设立了这样的参与条款。

券商集合理财计划在集合资金信托计划业务、客户、市场同质性的基础上,还拥有流动性、合同数量无限、产品收益固定等优势。券商定向资管计划委托资产不但可以是现金,而且可以是股票、债券、基金等各类非现金金融资产,没有锁定期,可以随时增加和提取资金,以客户名义签订专用证券账户开展定向资产管理业务,客户仍可以使用普通账户进行证券业务。

券商的营业网点多,有着客户资源、营销渠道等多方面优势。同时与银、信、基、保等机构投资者建立了良好的合作渠道。此外,上交所下发的《关于为资产管理计划份额提供转让服务的通知》以及深交所下发的《深证证券交易所资产管理计划份额转让业务指引》中也明确规定证券公司、基金管理公司以及企业资管业务"冻死"可以申请将其所拥有的资管计划份额在交易所转让。资管计划转让服务提高了券商资管计划的流动性。

第二节 银保合作策略

银行与保险公司在保险产品的销售方面已经有了比较成熟与广泛的合作,近年来保险资管公司与银行理财的合作也在不断推进。保险资管拥有长期稳定的资金,具有中长期资本市场投资和股权投资的经验,资金仅在大类资产配置比例内有上限限制,资金投向广泛;而银行理财的优势在于客户基础好、分支行渠道广泛、发行能力强、资金实力强。保险资管与银行理财在不同领域的优势互补推动了银保合作的开展。

一、互买互投

目前,最基础也是最常见的银保合作是双方产品的互买互投。保险资金可以通过购买银行理财产品作为短期投资工具和流动性管理工具。银行理财产品大多期限较短、操作灵活,且具有较高的信用性和安全性,因此保险公司可以通过购买银行理财产品来填补各个长期项目投资之间的空白。获取短期投资收益。而银行理财现在也开始试水保险资管产品,如保险资管参与的债权计划投资,这类项目一般信用水平较高,收益率相对合理,在目前利率下行的背景下,加大此另类投资的力度将成为银行理财的一个不错的选择。此外,在股权投资和股票投资方面,保险公司也拥有较为丰富的管理经验,银行理财在涉足这些领域时也可委托保险资管公司来运作,或者通过购买保险资管公司的相关产品来实现。

二、资产推荐和结构化投资

银保合作的另外一种方式是资产推荐和结构化投资合作,这类合作主要基于保险资金与银行理财资金在期限差异方面的优势互补。银行理财依托商业银行信贷业务的天然优势,在项目资源方面拥有得天独厚的优势,然而理财资金的期限往往较短,无法匹配长达数年的产业投资项目的需要。而保险资金则恰好拥有久期长、体量大的优势,能够承受几年甚至十年以上的投资期限。因此,银行理财可以将其不适合投资的项目推荐给保险资金,通过包装成保险资管产品或者信托产品对接保险资金,这即为资产推荐。而结构化投资合作则是指在应对大型项目时,保险资管公司和银行可以合作提供混合型的融资解决方案,保险资管公司负责提供中长期的融资产品,而银行则负责满足短期融资的需要,最大限度地满足客户的融资需求,增强客户黏性。

保险公司与银行的合作还可以通过投连险、万能险等保险产品展开,这里指的不仅仅是渠道代销方面的合作,还包含投向互补等更深层次的合作。银行可以凭借自己广阔的渠道优势和客户黏性为投连险提供优质的销售平台,投连险的投资范围广泛,仅在大类资产配置上有所约束;而银行理财则在“两高一剩”、房地产、地方政府债和非标债权等投向有较为严格的限制,因此投连险可以对银行理财形成很好的补充。

三、资产证券化

当前,保险公司开展资产证券化业务尚存在监管上的一些壁垒。2015年初,某保险资产管理公司预案发行银行信贷资产证券化产品以不具备资质的原因被银监会叫停。这意味着险资将无缘信贷资产证券化的浪潮。目前,银监会和证监会已将信贷资产证券化业务由审批制改为业务备案制,但保监会对资产证券化仍实行业务审批制,这无疑加剧了保险资管公司报批产品的难度。因此,保险资管对于信贷资产证券化和项目资产支持计划的开展除了依赖于保监会的进一步放权以及同银监会的沟通外,也要积极寻求与银行、券商、基金子公司等金融机构的合作,推动这一创新业务的发展。

第三节　信保合作策略

近年来,保险公司与信托公司的合作日趋加深,信保合作日益密切。2012年10月保监会发布《保险资金投资有关金融产品的通知》,放宽保险资金的投资范围,将集合资金信托计划纳入险资投资标的,信保合作步入了快速增长的新阶段。

信保合作的快速增长从另一个角度也表现出信托和保险合作的内生动力,无论是信托还是保险,当前都面临着不同程度的业务限制和发展"瓶颈"。通过合作可以实现双方的优势互补、互利共赢。保险资金具有久期长、对投资收益率稳定性要求较高等特点,较难与期限偏短的金融产品相匹配,再附加保险合同条款对于资金的募集和兑付有着内生的限制,因此投资收益率偏低;而信托业则面临着项目众多但缺乏大型机构客户、净资本约束日益增强等问题,信保合作可以使双方在产品上和制度上实现互补,信托制度可为保险公司所用,保险信用也可以为信托产品增信,从而实现共同发展。

一、险资对接信托资产

信保合作的主要方式为险资直接投资信托资产。自2012年底保监会允许险资投资集合信托计划之后,这方面业务的规模就不断扩张。中国保险资产管理协会主办、外贸信托承办的"大资管下的深化保信战略合作研讨会"公布数据显示,截至2015年一季度末,全国共88家保险投资了35家信托公司的673只信托产品,总规模达4 350亿元,占同期保险资金总投资额的4.4%。保险公司持有的大量长期资金将成为信托公司重要的资金来源。然而,目前保信在业务方面的合作还仅停留在委托和受托的较浅层次,且保险公司往往自己寻找投资标的,而信托公司则主要扮演"通道"的角色。因此在接下来的合作中,保信双方应充分利用保险资金规模大、周期长、安全性高的特点,互相借鉴风险管理和投资管理的经验,渠道共享、取长补短,在 PPP 项目、资产证券化等领域寻求更大的合作空间。此外,针对保险资金的特殊性,信托公司可以打破"先有项目,后有资金"的传统模式,为险资找到更加符合投资要求的标的,推出"定制化"产品。

二、股权合作

信保合作还体现在股权合作,当前保险公司和信托公司相互持股的案例日益增多。2014 年年中,国寿集团旗下的国寿投资受让重庆水务集团持有的重庆信托 23.86% 的股权,成为重庆信托的二股东。2015 年年初,泰康保险 参股国投泰康信托,为第二大股东;安邦保险以约 9 000 万元持股天津信托,持股比例近 5%。而国民信托、安信信托等信托公司也参股了一些保险公司。从保险公司的角度来说,信托灵活的制度优势可以为保险公司所用,险资在投资时面临在投资方式、投资范围、信息披露等多方面的限制,借助信托的帮助,保险可以拓宽现有的投资范围,提高投资回报,满足险资合规的需求。另外,在当前大资管的背景下,一些有实力的保险公司参股信托公司也体现了他们希望打造全牌照或多牌照金融集团的发展战略,为其日后的资本运作减少障碍。对信托公司而言,险资注入有利于信托公司股权结构优化,以及资本补充,起到分散风险的作用。

三、产品开发

信保合作未来的发展方向应更多地着眼于产品开发与创新,以实现长期的互利共赢。保险金信托就是信保合作下诞生的产品创新。2014 年 5 月,中信信托与信诚人寿合作推出了国内第一只的保险信托计划(即保险赔付金作为信托投资的原始基金,通过信托代为管理,实现保险赔付金的保值增值)保险金信托在国外已非常成熟,但这在我国还尚属首例。企业年金信托是信保合作的另一个方向,与传统信保合作不同的是企业年金信托计划对接的是企业年金,而非保险资金。相较于保险公司的先发优势和银行的体量优势,信托公司在年金市场上一直缺乏竞争力;而保险公司管理的企业年金则遇到了收益率不高的问题,从而出现了借助投资信托来提高收益的意愿,信保合作下的企业年金信托应运而生。

第四节　基保合作策略

当前,保险资管公司与基金公司仍停留在初级阶段,主要原因是保险资管公司与基金公司在业务内容和范围上具有较大的重叠性与相似性,因此双方的合作意愿不高。投连险作为保险公司重要的保险资管产品,它的发行对象为社会公众,投资范围涉及股票、债券等多个领域,信息披露公开透明,在产品性质和管理方式上都与公募基金极为类似,在市场上与公募基金存在一定的竞争关系。保险业"新国十条"发布以来,保险资金进一步逐步松绑,保险公司开始涉足基金领域。2013 年 6 月,新《基金法》放开公募基金设立资格后,保险系资管公司得以进军公募基金领域。随后,证监会和保监会联合发布《保险机构投资设立基金管理公司试点办法》,支持保险机构设立基金管理公司。截至 2015 年 6 月,我国已有国寿、平安、安邦保险等 7 家保险公司获得了公募基金牌照。与此同时,2014 年底保监会批准了由 6 家保险公司出资设立的私募基金,专项支持中小微企业发展,2015 年初由阳光资管发起的第二家保险私募基金试点获得保监会的批准。

尽管保险资管公司与基金公司在经营业务上有所重叠,但双方在业务合作上仍有发展空间。目前,保险机构在公募业务上才刚刚起步,保险资金运用"谨慎"的特点突出,产品主要投资固定收益类资产,权益类的基金投资还未开展。再加上专业的投资人才队伍还未完全建立,因此在产品设计、投资研究和人员配备方面还有所欠缺。而营销渠道则被认为是保险公司开展公募业务的一大优势,保险机构在保险销售过程中已经形成了独到的销售渠道网络和方式,拥有庞大的优质客户群,并通过开展保险代理和经纪业务,握有极有分量的潜在客户。2013 年,监管层表示满足条件的保险营销员也可代销基金,保险公司庞大的销售队伍可以为基金销售所用,这无疑是一大利好。与此相对的是,由于基金公司对银行渠道的倚重,导致其议价能力较低,基金出现了提高议价能力的内生动力。因此,保险公司和基金公司可以充分发挥各自优势,在产品设计开发和渠道共享方面深入合作,实现竞争中合作、合作中竞争的共赢局面。

第五节　证保合作策略

从保险与证券业的情况来看,保险资管与券商的合作也还处于起步阶段。2012 年 11 月,中国证监会出台《证券公司代销金融产品暂行规定》,允许证券公司代销保险产品,开启了保证深入合作的大门。

一、融资合作

证保合作首先体现在融资业务合作。自保监会放松了保险资金运用的限制后,保险资管公司的投资领域不断扩张,与证券公司的资金合作也越来越常见。这其中比较有代表性的是保险资金将投资触角伸向了此前仅有银行参与类似合作的券商两融业务。2014 年 7 月,由泰康资产管理公司推出的一款完全投资于证券融资业务的债券投收益权的保险资产管理产品成功募集,该产品把券商融资的收益权作为一个资产包,而保险资产管理公司成立一个定向资产管理计划,将该资产包作为投资标的。这类产品在扩大券商融资渠道的同时还增加了保险资管的投资收益,无疑实现了双方的互利共赢。然而,随着当前股市波动的加大,险资投资两融业务的风险也在有所显现,中国人寿投资部一位副总经理建议,未来可将两融产品改造为基于券商信用的债权类产品,在券商的选择方面,注重资金实力、风控水平和专业能力;在资金用途方面,限定其在两融业务方面,将复杂的收益权产品改造为明确的债权类产品。

二、投资合作

同时,证保合作还体现在投资领域。保险公司尤其是寿险公司实现盈利的核心是良好的资产负债匹配,而这方面证券公司专业化的投研经验可以帮助保险公司根据不同的资产久期来制定不同的投资策略,并在投资研究、宏观预测等多方面提供支持。

此外,随着证券市场的发展,资产证券化已成为证券市场中的一种重要工具,而保险证券化作为保险市场与资本市场良性互动的重要途径之一,已逐渐成为国际保险业发展的新潮流。保险资产的证券化是指将保险公司缺乏流动性但预期未来具有稳定现金流的资产聚集起来,形成资产池,通过结构性重组转化为可交易金融证券的过程,而保险投资的资产证券化是其中的重要组成部分。保险公司与券商、银行加强合作,推动保险投资的证券化具有重要意义。一方面,目前我国保险资金的投资方式和投资工具仍主要集中在银行存款和国债领域,由于银行利率不断下调、国债利率波动较大且期限普遍较短等原因,我国保险投资一直存在利率风险过大、短期的投资资产和长期的负债不匹配等问题。在此背景下,保险投资证券化的必要性正逐渐显现。另一方面,保险投资证券化可以为证券公司、机构投资者提供新的投资工具,活跃证券市场,规避除系统性风险以外的风险,实现互利共赢。

第四章　大资管竞合发展的方向及政策建议

第一节　大资管竞合发展的方向

目前，多层次、市场化、创新驱动、混业经营的"大资管"时代正处于快速成长期，各市场主体之间的竞争与合作将进一步加快资管的发展，主要体现在如下几个方面

一、资管行业运行效率整体提高

正如上文第三部分所提到的，各类金融机构各自为政、相对封闭的市场结构正在逐渐被打破。保险、信托、银行、证券、基金等金融机构纷纷开始了金融合作和创新。

这些合作不仅仅体现在业务层面的互买互投、渠道共享，更体现在通过合作的方式实现优势互补和互利共赢，从而提升整个资管行业的运行效率。

这里我们借用一个比较优势的概念，比较优势的差别直接促使了生产的专业化分工和贸易的诞生，这种专业化的结果是，当每个人都能够专门地从事自己最擅长的事情时，生产就会变得更加有效率，从而整个社会可创造物质财富总量与其整体经济福利便会有所增加。

同样的，金融的各个领域各自存在着不同的比较优势，比如保险资金，其具有久期长、规模大、对投资收益率稳定性要求高的特点，在基础设施、公用事业等资金需求量大、投资期长、建成后现金流稳定、投资回报稳定的项目的融资上有比较优势。信托公司是目前唯一可以跨越货币市场、证券市场和实业市场的金融机构，投资标的广泛、经营范围广、组合选择空间大，更灵活，在通道类业务上有比较优势。银行理财客户基础好、信用好、分支行渠道广泛、发行能力强、资金实力强，故在项目资源、短期融资上具有比较优势。证券公司具有丰富的投研经验，可以从投资策略研究、宏观经济研究等多方面予以支持，在专业化投资上具有比较优势。同时，其营业网点多，在客户资源、营销能力和投资证券市场等方面也具有比较优势。公募基金投资门槛低、具有专业化的投研体系、能够投资除期货和外汇以外的大部分国内金融产品，比银行理财投资收益更高、比证券投资更稳健、比信托产品门槛更低，弥补了各种资管产品之间的空白。

私募基金门槛、收益、风险"三高",专业化的主动管理是其比较优势。

银行理财、信托计划、保险计划、公募基金、私募基金利用各自的比较优势,不仅走出了特色化的发展道路和投资策略,更是通过合作、发挥彼此的比较优势,使得整个资管行业的运行效率趋近帕累托最优。保险资管合作情况如表4-1所示:

表4-1 保险资管合作情况

银保合作	1. 股权合作 2. 结构化融资方案 3. 渠道代销
信保合作	1. 保险资金对接信托产品 2. 股权合作 3. 产品创新:保险金信托、企业年金信托
证保合作	1. 资金合作:保险金参与券商两融 2. 股权合作 3. 委外投资 4. 保险证券化
保险公募 基金合作	1. 渠道共享 2. 产品设计开发
保险私募 基金合作	保险私募基金

资料来源:安邦资产。

二、资管行业细分,发挥龙头优势

基于比较优势的不同,各个金融机构资管的投资策略也各有不同。比如保险、银行理财倾向于投向风险小、收益稳定的固定收益类项目,公募基金按照类型的不同投向重点不同,但总体来说债券占比也是最高的。券商集合理财主要投向基金。而信托通道类业务虽然在其他资管主体出现后有了明显的下降,但仍是其传统的主营业务。资管投向情况如图4-1所示。

机构性质和投资策略的不同进一步带来了在股票、债券、期货、外汇、PE等领域投资收益的不同,每个细分领域都有自己的"龙头"。相关内容如表4-2、表4-3所示。

券商集合理财投向（2014年末）

公募基金投向（2014年末）

保险资管投向（2014年末）

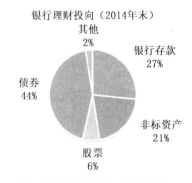

银行理财投向（2014年末）

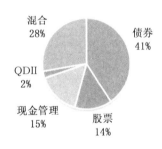

基金公司专户投向（2014年末）

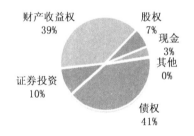

基金子公司专户投向（2014年末）

资料来源：Wind，安邦资产。

图 4—1　资管投向情况

表 4—2　　　　　　　　　股票型基金收益率排名（2015—12—01）

排名	基金代码	基金简称	年初至今回报率	管理公司
1	000471	富国城镇发展	86.03%	富国基金
2	000586	景顺长城中小板	82.56%	景顺长城基金
3	000524	上投摩根民生需	80.36%	上投摩根基金
4	159915	易方达创业板 ET	76.49%	易方达基金

续表

排名	基金代码	基金简称	年初至今回报率	管理公司
5	000697	汇添富移动互联	76.40％	汇添富基金
6	163110	申万菱信量化小	75.18％	申万菱信基金
7	000729	建信中小盘	72.22％	建信基金
8	161022	富国创业板指数	71.17％	富国基金
9	540010	汇丰晋信科技先	70.98％	汇丰晋信基金
10	161613	融通创业板	66.68％	融通基金

资料来源：Wind，安邦资产。

表4—3 股票型基金收益率排名（2015—12—01）

排名	基金代码	基金简称	年初至今回报率	管理公司
1	000463	华商双债丰利 A	30.87％	华商基金
2	000481	华商双债丰利 C	30.13％	华商基金
3	000770	长城久赢纯债 B	29.03％	长城基金
4	000119	广发聚鑫 C	28.45％	广发基金
5	000118	广发聚鑫 A	28.01％	广发基金
6	110027	易方达安心回报	26.49％	易方达基金
7	110028	易方达安心回报	26.28％	易方达基金
8	000633	中银聚利 B	26.11％	中银基金
9	519989	长信利丰	25.70％	长信基金
10	000616	上投摩根优信增	25.66％	上投摩根基金

资料来源：Wind，安邦资产。

三、监管政策将趋于统一

1997 年亚洲金融危机过后，"一行三会"的分业监管模式初成。在此后相当长的一段时间内，都发挥了重要的作用。但是随着金融股业的不断发展，中国的金融结构发生了巨大的变化，金融机构的功能边界逐渐模糊。在金融业混业经营已成大势的今天，分业监管的弱点日益明显。一些新兴的交叉性金融产品很容易面临监管机构之间职责不清、标准不统一的情况，并进一步发展为监管重叠或者监管真空。与此同时，由于分业监管的存在，很多的短期资金成为国内的游资，利用监管标准的不同（见表4—4），在各金融市场中寻找套利机会，成为这一轮股市暴涨暴跌的重要推动力。在这样的经济背景下,"大金融监管"呼之欲出。

表 4—4   总结情况

主体	监管部门	法　规
信托	银监会	《信托法》 《信托公司管理办法》 《信托公司集合资金信托计划管理办法》 《信托公司净资本管理办法》
银行	银监会	《商业银行法》 《商业银行个人理财业务管理暂行办法》 《风险管理指引》
证券	证监会	《证券法》 《证券公司客户资产管理业务试行办法》 《中国证券监督管理委员会办公厅关于加强证券公司资产管理业务监管的通知》 《规范证券公司与银行合作开展定向资产管理业务有关事项的通知》
基金	证监会	《证券投资基金法》 《基金管理公司特定客户资产管理业务试点办法》
保险	保监会	《保险法》 《分红保险管理暂行办法》 《投资连结保险管理暂行办法》

资料来源:安邦资产。

事实上,在已经公布的"十三五"规划中,"改革并完善适应现代金融市场发展的金融监管框架,实现金融风险监管全覆盖"已经成为建议内容。

不论最终以什么样的形式落地,一行一会,抑或是单设机构统一管理混业金融,"大金融监管"现在都已成大势所趋。在可预期的时间里,监管套利空间将受到明显的压缩,各个市场主体会在同一监管条件下进行竞争。

对于保险公司而言,政策监管的统一不代表公司要一拥而上,在门槛允许的范围内参与所有的投资渠道。实际上,监管的统一对保险公司来说,机遇与挑战并存。在公平的市场竞争中,对保险公司的定位、投研、风控都提出了更高的要求。

第二节　促进大资管发展的政策建议

正如以上分析的那样,为了维护大资管行业的良性竞争与健康发展,监管政策的统一已成大势所趋。在这样的趋势下,主管部门需要进一步加快监管创新。特别是投资准入方面,在尊重保险资管特性、保证客户利益的基础上,应参照其他类型资管机构的投资准入要求,充分论证,合理扩宽保险资管的投资渠道,适度降低法定门槛,让保险资管机构在充分的市场竞争中培养风控和投资能力。政策建议具体如下：

一、监管部门应合理拓宽投资渠道

现行的投资渠道有银行存款；债券、股票、证券投资基金份额等有价证券；不动产以及国务院规定的其他资金运用形式。中国保监会在 2014 年 2 月 19 日发布的《关于加强和改进保险资金运用比例监管的通知》中明确给出了保险资金可用的投资渠道和最大投资比例，如表 4－5 所示。

表 4－5　　　　　《关于加强和改进保险资金运用比例监管的通知》核心条款

可投资产	大类资产配置险资运用比例上限	单一品种以及单一交易对手投资比例上限
流动性资产	—	—
固定收益类资产	—	账面余额不高于本公司上季末总资产的 5%（境内的中央政府债券、准政府债券等除外）
权益类资产	1. 不高于本公司上季末总资产的 30%（险资自投的保险类企业股权除外） 2. 重大股权投资的账面余额，不高于本公司上季末净资产。	不高于本公司上季末总资产的 5%。（投资重大股权投资和以自有资金投资保险类企业股权等除外）
不动产类资产	1. 不高于本公司上季末总资产的 30%（自用性不动产除外） 2. 自用性不动产的账面余额，不高于本公司上季末净资产的 50%	不高于本公司上季末总资产的 5%。（购置自用性不动产等除外）
其他金融资产	不高于本公司上季末总资产的 25%	不高于本公司上季末总资产的 5%。（集团内购买保险资产管理产品等除外）
境外投资	不高于本公司上季末总资产的 15%	—

资料来源：安邦资产。

事实上，投资渠道正在不断拓宽中。比如，2014 年 1 月，保监会发布通知，允许险资投资创业板上市股票；2014 年 6 月，证监会与保监会联合发布的《保险机构投资设立基金管理公司试点办法》中提出的允许保险机构设立基金公司；2014 年 8 月《国务院关于加快发展现代保险服务业的若干意见》中提出的允许专业保险资产管理机构设立夹层基金等私募基金；2014 年 10 月，保监会印发的《保险资金投资优先股有关事项的通知》放开险资直接投资优先股；2014 年 12 月，保监会印发的《关于保险资金投资创业、投资基金有关事项的通知》放开险资直接投资创投基金。

未来，应充分发挥险资的独特优势，在运用方式方面进行进一步的挖掘，确保配置效率。具体表现在进一步扩宽险资的投资范围,在投资基础设施项目和非重大股权方面,从目前的能源、交通等领域拓宽到养生养老、科技创新、医疗制药等,在投资重大工程建设的单一资产集中度比例方面,从不高于保险公司上季末总资产的5%提高至10%等。

二、监管部门应适度降低法定门槛

在一系列利好政策出台,投资渠道被合理拓宽的同时,一个棘手的问题摆在了保险公司和投资标的公司之间,那就是过高的准入门槛带来的成本和操作性问题。

以创投基金为例,《关于保险资金投资创业投资基金有关事项的通知》要求接受险资投资的创投基金普通合伙人(或基金管理机构)及其关联方、基金主要管理人员投资或认缴基金余额合计不低于基金募集规模的3%。但实际情况往往难以满足监管要求,该比例一般仅占到1%~2%。操作性上的问题直接导致了保险公司在投资时倾向于绕道信托计划或资管产品。这样的灰色操作实际上抬高了创投基金的运作成本,给合作带来了"桎梏"。

所以,拓宽投资渠道应与降低法定门槛相互配合,共同为提升保险资金运用的灵活性、主动性、资产配置能力创造条件,从而打破行业壁垒,让保险资管与银行、基金、券商、信托一道在充分的市场竞争中培养风控和投资能力。

三、保险资管应提高资产负债匹配能力

监管的统一对保险公司来说,机遇与挑战并存。在更公平开放的市场里,保险公司应明确自己的定位,提高投研、风控能力,并不断完善资产负债匹配。

专业性上,保险资管的从业人员应不断加强风险管理能力和投研能力,增强资金运用的持续性和稳定性。

负债端上,承保业务所获得的保费是资产端资金的主要来源。持续的大规模、长久期的资金流入是保险资金运用的比较优势。保险资管不能脱离资金运用服务保险主业的定位。资产端上,保险公司应根据实际情况有选择地利用投资渠道。比如,一些专业性较强、资产规模较大、对冲风险需求比较迫切的大型保险资管公司,以及创投基金、衍生品交易等新的投资渠道均可以被划为投资范围内。而对于规模较小并且以托管为主的保险公司,则可以选择自身优势较为突出的渠道重点发展。从产品开发和投资相协调的方向上不断促进资产负债的匹配。

参考文献

[1]艾建华,霍玉平.商业银行资产管理业务发展转型及监管研究[J].金融监管研究,2015(3).

[2]韩向荣,王大鹏.大资管时代的保险对策 [J].中国金融,2014(3).

[3]Jae-Joon Han,Kyeong-Hoon Kang,Seungyeon Won.Fund expenses and vertical structures of the fund industry[J].*Economic Modelling*,2—13(8).

[4]刘晓星.国外保险监管对我国的启示[J].金融教学与研究,2001(6).

[5]Michael Byrne.Bad banks:the urban implications of asset management companies[J].*Urban Research & Practice*,2015(2).

[6]Paul Calluzzo,Gang Nathan Dong.Fund governance contagion:New evidence on the mutual fund governance paradox[J].*Journal of Corporate Finance*,2013(11).

[7]Ron McIver.Asset Management Companies,State-Owned Commercial Bank Debt Transfers and Contingent Claims:Issues in the Valuation of China's Non-Performing Loans [J].*Managerial Finance*,2005(12).

[8]Svetlana Saksonova.Approaches to Improving Asset Structure Management in Commercial Banks[J].*Procedia-Social and Behavioral Sciences*,2013(10).

[9]苏薪茗.银行理财业务机制研究[D].北京:中国社会科学研究院研究生院,2014.

[10]Thomas Gerstner,Michael Griebel,Markus Holtz,Ralf Goschnick,Marcus Haep.A general asset-liability management model for the efficient simulation of portfolios of life insurance policies[J].*Insurance Mathematics and Economics*,2007(2).

[11]Thomas R.Berry-Stölzle.The impact of illiquidity on the asset management of insurance companies[J].*Insurance Mathematics and Economics*,2007(1).

[12]王沁.保险资金运用法律监管研究——从机构监管到功能监管[D].上海:上海交通大学,2011.

[13]薛小玉.大资管时代下的银行理财业务发展定位[J].经济体制改革,2014(9).

[14]杨晓明.经济新常态下的保险业资产配置[J].现代经济信息,2015(3).

[15]周庆丰,李响铃.大资管时代证券业发展[J].中国金融,2013(7).

资管机构发展策略的比较分析

——大资管时代市场主体的竞争与合作研究

华融证券股份有限公司

赵莎莎　赵竞萌　刘　迪

摘要

　　当前,银行、保险、券商、信托、基金等各类资产管理机构混业发展的趋势日渐明朗。主体金融机构业务之间呈出既有相互差异化的竞争,又有多方面的协同合作的发展格局。我们研究认为居民财富的持续增长、利率市场化改革的推进以及金融混业的驱动是我国大资管时代全面到来的深层发展原因。

　　由于专业背景的不同,在繁杂的委托资产管理业务中,不同市场主体之间才有机会通过协同合作达成客户委托的资产管理任务目标。在具体的业务处理环节中,这些机构群体分别承担着管理人、销售商和中介商的角色。正是这种科学的分工协作,才使得复杂的资产管理行业形成了一条清晰明了的工作链条,不同机构主体也能够凭借自身的专业背景优势寻找到适合自己的市场定位和差异化竞争策略。

　　本课题首先分析了现存市场主体间在资产管理业务上竞争与合作的动因与模式。然后借助传统 SWOT 分析法,对未来银行理财、保险资管、券商资管、公募基金、私募基金和信托资管在资产管理大行业发展中的优势、劣势、机遇和挑战进行分项讨论。最后基于 SWOT 的分析结论,我们给出了各类市场主体的四类差异化竞争策略。并且结合它们在资管产业链上的不同定位,展望了银行与非银行金融机构之间可能产生的合作基础与模式。

关键词

资产管理产业链　资产配置　利率市场化　金融混业　SWOT 分析

第一章　大资管时代来临

第一节　大资管时代的缘起与兴盛

当前,银行、保险、券商、信托、基金等各类资产管理机构混业发展的趋势日益明朗。主体金融机构之间呈现出相互差异化竞争与多方面协同合作的局面,大资产管理时代全面到来。我们认为这背后的主要原因在于居民的财富增长、利率市场环境的变迁、以及金融改革的深化。

一、居民资产配置多元化驱动资管业务繁荣

近年来,随着我国经济的快速发展,我国居民财富实现了持续稳定的增长,但在资产配置结构上出现了多元化趋势。2012 年以前,我国居民非金融资产的配置比例一直保持在 60% 以上。其中,房产占居民总资产的比重超过 50%。之后,随着房地产行业景气度的显著下降,房产配置比例明显收缩,金融资产的配置逐渐成为居民资产配置中的热点。

在金融资产中,存款是我国居民传统的主要投资渠道,其占总资产的比例一般维持在 20% 左右。但是自 2010 年起存款占比逐年递减,2014 年跌破 20%,而金融机构的理财产品占比则不断提升,股票资产占比伴随证券市场行情有所波动,但基本维持在 3% 左右。

相关内容如图 1—1、图 1—2、图 1—3 所示。

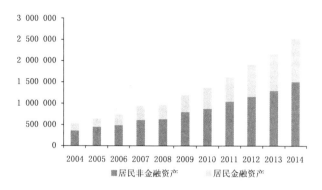

资料来源：Wind。

图 1－1　居民资产配置中非金融资产占比仍超过 50％

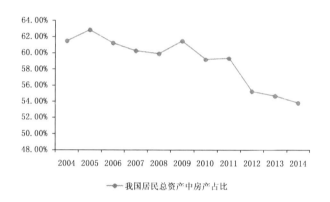

资料来源：Wind。

图 1－2　居民房产占比快速下降

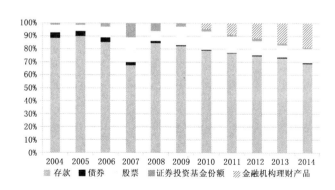

资料来源：Wind。

图 1－3　存款在金融资产中占比逐年下降

二、利率市场化唤醒全民理财意识

2003 年,十六届三中全会明确要"稳步推进利率市场化改革"。[1] 经过 20 多年的发展,央行于 2015 年 10 月 24 日彻底放开了存款利率管制,利率市场化改革完成。在利率市场化改革推进的过程中,居民理财意识觉醒,居民资产合理配置的要求加快了资产管理行业的繁荣发展。

当前,我国居民资产配置已经出现了从存款和房产为主向以其他金融资产为主过渡的新趋势。我们认为在经济发展进入新常态的情况下,低利率市场环境还会在一段时间内维持。因此,一般存款、甚至银行固定收益类理财产品的投资吸引力都将下降,相反,权益类投资有望受到更多青睐。各金融机构资产管理规模如表 1—1 所示。

表 1—1　　　　　　　　　各金融机构资产管理规模

年　份	2009	2010	2011	2012	2013	2014	2015Q3
银行理财	1.70	2.80	4.59	7.10	10.21	15.02	20
券商资管	0.14	0.19	0.28	1.89	5.21	7.95	10.97
保险	3.56	4.60	5.55	6.85	7.69	9.33	—
信托公司	2.02	3.04	4.81	7.47	10.31	13.04	—
基金公司	2.67	2.52	2.77	3.62	4.22	6.69	—
私募基金	—	—	—	—	2.00	2.13	4.77
基金子公司	0.00	0.00	0.00	0.00	0.97	3.74	—
期货公司	—	—	—	0.01	0.08		

资料来源:中国证券投资基金业协会,Wind,公开资料[2]。

2004 年是利率市场化重要的转折年[3],也是银行理财元年。经过十几年的发展,银行理财规模实现了从 0 到 25 万亿元的跨越,也从此开启了大资管飞速发展的时代。信托资产管理风起云涌,呈现一片繁荣景象,成为银行之外第二大资产管理机构。2012 年"券商新政"以及"保险投资新政"的出台,又大大推动了券商、保险资产管理业务的快速发展。我们看到在利率市场化的大背景下,大资管时代加速推进,行业进入"群雄逐鹿"时代。

---

[1]　十六届三中全会明确要"稳步推进利率市场化",确定改革的基本步骤:先外币、后本币,先贷款、后存款,先大额长期、后小额短期。
[2]　私募基金 2012 年前数据不可得,部分数据摘自《中国资产管理行业发展报告》。
[3]　2004 年,央行开始允许贷款利率下浮。

三、金融混业趋势催促各金融主体加快竞争与合作

"分久必合,合久必分"形容的是天下事物的发展分分合合有一定的必然性。混业经营曾经是许多成熟金融市场发展的大趋势,也是当前中国金融体系深化改革的重要内容之一。目前,银行、证券、保险、租赁、信托等金融机构已经出现了广泛相互交叉经营的业务格局。

从表1—1中我们观察到,我国的大资产管理行业中各类子行业规模大小悬殊,增长趋势也出现分化。2012年以前,银行理财、保险资管、信托公司资产管理规模尚可以平分秋色,券商资管和基金子公司则刚刚起步。但从2012年5月起,券商召开创新大会,政策监管环境逐渐放宽,券商资管的通道业务出现了爆发性的增长。保监会同时也推出了13项保险投资新政,不仅拓宽了保险资产管理的范围,还增加了投资选择的品种,但保险资产管理规模增速却逊色很多。2009~2012年,信托公司的资产管理规模以年均约50%的增速高速发展。但是在经济下行周期中风险逐渐暴露,近几年监管和转型压力明显遏制了信托业过猛增长势头。基金公司资产管理规模增速与二级市场行情高度相关。各类金融机构资管规模同比增速如图1—4所示。

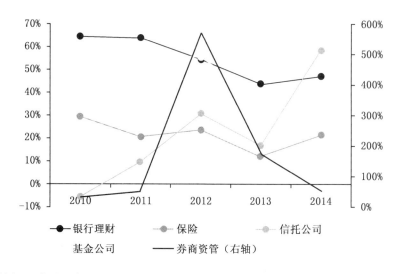

资料来源:华融证券。

图1—4　各类金融机构资管规模同比增速

在经济新常态下,我国社会融资结构将由间接融资为主向以直接融资为主过渡。这将对银行或者信托类贷款业务产生冲击,倒逼此类提供间接融资金融服务的机构加速转型与对外合作。

在金融混业趋势与经济新常态的背景下，各类市场主体只有发挥所长、开展差异化竞争，加强合作、持续创新互动，才能在优质资产匮乏的大经济环境中争取到共同发展的机遇与大资管时代的繁荣兴盛。

第二节　大资管时代发展的政策背景

一、我国资产管理业务监管现状

目前，主要金融机构的资产管理业务监管遵循的仍是分业监管[①]原则：央行和银监会负责银行理财和信托，证监会负责券商资管、公募基金和私募基金，保监会负责保险资管。经过10多年的发展与实践，各大金融机构的资产管理业务监管规则也在不断调整和改善。下面我们将按照监管主体的分类来分别研究当前各金融主体资产管理业务的投资范围和投资特点。各资产管理业务的投资范围和特征如表1—2所示。

表 1—2　　　　　　　　　各资产管理业务的投资范围和特征

资管业务	监管主体	主要规范	投资范围	特　征
券商集合资管计划	证监会	《证券公司客户资产管理业务管理办法》(2013年修订)	1. 股票、债券、股指期货、商品期货等交易所交易的投资品种 2. 央行票据、短期融资券、中期票据、利率远期、利率互换等银行间市场交易品种 3. 证券投资基金、证券公司专项资产管理计划、商业银行理财计划、集合资金信托计划等金融监管部门批准或备案发行的金融产品	1. 几乎包含了所有投资领域，仅限制不动产投资和直接债权 2. 按照现行管理办法，可以投资"新三板"挂牌企业
券商定向资管计划	证监会	《证券公司客户资产管理业务管理办法》(2013年修订) 《中国证券监督管理委员会办公厅关于加强证券公司资产管理业务监管的通知》(2013年)	由证券公司与客户通过合同约定，不得违反法律、行政法规和中国证监会的禁止性规定	1. 投资范围最为宽泛，几乎没有限制，包括其他资管产品 2. 银行资金可以通过券商定向资管计划规避其自身无法投资的领域，如权益类产品
公募基金母公司专户	证监会	《基金管理公司特定客户资产管理业务试点办法》(2012年11月修订)	现金、银行存款、股票、债券、证券投资基金、央行票据、非金融企业债务融资工具、资产支持证券、商品期货及其他金融衍生品	与基金子公司相比，非标准化的私募产品，如信托、券商资管计划等不在投资范围中

[①]　央行自1983年成立以来一直是金融市场监管的主体。1992年我国成立证监会，1998年成立保监会，2003年成立银监会，逐渐构建起"一行三会"的分业监管框架，并延续至今。

续表

资管业务	监管主体	主要规范	投资范围	特 征
公募基金子公司	证监会	《基金管理公司特定客户资产管理业务试点办法》(2012年11月修订)	1. 现金、银行存款、股票、债券、证券投资基金、央行票据、非金融企业债务融资工具、资产支持证券、商品期货及其他金融衍生品 2. 未通过证券交易所转让的股权、债权及其他财产权利	1. 几乎包含了所有投资领域,仅限制投资基金管理公司及其关联企业,防止利益输送 2. 突破了银行理财、信托、保险资管等诸多监管约束
私募基金	证监会	《私募投资基金监督管理暂行办法》(2014年8月)	私募基金财产的投资包括买卖股票、股权、债券、期货、期权、基金份额及投资合同约定的其他投资标的,包括艺术品等另类投资	1. 私募基金通常依靠信托、银行委托贷款等渠道进行非标债权投资 2.2014年后,私募基金可直接在中证登开户,参与证券市场投资,改变此前需要通过其他通道入市的局面
银行理财	银监会	《商业银行个人理财业务管理暂行办法》(2005年) 《商业银行开办代客境外理财业务管理暂行办法》(2006年) 《关于商业银行理财产品进入银行间债券市场有关事项的通知》(2014年)	1. 银行间固定收益类债券、挂钩衍生品的结构性产品、"非标债权"的融资项目、两融收益权、结构化信托的优先级、债权直投计划(试点) 2. 代客境外理财(QDII)投资范围相对更广,包括股票、债券、外汇、衍生产品等海外票据	1. 非标理财余额不得高于总资产的4%且不得高于其全部理财余额的35% 2. 私人银行客户和高净值客户投资范围更加宽泛,包括股权类投资,以及包括红酒、艺术品、影视文化等在内的另类投资理财产品 3. 一般理财产品以预期收益型为主,投资标的限制于债权
信托	银监会	《中华人民共和国信托法》(2001年) 《信托公司管理办法》(2002年)	1. 主要投向为非标债权、股票、未上市股权投资等 2. 严格控制商品期货、股指期货、融资融券等业务,仅限于套保和套利目的的交易	1. 投资范围较广泛,仅有少量限制,如不得向房地产企业发放流动资金贷款,不得发放土地储备贷款等 2. 信托计划打通了实业市场、资本市场和货币市场,经常与银行、证券等机构合作,提供投资通道
保险资管计划	保监会	《保险资金运用管理暂行办法》(2014年修订) 《关于保险资金投资集合资金信托计划有关事项的通知》(2014年)	1. 银行存款、债券、股票、证券投资基金份额等有价证券,不动产、信托计划以及国务院规定的其他资金运用形式 2. 股权投资,限制为保险类企业、非保险类金融企业或与保险业务相关企业 3. 私募基金(试点)	1. 保险资管计划以固定收益类投资为主,对流动性和风险控制的要求较高 2. 目前,保险资金投资权益类资产的不得超过上季末总资产的40%,投资不动产类资产(包括REITs)的不得超过30%,投资其他金融资产的不得超过25%,且境外投资余额不得超过10%。

资料来源:孙海波总结,华融证券。

二、资产管理业务监管政策演进

(一)2001年之前:监管空白

改革开放以来,随着居民财富的快速增长以及理财意识的唤醒,我国资产管理市场开始出现。1979年,中信集团的前身中国国际信托投资公司成立,拉开了我国信托资管业务发展的帷幕。然而,信托公司发展初期并不规范,主要从事证券类业务、实业投资和类银行存贷款业务,并没有集中到"受人之托,代人理财"的资产管理主业上来。1998年,南方基金管理公司成立了第一只封闭式基金——"基金开元",标志着我国公募基金业的起步。由于缺乏权威的监管规则和管理经验,2001年以前我国资产管理市场还只是处于懵懂的摸索阶段,各大金融机构在资产管理业务上都没有明确的发展目标和战略方向。

(二)2001~2005年:监管起步

2001年10月《中华人民共和国信托法》的正式施行,以及2002年5月《信托公司管理办法》的颁布,标志着我国的信托业监管制度初步确立。2002年10月通过的《中华人民共和国证券投资基金法》则为公募基金和私募基金的发展制定了基本规范。信托和基金的发展步入正轨:信托资产规模和净利润稳步攀升,并建立起自有资金自主管理的信托固有业务和募集市场资金投资管理的信托公司业务;公募基金则经历了从封闭式基金到引入开放式基金的变化,基金管理资产规模迅速扩张。

2003年,随着中国人保和中国人寿相继成立资产管理了公司,保险资金运用进入了集中化和专业化运营管理时期。但由于保险资金对流动性和风险控制的更高要求,以及投资渠道的约束,保险资金运用风格十分保守,主要集中在固定收益类品种。

(三)2006~2011年:银行理财监管发展

我国商业银行资产管理业务起步于2004年。2005年9月和10月,银监会相继颁发了《商业银行个人理财业务管理暂行办法》和《商业银行个人理财业务风险管理指引》两个纲领性文件,标志着银行理财业务被正式纳入监管范围。

2007年以后,伴随利率市场化改革的深入推进,银行理财业务加速发展,风险隐患开始显露。监管部门对银行理财的监管力度逐渐加大,出台了一系列规章制度,如一般性规范文件《关于进一步规范商业银行个人理财业务有关问题的通知》、风险管理文件《关于印发〈银行业个人理财业务突发事件应急预案〉的通知》、银信合作管理文件《银行与信托公司业务合作指引》等。[①] 到2011年末,商业银行资产管理监管体系已经形成了基础制度建设和银信合作等热点问题治理同步进行的大格局。

在2006~2011年间,商业银行理财业务顺应居民投资理财市场需求,不断设计开发出门槛低、期限短、收益稳定的产品类型,银行理财产品对一般存款形成明显替代。

---

① 王丽丽:《商业银行资产管理业务实践与探索》,北京:中国金融出版社,2014。

银行资产管理规模快速增长至近 5 万亿元,并逐步拉近了其与信托和保险资管在规模上的差距。

(四)2012 年至今:监管全面规范

2012 年之后,随着监管环境的放松,我国资产管理市场呈现出爆发式增长的繁荣局面。这主要表现在管理资产规模的迅速膨胀、投资收益的显著提高、产品类型的极大丰富、金融主体之间的紧密合作。

2012 年 5 月,券商召开创新发展大会。证券市场监管开始放松,转向支持全面制度创新。证监会不久又颁布了《证券公司客户资产管理业务管理办法》和《证券公司定向资产管理业务实施细则》等规范性文件后,券商资管产品开始步入常态化发展。券商管理的资产规模从 2011 年的不足 3 000 万元迅速增长至 2014 年末的近 8 万亿元。

2012 年 11 月,证监会修订了《基金管理公司特定客户资产管理业务试点办法》,明确规定基金子公司的投资范围,囊括了包括银行间市场、交易所市场和非标产品在内的几乎所有投资领域,突破了信托、银行理财、保险资管等约束,成为其他金融机构良好的通道。此外,部分基金子公司摒弃了低利润的通道业务,开始利用其投资范围广的竞争优势,专注于自主投资。在过去两年间,基金子公司的业务规模迅速扩大,与公募基金的规模差距快速缩小。

2012 年,保监会也陆续出台了《保险资金委托投资管理暂行办法》、《保险机构销售证券投资基金管理暂行规定(征求意见稿)》。保监会赋予保险资产管理公司第三方资产管理人的权利,并规定其可以受托管理保险业以外的资金。至此,保险与证券、基金等机构间的通道被打通,实现了资金和产品的互惠互通,促进了各机构之间的合作。

近年来,在各类金融主体资产管理业务基本制度已经确立的基础上,监管政策在业务细则上不断规范与完善,甚至涉及跨行业合作,如《关于规范证券公司、基金管理公司及其子公司从事特定客户资产管理业务有关事项的通知(征求意见稿)》、《关于规范证券公司与银行合作开展定向资产管理业务有关事项的通知》等。为顺应大资管时代的发展趋势,我们认为监管层有必要继续加大政策的宽松度,鼓励不同子行业创新与互动,加强事后监管而非事前审批,以推进资产管理市场的快速健康发展。

第三节　资产管理产业链条上的机构分工与协作

事实上,我们日常生活中的存款、收藏古董、购买金银等行为都属于资产管理的范畴。只不过随着社会财富规模的迅速增长和人们资产保值增值欲望的强化,这类自主资产管理的效果十分有限。对外委托资产管理业务由此展现出巨大的市场空间。

由于专业背景各异,在繁杂的委托资产管理业务中,不同机构主体之间才有机会通过协同合作达成客户委托的特定的资产管理任务目标。在具体的业务处理环节中,这些机构群体按照专业分工,分别承担着管理人、销售商和中介的角色。正是这种分工协作,使得混业中的资产管理形成了自己清晰明了的工作链条,不同机构主体也能够凭借自身的优势寻找到适合自己的市场定位。

管理人主要负责资产管理项目的具体运营与投资,其中涉及受托人、投资管理人、账户管理人和托管人等。受托人是资产管理计划的"大管家"、客户利益的"看护者",其服务贯穿全程,监督协调其他机构。投资管理人直接对资产管理计划的保值增值负责,对项目投资的风险负责。账户管理人是资产管理计划的"会计",是信息流的管理者。托管人是资产管理计划的"出纳",是资金流的管理者。

销售商主要是受托向客户销售资产管理产品。销售商和管理人一般为同一主体,但也可能是不同主体。借助不同主体销售的原因主要是出于销售商自身的销售网络和营销能力的限制。

中介机构主要有经纪商、评级机构等。经纪商包括证券经纪、期货经纪等,它们为投资交易提供服务。评级机构包括针对资产管理产品和管理人的管理能力进行评价的评级机构。

第二章　现存市场主体间的竞争与合作

第一节　现存市场主体间的竞争

大资管时代的到来,打破了各大金融主体之间相互割据的局面。尤其在混业经营的大趋势下,监管放松使得一些行业原有的制度优势逐渐弱化,机构间的业务交叉逐渐增多,金融机构在客户资源、资金来源、资产配置、专业人才之间的竞争更加激烈。未来金融行业的牌照价值将逐渐淡化,各市场主体的资产管理业务有望在更多层面展开争夺。

一、政策松绑打破竞争壁垒

2012 年,我国资产管理行业迎来了新一轮的监管放松浪潮——券商创新大会召开及保险投资新政实施。银行和信托在传统业务盈利空间不断压缩,以及外部竞争压力持续加大的情势下开始全面谋求转型发展。

如今,资产管理行业经过两年多的发展,投资范围逐渐扩大、投资门槛有所降低。银行、券商、保险、信托、基金等机构间的竞争壁垒在削弱,金融工作者深切感受到大资管时代全面到来,机构间的业务争夺愈演愈烈。在 2015 年的资本市场上,银行被传言将获得券商牌照,证券公司要开设公募基金,银行、券商、保险纷纷设立私募机构,各类金融主体间的业务界限进一步模糊化。

尽管我国法律上还没有赋予商业银行持有券商牌照的权力,但一些大型商业银行早已通过海外设立子公司或由信托子公司控股的方式间接持有了证券公司牌照。商业银行持有券商牌照情况如表 2—1 所示。

表 2—1　　　　　　　　　　　商业银行持有券商牌照情况

银行名称	持有方式	子公司名称	持有券商	注册地
国开行	直接持有		国开证券	内地
中国银行	通过子公司	中银国际控股	中银国际证券	内地
工商银行	通过子公司	工银国际	工银国际证券	香港
建设银行	通过子公司	建银国际控股	建银国际证券	香港
农业银行	通过子公司	农银国际控股	农银国际证券	香港
交通银行	通过子公司	交银国际控股	交银国际证券、受让华英证券 33.3% 股权	香港
招商银行	通过子公司	招银国际	招银国际证券	香港
兴业银行	通过信托子公司	兴业国际信托	华福证券	内地

资料来源:华融证券。

2013 年,新《基金法》将基金管理人从基金公司拓展到保险资管、券商、私募等资产管理机构,公募基金的业务壁垒被打破。2013 年,首张证券公司公募基金业务牌照由券商资产管理公司东方红资产管理获得。截至 2015 年 10 月底,我国境内共有资产管理公司 100 家,其中取得公募基金管理资格的券商有 9 家、保险资管公司 1 家。尽管券商和保险资管的公募基金管理资格仍然较少,但由于其排名考核压力较小,更加重视绝对收益。此外,来自互联网金融和私募基金方面的热情也不小。阿里巴巴通过收购天弘基金实现了资产管理业务的布局,余额宝货币基金的推出甚至震撼到银行存款业务。东方财富近期提交申请设立天天基金管理有限公司,正式进军公募基金管理领域。

我们认为此前各类金融机构在资产管理业务方面呈现"群雄割据"的局面主要在于制度优势各有不同。随着混业经营下监管政策的不断放松,制度优势不断被打破,各行业间的业务广泛交叉,竞争优势从原来绝对的制度保护逐渐过渡到资源优势和管理技术方面,如资金成本、客户规模、资产质量、管理文化、风险控制能力等。

二、转型升级促使竞争加剧

如今,由于外部经济环境不佳以及内部经营压力倒逼,众多传统金融机构已经放弃原有简单粗放式的业务发展模式,不断谋求集约化综合化的经营管理模式,收入来源上更看重价值型业务的贡献度,比如资产管理业务收入。随着利率市场化的推进,我国商业银行依靠净息差生存的营利模式越发困难,大型商业银行走向以银行控股的综合化经营管理模式,广泛布局信托、基金、保险等资产管理类子行业;券商经纪业务受互联网证券的倒逼,佣金率直逼成本线,向财富管理业务转型、改变单一的佣金和手续费收入模式,成为时下证券经纪业务的发展潮流;信托业在经历了投资时代"通道为王"的繁华过后,不断面临同业竞争、兑付危机与监管的重重考验,正在向信托的本源靠拢;保险机构在利率市场化中利差损风险上升,承保端盈利能力日渐衰退,向投资端要效益的呼声日渐强烈,第三方资管业务在保险资产管理公司中广为开展,控股银行、基金、私募的动作频频。

在产品创新方面,随着政策的放开以及资产管理业务的拓展,结构化分级策略[①]开始应用于券商资管和基金子公司的资产管理计划中,如定向增发配资和并购交易中的杠杆融资等。而此前结构化分级模式主要应用于信托产品。因此,券商资管、基金子公司与信托在产品及优先级资金方面产生了正面竞争。

三、互联网金融搅局资产管理

伴随着互联网应用的兴起,传统金融行业也受到了莫大冲击。从支付手段、负债经营、投资管理到交易机制,互联网金融在各个层面上改变着金融业原有的运行法则。过去传统资产管理行业因为其较高的进入门槛往往将普通个人投资者拒之门外,而互联网金融打破了这一投资壁垒:余额宝、P2P等互联网资产管理产品的成功正代表着

---

① 一般结构化分级产品中银行理财资金被设为优先级受益人,收益固定且风险最小。

普通大众的财富管理需求与小资金的能量。

　　事实上，资产管理行业对于信息数据资源以及信息技术处理方面的要求极高。如果金融机构在信息数据获取、信息数据处理、投资交易速度方面拥有足够优势，将明显提高其投资管理的准确度和收益率。随着云计算、大数据、移动通信和社交网络的发展，数据的整合和处理也更加细致，这使得信息的有效性大大提升，也使得互联网金融相对于传统金融在资产管理信息处理方面更具有优势。传统资产管理行业投资门槛过高，只重产品结构设计，却忽略了客户服务体验，收益率表现也一般。这使得互联网金融"搅局"不断成功。在风险管理方面，大数据资源使得互联网金融能够对风险进行预判，较早识别风险，这对于传统资产管理标榜的风险控制力形成了更大挑战。

　　量化投资策略是信息数据处理技术在资产管理行业应用成功的典型。20世纪70年代初，量化投资策略利用数学模型和计算机开始自动完成数据处理和计算，实现投资逻辑和交易策略，并自动生成投资交易清单并执行交易，最终突破了定性分析与主观决策。贝莱德公司（2009年收购资产管理公司BGI）是量化投资策略的成功代表，其用计算机实现基本面选股和风险管理量化。BGI通过这种方法管理指数基金、增强指数基金和主动量化基金，其管理资产规模顶峰时能达到2万亿美元。

四、资产争夺战正在进行

　　在金融混业经营背景下，主体金融机构间不仅业务相互交叉渗透，而且对于流动性较好、收益较高、风险相对可控的优质资产争夺也异常激烈。2015年，"资产为王"和"资产荒"的呼声不绝于耳。

　　"资产荒"的深层原因是优质资产供需结构的失衡。一方面是由于经济下行环境中，传统产业举步维艰，而新兴产业的培养尚待时日，现存资产项目质量不佳使得资产供给相对紧张。另一方面从需求端看，货币政策宽松，社会财富持续增长，资产配置需求强烈，资金面充裕。

　　未来随着资本市场的壮大，衍生金融产品、权益类产品、固定收益类产品以及海外资产将成为我国资产管理行业新的投资工具。对于资产项目的竞争将不仅仅限于资金成本、销售渠道、客户资源方面的实力比拼，也有赖于机构自身资产负债匹配能力和风险控制能力的全面提高。

第二节　现存市场主体间的合作

　　2012年以后，虽然市场主体间的资管业务壁垒在逐渐消逝，各方竞争日益加剧，但是各方的合作空间也依然存在:一方面,我国仍然坚持分业监管,出于审慎原则,各类金融机构的资产管理业务范围还有界线区分;另一方面,各类金融机构的专业优势不同,也为机构间的协同合作提供了基础。本节我们将视线转移到我国现存各类金融机构之间的合作方面,从案例中观察机构间协作的原因与共赢的模式。

一、银信合作

2007 年之前,银行和信托之间业务的高度同质化限制了两者之间的合作。直到《信托公司管理办法》和《信托公司集合资金信托计划管理办法》颁布才开启了两者的差异化之路,也奠定了两者合作的基础。目前,常见的银信合作方式有:

(一)传统通道项目

由于监管法规的限制,银行理财资金可通过专门成立的信托计划,实现某种特定的投资。此外,银行通过信托投放部分贷款也可实现资产和风险出表的目的。该业务机制灵活,2012 年证监会相继颁布了《证券公司客户资产管理业务管理办法》、《证券公司定向资产管理业务实施细则》、《基金管理公司特定客户资产管理业务试点办法》等文件后,券商和基金子公司均可成为通道。银信通道业务结构如图 2—1 所示。

资料来源:华融证券。

图 2—1 银信通道业务结构

(二)信贷资产证券化业务

基于资产证券化的结构特征以及我国不允许建立空壳公司的规定,信贷资产证券化业务中特殊目的载体(SPV)一般由信托计划承担,以实现破产隔离。2014 年末,资产证券化业务由审核制改为备案制,随后迎来了良好的发展时期。无论是常规的信贷资产证券化业务,还是近期有望突破的不良贷款资产证券化业务,都有望成为银信合作新的增长点。[①] 资产证券化业务参与者如图 2—2 所示。

---

① 白战伟,http://www.aiweibang.com/yuedu/caijing/17956363.html。

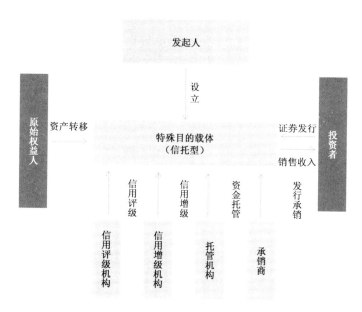

资料来源：华融证券。

图 2－2　资产证券化业务参与者

二、银证合作

银行与券商之间的合作也具有相当广泛的基础。银行在资金和销售渠道方面的优势，与券商在项目投资管理和研究方面的优势，可以高度配合达到共赢。目前，常见的银证合作方式有：

（一）传统通道项目

由于券商资管的投资范围较信托计划的投资范围更加广泛，基本没有限制，包括信托不能投放的房地产企业流动资金贷款等，因此传统的银证通道项目也较为常用。银行作为实际出资方获取投资收益，券商则获得通道费用。

（二）券商主动管理模式

银行理财资金由于成本较储蓄成本更高，因此通常要求在低风险的基础上获得更高的收益。券商在投研方面的优势可以与银行的资金优势相结合，通过券商的主动管理（主要为固定收益类投资），为银行理财资金获得较低风险的超额收益，券商则可以获得手续费用和潜在的利润分成。

（三）券商资管计划结构化产品

该合作模式中，由银行提供资金支持，券商提供项目或投资标的（一般为非标项目），可以同时利用银行资金来源广、成本低的比较优势，以及券商项目收益高、投资管理能力强的优势。这种模式常采用结构化设计，银行担任优先级投资者，获取稳定收益并降低风险，券商担任劣后级投资者，获得风险超额收益。与传统的银证通道项目相比，该合作模式更能发挥银行和券商的专业优势，近年来已成为银证合作的主要发展方向。银证合作结构化产品如图 2—3 所示。

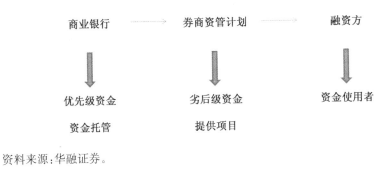

资料来源：华融证券。

图 2—3　银证合作结构化产品

三、银保合作

自 20 世纪 90 年代银行获得保险兼业代理资格后，商业银行与保险企业之间的合作便从简单的结算代理逐步发展为渠道代销、资金结算、资金托管等合作模式。近年来，随着监管的放松，商业银行和保险公司还深入开展了互相持股的试点工作。目前，常见的银行与保险的合作方式有：

（一）渠道代销

保险企业可以利用银行渠道代销保险产品，而银行也可通过保险企业的渠道推销金融服务。

（二）结算和资金监管业务

目前，保险公司需通过银行办理财务结算、归集保费收入、满期给付和兑付理赔资金等业务。同时，按照保监会要求，保险公司需提取 20% 的资本保证金以定期存款或协议存款的形式存入银行，由银行承担资金监管的职能。

（三）托管业务

按照监管要求，保险公司对外投资需建立和完善保险资产托管机制，选择符合规定条件的商业银行等专业机构，委托第三方独立托管相关资产，切实提高投资运作的透明度，防范资金运用操作风险。目前，商业银行是保险公司主要的托管人。

（四）商业银行与保险公司互相投资

2006 年 9 月，保监会出台了《关于保险机构投资商业银行股权的通知》，允许保险机构投资境内国有商业银行、股份制商业银行和城市商业银行等未上市银行的股权；2008 年，银监会和保监会联合签署了《关于加强银保深层次合作和跨业监管合作谅解备忘录》，允许商业银行和保险公司开展相互投资的试点；2009 年，银监会发布《商业银行投资保险公司股权试点管理办法》，正式开展商业银行投资保险公司股权试点。此后，"四大行"相继收购中小型保险公司，将经营范围扩展到保险领域，建立起新型的金融集团。保险公司也充分利用银行在客户渠道、营销网络等方面的优势，实现资源共享，共同发展。

四、银行与基金合作

银行与基金的合作，对银行而言，有助于获取高净值客户资源，同时也可以借助基金公司深厚的专业知识和丰富的投资经验，加强金融产品的创新；对基金公司而言，则可获得更广的销售渠道，挖掘更多的潜在客户资源，并通过结构化产品获得银行资金的支持。目前，常见的银行与基金的合作方式有：

（一）渠道代销

基金公司可以利用银行渠道代销基金产品，该合作方式与信托类似，此处不赘述。

（二）传统通道项目

基金子公司的投资范围与信托和券商资管计划相似，因而也是银行理财资金常用的投资通道之一。

（三）客户资源共享

商业银行在我国具有广泛的客户基础，拥有大量的个人客户和企业客户资源，基金公司可以从银行现有的客户群体中发掘潜在的投资者；而基金公司专户一般服务高净值客户，这类群体可以提升银行的客户资源质量。

（四）金融产品创新

基金公司作为我国资本市场上成熟的机构投资者，具有深厚的专业知识和丰富的投资经验，商业银行通过与基金公司的合作，可以有针对性地开发金融产品，优化产品结构，更好地满足高净值客户的需求，提高客户黏性和自身的竞争力。

五、证信合作

券商与信托在市场定位、投资方向、客户资源等方面均有所不同，也决定了证信合

作具有较大的潜力和空间。目前,常见的券商与信托的合作方式有:

(一)渠道代销

券商在证券市场客户资源和销售渠道方面具有一定优势,而信托投资者大部分为高净值客户,二者在产品销售方面可以很好地互补。

(二)私募融资

信托产品的私募属性虽然提高了资金成本,但是能够在较短的时间内获取足额的资金,部分券商已开展相关的固定收益类私募融资业务试点。[1]

(三)产品设计

券商具有研究资源和投资经验的优势,能够有针对性地设计满足不同客户需求的信托产品,不仅有利于丰富信托产品线,提高客户黏性,也有利于挖掘潜在客户资源。

六、证保合作

虽然传统意义上,券商和保险的投资风格大相径庭:券商更加强调风险和收益,是资本市场的"激进派",而保险强调风险转移和保障功能,是资本市场的"稳健派",但二者之间的合作仍然广泛。除了券商可以作为保险资金证券投资的经纪业务通道外,2013 年初,券商还陆续拿到了保险兼业代理人资格。当前,券商与保险之间的合作又从简单的互相代销产品,发展到更深层次的投资管理合作中。我们常见的券商与保险的合作方式有:

(一)渠道代销

保险企业积累了大量的客户资源和数据,可有效地推广券商产品,而部分券商客户在获得投资收益后也有财富管理和风险保障需求。

(二)资产委托管理

券商在资本市场的投资经验丰富,对固定收益类证券和权益类投资都有深入了解,其投资组合产生的收益有望符合保险资管对低风险和较高收益的资金委托要求。自 2012 年保监会放开保险资金投资限制后,保险企业委托券商投资管理的资金规模逐年增大。

---

[1] 白战伟,http://www.aiweibang.com/yuedu/caijing/17956363.html。

第三章　市场主体的 SWOT 分析

第一节　银行理财的竞争策略研究

一、银行资产管理业务介绍

我国银行资产管理业务主要是指银行理财业务。自 2004 年以来,随着居民收入的提高以及财富管理需求的增加,银行理财产品规模逐年增长。截至 2015 年三季度,银行理财产品规模达到 20 万亿元,逐渐占据了资产管理市场至关重要的地位。

银行资产管理业务以稳健型投资为主,其主要投资方向为债券、票据、同业存款、信托产品等固定收益类产品,以及国债、央票、高评级企业债、公司债、短融等现金管理类产品。近年来,随着资本市场的发展,部分银行理财资金借助通道类业务或结构化产品设计积极参与资本市场,投向非标债权业务、股权融资业务等。

二、银行理财业务 SWOT 分析

我国资本市场长期以来以间接融资为主,商业银行作为金融体系的资金往来和结算中心,在金融体系中具有十分重要的地位,因此银行理财作为银行发行的资管产品,一开始在市场中就具有较高的认知度。在大资管时代来临和利率市场化改革完成之际,银行理财如何与其他资产管理产品竞争,也决定了未来银行资产管理业务的前进方向。下面我们将对银行理财业务进行 SWOT 比较分析:

优势(Strengths):(1)现代金融体系建立以来,银行作为资金往来和结算中心,积累了大量的客户数据和资源,其中既包含企业客户,也包含普通个人客户和高净值客户,因而银行理财的销售渠道较为广泛。(2)银行理财的资金成本普遍较低,且期限相对固定。(3)银行在开展信贷业务的过程中对企业经营状况比较熟悉,能够较准确地识别和化解风险。

劣势(Weaknesses):(1)相较于券商、基金、保险等其他金融机构,由于银行的业务同质性较强,专业投资人才储备不足,不能处理复杂的投资标的或业务结构。同时,

银行的主要业务集中在债权方面,而权益类投资的经验欠缺。(2)商业银行作为金融市场中资产规模最大的主体,对企业经营、经济发展乃至社会稳定都具有重大影响,因而也是监管层关注的重点。银行资产管理一般要借助表外业务,使用复杂的产品结构设计,因此对监管政策的敏感度较高。(3)随着 2015 年 10 月央行取消商业银行存款利率上限,我国利率市场化改革宣告完成,银行理财的资金成本难以长期维持在低位,且变相推高了对投资收益率的需求。

机遇(Opportunities):(1)"新常态"经济增速虽然有所下滑,但加大投资仍是未来稳增长的主要手段之一。随着基建投资项目的逐步落实,银行理财资金仍有较多投资选择空间。(2)2014 年以来,在银监会指导下,银行理财业务事业部制改革快速推进,未来可能进一步发展为资产管理公司,体现出监管层和银行对理财业务的重视程度正在逐步提高。(3)随着人民币国际化进程加速,人民币理财市场的深度和广度将不断增加,商业银行可以抓住这个有利的契机,积极开发离岸人民币这一"蓝海市场"。

挑战(Threats):(1)在大资管时代背景下,银行理财产品与其他机构主体的资管产品存在一定的替代性,对银行流动性管理、投资能力、销售能力等要求提高。(2)如何在不影响业务推广的前提下强化行业自律,规范销售行为,加强合规管理和制度建设,将是各大银行需要慎重处理的问题。(3)随着信用风险事件不断爆发,以债权投资为主的银行理财产品需要强化风险控制机制,增强风险综合管理能力。

第二节　保险机构的竞争策略研究

一、保险资产管理主体及业务介绍

我国保险资金投资管理主体可分为三类:集团旗下设立的专业保险资产管理公司、公司内设的资产管理部门和外部委托资产管理机构[①]。当前,保险业通过保单契约筹集到的负债资本绝大多数是通过保险集团旗下的保险资产管理公司投资运作的。保险资产管理公司管理了保险业约 80% 的资产规模。截至 2015 年 11 月末,全国共有 21 家保险资产管理公司。

目前,我国保险资产管理公司的业务可以划分为两大类型:一类是投行业务,包括基础设施及不动产投资计划、项目资产支持计划和私募股权基金;另一类是资产管理

---

① 2012 年 7 月,保监会颁布《保险资金委托投资管理暂行办法》,保险资金投资外部委托模式开启,主要机构类型有券商资管和基金公司。

业务,包括保险资产管理产品、企业年金业务、公募基金业务、第三方资产管理业务。保险资金运用模式如图 3—1 所示。

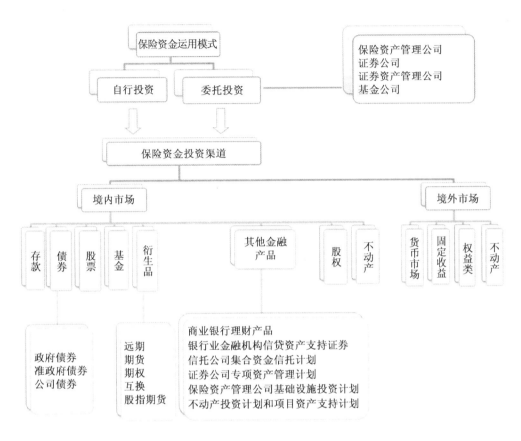

资料来源:网络资料。

图 3—1　保险资金运用模式

二、保险公司的 SWOT 分析

基于牌照资源、销售团队与网络渠道优势,保险机构在资产管理链条中可以胜任的角色为管理人和销售商。管理人中除了托管人一般由有资格的商业银行担任外,保险机构已经能够承担受托人、投资管理人和账户管理人等主要管理人的工作职责。那么,在金融混业大势已定和老龄化社会加速的大宏观背景下,保险机构的资产管理业务发展前景如何?与其他市场主体比较而言,其竞争优势、劣势、机遇和挑战何在?

接下来我们通过传统 SWOT 分析方法来一一梳理。

优势(Strengths):(1)通过多年的实践积累,保险资产管理公司比较熟悉保险资金与养老金类(如商业年金、企业年金、职业年金和社保基金等)的负债资产的属性,能够掌握和熟练组织不同久期和风险收益特征的资产进行大类配置。(2)长期以来,债券投资为保险资金运用的主要领域。随着债券市场的发展壮大,保险资产管理机构在固定收益类产品上的投资能力将得到更突出表现。(3)保险机构拥有庞大代理人和经纪人销售队伍,也不断争取到了丰富的银行网点渠道资源。(4)保险机构拥有天然的大数据资源基础。以寿险为例,通过与政府及医疗机构的合作,保险公司积累了重要的个人健康数据信息。以车险为例,通过与汽车代理商和修理厂合作,保险公司掌握了被保险车辆和驾驶员珍贵的信息数据。

劣势(Weaknesses):(1)由于保险负债资金属性对于安全性要求强,以及 2016 年起监管层将实施基于风险和价值考虑的第二代偿付能力资本监管体系,保险资产管理机构在负债资产投资运用中仍然存在较强的管理束缚,可能会影响到资管产品的投资收益表现。(2)保险资产管理机构市场化运营管理经验不足。由于保险公司筹集的绝大多数保费收入是封闭在自建的投资部门或资产管理子公司内投资管理的,并没有经历市场化的投管人招标筛选,投资管理的业绩考核压力不大、专业化水平有限。(3)进入大资管时代,保险机构开始涉足公募基金、私募股权基金等新业务等,但是市场经验不足,品牌认知度不高。

机遇(Opportunities):(1)保险资金投资渠道拓宽,监管策略遵循"抓大放小"。2014年 2 月保监会下发 13 号文①,规定保险资金运用执行大类监管原则。2015 年"股灾"后,监管层将保险资金的权益类投资比例由上季末总资产的 30% 进一步提升至 40%。(2)保险公司受托管理资金范围不断扩大。2012 年,保监会 90 号文支持保险资产管理公司受托管理养老金、企业年金、住房公积金等资金来源。2013 年 2 月,证监会又公布了《资产管理机构开展公募证券投资基金管理业务暂行规定》,批准保险资产管理公司开展公募基金管理业务。(3)保险新"国十条"将保险业推升至国家治理的战略高度,保险资金有望参与更多重要的国内外基础设施建设项目,获取长期稳定的优质项目资产。

挑战(Threats):(1)未来保险资产管理业务准入门槛的降低将加剧现有保险资产管理机构的竞争。(2)利率市场化的完成挑战保险资产管理机构资产负债管理能力。2000~2014 年,我国仍然采用管制利率制度,利率浮动区间总体在 2%~4% 之间,相对稳定,对于保险资产负债管理能力的要求并不高。2015 年利率实现市场化后,保险

---

① 2014 年 2 月,保监会颁发了《关于加强和改进保险资金运用比例监管的通知》,简称 13 号文。保险公司投资资产划分为流动性资产、固定收益类资产、权益类资产、不动产类资产和其他金融资产五大类资产。"抓大"是指为防范系统性风险,保险公司配置大类资产需满足各类别资产的资金运用上限比例要求;"放小"是指取消具体品种投资总量的比例限制,给予投资管理人更多灵活自主的权力。

产品费率市场化改革也相继完成,保险公司投资端压力不断上升。

第三节　券商资管的竞争策略研究

一、券商资产管理主体及业务介绍

我国券商传统的资产管理业务主要有三类:面向多客户的集合资产管理计划、面向单一客户的定向资产管理计划、特定用途的专项资产管理计划。但在券商新政后,公募基金业务、基金托管业务和受托管理保险资产业务也向券商放开,券商资管的业务范围明显拓宽。

由于受到监管的限制较多,再加上自身发展过程中的不规范而引发的行业整顿,券商曾经错失资产管理行业发展的黄金期。因此在 2012 年之前,券商资管在资产管理行业中占比很小。然而在 2012 年之后,券商投资管理新政陆续出台,券商资管业务依靠通道类业务快速增长。2014 年 5 月,央行五部委出台了 127 号文对同业业务进行了规范,对券商资产管理的通道业务造成了一定影响,券商资管产品发行数量和份额都出现了明显下降,券商资管的转型之路也由此开启。截至 2015 年 9 月份,券商资产管理规模已突破 10 万亿元,快速追赶银行理财、信托及保险的资产管理规模。

二、券商资产管理的 SWOT 分析

优势(Strengths):(1)证券公司具有完善的投资管理流程和研发团队,有助于构建先进的产品平台,满足客户的多样化需求。(2)证券公司资产管理业务主要定位于高端客户,包括高净值个人客户和机构客户投资者,这使得券商资管资金来源较为稳定,波动性较小。(3)证券公司在销售渠道方面的优势体现在广泛的营业部网点,资本市场庞大的客户资源也为证券公司资管产品的销售提供了便利。(4)证券公司的产业链式金融服务可以为资管行业提供全面的支持,部门间的协同合作将大大提高券商资产管理的效益。

劣势(Weaknesses):(1)券商资管业务错过了黄金发展的时期,与其他机构相比仍处在赶超的阶段,在资产管理经验、人才储备、规范管理方面仍不完善。(2)相较于其他机构,证券公司在资本实力方面仍有显著差距,这使得其抵御风险的能力相对较弱,资本的限制也使得其容易错过较好的投资机会。(3)证券公司在资金运用范围虽然已有所放宽,但仍受到诸多限制,这使得其投资品质有限,难以发挥其在主动投资管

理方面的优势,也导致其大部分资产管理业务为通道业务。

机遇(Opportunities):(1)2012 年券商新政放宽了证券公司的投资范围和投资比例限制,扩大了其在业务上的投资范围和资金运用方式,为券商资管产品的创新提供了机会。(2)公募基金业务资格的放开,使得证券公司可以设立公募基金,拓宽了券商的资金来源,丰富了产品类型,给证券公司资产管理规模壮大发展提供契机。(3)过去证券公司资产管理业务多以证券投资组合为主,较少涉及实业投资领域。但随着监管政策的放宽,券商资管也开始涉及实体经济领域的投资管理,可以实现与研究、投行、经纪等各业务部门联动,延长金融服务产业链,提升公司的综合化经营能力。

挑战(Threats):(1)券商资产管理规模虽然突飞猛进,但其收入增速并不匹配,这与目前证券公司资管业务仍以通道业务为主有关,但随着通道业务的利润空间不断被压缩,券商资管业务需要转型。(2)未来券商资产管理业务转型的一大方向是主动资产管理业务,主动资产管理业务虽然利润率较高,但对于二级市场的依赖较大,需要资产管理者凭借其专业经验获得超额收益。(3)互联网金融既打破了券商高佣金率的垄断地位,其创新的业务模式和低投资门槛也对证券公司的资产管理业务造成冲击。券商创新大会重塑券商业务及产品如表 3-1 所示。

表 3-1 券商创新大会重塑券商业务及产品

新业务、新产品创新	集合计划由审批制转为备案制
	支持跨境业务发展,拟简化 QFII、RQFII、QDII 审批流程
	允许资管参与融资融券,将其持有股票借给证金公司
	简单业务和产品,不评审和试点;须评审和试点的,尽量缩短评审和试点期限
	加快试点扩大周期,试点成功及时转常规
	降低投资门槛,减少相关限制
	允许自主决定 IT 配置和技术框架,以降低经营成本
	允许产品分级
	加快推出跨境双向挂牌上市的 ETF 产品
	培育券商柜台交易业务,拓展券商托管、结算、估值等证券服务和市场组织功能
	结合场外市场发展探索做市商制度
投资范围拓宽	证券自营投资品种逐渐扩大
	投资范围扩至场内外证券类金融产品
	具备条件的券商可投资期货、黄金现货、期权及其他非证券类金融产品
	允许券商以自有资金及专项理财基金或直投基金进行跨境投资
	大集合产品,投资范围放到短融、中票、本金保证型理财产品以及正回购等
	小集合产品,投资范围放松至证券期货交易所交易的产品、银行间市场交易的产品、经金融监管机构审批或备案的金融产品等
	定向和专项理财,允许由合同约定投资范围
	现金管理产品投资范围从银行存款放宽至各类债券
	增加 QFII、RQFII、QDII 额度,允许多种方式使用该额度,加快推出跨境双向挂牌 ETF 产品
	以行业整合为目的收购,解决"同业竞争"期限由 2 年放宽至 5 年

续表

原有业务范围拓宽	支持券商开展市值管理等各类中介服务
	进一步放开证券公司依法设立直投、并购基金、另类投资等子公司
	扩大证券公司代销金融产品范围,证券公司由仅能代销公募基金产品扩至允许券商代销各类金融产品
	允许券商开展专项 QDII 经纪业务
	放宽报价回购/约定购回/融资融券业务限制
	允许证券公司开展专项 QDII 经纪业务、以自有资金、专项理财资金或直投基金进行跨境投资
	允许符合法定上市条件的券商自主确定境内外上市安排
	鼓励券商积极参与中小微企业私募债券试点;结合中小微企业私募债券试点发展探索做市商制度

资料来源:华融证券。

第四节　公募基金的竞争策略研究

一、公募基金的业务介绍

公募基金管理公司在资产管理业务方面涉足最早,其在资产管理业务运作模式方面也最为成熟。我国基金管理公司的资产管理业务包括公募基金业务和特定客户资产管理业务(即专户理财业务)。

截至 2015 年 10 月底,我国境内共有资金管理公司 100 家,其中合资公司 45 家、内资公司 55 家,取得公募资金管理资格的证券公司 9 家、保险资管公司 1 家,公募基金公司已进入激烈竞争的时代。伴随着政策的放松和互联网金融的兴起,互联网公司和私募也开始进军公募领域,公募业务的争夺日趋白热化。

二、公募基金的 SWOT 分析

优势(Strengths):(1)从发展程度看,公募基金发展较早,在产品线丰富程度、业务规范程度和信息透明度等方面最为成熟。(2)从资金来源看,基金公司来源较为广泛,群众基础夯实,有数量庞大的资金来源。(3)从认可度来看,基金产品具有标准化、规范化、透明度强和流动性高等特征,且销售渠道丰富,对于客户而言有便捷性和流动性的优势,受到大众的接受度也较高,因此公募基金的资产管理规模一般较大。(4)高素质的人才是基金公司的核心竞争力,作为知识密集型和人才密集型的行业,基金公司的专业化水平相对较高,这使得其在未来资产管理市场重新争夺中拥有人才利器。(5)基金公司相对其他资产管理机构而言也是重要的机构投资者,因此基金管理公司拥有信息优势。

劣势(Weaknesses):(1)基金公司的盈利模式较为单一,其主要收入来源为管理费及手续费收入,这与证券市场波动情况及管理规模密切相关,公司盈利稳定性较差。(2)基金公司中个人投资占主导地位,目标客户主要是中低收入阶层的个人客户,这使得资金来源存在极大的波动性,难以保证基金资产管理规模的稳定性。(3)基金销售渠道虽然广泛,但并没有自身的销售渠道,长期严重依赖银行和证券机构的业务平台销售产品,这使得其在推广新产品的过程中受制于渠道劣势。在大资管时代下,资产领先,渠道为王,基金商需要在此方面完善。(4)在目前的政策下,公募基金产品可以投资的领域受到限制,这使得在市场行情不好的情况下,公募基金面临劣势,难以保证其稳定的收益率。

机遇(Opportunities):(1)新常态下,我国面临过剩产能转型升级及新兴产业培育壮大的双重目标,资本市场在服务国家战略的角度可以发挥巨大的作用,基金行业将迎来新的发展机遇。(2)公募基金专户业务监管较宽松,专户产品只需向证监会报备,审批周期相对较短、产品投资范围也将大,这大大提高了公募基金的创新空间,使得停滞不前的公募基金有了新的突破。(3)基金子公司可以借助平台优势扩宽基金投资范围,除了二级市场投资外,公募基金正在逐渐向一级市场和场外市场延伸。

挑战(Threats):(1)基金公司盈利模式单一,在混业经营下公募基金业务资格已经向证券公司、保险资管和私募基金开放,公募基金的政策壁垒逐渐消失,将对公募基金的生存现状产生挑战。(2)市场份额占比较大的基金公司过度依赖于证券市场表现,未来若证券市场发生系统性风险,则对于基金管理公司的收入和利润影响最大。同时,若投资组合无法应对客户赎回要求而引起违约,则基金管理公司还可能面临流动性风险。(3)在大数据时代下互联网金融对于传统资产管理行业是一种颠覆,也给公募基金带来了挑战,余额宝掀起了货币基金风潮,公募基金面临互联网思维的冲击以及投资者习惯的改变,如何能与时俱进保持"疆土"成为关键。(4)人才是公募基金的核心竞争力,但受制于基金公司激励机制的限制,近年来公募基金投资经理"奔私潮"不断,基金公司的人才流失给其发展带来了困扰,也不利于其在大资管时代与其他机构抗衡。(5)目前,基金公司的牌照红利正在消失,政策放松下证券公司、保险、私募都可以设立公募基金,这对于原有的公募基金领域形成了很大的压力。

第五节　私募基金的竞争策略研究

一、私募基金的资产管理业务介绍

私募机构的客户资产管理主要包括两大类：一是私募股权基金投资管理，二是公募证券投资基金管理。基于前文已对公募证券投资基金做过详述，我们这里主要对私募股权基金进行介绍。

私募股权基金投资涵盖了企业发展各阶段的股权投资，从天使投资、创业投资、风险投资、Pre-IPO 阶段的投资，到上市后的私募股权投资、并购投资等，还包括房地产基金、夹层资本等。在我国这种投资主要是通过被投资企业 IPO 或挂牌"新三板"等方式退出获利，同时也采用兼并与收购或管理层回购等方式退出。

退出渠道的解决是私募股权投资基金发展的最大动力。2006 年底，股权分置改革基本完成，股票实现了全流通，打通了私募股权投资的退出主渠道。2009 年，创业板开板，大量高成长的中小企业可以在创业板上市，进一步拓宽了私募股权投资的退出渠道。近两年，"新三板"的问世和成长又给私募基金的退出渠道增加了选择。2016 年，注册制有望实施，企业上市渠道更加畅通，私募机构的退出问题将更加容易。

当前我国私募行业尚处于快速发展阶段，但资产管理规模还很小。截至 2015 年 10 月底，基金业协会已备案私募基金逾 2 万只，认缴规模 4.89 万亿元，实缴规模 4.04 万亿元。其中 15 968 只是 2014 年 8 月《私募投资基金监督管理暂行办法》发布实施后新设立的基金，认缴规模 3.11 万亿元，实缴规模 2.53 万亿元。

二、私募基金的 SWOT 分析

下面，我们也通过 SWOT 比较分析法来展望私募基金行业在大资管时代的竞争力。

优势（Strengths）：（1）小微企业融资需求大。对于众多小微企业而言，私募股权融资因为成本低、效率高、资金使用灵活、可以提供简单的公司治理辅导等特点，可帮助它们实现初创期的技术创新和顺利发展。（2）激励机制灵活，可能吸引到优秀的投资管理人才。（3）研发设计的产品更接近客户需求，容易创造更高的投资回报。（4）募资成本低。由于当前私募基金采取备案制非公开发行，比起公募基金要面对高昂的注册费、中介机构费和承销费而言,成本几乎很低。

劣势(Weaknesses):(1)规模小,竞争相当激烈。截至 2015 年 10 月底,私募基金管理人按基金总规模划分,管理正在运行的基金规模在 20 亿元以下的有 21 388 家,20 亿~50 亿元的有 260 家,50 亿~100 亿元的有 88 家,100 亿以上的有 85 家。(2)盈利情况受证券市场波动大。私募基金行业的营业收入主要为向基金收取的管理费和投资项目退出后的收益分成。当前我国证券市场尚不成熟,主板市场股价波动大,场外市场又缺乏流动性。一旦市场大幅下跌,就会影响到所投项目的投资回报,甚至引起退出问题。(3)不少私募基金从业人员对产业背景不了解,行业现状和未来方向把握不准,容易导致低效投资和错误投资。(4)私募股权投资周期较长,一般为 3~7 年,变现能力差。(5)募资起点很高,当前门槛基本在 1 000 万元起。

机遇(Opportunities):(1)我国经济进入三期叠加的新常态①,直接融资将逐渐取代过去以银行贷款为主的间接融资模式。私募股权融资恰好契合了这一社会融资模式转型的趋势。(2)2016 年股票发行注册制有望推出,届时私募股权投资基金的退出渠道会更加畅通。(3)在混业经营的大趋势下,券商牌照有望放开。(4)2014 年 11,国务院公布了《关于创新重点领域投融资机制鼓励社会投资的指导意见》,鼓励私募股权基金等社会资本以 PPP 模式(Public Private Partnership)参与到过去仅由国家主导的重大能源和基础设施等行业的建设中。(5)"新三板"为私募解决了 LP(有限合伙人)转 GP(一般合伙人)的问题。(6)"新三板"的迅速扩容,为私募基金的在投项目提供了可靠的退出渠道,也为私募机构的业务扩张提供新的融资渠道。

挑战(Threats):(1)受宏观经济周期性波动影响较大。这一点从 2008 年金融危机爆发后,全球私募基金业募集资金规模和项目投资数量遭受重挫的程度就可以看出。当前,我国经济"换挡减速",经济回暖复苏的基础还不牢固。(2)行业管理规则日趋完善,行业整合加速。

通过以上比较分析,我们看到因为私募基金普遍存在体量小的问题,所以在未来大资管时代发展中既有利也有弊,但是总体上行业的发展机遇要大于挑战。相关内容如图 3-2、图 3-3 所示。

---

① 三期叠加:经济增速换档期、结构调整阵痛期、前期刺激政策消化期。

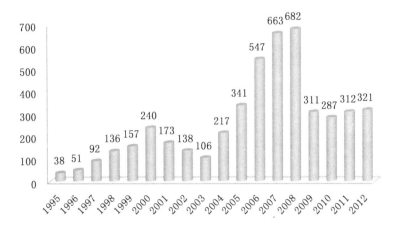

资料来源:贝恩资本公司。

图 3—2　全球 PE 资金募集情况

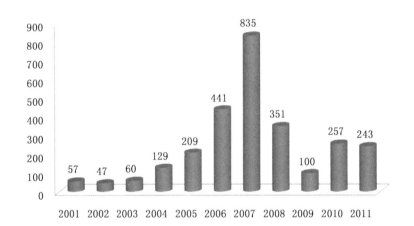

资料来源:波士顿咨询公司。

图 3—3　全球私募股权投资项目投资情况

第六节　信托资产管理的竞争策略研究

一、信托资产管理业务介绍

按照信托资金投向的不同,我们可将信托分为以下四类:

金融市场信托:资金投向为资本市场,包括证券市场和金融机构的产品等,既有债券、同业存款等债券类标的,又有阳光私募基金、交易型开放式指数基金(ETF)、上市型开放式基金(LOF)等权益类标的。

一般工商企业信托:资金投向为一般工商企业,通常为通道类业务。因门槛较低,随着券商资管、基金子公司的竞争加剧,该类业务面临挑战。

房地产信托:资金投向为房地产业,包括商品房、保障房、农地项目、仓储物流、工业园区等方面的开发和建设。随着房地产行业进入调整期,房地产信托新增项目数量减少,存量项目的信用风险也逐渐增加。

基建信托:资金投资于各地基础设施建设,因所涉项目多为地方政府项目,且在操作过程中多以项目代建方对地方政府的债权作为质押,存在地方政府隐性担保,因而又被称为政信合作类信托。随着 2014 年国务院 43 号文的出台,地方政府债券将逐步取代政信合作,成为地方政府的主要融资手段,对基建信托业务产生较大冲击。

二、信托资产管理的 SWOT 分析

自 2007 年银监会颁布《信托公司管理办法》和《信托公司集合资金信托计划管理办法》后,信托公司业务呈现多样化。在资产管理链条中,信托公司一般承担投资管理人的角色,但在大资管时代,金融同业获许开展与信托相似的业务,这无疑加大了机构之间的竞争。为了探索信托行业未来的发展趋势,我们对信托进行 SWOT 分析如下:

优势(Strengths):(1)投资渠道广泛,限制较少,除常规的证券类交易及非标债权以外,也可以参与未上市公司股权、另类投资等。(2)信托资金具有规模优势,目前已超过保险资管资产规模。(3)信托在其传统优势项目,如房地产业务和政府投资业务等,经营多年,具有丰富的运营经验。

劣势(Weaknesses):(1)相较于银行、保险、券商等金融机构,信托公司的网络渠道较为欠缺,比较依赖第三方销售渠道。(2)近年来,信托公司主要业务为通道类项目,主动资产管理的能力和人才储备均有所不足,研究能力也有欠缺。(3)信托私募产品的属性决定了其面对的客户群体相对狭小,单个客户流失对公司的影响较大。

机遇(Opportunities):(1)经济下行压力下,"稳增长"政策大概率将延续,投资力度加大为信托提供了足够的业务机会,如 PPP 业务等。(2)随着资产管理市场的不断发展,居民财富管理的需求增加,有助于改善信托产品的供求关系。(3)信托计划由于具有很好的破产隔离功能,常在资产证券化业务中作为特殊目的载体(SPV)。而随着资产证券化业务迎来重大发展机遇,信托相关业务量有望提高。

挑战(Threats):(1)近年来,银行表外业务的监管力度加大,信托通道类业务受到一定程度的冲击。(2)随着资产管理市场的不断发展,信托的主要服务对象——高净

值客户的需求将更加细致和专业化,这对信托公司的投研能力以及产品设计能力提出了更高的要求。(3)目前,信托的主要投资方向——房地产行业和能源行业均处于调整期,相关企业的财务状况恶化,多只信托产品爆发违约危机。短期内相关行业的基本面难见好转,信托公司还需提高信用风险控制能力。

第四章　未来资产管理行业发展趋势

第一节　市场主体的差异化竞争策略

一、银行理财

结合第三章 SWOT 比较分析结果,我们认为未来银行资产管理业务的差异化竞争策略可分为以下四类:

(一)机遇中把握优势策略

(1)发挥商业银行在渠道方面的优势,不仅可以推广银行理财产品的销售,也可以扩大其他金融机构的产品代销渠道。

(2)抓住银行理财事业部改革的机遇,独立自主地开展银行资产管理业务。

(3)把握住人民币国际化的有利契机,积极开展跨境人民币产品的设计和推广工作。

(4)积极推广互联网金融,利用大数据分析等手段准确定位客户需求,并有针对性的提供全方位金融服务。

(二)机遇中克服劣势策略

(1)加大专业投资人才,尤其是权益类投资人才的建设力度,弥补银行在该领域的研究和经验短板。

(2)加强与监管层的沟通,准确把握监管变化,适应新的监管环境。

(3)利率市场化虽然提高了银行的融资成本,但资产定价能力突出的商业银行依然可以通过资产管理提高息差水平。

（三）凭借优势迎接挑战策略

（1）充分利用渠道优势,提高客户黏性,同时规范营销流程,降低合规风险。

（2）面对经济下行压力和信用风险恶化,严格控制存量项目风险,提高增量项目的质量。

（四）避免以劣势应对挑战策略

（1）对于不熟悉的投资领域,对风险的关注应优先于收益。

（2）加强制度建设,严控合规风险,提高风控能力。

二、保险资管

结合第三章 SWOT 比较分析结果,我们认为未来保险机构的差异化竞争策略自然就可以梳理成以下四类:

（一）机遇中把握优势策略

（1）借投资渠道拓宽和金融工具不断丰富之机,强化传统固定收益类投资优势,同时努力提升权益类投资专业化水平,为保单持有人和股东谋求稳定的高回报。

（2）借受托管理资金范围不断扩大之际,通过产品化策略,建立良好的业绩口碑,快速提升保险机构在非保险类资产管理领域的知名度。

（3）经济进入新常态,优质资产项目匮乏,保险机构却能凭借资金长久期和大规模的特性参与到国家一些重大经济建设项目当中,分享经济转型和发展的红利,保障投资收益的长期稳定性。

（4）依靠保险机构自身强大的营销团队和渠道资源,获取更多优质项目机会和优质客户资源。

（5）充分挖掘大数据资源价值,根据客户特征制订财富管理计划和资产管理产品,提供特色金融服务。

（二）机遇中克服劣势策略

（1）提高风险识别和控制能力。在风险可控、满足偿付能力要求的前提下,灵活运用投资工具,掌握更多投资机会,提高投资收益。

（2）在市场化业务和新业务不断拓宽之际,加快组建一流的人才队伍,完善投资交易系统和投资管理制度,让资产管理的专业化水平在非保险领域也能得到社会的广泛认可。

（三）凭借优势迎接挑战策略

（1）即便未来保险资产管理业务门槛降低,保险机构应该有能力凭借自己长期积累的该类业务的风险控制经验、数据信息资源和投资管理水平,以长期稳定可靠的投资业绩回报取胜对手。

(2)随着我国固定收益类金融产品种类的丰富,以及保险机构风险控制工具的增设,保险机构应不断拓展自己在固收领域的投资范围,熟练掌握各种投资技能,提高固收类资产对保险产品和非保险理财产品投资收益的贡献度。

(四)避免以劣势应对挑战策略

(1)虽然险资的资金运用监管相较于其他类金融机构约束较多,但是保险机构投资管理依然要以监管达标和风险控制为首要任务,然后再争取投资收益率的长期稳健增长。

(2)利率市场化以及公募产品壁垒的打破使得大资管时代全面启程。由于深入参与到财富管理业务中,现代保险业被赋予了更多的金融特征与成长空间。因此,保险资产管理机构要认真思考利率市场化将给保险机构承保端和投资端带来的压力,未来通过投研能力的快速提高,逐渐将原有的保单定价策略转变为以投资收益预期定价的产品策略,有效避免利率市场化后由于利率风险的上升给承保端带来的压力和投资端带来的冲击。

三、券商资管

结合第三章 SWOT 比较分析结果,我们认为未来证券机构的差异化竞争策略可以梳理成以下四类:

(一)机遇中把握优势策略

(1)监管放松使得证券公司可以充分发挥其在企业服务全产业链方面的优势,证券公司资产管理业务可以借助投行等产业链前端优势及早介入,延长服务产业链,推动投行—资管—自营的全产业链业务,以资管业务为核心带动公司业务协同发展。

(2)混业经营下监管部门对于券商资管的规定有所放松,证券公司资产管理机构要把握机会,充分发挥投研一体化优势,提升资产管理水平,形成与其他金融机构资产管理业务差异化的竞争新优势。

(3)公募基金业务资格和保险资产管理业务资格的放开,为券商资管打开了新的发展道路。证券公司可以借助其广泛的营业部资源,稳步推广公募基金业务,凭借其投研一体化的优势,争取保险资产管理业务的"蛋糕",多点多面齐发,提升券商资产管理的规模。

(4)加大对互联网时代下大数据的应用,依托大数据资源进行数据获取和数据处理,辅助提供客观及时的资产管理投资策略,提高券商主动资产管理的占比。

(二)机遇中克服劣势策略

(1)证券公司资产管理业务虽然错过了行业发展的黄金时期,但是在利率市场化、混业经营及监管放松的多重作用下,证券公司资产管理业务在资金来源、业务模式、产品创设、资金运用等方面迎来了新机遇,这使得券商资管能够克服起步晚的劣势,给券商资管以"弯道超车"的机会。

(2)券商创新大会后,行业监管有所放松,券商的资产规模不断扩大,资本实力有所加强,行业地位逐步上升。未来随着混业经营的不断深入,证券公司的创新优势将会更加明显,资本实力有望进一步增强,也提高了券商资产管理业务抵御风险的能力。

(3)目前,监管层已经对券商资管的规定有所放松,未来可以期待监管的进一步放宽,这使得券商资管原有的诸多限制慢慢消失,大大提高资产管理的有效性和收益率。

(三)凭借优势迎接挑战策略

(1)与其他金融主体一样,证券公司的资产管理业务也面临着转型升级的压力,未来提高主动资产管理将成为趋势,证券公司可以运用其投研一体化的优势,扩宽市场份额,调整业务结构。

(2)随着其他资产管理机构对于二级市场的关注度越来越高,二级市场的稳定性将大大提升,券商在这方面的经验优势将更加明显,不仅能够提高自身的资产管理水平,还能够通过与其他机构的合作获取更多市场份额和利润。

(3)面对互联网金融的冲击,券商的佣金率虽然已经一降再降,但券商可以凭借其专业实力提供差异化的资产管理服务,这是低佣金的互联网所无可比拟的优势。

(四)避免以劣势应对挑战策略

(1)面对金融全行业转型升级的大浪潮,券商资产管理业务起步晚的劣势将会逐渐淡化。证券机构要在这次转型中把握机会,克服此前的劣势,在本次金融改革过程中拔得头筹。

(2)在通道业务利润率不断压缩的过程中,券商要转变资产管理的发展思路,积极避免其在投资限制方面的短板,不断延长其在产业链上的产品,主动发展全产业链服务,提高主动资产管理的比例。

(3)在行业转型升级大踏步向前的进程中,证券机构更要努力克服其在资本实力方面的劣势,完善风险管理,提高投资效率。

总体来说,证券公司的资产管理重点在于打造全产业链的一体化服务。证券公司资产管理业务要充分发挥其投研一体化的优势,融通投行—资管—经纪业务的全产业链服务,既满足企业在一级市场的融资需求,又丰富产品类型,同时在二级市场积极拓展高净值客户,为不同细分市场提高差异化全方位的服务。证券机构作为资产管理领域的后起之秀,还要加强与其他金融机构的合作,在产品设计、渠道建设、交易通道、投资管理等方面开展工作。

四、公募基金

针对公募基金的 SWOT 分析,我们给出公募基金的竞争策略:

(一)机遇中把握优势策略

(1)金融改革下资本市场的壮大使得权益类的投资受到重视,公募基金在权益类投资方面起步较早,拥有丰富的经验,应充分发挥在权益类投资的优势,不断强化二级市场投资能力。

(2)积极培育专户业务,提升资金来源的稳定性,提高基金管理利润。

(3)延长资金投资产业链,利用人才优势积极培育优质企业,分流部分资源向一级市场倾斜,打造全产业链的投资产品。

(二)机遇中克服劣势策略

(1)通过产业链的延伸,逐渐减少其对于证券市场依赖性较大的劣势,合理运用强大的投研平台,开拓业务范围。

(2)着重培育专户业务,发展高净值客户,弥补其在传统公募基金业务中个人投资者比重高、资金来源不稳定的劣势。

(3)互联网金融冲击下,其他金融机构的渠道优势正在逐渐弱化,互联网通道也为基金销售提供了新的销售平台,降低基金公司在渠道方面的成本。

(4)混业经营及政策放松下,基金公司的投资渠道有望拓宽,将为基金公司带来新的业务机会。

(三)凭借优势迎接挑战策略

(1)公募基金的投资能力是其有别于其他金融机构的最大优势,尽管混业经营下公募基金资格已非垄断地位,但投资能力的培养仍需要时日,公募基金应该进一步扩大其在证券投资方面的优势,强化其在股权投资方面的地位。

(2)互联网金融对于公募基金既是一种挑战,也是一种机遇。互联网思维为公募基金产品创设提供了新的思维,倒逼公募基金产品创新,提高公募基金相对其他金融机构的产品优势。

(3)在面临牌照红利消失、渠道缺失、人才流失的多重压力下,基金公司应丰富其基金品种,满足不同投资者的资产管理需求,以应对外界压力。

(四)避免以劣势应对挑战策略

(1)基金在渠道方面存在天然的劣势,面对互联网金融的冲击,基金公司不要盲目追赶,而是应该加强合作,利用互联网平台的优势拓宽渠道,降低成本。

(2)公募基金的个人投资者占比较多,在混业经营大趋势下对于客户的争夺将会更加激烈。基金公司要将其客户资源广、杂、低的特征加以转变,在广大的客户资源中培育挖掘高净值客户,转移至其专户理财业务条线。

(3)投资渠道和业务单一性使得公募基金的收益稳定性较差,公司在面临混业经营挑战下,也可以转变思路,积极拓展其他业务,丰富其业务种类,提升自身收入稳定性。

总体来说,未来基金公司应该强化其在资产领域投资能力的优势,专注研发细分的基金产品,完善基础投资产品市场;同时,利用互联网平台开拓营销渠道,加强与投资者和重点客户的沟通,提高服务质量;在混业经营下还可以积极开拓保险资产管理市场,利用自身在产品丰富度、产品流动性、人才建设、投资管理、规范管理方面的优势,抢占市场。

五、私募基金

结合第三章 SWOT 比较分析结果,我们认为未来私募基金(主要针对私募股权投资基金)的差异化竞争策略可以从以下四类去思考:

(一)机遇中把握优势策略

(1)抓住社会融资结构转型契机,根据资本实力向上或向下延长自身的投资产业链;在广大小微企业中寻找复合经济发展转型方向的科技创新型或服务创新型早期投资项目;参与上市公司的海内外并购融资项目,将资金注入上市企业的优质项目,换取高额投资回报。

(2)借注册制推出之际,加快跟进现存项目的退出问题。

(3)根据自身具体的资源与投研实力,选择有可靠回报预期的部分国家重点基础设施建设项目进行投资,积累品牌效应、产业经验、人脉资源。

(4)2015 年 11 月"新三板"分层方案推出,未来在交易制度、转板制度、投资者门槛上还将有更多的红利政策落地,加快关于"新三板"投资基金的产品研发设计。

(5)鉴于券商牌照有望放开,提前进行人才储备。对于重要的投资管理人才,用薪酬激励的同时可以考虑股权激励模式。既要重视团队规模建设,还要强调团队的稳定性。

（二）机遇中克服劣势策略

（1）借助"新三板"对接资本市场，壮大资本实力，搭建有特色的业务平台架构。九鼎投资挂牌"新三板"后完成两次再融资。它在强化私募股权投资领域优势的同时，还迅速扩张其他金融业务，目前已经发展成为一家很有竞争力的综合性资产管理机构。

（2）在混业经营趋势中，凭借资本或人脉资源优势，适度扩张到其他能够协同发展的金融业务种类中，夯实主营业务收入的同时，扩大其他渠道收入来源。

（3）重视投研人员的产业背景和金融知识基础。严格人才筛选制度，重视培训和调研学习。

（三）凭借优势迎接挑战策略

发挥融资效率高、资金使用灵活等强项，在经济弱周期中甄选和储备优质投资项目。

（四）避免以劣势应对挑战策略

在经济弱周期中，要做到风险控制第一，优化投资管理流程，避免跟风投资和盲目投资。以并购项目为例，过去在能源或重资产行业中，并购的核心内容是资源或资产，这样的并购有助于实现集约化管理，达到边际生产率和边际价值的提升。但是当涉及新兴产业的并购时，我们要考虑的因素就不仅仅限于资源和资本，还要考虑文化和人才的管理问题，而后者可控性差，很难通过简单并购达到融合。因此，无论当传统产业想通过并购新兴产业以实现转型目的时，还是当不同的新兴产业之间想"联姻"跨界时，对于研究实力偏弱的私募机构而言都要慎重，要重视起投前与投后的调查工作。

六、信托资管

结合第三章 SWOT 比较分析结果，我们认为未来信托的差异化竞争策略可分为以下四类：

（一）机遇中把握优势策略

（1）把握住"稳增长"投资加大的有利机会，充分利用信托投资范围大，产品结构灵活的特点，巩固资产管理市场地位。

（2）继续维护高净值客户市场，开发新产品，满足客户更专业和细化的需求。

（3）随着监管层加大金融创新，信托公司可以加大人才培养力度，积极开展养老信托、家族信托、土地流转信托等创新型产品的创设。

（二）机遇中克服劣势策略

（1）提高信托的销售渠道，并争取将市场从高净值客户群体拓展至中高净值客户群体。

（2）加快组建优秀的人才队伍，培养专业化投资人才。

（三）凭借优势迎接挑战策略

（1）提高自身服务质量，适当让渡利润，增强客户黏性，维持通道类业务的市场占有率。

（2）利用自身丰富的项目经验，积极维护存量业务，在化解风险的同时，也应努力开发优秀的企业资源。

（四）避免以劣势应对挑战策略

（1）在经济下行压力较大、信用违约事件不断的背景下，信托应严格执行风控措施，将防范风险放在至关重要的位置。

（2）加强研究能力的培养，深入了解客户群体的需求，并为其设定有针对性的信托产品结构。

第二节　市场主体的合作基础与合作模式

自我国金融行业选择分业监管的制度以来，各金融机构主体之间的竞争与合作并存。随着大资管时代和金融混业趋势的全面到来，各市场主体间的行业壁垒正在逐渐消融。如何避免不同金融子行业间的恶性竞争，增强彼此之间的合作，是促进我国金融行业健康发展的重要议题。我们将从银行与非银行机构之间的合作，以及非银行机构之间的合作这两个方面详细阐述各市场主体之间合作的基础与可能性。

一、银行与非银行机构之间的合作展望

长期以来，我国金融体系以商业银行为核心。其在资金支付、结算、托管领域发挥着重要的作用，在客户资源和资金成本方面具有绝对优势，在渠道建设和营销管理上也具备先发优势，这些都为银行与非银行机构之间的合作奠定了坚实的基础。在第一章中，我们介绍过金融机构在资产管理产业链条上的分工协作。商业银行可以在其中既可以担任渠道销售商，也可以担任各类管理人，包括受托人、资金托管人、账目管理人和投资管理人。

下面，我们将从渠道销售、管理人合作等角度，展望银行与非银行金融机构之间的

合作:

(一)从渠道销售角度出发

银行是我国现代金融体系的重要组成部分,由于其在资金往来和结算中的特殊地位,银行的网络渠道建设全面性和深度均居于各大金融机构的首位。银行不仅具有广泛的销售场所(银行网点)、大量的销售人员(银行客户经理),而且在日常经营过程中积累了大批客户资源,因此银行经常作为券商产品、信托计划和基金产品的代销机构。虽然保险机构自身的渠道已可以满足公司的运营,但其与银行在网点数量上的差距显著存在,因而在获得保险兼业代理资格后,银行与保险公司也可互相为自己的客户推介对方的金融服务与理财产品。

此外,在迈向混业经营的过程中,银行常与其他金融机构合资成立子公司,一方面是为了利用其他机构在专业领域的投研优势,另一方面也是为了发挥银行自身渠道的优势,提高自身和子公司的业务规模。

(二)从管理人合作角度出发

在常规投资模式中,商业银行可以作为资金受托方、投资管理人、资金托管人和账目管理人。我们这里主要分析银行作为投资管理人与其他金融机构的合作机会。

商业银行是资本市场间接融资的中心,在其多年的经营过程中,通过信贷类业务和非标类业务积累了大量的企业债权投资经验。而在证券市场,商业银行是债券市场的主要参与者:银行是各类债券的主要持有人,是一级市场最大的投标者,也是二级市场最活跃的投资者。银行在债权方面的投资经验丰富,优势明显,无论是标准证券产品还是非标债权产品,银行与其他金融机构之间均存在合作空间。

然而,银行在权益类投资方面的"短板"也十分明显。此前,由于监管层的限制,银行"不得投资于境内二级市场公开交易的股票或与其相关的证券投资基金,不得投资于未上市企业股权和上市公司非公开发行或交易的股份",导致其研究能力和投资经验均有缺失。因此,目前为绕过监管障碍而使用的权益类通道业务或结构化产品一般由银行提供资金支持,由券商、基金等机构确定投资方向和投资策略,是银行参与权益类市场投资的主要合作模式。

在混业经营趋近的背景下,银行应着力加强投研能力的培养和投资人才队伍的建设。近年来,银行理财产品从固定收益产品逐步向浮动收益产品转变,除预期收益类产品外,净值型银行理财产品崭露头角,银行资产管理业务在摆脱刚性兑付困扰的同时,也在积极向基金公司寻求学习与合作机会。

除二级市场权益投资以外,目前银行正通过设立海外子公司,或与其他私募股权投资基金合作等方式,积极参与私募股权(PE)投资业务。近年来,银行传统业务正受到经济下行压力、利率市场化、混业经营等多方面的冲击,转型升级刻不容缓。商业银行有丰富的资金资源、客户资源和项目资源,同时其信贷业务、资产管理业务、投行业务、托管业务等与私募股权投资业务密切相关,两者有着天然的合作基础。通过海外子公司或与私募股权投资基金合作,银行可以充分发挥其在产业发展领域积累的丰富经验,获得私募股权投资的高收益。

二、非银行金融机构之间的合作展望

非银行金融机构之间在资产管理业务方面的合作基础在于彼此的比较优势不同,机构各有所长,合作能够发挥优势互补的作用,增加边际生产价值。由于非银行金融机构之间的资产管理业务替代性相对较强,因此其合作的目的在于资源共享以提供多元化的资产管理服务。目前,非银行金融机构间以竞争为主,对于资金、客户和资产的争夺日趋白热化,合作大多停留在产品代销和通道服务之中。我们认为随着混业经营的推进,非银行金融机构未来在合作深度和广度上仍有发挥空间。

(一)渠道合作是机构牵手的基础

非银行金融机构最初的合作动力来源于机构间在营销渠道的能力不同。信托公司和基金公司相对缺乏自身的销售渠道,保险公司和证券公司则分别依托保险代理人团队和营业部网络拥有较为广泛的客户基础。信托公司和基金公司通过与券商和保险的合作可以共享营销渠道,减少了对银行渠道的依赖性,证券公司也因此可以将营业部打造成真正的综合金融服务平台,保险代理人也因此可能成为全牌照理财规划师。

(二)资管专业化促使机构间合作加深

各种非银行金融机构在投资领域的具有不同的资源与专长。证券公司和基金公司专注于股票二级市场研究,对于细分行业研究有大量的数据信息资源和专业的人才队伍;信托公司投资范围广泛,拥有多年跨行业、跨市场的投资运营经验,在实体企业投资方面有明显的比较优势;私募基金侧重于产业链前端初创型企业的发掘和培育,在新兴产业领域有敏锐的嗅觉。基于各种金融机构在不同投资领域的专长,机构间合作的空间有望进一步提升。

对投资收益的欲求促使机构间强强联合。一般来说,券商和保险资产管理侧重于二级市场的投资,对于初创型企业关注较少。随着客户对投资收益的要求不断提升,投资管理人希望通过投资前移的方式更早锁定丰厚的投资收益,这就需要有专业的项目识别和培育经验，也打开了证券公司、保险公司与私募合作的大门。私募机构在挖掘初创型企业价值方面经验充足，有系统的投后管理方法。如果券商资产管理计划和保险资产管理计划可以提前介入到优秀的项目资源中，那么等企业发展到相对成熟时期，就可以依托证券公司的投行实现顺利退出。在这一投资过程中，券商和保险不仅分享了更多的投资收益，而且为客户打造了全产业链式资产管理服务，私募机构也因为券商和保险的资金介入，大大减低了投资项目的退出风险。

投研一体化优势筑造专业的资产管理服务。一般而言，证券公司和基金公司拥有较为成熟的投研团队。丰富的信息数据资源和行业研究人员使得这类机构在资本市场上的投资更加准确和有效。信托公司与保险资管在投研方面相对薄弱，因此可以通过与券商和基金的合作，提升研究的实力，保证资管产品的收益率满足资金成本和客户的要求。

共享资源、共担风险。非金融机构间的资产管理业务具有很强的替代性，合作也多是竞争性的合作。因此，在合作过程中难免遇到业务冲突、收益分配和客户共享等问题。但是在经济下行的环境中，比抢夺项目更重要的是风险控制。目前我国资本市场尚不成熟，波动率较大，很多项目的风险也正在加剧，这对于各金融机构的资产管理都是难以避免的挑战。非银行金融机构间的合作可以充分发挥各自的优势，在共享项目资源的同时起到收益共享、风险共担的作用。

三、互联网与资管行业的竞争与合作

互联网金融正在从多方面影响和改变着资产管理行业。它不但对传统金融产品的销售渠道造成了冲击，而且重塑了投资管理流程，提升了资产配置和风险控制能力。此处，我们将重点分析互联网金融对资产管理行业的销售渠道、投资分析和风险控制三个方面带来的冲击和影响。

互联网金融的出现引发了金融去媒介化的浪潮，拉近了消费者和金融机构之间的距离。商业银行"渠道为王"的销售能力受到很大挑战。未来金融产品的研发交易模式将不简单是金融机构设计标准化产品后再销售给客户。未来的发展模式可能是由互联网公司提供数据处理工具，金融机构利用数据处理分析结果专注于产品研发，并在销售环节实现线上线下联动。目前，腾讯、百度等互联网巨头已经展开了与商业银行的销售合作。

互联网信息技术也正在改变着资产管理行业的投资分析能力。首先，在传统的投资分析方法中，我们在抽样统计中常常舍弃了部分极值，从而会导致数据失真。但在

大数据技术的支持下,我们能够避开通过样本数据推断全体数据的问题,而是直接获得全体数据。其次,由于我们的数据资源借助互联网技术可以实时反映出目标市场情况全貌,使得我们对于投资预测的时效性和准确性大大提高。未来随着互联网信息技术的进步,投资者将进一步解放大脑。他们不再需要将主要精力放在基础数据的分析上,而更加专注于数据背后的逻辑分析。

互联网信息技术对风险控制能力的提升也是有目共睹。一个直观的例子是在2015年的股灾救市行动中,监管层通过大数据分析很快锁定了做空中国的力量,并迅速采取了应对措施。未来在流动性管理方面,大数据可以通过基金投资者每日购买和赎回的数据,为基金公司资金流动性管理提供支持;在监控市场运行方面,大数据可以快速分析不同交易之间的相关性,有助于监管层判断市场的异常波动情况来源。

参考文献

[1]王丽丽.商业银行资产管理业务实践与探索[M].北京:中国金融出版社,2014.

[2]缪建民.保险资产管理的理论与实践[M].北京:中国经济出版社,2014.

[3]肖风.投资革命[M].北京:中信出版社,2014.

[4]郑智.中国资产管理行业发展报告[M].北京:社会科学文献出版社,2015.

[5]中国证券业投资基金业协会.逐鹿大资管时代[M].北京:中国人民大学出版社,2014.

[6]白战伟.泛资管背景下金融机构竞争与合作——基于信托的视角[C].郑州:2014全国金融创新与经济转型博士后学术论坛论文集,2014.

[7]孙名扬.证券公司资产管理业务研究[D].上海:上海交通大学,2014.

[8]巴曙松.2014年中国资产管理行业发展报告:新常态下的大资管转型[M].北京:中国人民大学出版社,2014.

[9]李刚.国内外资产管理行业的现状及发展形势分析.http://www.docin.com/p-1032351022.html,2014.

[10]胡萍.未来资产管理:重在产业链的整合.http://www.financialnews.com.cn/gs/xt/201302/t20130225_27059.html,2014.

大资管时代下市场主体的竞争与合作研究

——基于保险资管的视角

西南财经大学信托与理财研究所

付巍伟　王悦琪　谭晓晖

摘要

在目前的竞争环境中,"大资管"各市场主体的制度约束、文化内涵、团队素质、激励机制、客户基础、业务种类及流程均有较大程度的差异,这些差异是各资管机构构筑自身战略优势的基础,同时又成为各市场主体开展资金和项目端等多方面合作的出发点。

本文从保险资管的视角出发,对银行理财、信托、券商资管、基金(主要为基金子公司)、保险资管五大资管行业进行梳理,并根据保险资管的制度特色与风险偏好特征,从投资管理能力、产品设计能力、机构管理方式三个层面探讨保险资管的长期战略定位。

银行理财无论在资金、客户、项目资源等方面都占有绝对的优势,但银行在产品设计、投资管理等上游环节优势并不明显。为弥补综合优势欠缺,银行多以参股或控股的方式,不同程度进入各金融板块。未来,银行资管整体综合优势明显,通过积极整合集团内部资源,形成全产业链优势。

券商资管的优势与资源禀赋,使得其能够横跨场内外市场为投融资客户提供各式产品,从而使得券商未来在资管行业产业链中提供大量基础金融工具,成为大资管行业基础金融工具的研发商和提供商,匹配其他资管行业的资金优势和项目优势。

政策放宽后,信托公司牌照优势被弱化的程度在几类资管子机构中尤为明显,券商、基金子公司、保险资管逐渐"抢食"信托公司的项目资源与市场份额。未来,信托需要利用其优势在产品端、投资端、客户端同时发力。

2008年公募基金经历了规模的快速扩张,但之后的却是公募的同质化竞争加剧,更为严峻的挑战是,其牌照优势丧失也在这轮资管行业开放浪潮中表现得尤为明显。

在未来的"大资管"行业竞争中,保险资管在继续巩固渠道、客户的基础上,在产品创新设计与资产配置的资管产业链上游发力,形成竞争实力,同时着力于客户金融服务需求的开发,通过整合内外部资源,形成与银行类似的全产业链综合优势,成为综合金融服务供应商。

关键词

大资管时代　竞争与合作　监管制度　保险资管　产业链定位

第一章　大资管各子行业制度约束差异

大资管各子行业的制度约束是资管机构从事经营活动的基本框架,是各项业务开展的基本依据。针对投资者准入门槛、投资范围、经营交易杠杆约束这三个方面进行横向比较,可以清晰直观地展现各类资管行业负债端和资产端的差异。

第一节　投资者准入门槛

投资者门槛比较能展现及透析各资管子行业负债端来源(或资金端来源)的差异。其中,资管产品的公募与私募性质可以通过考察产品募集时对投资者人数的限制来定性。

不同类别资管产品的投资者人数限制有所不同。《证券投资基金法》规定,基金专户(母公司和子公司均包含在内)和券商资管,因其产品的私募性质,投资者人数不得超过200人,超过200人即按照公募产品进行监管。与证监会所监管的基金产品类似,保险集合资管产品的投资者人数也为 200 人以下。而银监会对于单只银行理财产品的投资者人数未作限制,绝大部分单只银行理财产品认购人数远远超过 200 人。集合信托产品的 100 万元(含)以上投资者一般不超过 50 人(但单笔投资超过 300 万元以上的投资者人数不受 50 人上限约束)。

与投资者人数对应的是产品的起售金额,反映的是各类资管产品客户层次定位的差异。中国银监会 2011 年 8 月颁布实施的《商业银行理财产品销售管理办法》规定,商业银行应当针对不同客户群体的风险承受能力设置不同的单一客户销售七点金额。具体来说,风险评级处于 1~2 级的理财产品的单一客户销售起点大于等于 5 万元;风险评级处于 3~4 级的理财产品的单一客户销售起点大于等于 10 万元;风险评级处于 5 级的理财产品的单一客户销售起点大于等于 20 万元。而私人银行客户的客户资质要求更高,其金融净资产至少需要达到 600 万元。

个人或家庭投资券商集合资管计划,资质要求为金融资产合计不低于 100 万元;公司等法人机构投资券商集合资管计划,其净资产不低于 1 000 万元;券商定向资管计划的客户门槛要求为资产净值大于等于 100 万元;券商专项资管计划的投资者门槛要求也颇为类似,为单笔认购金额不低于 100 万元。同时,依法设立并受监管的主动管理的投资计划不再穿透合格投资者与合并人数。

集合资金信托产品的投资者门槛与证券系产品类似,认购起点也为 100 万元。保险资管产品分为两类情形:"一对多"集合类产品初始认购金额大于等于 100 万元;"一对一"定向产品的最低认购资金为 3 000 万元。而包括万能险、分红险、投连险等保险理财产品的投资门槛均为 1 000 万元,所以其投资门槛在所有理财产品处于最低水平。

基金专户的几类情形中,"一对多"初始投资门槛为 100 万元,"一对一"定向产品的投资门槛为 3 000 万元,但总募集资金不超过 50 亿元。基金子公司专项资管计划的投资门槛,业内通常认为与"一对多"基金专户一致。私募基金的投资者条件要求为起售金额 100 万元和家庭金融资产达到 300 万元两项。

由上述比较可知,银行理财产品的门槛较低,更具有普惠性,决定了其能覆盖的客户更广,再加上其网点优势,从而决定了其资管规模的绝对优势。而信托、券商资管、基金专户、私募的客户定位层次较高,无论起售标准还是人数标准几乎看齐。保险理财产品的投资门槛较银行理财产品更低,未来在客户资源的拓展方面具有一定的优势。

实际上,各类理财产品和资管计划在实际的投资中还涉及多层嵌套,这就涉及合格投资者的"穿透"问题。本文主要讨论在有多层产品嵌套时识别产品最终的投资者是否符合"合格投资者"要求的"穿透"情形，而不讨论最终投资标的的投资倾向。

基于目前的市场环境较为不成熟，为加强市场监督力度，监管层对于借助互联网平台团购或募集他人资金参与资管计划都是明令禁止的。多部金融法规反复强调了"坚持合格投资者标准"、"不得违反法规汇集他人资金购买各类信托产品"等问题。如2009年银监会颁布并实施的《关于进一步规范商业银行个人理财业务投资管理有关问题的通知》中规定，理财投资集合信托时，其产品销售对象选择应参照集合信托产品中有关合格投资者的门槛规定，从而防止借助银行理财形式等产品逃避投资人数不得超过50人的规定。同时，2009年银监会颁布并实施的《关于进一步规范银信合作有关事项的通知》中规定，银信合作产品若投资于权益类型的金融产品或具备权益类别特征的金融产品，其理财产品的投资者门槛要求为集合信托产品的合格投资者标准。

券商集合资管的"穿透"问题，《证券公司客户资产管理业务管理办法》等法规规定依法设立并受监管的各类集合投资产品在投资时被视为单一合格投资者，即其他类型的资管产品投资集合资管产品时不需要"穿透"识别。

《私募投资基金监督管理暂行办法》对私募基金的投资者"穿透"问题的思路是：社会公益基金和已备案的投资计划不需要"穿透"识别。但对于通过非法人形式，汇集多数投资者的资金以各种形式投资于私募基金的，私募基金管理机构应当"穿透"核查其最终投资者是否合规。

总体而言，由于存在资管产品相互嵌套引发监管套利，从而达到逃脱相关法规对合格投资者和投资范围的约束，因此，"穿透"的目的主要是针对这类监管套利行为。

第二节　投资标的范围与限制

投资者准入门槛从资管公司或资管产品的负债端形成约束，而投资范围反映的是资产端的差异，从资产端对资管行业投资活动形成约束。

信托计划方面，对于商品期货、股指期货、融资融券在信托计划的投资中等均有严格的限制甚至禁止，一般不能直接投资于商业汇票，不能进行正回购操作。信托计划主要投资方向横跨货币市场、资本市场和失业投资，而且可以利用债权和股权等多种形式投资。但是，信托参与私人股权投资业务退出方式受限，集合资金信托计划参与上市公司非公开发行股票业务（定向增发）受限，另外集合资金信托计划参与新股申购也受限。

券商定向资管投资范围较宽泛,除法律及法规明令禁止的几乎都可以投资。研究者认为,除直接形式的债权和不动产没有许可投资外,基本上其他各项投资品种均可投资。且券商定向资管相较于券商集合具有可以进行债权投资的优势。

基金子公司专户投资范围非常广泛,唯一受到的限制是不得直接或者间接持有基金管理公司强关联关系类别的股权投资。

私募基金通过结构化设计及金融机构间的通道业务合作一定程度上拓宽了债权投资渠道。同时,《私募投资基金开户和结算有关问题的通知》进一步开放了私募基金入市进行股权投资的权限。

银行理财产品的投资范围限制更多的是基于对投资风险的要求,但不得投资于未上市股权及上市非流通股份。随着政策的放开,银行理财资金目前开始试点债权直投项目(目前仍是试点阶段)。高净值客户及私人银行客户投资范围由于其风险偏好、风险承受能力较高,相对来说投资经验比较丰富,因而相对来说更加宽泛,不仅包括上市及未上市股权投资,还包括更加多元化的另类投资产品等品种。

保险资管计划的投资范围包括银行存款、票据债券、股票等传统投资领域,同时还包括一些另类投资产品及海外投资产品。同时 2015 年底《关于调整保险资产管理产品投资范围有关事项的通知(征求意见稿)》进一步拓宽了保险资管产品的投资领域,其中增加了信托计划的投资是此征求意见稿的一大亮点。大类资管各子行业投资范围及限制如表 1—1 所示。

表 1—1　　　　　　　　　　大类资管各子行业投资范围及限制

	投资范围比较
信托	• 严格限制对商品期货、股指期货、融资融券的投资 • 限制对商业汇票的直投,不能进行正回购操作
券商	• 投资范围较宽泛,但受限于债权直投及不动产投资 • 严禁投资委托贷款
基金	• 基金子公司:禁止强关联交易(避免出现利益输送) • 私募投资基金:开户入市权限开放
银行	• 理财产品的投资范围受限于债权,非公开上市股权及上市非流通股 • 高净值客户私人银行客户:包括上市及未上市股权投资 • QDII 的投资范围相对最宽广,几乎囊括所有类别投资品种
保险	• 包括现金类资产、固收类资产权益类资产、基础设施投资计划、不动产投资计划等不动产类资产及一些非标准化资产品类

资料来源:互联网公开资料。

整体而言,信托、基金子公司、券商定向资管在几类资管中的投资范围最为广泛,约束相对较少,基本可以横跨货币市场、资本市场、实体经济三个领域,几乎接近"全口径",特别在债权直投方面,信托、基金子公司可以直接集合资金进行债权投资。银行理财的投资范围主要为债券、非标等固收类产品,而各类权益类资产投资机会多通过券商、信托等通道,不过这类对接权益资产的产品多设计为固收类产品,具有较高的安全边际。值得注意的是,对于银行通过银信合作、银证合作、银基合作等方式投资非标这类"影子银行"业务,经过多轮监管和政策引导,其"野蛮生长"之势已经得到有效的控制。而在 2012 年推出 13 项保险新政后,保险资金运用的范围也已经极大程度的由传统的二级市场向非标领域延伸,另类投资比例逐渐稳步提升,但不足之处是其投资约束较为繁杂。

第三节　经营交易杠杆约束

经营交易杠杆反映的是监管层对于资管投资标的的风险控制指标,通过各种交易杠杆的设置从而达到对相关投资标的或业务的量化控制。

在集合资金信托中,贷款信托占比不超过 30%(不过实际执行并没有如此严格);为合理控制信托公司结构化股票投资信托产品杠杆比例,优先级和劣后级投资资金配置比例原则上不得超过 1:1,最高不超过 2:1,同时不允许通过其他方式放大劣后方的杠杆率。此外,《信托公司管理办法》规定,信托公司不得以卖出回购方式管理运用信托财产,从而限制了信托公司以正回购方式放大交易杠杆。

证券公司以自有资金参与单个集合资管计划的份额,投资资金与计划募资总资金的比重不得超过 20%;且参与证券回购融资杠杆率上限为 140%。在这一比例设置上,证监会和银监会具有相同思路。券商专项资管和定向资管除在分级资产管理计划中杠杆率不得超过 10 倍之外暂无其他经营交易限制。

银行理财产品就"非标"资产投资设有较为严格的杠杆约束。例如:非标理财余额需低于总资产的 4%;受限于全部理财余额的 35%;且对于该杠杆约束需执行"穿透"识别,以约束交易风险。银行发行代客境外理财产品时,证券类资产和募集的比例不超过 100%,且不得通过结构设计等方式放大交易杠杆作用。

保险资金运用方面,2014 年 2 月保监会颁布了《关于加强和改进保险资金运用比例监管的通知》将保险资金的投资范围划定为:现金类、固收类、权益类、不动产类和其他金融资产。其中规定:

投资权益类资产账面余额(不包括以自有资金投资的保企股权)不高于本公司上

季末总资产的 30%。投资不动产类资产的账面余额(不包括保险公司购置的自用性不动产)不高于公司上季末总资产 30%;自用性不动产账面余额不高于本公司上季末净资产的 50%。之后 2015 年 7 月保监会发布《关于提高保险资金投资蓝筹股票监管比例有关事项的通知》的规定,符合条件的保险公司,可进一步放宽投资单一蓝筹股票的监管比例限制,将杠杆比上限调高至 10%。投资其他金融资产余额受限于本公司上季度末总资产的 25%。境外投资余额受限于本公司上季度末总资产的 15%。

不动产方面,保险公司投资非自用性不动产、基础设施债权投资计划及不动产相关金融产品,可以自主确定投资标的,账面余额合计不高于本公司上季末总资产的 20%。保险公司投资同一基础设施债权投资计划或者不动产投资计划的账面余额,不高于该计划发行规模的 50%,投资其他不动产相关金融产品的账面余额,不高于该产品发行规模的 20%。

投连险账户有关方面,2015 年 4 月保监会发布《关于规范投资连结保险投资账户有关事项的通知》规定,投资账户的流动性资产投资余额不得低于账户价值的 5%;基础设施投资计划、不动产相关金融产品、其他金融资产的投资余额不得超过账户价值的 75%。

整体而言,信托、券商资管、基金资管在交易杠杆的约束上相对较少,主要是其投资范围相对较宽,同时其高净值客户的风险承受能力相较于购买银行理财、保险产品的客户也相对较高,与之相对应的是监管层对于银行理财、保险产品资金的运用“呵护”较多。值得注意的是,虽然 2012 年之后保监会颁布的一系列法律法规使得保险资金的运用范围得到了较大的拓宽,但保险资金运用相对其他资管而言受到的约束仍然多且繁杂。虽然保险资金安全性在此过程中得到了保障,但保险资金配置的灵活性也在一定程度被“牺牲”。

第二章　大资管各子行业文化、团队素质和激励机制

第一节　行业文化内涵探讨

资管行业内在的文化、团队素质以及激励机制是其发展的内在软约束与驱动力。其中,行业文化内涵又是资管行业较为综合的展现,是企业价值观念、行业制度、行为准则、激励机制、业务产品等一系列的综合,是资管行业的重要标识。

信托、券商资管和基金子公司的行业文化主要表现为通道文化和投行文化,主要

体现在目前这三类资管机构的业务中通道业务的占比仍然较高,但该类业务的实质是监管套利,通过产品的嵌套实现投资范围的扩大。虽然通道业务利润单薄,但一定程度上可以依靠着通道业务迅速做大规模,如 2014 基金子公司的通道业务占比就达到59.6%,2014 券商的通道业务更是超过了 80%。投行文化主要体现在其相对较强的产品设计能力,如信托长期专注于私募投行业务,券商长期专注于公募投行业务,其本质是向资管产业链上游延伸的能力。

公募与私募基金倡导的是投资管理文化,主要体现在其投资的主动管理能力上,公募与私募基金长期耕耘于二级市场,对标准化的产品具有较强的投资能力,其中私募基金除了二级市场,还通过 PE/VC 等形式投资一级市场以及一级半市场,拥有较强的非上市股权的投资能力。目前,无论是公募还是私募基金基本都拥有较为完备的投研团队,这是其相对其他资管机构的明显优势。

而银行和保险倡导的则是资产负债文化,目前银行以及保险公司投资方式都体现了以负债定投资的特点,通过成本倒逼组合收益,实现资产端收益对整体运营成本的覆盖,如银行理财发展的十年是通过期限错配的方式,以及通过负债短期化、资产久期拉长的方式,实现了类似利差的绝对收益。保险与银行理财仍然是以大类资产配置为主,体现了稳健投资的特点,如目前保险资管的资产配置仍然以固收类产品为主,而非固收类产品的则越来越多地通过市场化委托的方式实现,委托人多为券商、基金等具有优秀主动管理能力的资管机构。资管各子机构的行业文化如图 2—1 所示。

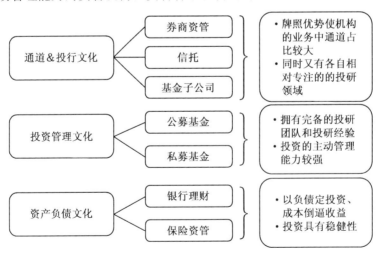

资料来源:SWUFE TRUST 整理。

图 2—1 资管各子机构的行业文化

第二节　团队素质比较

团队素质作为资管行业重要的内在要素之一,是资管各子行业人才综合素质的展现,反映的是资管子行业人力资源的差异性。

银行理财方面,一方面,银行庞大的信贷业务为其在企业及项目风控上积累了较为丰富的经验,同时其多年从事信贷业务,形成了较为完备的行业征信数据库,因此银行资管团队在信用风险的控制上无论是经验还是征信体系建设都较其他资管子行业具有相对优势。另一方面,银行理财投资团队的流动性管理能力也较强,表现在过去十年银行理财通过期限错配的资金池管理模式,获得类似于信贷利差收益,支撑着理财业务的快速发展,且流动性风险得到极好的控制。但是,由于进入股权类产品受限,使得银行的投资团队对权益类产品投资的经验有限,综合投资能力与基金公司、私募等机构仍存在较大的差距,其优势还是集中在债券和非标等固收类产品的投资上。

保险公司方面,保险公司是经典的负债驱动管理模式,多年的负债管理使得保险的团队在负债管理、资产配置方面积累了丰厚的经验,其投研体系也比较完备,对于保险资管开展企业年金管理、投连险账户管理、公募基金、第三方管理等业务都有所裨益。不过,其在投行业务的人才储备相对券商团队仍存在不足。

券商资管方面,券商团队从事投行、经纪业务的丰富经验使得其团队在整体产品设计和定价等资管行业上游环节具有绝对的优势,将助力券商资管尤其是资产证券化业务的长远发展。

信托公司方面,与银行、保险等公众熟知的金融行业相比,信托行业的人力资源状况呈现为:少数人管理着数额巨大的资产规模,从业人员呈现高学历、年轻化的特征。数据显示,截至 2014 年底,1.65 万信托从业人员管理资产规模近 14 万亿元。同时,信托公司作为知识密集型企业对专业知识的要求标准较严格,信托从业人员学历结构不断持续优化。数据显示,2008～2014 年,全国信托公司中硕士、博士人数占比由31.6％提升到接近 50％,高学历特征非常明显。

而基金公司和私募基金方面,其团队较强的研究能力和资产投资能力也是区别于银行、保险、信托的一个重要特征。基金公司长期耕耘二级市场,私募机构还对一级和一级半市场投资有着深厚的积淀。同时,其从业人员的高学历背景也为基金以及私募机构的专业投资能力奠定基础。数据显示,截至 2013 年底,89 家基金管理公司共有962 名基金经理,其中拥有硕士、博士学历 847 人,占比 88％,远远高于其他资管子行业。大类资管各子行业团队素质比较如表2—1所示。

表2—1   大类资管各子行业团队素质比较

	团队素质特征
信托	• 少数人管理着数额巨大的资产规模 • 从业人员呈现高学历、年轻化的特征
券商	• 从事投行、经纪业务等的经验丰富 • 在整体产品设计和定价等资管行业上游环节具有绝对优势
基金	• 团队具有较强的投研能力和资产投资能力 • 从业人员的高学历背景远远高于其他资管子行业
银行	• 具有完备的行业征信数据库，在信用风险控制、征信体系建设上具有相对优势 • 流动性管理能力也较强
保险	• 投研体系比较完备 • 风险控制能力具有长期积累的经验 • 负债管理、资产配置方面具有丰富的经验

资料来源：SWUFE TRUST整理。

第三节　激励机制

激励机制同样作为资管行业重要的内在驱动力，通过不同激励机制的设置可以不同程度带动人力资源效率的提升，最终促进企业运营效率和经营绩效的提高。

信托公司采取的类合伙人制度有两个优点：一是团队内部负责人具有较强的人事权和经营分配权。扁平化的经营管理模式极大地缩短了信托行业的管理半径、市场嗅觉和反应能力。二是并不限定业务的范围，由各个团队负责人决定自己做什么和不做什么。在公司的战略决策和市场对接方面很自然地就达成了一致。

受券商投资银行部门长期生存于公募投行业务垄断地位的影响，券商内部各单元之间的资源整合仍然存在诸多障碍。比如，一些大型券商的资产管理规模较大，而营业部相对弱势，只负责销售。另一种情况是营业部因财务记账上的限制，在资管部需要协同的项目上没有充足的激励机制，因而无法形成很好的协同。最终形成的结果是，资管部和营业部不能高效协同，产品设计及销售不能无缝对接。

大型券商资管子公司继承了原有的业务线，同时也继承了原来券商资管业务线的激励机制，所以在激励制度的改革上颇受限制。不过，自2014年6月之后，东证资管等多家资管子公司已筹谋或开始试行在子公司平台上试行股权激励制度。

基金子公司依托公募基金母公司的平台，在激励机制设计上，并未完全实施信托公司的"类合伙人"制度,而是项目经理提成制度。一般情况下,子公司会给予有项目贡献的项目经理相当于管理费收入 30%～50% 的提成。即使只实现牵线促成,基金子公司也会实现相当可观的项目介绍奖励。

资产管理部由于只是银行的一个部门,所以其激励机制有着传统银行的种种特点。银行理财部门的职能一般是服务于全行的整体战略目标,包括收入、利润等综合指标,所以经常出现牺牲本部门利益而顾全全行利益的操作。在银行整体薪酬体系制度下,银行理财部门的薪酬并非以市场化形式制定和执行。

专业机构调研结果显示,保险资管子公司的资金来源绝大部分是母公司,其他保险机构的比例均在 25% 以下,这显示现阶段保险资管子公司的业务经营模式仍然是为母公司管理资金。由于资金来源较为单一,所以保险资管公司的业务扩张压力并不大,其激励机制并没有采用信托公司的"类合伙人"模式。

第三章　大资管各子行业客户基础与资源禀赋

资管行业的客户基础和资源禀赋映射的是资管各子行业的比较优势。各资管子行业通过对自身比较优势的了解和充分运用,结合行业未来的发展态势,考虑自身战略定位,以实现差异化的发展。

第一节　客户基础对比

客户基础体现了资管各子行业在负债端资源的差异性与比较优势。由各资管子行业相关产品的起售金额可以看出,银行理财产品以及公募基金的起售金额基本没有最低起售金额的概念,银行理财与公募基金的客户定位更为下沉,普通大众只要有少量的富余资金基本都可以购买相关的理财产品和公募产品。而且由于其公募性质,其认购人数基本没有限制,因此相对信托等私募产品在客户数量上占有绝对的优势。

而信托、基金专户、保险资管、私募由于其私募性质,起售金额多在 100 万元以上,其针对的是富余资金更多的高净值客户,客户的定位明显高于银行理财与公募,而且其私募性质决定了其单个项目有的投资者人数不能超过 200 人,因而一定程度上限制了客户数量。

在客户特征方面,银行理财与公募客户主要是有富余资金的普通客户,其客户的风险承受能力和风险偏好明显比投资信托、券商资管、基金专户等的客户要低。值得注意的是,银监系的银行理财、信托多年未能走出刚性兑付的困境,因其客户多有刚性兑付的预期,信用风险不能顺利转让出其体系,从而净资本压力较大。而证监系的基金、私募、券商资管和保监系的保险资管却没有刚性兑付的情况,主要得益于信息披露的透明程度更高,从而形成了对银监系资管的一项优势。

在客户来源方面,银行理财、券商资管、保险资管都可以借助其公司的渠道背景,在客户获取上具有绝对的优势,可以明显地降低其在获取客户资源方面的成本,而信托、基金在渠道上往往需要借助银行等第三方销售渠道,或者是依靠其集团背景实现客户资源的共享,不过就整体而言,信托与基金的渠道优势并不明显。在同业业务方面,银行是名副其实的上游资金"批发商",而其余各类资管机构则发挥其相应的牌照优势,受托银行的资金进行管理投资,这可以从目前各类资管机构通道业务占比较高的特征体现出来。不过,伴随着互联网金融的兴起,金融产品的销售逐渐线上化,借助于 P2P、互联网金融超市等线上渠道,各类理财产品逐渐实现网上的销售与流通,传统网点渠道优势在一定程度上被弱化。各资管子行业客户资源特色如图 3—1 所示。

资料来源:SWUFE TRUST 整理。

图 3—1　各资管子行业客户资源特色

第二节　资源禀赋差异

资源禀赋差异性一方面反映的是资管子行业在资产端资源的比较优势,主要体现在项目资源获取能力、内外资源整合能力、风险管理能力等差异上;另一方面反映的是其固有优势,体现在制度法律、股东背景、集团协同等优势上。

信托方面,其禀赋优势体现在制度上,法律赋予了信托财产独立和破产隔离的优势。这是其他几类资管机构所不具备的,使得信托在从事财富管理方面如家族信托、公益信托等业务上具有得天独厚的优势,同时也形成了在资产证券化尤其是体量较大的信贷资产证券化中承担 SPV 角色的优势。另外,信托具有横跨货币市场、资本市场、实体经济的牌照优势,其长期私募投行的经验为其积累了大量的项目资源和相关信用风险管理能力,但其主动管理能力和投研体系的建设仍与券商、基金公司具有较大的差距。此外,在通道优势方面,伴随着信托业保障基金、净资本要求提升等相关规则的出台,信托公司在从事通道方面的优势逐渐被弱化。

券商资管方面,其在项目资源、投研能力、客户获取方面都占有优势:(1)券商母公司拥有优质而丰富的上市公司资源和拟上市公司资源,可以作为券商资管的项目储备;(2)券商研究部门具有较强的投资研究能力,能为投资于二级市场的产品设计和风险控制提供后台资源的强大支撑;(3)券商营业部拥有规模庞大的高风险偏好客户,能够为券商资管提供优质的客户资源。

基金子公司方面,其无论是在渠道还是在项目资源上都显得优势不足,由于成立较晚,因此后发劣势明显,在项目资源积累方面不足,目前仍然是通道业务为主或者是承担基金母公司的专户业务。不过,由于牌照优势明显且没有净资本要求,其在通道业务方面对信托和券商资管形成最有利的竞争,但伴随着监管层对通道业务的规范,其通道业务的增速有所放缓。

银行理财方面,其多年的从事信贷的信用风险管理经验以及由此建立起来庞大的项目资源库、征信体系历史数据,将助力银行的大类资产配置尤其是债券投资,帮助银行筛选更优质的项目以及更好进行信用风险的管理。不过,银行理财以负债定投资的投资模式,决定了其稳健投资的风格,其资产配置策略仍以大类资产配置为主,因此其主动管理能力方面也自然较弱。

保险资管方面,多年管理保险资金的经验,为其在投资管理实践中积累了一定的优势,尤其在资产组合管理、负债驱动投资以及资产配置拥有丰富的实战经验。同时,保险资管公司可以共享保险集团内强大的客户资源和成熟的销售网络,在发行资管产品和公募基金产品方面具有得天独厚的客户和销售渠道优势。各类资管行业资源禀赋比较如表 3—1 所示。

表 3—1   各类资管行业资源禀赋比较

	优　势	劣　势
信托	• 制度优势：财产独立、破产隔离 • 牌照优势：横跨货币市场、资本市场、实体经济	• 主动管理能力和投研体系仍不占优势 • 牌照优势逐渐消失
券商	• 项目资源优势 • 投研能力较强 • 客户获取便捷	• 监管相对严格：产品形式、投资范围、成立方式、销售等方面限制较多
基金	• 牌照优势 • 监管优势：无净资本方面的要求	• 渠道匮乏：主要做通道业务 • 起步较晚：项目资源积累不足
银行	• 信用风险管理经验 • 历史参考数据充足：项目资源库、征信体系历史数据丰富	• 受负债定资产的投资风格限制：主动管理能力较弱
保险	• 客户资源丰富 • 销售渠道资源易获取	• 投资受资金风险偏好限制 • 账户化管理方式存在弊端

资料来源：SWUFE TRUST 整理。

第四章　大资管各子行业主营业务种类及流程梳理

　　资管行业的业务及流程是在制度约束以及内在要素与外在环境驱动下的综合表现，是资管行业自身文化、团队素质、激励机制、资源禀赋、客户基础的最终表现载体。各资管子行业因其面临的监管约束差异，以及内外要素的差异，从而形成了各具特色的业务种类及流程。

第一节　信　托

　　信托公司业务大致可以划分为同业支持业务、私募投行业务、资产管理业务、专业受托业务、互联网金融业务与财富管理业务。

　　同业支持业务主要体现于传统的银信合作通道业务上，信托公司成立单一信托计划对接银行资金，实现对银行客户的间借贷款；帮助银行资产实现出表也是同业支持业务的一种方式,信托公司成立信托计划受让银行需要出表的资产,再通过同业财富管理平台对接银行资金。

私募投行业务,主要是通过信托贷款的方式为实体企业和项目提供融资;另外,信托公司也可以参与企业的兼并重组等投行业务,信托通过设立投资基金的方式参与该类项目,银行通过信托投资该基金的 LP 份额,通过股权、债权、夹层投资等不同的方式参与具体项目。

资产管理业务主要是证券投资信托业务,投资范围包括股票、债券、基金等标准化证券产品以及“新三板”挂牌企业。除此之外,信托公司还可以为相关企业提供股权质押融资、并购融资等相关融资服务。

财富管理业务即信托行业的业务之本,即为信托公司的高净值客户和超高净值客户提供资产配置和财富管理的一揽子定制式综合金融服务方案,满足客户的现金管理需求、投资需求、养老规划、子女教育、财富传承、慈善等多样性的需求。财富管理业务流程如图 4—1 所示。

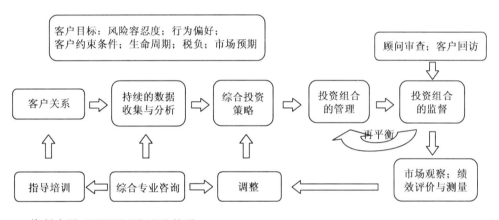

资料来源:SWUFE TRUST 整理。

图 4—1 财富管理业务流程

互联网金融业务目前主要是对信托产品进行标准化的改造和标准化产品的创设,与互联网公司开展渠道的融合,实现信托产品在互联网金融平台的流通(信托受益权拆分转让)或销售(如消费信托业务)。

专业受托业务主要包括目前已有的土地流转信托、家族信托、公益信托、企业年金信托业务。信托业务种类划分如图 4—2 所示。

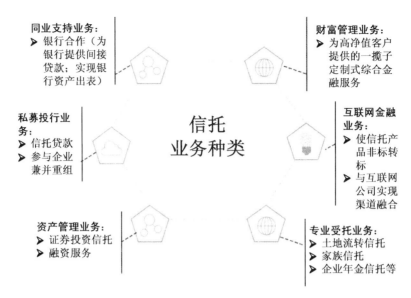

资料来源:SWUFE TRUST 整理。

图 4—2 信托业务种类划分

第二节 券商资管

券商资管业务可以概括为主动管理业务、通道业务、资产证券化业务。主动管理类业务包括传统的二级市场投资业务,产品主要有现金管理类、债券组合类、股债平衡类、优选基金类、权益组合类等,另外还有股权质押、市值管理、量化套利、资金池管理、员工持股、结构化定增、网下申购新股等;而通道业务主要有票据资产投资、SOT投资、定向直投业务等。主要业务流程如下:

票据资产投资业务大致流程:委托行、计划管理人、托管行签署定向资产管理合同,然后通过银行理财资金对接券商定向计划,定向计划购买银行指定的票据标的,银行资金通过赎回从定向计划退出。

SOT 投资业务大致流程:券商成立定向资产管理计划实现与银行理财资金的互通,定向管理计划投资于指定的信托公司单一资金信托计划,由该信托计划认购指定企业的相应资产或发放信托贷款。

结构化定增业务大致流程:银行理财资金对接定向计划,以不超过 3∶1 的结构安排募集优先级和次级资金,定向计划投向定向增发项目,定增股票解禁后,管理人抛出股票,可多次投资定增项目直至项目结束,后根据补充协议进行资金的划转。

股权质押业务大致流程:通过券商资产管理的定向理财通道,银行理财资金对接定向资管计划,定向计划向融资企业购买股权收益权,为企业提供融资,融资企业将股票通过中证登质押给定向计划,到期回购质押股票。

定向直投业务大致流程:券商定向资管计划或集合资管计划(小集合)通过集合信托计划等金融监管机构备案或批准的金融产品投资于实体经济领域,从而实现券商资管与实体的对接。投资方式包括债权、私募股权、私募债等方式。

资产证券化业务大致流程:券商通过专项资管计划,对接实体项目包括公共基础设施资产、大额企业应收账款、金融租赁资产等,但目前该业务体量仍较小。券商资管业务种类及产品如图4—3所示。

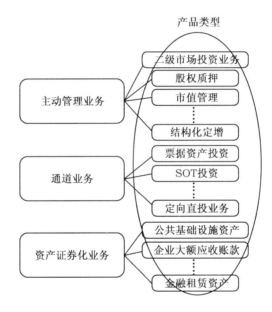

资料来源:SWUFE TRUST 整理。

图4—3　券商资管业务种类及产品

第三节　基金子公司

基金子公司由于所受限制较少,其业务更为灵活,主要业务种类有类信托业务(主要是通道业务还有对接实体的直投业务)、主动管理业务(证券投资业务、定增专户业务、股权质押业务)、资产证券化业务等。其中,通道业务占据了主要地位,但资产证券化业务有望成为提升经营绩效的新发力点。

通道业务又可以分为两种：一是对接银行表内资产的通道业务，包括银行资产证券化、信贷资产出表、租赁资产出表、金融同业、理财产品出表；二是作为阳光私募的产品发行通道或者对接其他资管计划。

与信托公司相比，基金子公司没有资本金限制，与其他通道机构竞争时具有先天的成本优势。其与银行开展通道业务流程与信托、券商资管的业务流程相差不大。

值得注意的是，2014 年 4 月证监会"26 号文"发布，禁止基金子公司开展资金池业务以及借道"一对多"专户开展通道业务，对基金子公司业务构成了较大的影响。

直投业务是相对通道业务而言的一种类信托业务。即基金子公司主动实施项目开发、产品设计、交易结构设计等风险调控手段。大致流程是通过成立专项资管计划，以及通过债权、收益权、PE/VC、股债结合等方式投资相应企业或项目，主要包括基础设施建设、商业地产、土地储备、REITS 等证券化产品。

证券投资类业务其投资标的不仅有传统的债券、股票等，还有设计投向利率、汇率、商品期货、金融衍生品的创新产品。

股权质押业务开展的主要流程是基金子公司设立专项资管计划，募集的资金用于受让融资方持有的股权收益权，融资方以上市公司股票或优质的非上市公司股权质押作为主要的增信措施。

定增业务与券商结构化定增业务流程类似，基金子公司成立专项资管计划对接银行的优先级资金与融资客户（信托公司或投资公司）的劣后资金，通过专户参与股票的定增。

资产证券化业务是在 2014 年 11 月证监会颁布"49 号文"后开闸运作的。一般流程是基金子公司将一些优质不动产、小贷资产、券商两融资产和融资租赁资产包装后，在交易所或者场外市场进行交易，也可以通过和银行合作来开展信贷资产证券化。

基金子公司业务种类划分如图 4—4 所示。

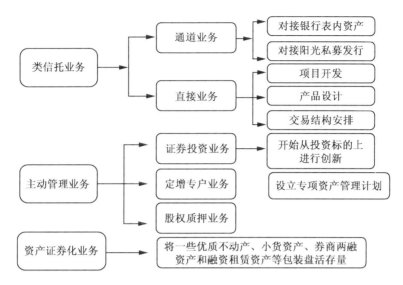

资料来源：SWUFE TRUST 整理。

图 4—4　基金子公司业务种类划分

第四节　银行理财

按照投资方向，银行理财产品可以分为债券投资类产品、非标类产品、挂钩型结构化产品、新股申购型产品、QDII 型产品以及本轮牛市行情中与股市相关的一些固收类产品。

债券投资类产品目前主要投向为货币市场与银行间债市，是银行理财资金的传统配置方向，合规的可投资品种包括央票、短融、国债、金融债、协议存款等产品。

非标理财产品即通过银信合作、银证合作等通道最终对接标的股权性融资的创新化产品。

新股申购型主要是参与网下新股的申购，在新股申购取消预缴款之前，通常其集结的大量资金可以提高打新股的中签率。

挂钩型结构化产品是通过创新产品结构，将存款、零息债券等固定收益型产品与原油价格、黄金价格、汇率、利率、股指等因素挂钩。其收益率的确定取决于挂钩因素，根据其挂钩的标的不同又可以分为外汇挂钩型、债券挂钩型、利率挂钩型、股票挂钩型、指数挂钩型、基金挂钩型和商品挂钩型等。

QDII 型理财产品指的是取得 QDII 资格的商业银行受客户之托进行一系列境外

资产的投资,主要投资于商品基金、香港(地区)股票市场、欧美股票市场等,风险较高,通常不保本。

此外,还有借助其他资管计划入市的固收类产品,主要包括银证合作的两融收益权、股票质押融资、结构化定增产品以及证券投资结构化优先级、高管增持计划融资、市值管理等相关产品。银行理财业务种类划分如图 4-5 所示。

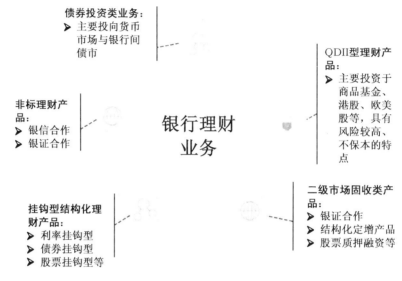

资料来源:SWUFE TRUST 整理。

图 4-5 银行理财业务种类划分

第五节 保险资管

目前,保险资管公司有两大业务条线,即投行业务和资管业务。其中,投行业务主要包括基础设施及不动产债权计划、项目资产支持计划、私募股权基金、增值平台。资管业务主要包括保险资产管理计划、企业年金、公募基金、第三方保险资产管理、投连险管理。保险资管主要业务如图 4-6 所示。

保险投资的基础设施及不动产债权计划主要是指保险资管公司作为受托人并承诺保本及约定收益水平,委托人以购买受益凭证的债权投资方式参与计划为项目筹集资金的一种金融产品。

项目资产支持计划业务在 2014 年 7 月保监会下发《项目资产支持计划试点业务监管口径》之后开始试行的。大致流程是保险资管公司担任管理人角色,发售标准化

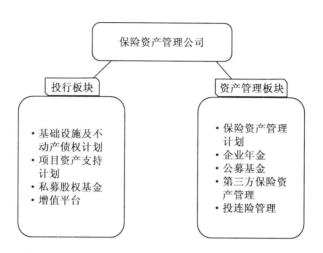

图 4－6 保险资管主要业务

产品份额并募集资金,由托管机构任托管人,投资于能产生可预测性现金流但缺乏流动性的基础资产,将产生的现金流作为还款来源的金融产品。

证监会于 2013 年发布《资产管理机构开展公募证券投资基金管理业务暂行规定》后,保险资管直接开展公募业务在政策层面上得到支持,2013 年 6 月证监会、保监会联合下发的《保险机构投资设立基金管理公司试点办法》允许保险公司、保险集团(控股)公司、保险资产管理公司和其他保险机构等申请设立基金管理公司,保险资管公司可以直接设立公募基金公司开展公募业务。保险资产管理计划业务是保险资管的类公募业务,是保险资管公司的主动管理型产品。私募基金业务是在 2014 年 8 月 13 日,“新国十条”发布后开闸的。

企业年金业务是指在政府强制实施的各类养老金之外,为企业职工提供一定程度退休收入保障的补充性养老金制度。企业年金的管理结构设计借鉴了信托,通过设置受托人、投资管理人、账管人、托管人四个角色,建立起各职责角色之间的风险“防火墙”,有效控制风险。保险资管公司在其中担任投资管理人。

传统保险资管公司的第三方保险资产管理业务主要是打理集团自由资产以及管理中小险企的委托资产等。受托业务形式主要有:受托为中小险企管理资产或者是发行相关产品供中小险企认购。但自 2012 年 7 月,保监会 60 号文的发布,使得券商、券商资产管理公司、基金公司及其子公司等都有资格成为保险资金的合规受托人,这无疑会对保险资管公司形成较强的同业竞争压力。

整体而言,券商资管与基金子公司在业务形态上具有较大的相似性,主要业务目前仍然是通道业务,但主动管理业务和资产证券化业务仍在未来具有较大的潜力待挖掘,以求能够调动其自身优势。而信托业务形态较为丰富,除传统的同业支持业务与私募投行业务,借助于其制度优势,信托在财富管理业务、资产证券化业务、专业受托业务中具有天然优势。银行理财业务功能较为单调,主要还是活跃在固收类产品和非标业务上。而保险资管业务主要还是集中于受托管理集团或第三方保险资金上,另外在基础设施及不动产债权计划、项目资产支持计划等业务领域也逐渐成熟,但保险资产管理计划业务起步较晚,与券商、信托等相比竞争力不足。

第五章　各类资管行业竞争合作现状及未来竞争合作展望

第一节　大资管各子行业竞争合作格局

"大资管"背景的出现无疑是与我国经济的增长和利率市场化的大背景挂钩的。伴随着利率市场化,利率中枢下移带来居民财富管理意识的提升,主要体现在居民财富向各类理财产品的加速转移。同时,经济水平在逐渐提高的过程中,居民财富不断累积,表现为高净值客户的数量不断上升和中产阶级的崛起,带来的是居民财富管理需求不断上升,理财需求出现趋势性多元化。中国资产管理行业管理资产规模变化趋势如图5-1所示。

据相关数据显示,截至2015年上半年,银行类金融机构资管规模已逼近33万亿元,国内银行理财规模已突破18万亿元,约占市场总容量的25%(居各类资管机构之首),信托资产管理规模约为14万亿元,约占市场总容量的19%。证券期货经营机构资管规模已突破30万亿元大关,其中,保险业总资产规模近11万亿元,约占市场总容量的15%,挤入大资管各类机构资管规模前三甲。截至2015年上半年各细分子行业市场容量占比如图5-2所示。

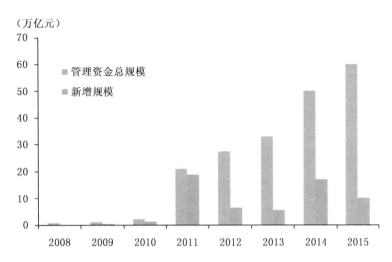

资料来源：SWUFE TRUST 整理。

图 5－1　中国资产管理行业管理资产规模变化趋势

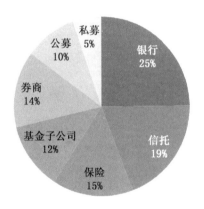

资料来源：中国银行业协会官网。

图 5－2　截至 2015 年上半年各细分子行业市场容量占比

在大资管背景下，各类资管机构的格局变化具有了新的特点，在监管机构及各行业协会新出台的各项法律法规下，伴随着各类机构资产管理业务范围的逐渐拓宽，其各自的业务价差范围也逐渐扩大，牌照优势逐渐消失，混业经营的趋势越发明显，大资管行业的竞争程度也更加激烈。

私募牌照方面，2015 年 6 月 11 日监管层对商业银行开放私募牌照，截至 11 月初政策实施 5 个月内共有 10 家银行通过了私募基金管理人备案，这意味着商业银行不用再依附信托、券商或基金子公司等通道进行私募领域的投资特别是股权投资；而在

2015年9月11日,保监会颁布《关于设立保险私募基金有关事项的通知》,明确提出保险资金可以设立私募基金,不少保险公司表现了较大兴趣并积极筹备。信托公司也在加紧申请私募基金管理人资格,自2014年10月23日万向信托第一家成功申请后,目前68家信托公司中已有30余家信托公司成功备案登记拿到私募牌照。

公募基金牌照方面,2013年2月,中国证监会下发了《资产管理机构开展公募证券投资基金管理业务暂行规定》,放宽了券商、保险、PE等机构开展公募基金业务的约束,同年3月4日,银监会进一步放宽商业银行设立基金公司的范围至城商行。这一系列的措施弱化了公募基金的牌照优势,公募基金行业面临更多竞争者的加入,行业竞争更加激烈。

信托牌照方面,保监会拓宽了险资的投资范围,囊括了信托受益权、保险债权计划、银行理财等另类投资;再往前,银行理财8号文、127号文等文件逐步限制并规范了理财资金投资非标产品等,这使得信托公司横跨实业市场、货币市场、资本市场三个市场的牌照优势被削弱,信托公司的传统通道业务受到较大的打击,特别是基金子公司更为"全能"宽口径的投资范围对信托公司的通道业务和项目来源构成了较大的竞争威胁。

可以预期的是,伴随着政策对各类资管机构约束的放宽,基于牌照差异的监管套利的空间将逐渐被压缩,通道业务在未来大资管背景下也将逐渐被边缘化,靠通道业务支撑业务规模的扩张将难以为继。

第二节　未来资管产业链的竞争合作展望

未来各资管子行业的竞争格局定位以及未来相关合作的开展,需要结合自身的客户基础、禀赋资源、团队素质等要素寻找其在产业链中的准确定位,发挥各自比较优势。

资管行业业务环节和制造业有所差别但同样也大致包括了产品研发与创新、拓宽业务渠道、加强企业内控、升级服务增加客户黏性等阶段。资管行业产业链上游的业务涉及资产端与产品端;中游业务涉及渠道与期间管理;下游业务涉及品牌声誉与客户挖掘。根据对外国发达国家资产管理行业发展经验的研究,发现资管行业高附加值的环节依然分布在"微笑曲线"两端,即未来能够给资管行业带来高附加值的环节依然集中在产品设计开发、客户服务、品牌营销增值等中下游环节。未来资管行业的竞争力必定集中在产品设计和定价、风险识别与控制、品牌建设与营销、人才储备和激励、内外部资源整合能力这5个层次上面。

随着资管行业全牌照的趋势越发明显,各类资管机构必定重新布局资管行业价值链。在资管牌照不断放松的初期,各类资管机构积极开展新业务,市场在短期竞争程度将提高,但是各类资管机构未来的发展还需结合机构自身的核心竞争力,清晰定位在资管行业价值链中的位置,形成差异化的竞争力,从而能够在未来激烈的资管行业竞争中先发制人。

银行理财方面,从上面的梳理可知,银行理财在资金、客户、项目资源等方面都占有绝对的优势,银行是大资管格局中的重要资金枢纽,承担着大资管行业资产托管、销售发行、清算结算的重要功能,但其在产品设计、投资管理等上游环节优势并不明显。不过,为弥补银行理财的综合优势欠缺,银行多以通过参股或控股的方式,不同程度进入证券、基金、保险、租赁等金融板块。未来,银行资管整体综合优势明显,通过积极整合集团内部资源,提升其在产业链各环节的实力,形成全产业链优势。通过深入向产业链上端和下端延伸,贴近企业和投资者的投融资需求,成为综合金融服务的供应商。

券商资管方面,券商的优势与资源禀赋,使得其能够横跨场内外市场为投融资客户提供各式的产品,从而使得券商未来在资管行业产业链中提供大量基础金融工具,成为资管行业金融工具的研发商和提供商。

信托公司方面,在政策放宽后,信托公司牌照优势被弱化的程度在几类资管子机构中尤为明显,券商、基金子公司、保险资管正在逐渐"抢食"信托公司的项目资源与市场份额。另外,在过往支持信托行业规模扩展的房地产信托、政信合作等"影子银行"业务也随着房地产周期出现和地方融资平台融资功能的剥离而失去动力。未来,信托同样需要利用其优势在产品端、投资端、客户端同时发力。产品端,信托公司应该巩固其私募投行的传统优势,强化其产品设计能力为实体经济提供更有竞争力的投融资解决方案;客户端,信托公司还需从回归本源业务,利用其制度优势,发力财富管理业务,围绕客户财富管理需求提供综合化的财富管理解决方案。

公募基金方面,2008年公募基金经历了规模的快速扩张,但之后的却是公募的同质化竞争加剧,过分扩展丰富产品线未能实现规模经济,也没有形成特色化的业务和相应的品牌优势,伴随着股市和债市的剧烈波动业绩出现了较大的起伏。更为严峻的挑战是,公募基金在这轮资管行业开放浪潮中,其牌照优势丧失也表现得尤为明显,券商、保险和PE未来将分流公募基金的市场份额。同时,公募基金在人员激励上机制上吸引力不足,优秀投资人才流失严重,出现了公募基金经理向私募界迁徙的浪潮。在未来大资管趋势下,公募应立足产品设计与资产配置的上游环节,即立足于公募自身的投研优势与资产配置优势,发展量化对冲、数量化投资等工具化投资产品,巩固其投资管理优势的同时形成差异化的发展战略,避免同质化竞争。另外,完善人才激励机制与巩固市场份额,引入股权激励和工作室制度,留住优秀投资人才,同时利用"互联网＋"的思维整合线上线下的销售渠道。

第三节　保险资管未来产业链定位

在未来的大资管行业竞争中,保险资管在继续巩固渠道、客户的基础上,在产品创新设计与资产配置的资管产业链上游发力,形成竞争实力,同时着力于客户金融服务需求的开发,通过整合内外部资源,形成与银行类似的全产业链综合优势,成为综合金融服务供应商。保险资管公司自成立以来,便具有对集团较强的依附性,无论是客户、资金还是渠道的独立性并不强。

产品端,在非保险资管领域与信托、公募、券商资管相比品牌认知度不高,产品化能力不足,产品同质化现象较为严重,且投资品类较为单一。通过产品化设计,可以更好地拟合保险资金的风险、收益和久期等需求,形成各风险收益梯度的产品线,实现与资金委托方风险收益的准确匹配,从而改变账户管理模式的单一和不足。通过构建丰富且灵活的产品线,夯实保险资管的产品服务提供能力,更好地对接大资管背景下的客户资产管理需求,将是保险资管在未来大资管竞争中不可或缺的核心优势。

资产配置环节,保险资管强调风险的保障,是典型的"负债驱动资产"模式,由此形成了以承保业务为核心的资金管理体系。但在保险行业利率和费率市场化的背景下,其主动性较差且利差损风险提升,向资产负债双轮驱动将是大趋势。未来,保险资管应在资产配置这一环形成有效竞争力,与产品创新设计能力共同构成保险资管在产业链上游的实力,从而避免在产业链中处于被动位置或被"通道化"。

第六章　保险资管在大资管格局下的劣势与应对策略

第一节　保险资管在大资管格局下的劣势分析

由于我国保险资管公司成立的背景、法律法规的约束等历史原因,可以预见在相当长的一段时间内,保险资管公司只能管理保险资金。如果一直在比较封闭的环境内运行,当面临全面资产管理业务时,各种问题和挑战也就随之而来。

一、投资管理能力亟须提升,资产配置结构仍待优化

我国保险资管公司大多由保险机构内部部门成长起来,管理的资金绝大部分还是集团内的资金,主要业务还是为集团服务,业务极其依赖于保险资金尤其是集团内的资金,这也在一定程度上影响了其独立性和专业性。资金运用能力不足表现在:未能充分利用好投资新政,主要投向固定收益类,投资方式和结构比较单一,在投资理念上还未形成价值投资、理性投资;投资风格还未确立稳健投资与长期投资,导致资产配置与资金期限不匹配;对经济形势的判断和资本市场掌握还欠火候;投资收益率较低,且各年收益率起伏较大。

其原因是多方面的,主要还是因为我国保险资金管理能力欠佳、专业化程度低、效率差、配置的资产结构不合理等。首先,是资金运用结构方面的原因。虽然在保险投资新政之后,投资范围和投资渠道大幅增加,但保险资金还是多投在一些流动性强、收益性差的资产上,如银行存款和债券。其次,我国资本市场还不太成熟,相应法律法规缺位,金融监管不到位,资本市场经常背离我国经济发展状况,市场风险巨大,这使得对证券市场严重依赖的保险公司无法从中获得长期、稳定的投资收益。最后,保险资管公司盈利能力不足。过去保险资金仅限于保险资管公司管理,缺乏相应的竞争环境,以至于保险资管公司与其他金融资产管理子行业相比存在不足:资产管理能力欠佳;业务主要是管理保险资金,业务结构单一;缺乏资产管理专业人才;行业相对封闭,市场化程度不高。

二、对于提高产品设计能力,丰富产品线意识不强

由于固化的保险资管账户化模式存在诸多弊端,一方面使得业务条线中各职能定位及法律关系不清晰,另一方面由于低效率的业务流程设计,高成本、低市场化让保险资管处于竞争劣势。

因此,保险资管机构若想提升竞争实力,则需要丰富自身的产品线,优化产品设计思路,以打通保险资管与客户之间的联系、提升自身的品牌吸引力。简单来说,即产品连接着公司团队和客户。

未来保险资管的发展模式应是产品与业务双线并行,在产品模式上转变原来的账户化思路,在强化产品设计思路的同时丰富机构产品线,提升资金管理效率,在大资管产业链上游实现比较优势。同时,升级业务结构,延展目前的业务范围,在监管及相关政策的支持下逐步细分业务层次,并最终实现高效的市场化运营。

三、专业性与独立性不足,市场竞争力较弱

截至 2014 年底,我国已成立的保险资管公司有 21 家,另有 1 家外资投资管理中心。目前,保险行业约 90% 的资产由这 21 家保险资管公司管理,保险资管公司管理水平的高低直接影响着整个保险行业资金收益。由于我国保险资管公司大多脱胎于保险机构,投资新政之前,保险资金只能由保险公司内设投资部门或保险资管公司管理,这导致了保险资金管理机构由于缺乏竞争机制,专业化程度不高,无法满足市场多样化服务的需求,难以专业、规范、高效地管理保险资金,保险资金的管理能力与风险控制能力都亟待提高。中国保监会下发的《关于调整〈保险资产管理公司管理暂行规定〉有关事项通知》(2011),大幅提高了设立保险资管公司的门槛,同时放开了非保险类资产管理机构也可受托管理保险资金的限制,如满足条件的基金公司、证券公司,以此提高保险资金运用效益,激发市场的内在活力,促使保险资产管理机构尽快实现真正的市场化运作。

目前,我国泛资管市场下资产管理规模已快突破 100 万亿元,以 2012 年为基年至 2015 年末复合增长率已高达 51%,可见我国资管市场的发展潜力。但相较于其他资产管理机构,保险资管的核心优势仍与行业领先机构有差距,俗语所言——不进则退,在这波大资管浪潮中,不加快转型步伐、加大改革力度,未来的资产管理"蛋糕"则很难被保险资管切分。

总体而言,保险资产管理公司不仅仅能作为保险公司的投资部门而存在,而且其必须作为专业、独立的资产管理机构经受市场的检验,并参与各类资产管理机构的竞争。

第二节　保险资管在大资管格局下的战略定位建议

我国保险资产管理公司的发展未来一定要走专业化资产管理公司的道路,仅仅作为保险公司的影子投资部门不能适应未来大资产管理行业发展趋势。为适应激烈的竞争环境,保险资产管理公司需要在投资、产品研发、内部管理等方面多管齐下。

一、提高投资能力,实现资产负债双轮驱动

投资能力是资产管理机构的根本,也是保险资产管理公司未来在全市场竞争的最

核心的资本。在目前的资产管理行业中,保险类资产管理公司不占优势的关键在于投资回报率仍显偏低,对其他机构和个人投资者的服务水平也不够精细,造成这种状况的原因在于内部体制市场化程度的欠缺。未来保险资产管理公司投资能力的提高应该从以下几个方面入手。

(一)打通保险资金投资通道,优化资金运用结构

中国保监会自 2012 年推出 13 项保险投资新政后,保险资金的投资渠道得到一定程度的延伸,投资范围也进一步扩大,制度的开放将促进提高保险资金的投资稳定性及持续性,同时有利于增加保险公司的盈利能力。保险资管机构要合理充分利用保险投资新政,打通保险业与其他金融机构的产品渠道及投资通道。

(二)发挥传统投资领域优势,抓住结构性投资机会

我国经济走势未来将会继续下行,但经济转型仍会带来结构性投资机会,那些属于政策引导和经济转型的产业、行业会出现稳步增长或超预期发展。保险资金应当抓住国民经济结构转型带来的结构性投资机会,除保持稳健的仓位控制风险外,还应依据市场形势和基本面,及时调整仓位,对价值"洼地"及符合经济转型行业和企业重点关注,深挖结构性投资机会。

(三)适应利率市场化需求,升级产品设计理念

在利率市场化的大背景下,由保险资管核心受托业务所主导的传统负债驱动投资模式已经跟不上整个大资管行业发展的速度。想要在各类自管产品中脱颖而出,除了保证风险可控之外,较高的收益率已然成为较多投资者的重要评判因素。而凭借着对于市场利率较高的敏感度,依靠资产端驱动下的保险资管产品也被推动着形成一种持续创新的良性循环状态。因此,升级成为资产负债双轮驱动的发展模式正逐渐成为保险资管机构的变革新趋势。

二、提升产品设计能力,打造特色综合金融服务体系

保险资管机构提升产品设计能力可以从两个方面入手:一是加强产品创新,二是丰富产品类型。

(一)加强产品创新方面

1. 深入挖掘个性化定制需求

随着监管的逐步开放及市场化程度的加深,政府、企业、金融机构、各类社会资金等市场主体均可认购保险资管产品。想要在扩大客户资源的基础上提升客户黏性,就需要布局并强化资管行业产业链下游优势,提高主动交流意识,强化与客户的沟通,深

入挖掘客户需求,充分了解客户风险偏好及风险承受能力,形成定制化解决思路。在提升资管产品质量的同时,满足客户的差异化需求,成为专业化的综合金融解决方案供应商。

2. 充分加强与保险公司的协同作用

保险资管机构要充分利用依靠集团背景的资源优势,将保险资管机构与保险公司的资源整合放在战略高度。通过深度挖掘业务交叉范围,拓宽自身客户源,同时依据客户历史投资数据分析其特征,合理解决客户综合资产管理需求,逐渐形成协同与创新并进的特色综合金融服务体系。

(二)丰富产品线层面

近年来,市场上出现了较多的创新型产品,如股权质押、资产证券化、两融收益权等主题产品。保险资管目前的产品线在大资管竞争格局下显然不占优势。因此,保险资管若想抓住市场趋势,把握市场先机,就需要丰富自身的产品层次,在学习总结其他资管行业的成熟经验的同时,逐步建立专业研发团队,形成以不同风险梯度收益水平为指标的完整的产品条线。同时,加强风险管理能力,设立各个产品间的"防火墙",在发挥自身传统优势的基础上,满足业务发展需求。

三、升级管理,形成产品事业部管理模式

由于产品不仅是链接客户和行业的媒介,也能体现保险资管行业的核心竞争力,这也是我们不断强调产品重要性的原因。就保险资管机构内部管理而言,打造以产品为中心的管理链条可以作为一种思路。这需要转变传统的组织架构模式,逐渐去中心化,并打造产品事业部模式,以逐步实现市场化。而产品结构设计、业务期间监测、风险控制、激励约束机制等也均应以客户需求为出发点进行升级优化,形成全面的以产品为中心的管理链条。

同时,面临与证券公司、基金公司、信托公司以及其他各类资产管理机构的竞争,还需要进一步加强人才队伍建设。以公司为平台广纳人才,引进优秀 PE 团队、股票和债券投资团队以及未来发展所需的不动产、基础设施投资计划产品团队等,帮助他们在保险资产管理公司的平台上发行产品,提升公司的竞争能力和市场投资能力,公司将通过利润分成的方式加强对这些团队的激励。在坚持以人为本的理念下,激发优秀人才的工作激情,形成风险共担、利益共享的工作氛围,以完善团队建设。

参考文献

[1]袁文胜.以变革推动综合金融发展[J].中国金融,2015,17:61-62.

[2]王颖.保险资管产品发展策略[J].中国金融,2015,18:60-61.

[3]李少非.保险资产管理行业的定位[J].中国金融,2015,18:62-64.

[4]王国军.发达国家保险资金运用启示[J].中国金融,2015,18:65-66.

[5]郭亚慧.大资管时代下保险资产管理的发展[J].河北金融,2015,06:63-65.

[6]楼文龙.银行资产管理业务发展趋向[J].中国金融,2014,20:19-20.

[7]韩向荣,王大鹏.大资管时代的保险对策[J].中国金融,2014,05:74-75.

[8]姜涛.大资管时代下的保险资产管理[J].银行家,2014,03:84-87.

[9]段国圣.保险投资新政下的资产配置[J].中国金融,2013,20:65-67.

[10]高嵩.探索扩大保险资管产品外延[N].中国保险报,2015-01-26006.

[11]蔡恺.六大财富管理机构大资管时代亲密合作[N].证券时报,2014-07-28T05.

[12]唐福勇.大资管行业将迎新一轮竞争[N].中国经济时报,2014-10-07003.

[13]徐懿、蒲勇健.金融资产管理公司激励机制研究——从防范道德风险的角度[J].金融研究,2006,03:31-36.

[14]白战伟.泛资管背景下金融机构竞争与合作——基于信托的视角[A].全国博士后管委会办公室、中国博士后科学基金会、河南省人力资源和社会保障厅.2014全国金融创新与经济转型博士后学术论坛论文集[C].全国博士后管委会办公室、中国博士后科学基金会、河南省人力资源和社会保障厅,2014:7.

[15]缪建民.我国保险资产管理行业的发展与展望[J].中国金融,2010,03:26-28.

[16]吴佳其.大资管时代金融机构跨业合作的新路径探析[J].西南金融,2014,03:39-41.

[17]陆磊,王颖.金融创新、风险分担与监管:中国转轨时期保险资金运用的系统性风险及其管理[J].金融研究,2005,06:1-16.

[18]张祖荣.刍议我国保险资金运用的问题与对策[J].金融与经济,2008,07:62-64.

[19]牛播坤,刘蕾蕾.资金成本视角下的大资管格局[J].中国金融,2013,14:41-43.

[20]周庆丰,李响玲.大资管时代证券业的发展[J].中国金融,2013,14:47-49.

[21]凌秀丽.产品化是保险资产管理的方向[J].中国金融,2013,20:70-71.

资管战略篇

保险资产管理业参与养老
基金投资管理研究

——基于供给侧改革的思考

长江养老保险股份有限公司

摘要

中国养老金体制改革取得显著成就,已经建立基本养老保险制度、企业补充养老保险制度和商业养老保险相结合,实行国家、集体、个人三方共同负担的养老金体系,实现了制度上的全覆盖,保障水平也随经济发展而不断提升。但也存在人口老龄化、基金缺口大、效率有待提升等深层次矛盾和问题。基金投资管理是养老金体系管理的重要内容,是提升养老金体制效率的必然选择。从国际经验来看,部分发达国家设立了国家级养老储备基金,并实现市场化投资管理;养老金管理机构成为养老保险基金投资管理的主要力量。中国已经具备实现养老保险基金市场化投资管理的条件,社保基金和企业年金的市场化投资管理积累了成功的经验,基金投资的核心问题包括完善的基金治理结构、强大的资产配置能力以及甄选优秀的投资管理人。中国保险资产管理行业近年来得到快速发展,供给和创新能力不断提升,有能力为养老保险基金提供良好的投资管理服务。保险资产管理业参与养老保险基金的方式包括接受委托投资、向养老保险基金销售养老金产品或资产管理产品等。为此,需要采取向保险资产管理业放开投资管理人资质、开展投资管理人资格互认等配套措施,发挥其作为养老金体系中主要市场力量的作用。

关键词

保险　资产管理　养老金　基金投资　供给侧

前　言

　　人口老龄化背景下，中国倚重于公共养老金计划的养老金体系受到严峻考验。一方面，公共养老金计划赡养比持续提升、财政补贴节节攀升、养老金替代率不断下降等严重影响制度的可持续性；另一方面，高达 3.5 万亿元的基本养老保险结余基金，却因缺乏市场化运作机制，除可以存入专户和购买国债以外，长期以来不允许其他任何形式的投资，面临较大的通货膨胀风险，无法有效弥补基金运行的缺口。全国社会保障基金理事会管理的国家级养老储备基金市场化投资管理取得一些成功经验，也有必要适应新的形势要求，扩大投资管理人队伍，引入并激活市场竞争机制，进一步提升效率。在个人账户做实部分资金委托全国社会保障基金理事会投资运作、以及部分省市结余资金委托全国社会保障基金理事会投资运作经验基础上，结合国内补充养老保险制度（企业年金、职业年金制度）市场化投资运营的经验，2015 年国务院正式颁布了《基本养老保险基金投资管理办法》，规定基本养老保险基金投资运营的基本框架，预示着一直以来处于隐性贬值中的结余基金将可以通过市场化投资管理实现保值增值，从而有助于提升制度的可持续性。这也预示着包括国家级养老储备、基本养老保险结余基金、企业年金、职业年金在内的养老保险基金市场化投资管理运作将进入一个新的时代。

　　养老保险基金实施市场化投资运作的关键在于基本养老保险基金投资的治理结构设计和运行，其中尤为重要的是如何选择和发挥市场上专业投资机构的价值。从国际经验来看，专业的养老金管理公司和保险资产管理机构向来是养老金资产管理的主体，承载着提升制度效率和可持续性的使命。十多年来，保险资产管理机构在资产管理行业展现了极强的综合服务和专业能力，在基本养老保险基金投资运作过程中体现出较强的供给能力；专注经营信托型资产管理业务的养老金管理公司也度过艰难的发展时期，资产管理和投行等业务创新和供给能力得到不断提升。在新的时期，如何更好地推动包括养老金管理公司在内的保险资产管理行业参与养老保险基金投资管理，充分发挥好这些机构的力量和能力，对于实现养老保险基金市场化投资运作、提升中国养老金体制可持续性都具有重要的战略意义。

本课题在分析中国养老金体制改革成就及存在问题的基础上，全面总结中国养老保险基金市场化投资管理的成功经验，分析美国、智利等国家的做法，深入剖析中国保险资产管理行业发展的成就及创新，提出保险资产管理行业参与养老保险基金投资管理的方式和配套措施，以期为有关方面提供决策依据。

第一章　中国养老金体系现状及存在的问题

第一节　中国养老金体系改革路径

中国传统养老保险制度始于 20 世纪 50 年代初，是为了适应产品经济和高度集中统一的计划管理体制要求，仿效苏联的国家保险模式形成的计划经济产物。该制度强调就业与保障高度重合，养老保险基金采取国家和企业包揽的现收现付制筹资模式，养老保险层次单一，保障范围狭窄，补充养老保险和个人储蓄养老保险制度缺失，国家和企业承担的养老金责任过重，在相当程度上制约了中国经济的发展。为解决养老保险制度的种种问题，中国于 20 世纪 80 年代启动养老保险制度的改革，改革的主要目标是建立与社会主义市场经济相适应的"社会化"养老保障体制。改革的路径大体可以划分为以下几个阶段。

一、养老保险改革初期(20 世纪 80 年代至 1991 年)

自 1984 年开始，与企业劳动制度改革相配套，在我国国有企业中进行退休费用社会统筹，建立固定工养老保险基金的试点，由企业、个人、国家三方共同缴纳养老保险基金。在总结试点的基础上，于 1991 年发布了《关于企业职工养老保险制度改革的决定》，明确要建立基本养老保险、企业补充养老保险和职工储蓄性养老保险相结合的制度，改变养老保险由国家、企业包揽的状况，实行国家、集体、个人三方共同负担。基本养老保险基金按照以收定支、略有结余、留有部分积累的原则统一筹集，由企业缴费和职工个人缴费共同构成,企业补充养老保险则由企业根据自身经济实力为职工建立,个人储蓄性养老保险由职工根据个人收入情况自愿参加。1991年的改革为中国基本养老保险制度改革奠定了基础,并形成了"三支柱"养老金体系的雏形。

二、养老保险改革发展期(1991年至2010年)

在探索完善养老金社会化发放制度的基础上,1993年中共十四届三中全会通过的《关于建立社会主义市场经济体制若干问题的决定》和1995年国务院发出的《关于深化企业职工养老保险制度改革的通知》,提出了深化养老保险制度改革的11项要求,明确了企业职工基本养老保险改革的目标是要建立适应社会主义市场经济体制要求、适用城镇各类企业职工和个体劳动者、资金来源多渠道、保险方式多层次、社会统筹和个人账户相结合、权利与义务相对称、管理服务社会化的养老保险体系。基于各地基本养老保险制度的试点,国务院于1997年发布了《关于建立统一的企业职工基本养老保险制度的决定》,统一了个人账户的规模、使用和管理等主要内容,统一了基本养老金计发条件和计发办法。

在此期间,政府鼓励和提倡有条件的企业建立补充养老保险制度,并最终明确补充养老保险转型为企业年金制度,确立企业年金制度市场化运作的原则,于2004年颁布了《企业年金管理试行办法》和《企业年金基金管理试行办法》,企业年金制度得以市场化、规范化的发展。

三、养老保险改革深化完善期(2010年至今)

2010年,国务院颁布《中华人民共和国社会保险法》,对基本养老保险制度的覆盖范围、筹资模式、支付模式等予以明确,搭建起中国养老保险制度的原则性法律框架。

同时,对于养老保险制度的顶层设计进入实质推进阶段,目标是建立起功能定位明确的"三支柱"养老保险制度。在基本养老保险制度方面,加快覆盖城乡养老保险体系建设工作,并不断完善转移接续、全国基础养老金统筹等配套措施;在机关事业单位养老保险制度方面,经过多年试点,2015年颁布了《关于机关事业单位工作人员养老保险制度改革的决定》,建立独立于机关事业单位之外、资金来源多渠道、保障方式多层次、管理服务社会化的养老保险制度体系,从制度上与企业职工养老保险制度"并轨",解决制度层面的不公平;在补充养老保险制度方面,出台了《企业年金基金管理办法》,扩大企业年金基金投资范围,规范企业年金集合计划管理,修订《企业年金管理试行办法》,明确企业年金税收优惠政策等,并出台《机关事业单位职业年金管理办法》,

以推动补充养老保险制度发展;在个人储蓄养老保险制度方面,研究和酝酿个人税延养老保险制度等。

从上述中国养老保险改革的路径可以看出,改革是一个不断适应经济社会形势发展变化要求的过程,也是一个不断市场化的过程,政府与市场在养老金体制中的作用与地位逐步厘清和界定,市场的作用在政府相关政策和改革的支持下,越来越得到重视和体现。

第二节　中国养老金体系现状

通过不断改革和完善,当前,中国已经建立基本养老保险制度、企业补充养老保险制度和商业养老保险相结合,实行国家、集体、个人三方共同负担的养老金体系。中国"三支柱"的养老金体系如图1-1所示。

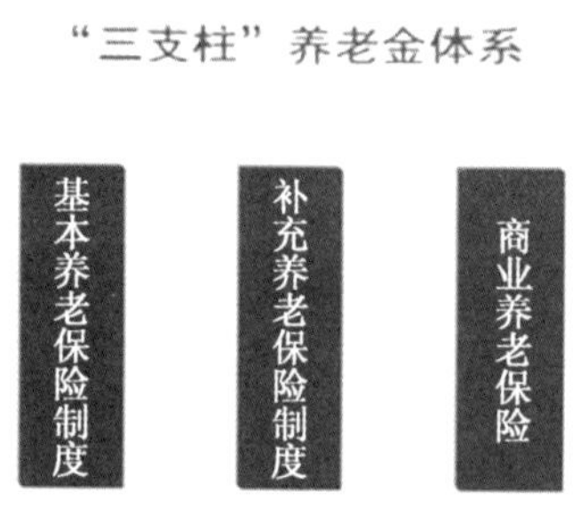

资料来源:课题组根据现行制度体系整理。

图1-1　中国"三支柱"的养老金体系

一、基本养老保险制度

中国基本养老保险制度实行社会统筹和个人账户相结合,基金由单位缴费、个人缴费和政府财政补贴构成,包括城镇职工基本养老保险、机关事业单位基本养老保险和城乡居民基本养老保险,在制度上实现了全民覆盖。近年来,中国基本养老保险覆盖面不断扩大,截至2015年末,全国参加基本养老保险人数为85 833万人,全年基本养老保险基金收入32 195亿元,基金支出27 929亿元,年末基本养老保险基金累计结存 39 937 亿元①。相关内容如图 1－2 和表 1－1 所示。

资料来源：课题组根据现行制度体系整理。

图 1－2　中国基本养老保险制度构成

表 1－1　　　　　　　　　中国基本养老保险 2010 年以来参保人数　　　　　　　单位：万人

年　份	合　计	城镇职工基本养老保险			城乡居民基本养老保险
		总参保人数	参保在职职工	参保退休人员	
2010	35 984	25 707	19 402	6 305	10 277
2011	61 573	28 391	21 565	6 826	33 182
2012	78 796	30 427	22 981	7 446	48 370
2013	81 968	32 218	24 177	8 041	49 750
2014	84 232	34 124	25 531	8 593	50 107
2015	85 833	35 361	26 219	9 142	50 472

资料来源：人力资源和社会保障事业发展统计公报。因机关事业单位基本养老保险制度正在改革中,暂无相关数据。

（一）城镇职工基本养老保险

城镇职工基本养老保险制度实行社会统筹与个人缴费相结合。用人单位按照国家规定的本单位职工工资总额的比例缴纳基本养老保险费,计入基本养老保险统筹基金,目前企业缴费的比例为企业工资总额的 20％。个人账户资金由个人缴费形成,为个人缴费工资的 8％。养老金由基础养老金和个人账户养老金为主构成。退休时的基础养老金月标准以当地上年度在岗职工月平均工资和本人指数化月平均缴费工资的平均值为基数,缴费每满 1 年发给 1％。个人账户养老金月标准为个人账户储存额除以计发月数,计发月数根据本人退休时城镇人口平均预期寿命、本人退休年龄、利息等因素确定。据人力资源和社会保障部公布的数据显示,2015 年末全国参加城镇职工基本养老保险人数为 35 361 万人,比上年末增加 1 237 万人。其中,参保职工

---

① 2015 年度人力资源和社会保障事业发展统计公报,人力资源和社会保障部网站,http://www.mohrss.gov.cn/SYrlzyhshbzb/dongtaixinwen/buneiyaowen/201605/t20160530_240967.html。

26 219万人,参保离退休人员 9 142 万人,分别比上年末增加 688 万人和 549 万人。2015 年末参加城镇职工基本养老保险的农民工人数为 5 585 万人,比上年末增加 113 万人。2015 年末企业参加城镇职工基本养老保险人数为 33 123 万人,比上年末增加 1 177 万人。全年城镇职工基本养老保险基金总收入 29 341 亿元,比上年增长 15.9%,其中征缴收入 23 016 亿元,比上年增长 12.6%。各级财政补贴基本养老保险基金 4 716 亿元。全年基金总支出 25 813 亿元,比上年增长 18.7%。年末城镇职工基本养老保险基金累计结存 35 345 亿元[①]。

(二)机关事业单位基本养老保险

根据《国务院关于机关事业单位工作人员养老保险制度改革的决定》,机关事业单位实行社会统筹与个人账户相结合的基本养老保险制度。基本养老保险费由单位和个人共同负担,单位缴纳基本养老保险费的比例为本单位工资总额的 20%,个人缴费基本养老保险费的比例为本人缴费工资的 8%。个人缴费部分建立基本养老保险个人账户,单位缴费作为社会统筹部分。基本养老金由基础养老金和个人养老金组成。

(三)城乡居民基本养老保险

城乡居民基本养老保险制度是合并原新型农村社会养老保险和城镇居民社会养老保险制度而来。城乡居民基本养老保险基金由个人缴费、集体补助和政府补贴构成。个人根据政府设定的缴费档次缴纳养老保险费;有条件的村集体经济组织对参保人缴费给予补助,标准由村民委员会召开村民会议民主确定;政府对符合领取城乡居民养老保险待遇条件的参保人全额支付的基础养老金进行补贴,地方人民政府应当对参保人缴费予以补贴。国家为参保人员建立个人账户,个人缴费、地方人民政府的缴费补贴、集体补助等全部计入个人账户,按国家规定计息。城乡居民养老保险待遇由基础养老金和个人养老金构成,支付终身。其中,基础养老金由中央制定最低标准,并由政府全额支付。个人账户养老金的月计发标准,目前为个人账户全部储存额除以139(与现行职工基本养老保险个人账户养老金计发系数相同)。据人力资源和社会保障部公布的数据显示,2015 年末城乡居民基本养老保险参保人数 50 472 万人,比上年末增加 365 万人。其中实际领取待遇人数 14 800 万人。全年城乡居民基本养老保险基金收入 2 855 亿元,比上年增长 23.6%。其中,个人缴费 700 亿元,比上年增长 5.1%。基金支出 2 117 亿元,比上年增长 34.7%。基金累计结存 4 592 亿元[②]。

---

① 2015 年度人力资源和社会保障事业发展统计公报,人力资源和社会保障部网站,http://www.mohrss.gov.cn/SYrlzyhshbzb/dongtaixinwen/buneiyaowen/201605/t20160530_240967.html。
② 2015 年度人力资源和社会保障事业发展统计公报,人力资源和社会保障部网站,http://www.mohrss.gov.cn/SYrlzyhshbzb/dongtaixinwen/buneiyaowen/201605/t20160530_240967.html。

二、补充养老保险制度

补充养老保险是指国家通过税收等政策鼓励用人单位或个人建立的、市场化运作的养老金计划,包括企业年金、职业年金和税优型个人储蓄性养老保险等。

企业年金制度自 2004 年正式确立以来,经过数十年的发展,逐步建立起"市场主导、政府引导、自愿参与"的市场格局,并且确立了企业年金基金信托型的管理模式。企业年金基金管理采取"信托关系为核心、委托代理为补充"的法律关系进行管理,即企业和职工与受托人之间建立信托关系,计划受托人与投资管理人、账户管理人、基金托管人之间建立委托代理关系。企业年金制度缴费由企业和个人缴费形成,企业缴费根据企业制订的归属方案归属个人账户,个人缴费全额计入个人账户。个人账户积累资金实施市场化投资运作管理以保值增值。退休领取养老金时分期或一次性领取账户积累资金。截至 2015 年底,企业年金基金达到 9 526 亿元,制度覆盖了 2 316 万职工和 7.55 万家企业[①]。

2015 年,伴随机关事业单位养老保障制度改革,机关事业单位启动强制职业年金制度,采用与企业年金制度类似的信托型管理模式。职业年金基金采取个人账户方式管理,个人缴费实行实账积累。对财政全额供款的单位,单位缴费根据单位提供的信息采取记账方式,每年按照国家统一公布的记账利率计算利息,工作人员退休前,本人职业年金账户的累计存储额由同级财政拨付资金记实;对非财政供款的单位,单位缴费进行实账积累。实账积累形成的职业年金基金,实行市场化投资运营,按实际收益计算。职业年金制度将为第二支柱补充养老保险制度注入新的市场容量。

个人储蓄性养老保险方面,因为国内尚未推出有税收优惠的个人储蓄养老保障制度,个人税延型养老保险产品正在反复论证研究中,有望弥补职工储蓄性养老保险方面的空白。

三、商业养老保险

商业养老保险是纯粹商业性、自愿购买,主要由商业保险公司提供多样化的养老年金保险产品和服务,在第三支柱中发挥了主导作用。目前,中国商业年金保险业务经营主体有 71 家,年金保险产品种类丰富。近年来,年金保险一直保持较快发展,2001～2014 年保费收入年均增长 16.9%。2014 年,年金保费收入 2 822 亿元,同比增

---

① 2015 年度人力资源和社会保障事业发展统计公报,人力资源和社会保障部网站,http://www.mohrss. gov.cn/SYrlzyhshbzb/dongtaixinwen/buneiyaowen/201605/t20160530_240967.html。

长77.2%,有效保单6 934万件,覆盖1.01亿人次,保额达到1.44万亿元①。

第三节　中国养老金体系存在的问题

中国养老金体制改革取得显著成就,搭建了"三支柱"的制度体制框架,实现了公共养老金计划的制度全覆盖,保障水平也随经济发展而不断提升。但也存在一些深层次的矛盾和问题,突出表现在人口老龄化、基金缺口大、效率有待提升等方面。

一、人口老龄化问题对养老金体系的挑战

(一)中国人口老龄化的特征

1982年维也纳"老龄问题世界全会"定义:60岁以上的老年人口占总人口的10%以上,或65岁及以上人口占总人口的7%以上的国家和地区,凡符合上述两个标准之一的国家或地区,就可称为"老年型国家"或"老年型地区"。按照此标准,2010年全球已经进入老龄社会,60岁以上人口占比达到11%。中国的情况更为严重,截至2015年底,中国60岁以上老年人口已经达到2.2亿,占总人口的15.6%②。据预测,21世纪中叶中国老年人口数量将达到峰值,超过4亿③。总体来看,中国人口老龄化具有以下特征:

1. 老龄化超前于现代化,未富先老,经济压力大

发达国家是在基本实现现代化的条件下进入老龄社会的,属于先富后老或富老同步,而中国则是在尚未实现现代化,经济尚不发达的情况下提前进入老龄社会的,属于未富先老。发达国家进入老龄社会时人均国内生产总值一般在5 000~10 000美元以上,而中国大约于2000年进入老龄社会,当时人均国内生产总值徘徊在1 000美元左右,目前人均国内生产总值虽然达到7 000美元左右,但仍属于中等偏低收入国家行列,应对人口老龄化的经济实力还比较薄弱。

2. 老年人口规模巨大,人口老龄化发展迅速

2009年全国60岁及以上老年人口为1.671 4亿,占总人口的12.5%,到2014年

---

① 中国保险监督管理委员会:商业养老保险发展情况、面临问题和下一步工作思路,2014。
② 李斌:2015年我国60岁以上老人已经达到2.2亿人,中国网,http://www.china.com.cn/guoqing/2016/03/08/content_37970512.html。
③ 中国老年人口数世界第一、社会化养老服务需求巨大,搜狐网,http://mt.sohu.com/20150619/n415342045.shtml。

老年人口的占比已经提升到15%[①],预测2051年将达到最大值,之后将一直维持3~4亿的老年人口规模。根据联合国预测,21世纪上半叶,中国将一直是世界上老年人口最多的国家,占世界老年人口总量的1/5。同时,中国的老龄化发展迅速。从全世界范围来看,65岁以上的老年人口占总人口的比例从7%提升到14%,大多数发达国家经历了较为漫长的时间,比如法国经历了130年、瑞典经历了85年、澳大利亚和美国用了将近79年,但我国在27年的时间内就完成了这一转变。并且,从我国人口特征来看,在未来很长的一个时期,人口老龄化将保持一个较高的增速。

(二)人口老龄化对养老金体系的挑战

1. 制度内赡养比急速下降,制度存在财务危机

人口老龄化对养老金体系最直接的影响是制度内赡养比急速下降,预计到2020年制度内赡养比将显著跌破3,到2050年制度内赡养比将低至1.3。这意味着到2050年基本上1.3个在职职工缴纳的养老保险费需要支付1个退休职工的养老金。同时,尽管中国基本养老保险制度的筹资模式是社会统筹与个人账户相结合的部分积累制,但在运行过程中,受制于转制成本化解等约束条件,为应付当期的养老金支付,不得不挪用当期参保职工的缴费,本应实施完全积累的个人账户"空账"运行,部分积累制的基本养老保险制度转变为实质上现收现付的筹资模式。制度内赡养比的急速下降给完全现收现付制运行的基本养老保险制度带来巨大的压力,制度负担加重。中国基本养老保险制度内赡养比变化如表1—2所示。

表1—2　　　　　　　　中国基本养老保险制度内赡养比变化

年份	2010	2011	2012	2014	2020	2050
赡养比	3.08∶1	3.16∶1	3.08∶1	3.04∶1	2.94∶1	1.3∶1

资料来源:根据人力资源和社会保障部公布的数据整理。

2. 基本养老保险制度负担过重,无法满足参保人员养老需求

尽管中国初步建立了"三支柱"的养老金体系,但"三支柱"养老金体制发展极为不均衡。"第一支柱"即国家强制性基本养老保险承担着巨大的责任和压力。而"第二支柱"的企业年金、职业年金及个人储蓄性养老保险制度发展严重滞后。企业年金自20世纪90年代起建立相关制度,发展至今覆盖人数仅占基本养老保险参保人数的5%,与第一支柱相比,在养老金体制中的作用显得过于微弱。作为第三支柱的商业养老保险方面,未能形成对第一、二支柱的有效补充。在人口老龄化背景下,为保障参保人员

---

① 根据财政部、中国统计局披露数据整理。

退休后的生活，政府连续 11 年提高基本养老保险金，在养老金支付额度越来越庞大的同时，基本养老保险制度替代率却大幅下降。根据课题组的测算，基本养老保险制度的替代率从原有的 70% 以上逐渐下降到现在的 40%，这意味着，退休人员所领养老金的平均水平已不及当年城镇职工非私营企业人均可支配收入的一半，无法满足参保群体的养老需求。中国基本养老保险制度替代率如表 1—3 所示。

表 1—3 中国基本养老保险制度替代率

年份	1993	2000	2002	2006	2009	2011	2014
替代率	75.98%	71.22%	63.43%	50.3%	44.9%	43.28%	43.1%

注：替代率＝城镇职工平均养老金水平/城镇单位在岗职工平均工资。
资料来源：根据人力资源和社会保障部、国家统计局公布数据整理。

二、基本养老保险基金缺口巨大

基本养老保险基金缺口的起源，主要是城镇职工基本养老保险制度转型改制中旧制度中已退休的"老人"养老金待遇扣除基础养老金的部分和参加制度的"中人"退休者的过渡性养老金支出部分。在制度转型过程中，涉及"老人"和"中人"部分的转制成本如何消化没有明确的方案，在制度运行过程中最终采取挪用个人账户资金填补当期养老金支出缺口的方式，造成个人账户空账运行的第二层次的基金缺口。基本养老保险制度个人账户空账运行中应保值增值的账户资金、历史转制成本以及人口老龄化背景下制度的支付压力，三种因素交织在一起形成的恶性循环，是构成当前基本养老保险基金缺口的主要因素。据统计，2014 年城镇职工基本养老保险个人账户记账金额已达到 40 974 亿元[1]，而同年城镇职工基本养老保险基金累计结余额为 31 800 亿元[2]，也就是说，即使将所有城镇职工基本养老保险基金的结余资金用于弥补个人账户，还存在近万亿元的缺口。另据人力资源和社会保障部披露的数据，财政对于基本养老保险制度的补贴年年增多，到 2015 年已经达到 4 716 亿元，并且增速也在不断提升。2008～2015 年基本养老保险制度财政补贴如表 1—4 所示。

① 郑秉文：《中国养老金发展报告 2015——"第三支柱"商业养老保险顶层设计》，经济管理出版社，2016。
② 2014 年度人力资源和社会保障事业发展统计公报，人力资源和社会保障部网站，http://www.mohrss.gov.cn/SYrlzyhshbzb/dongtaixinwen/buneiyaowen/201505/t20150528_162040.html。

2008～2015 年基本养老保险制度财政补贴

年份	2008	2009	2010	2011	2012	2013	2014	2015
财政补贴（亿元）	1 437	1 646	1 954	2 272	2 648	3 019	3 548	4 716

资料来源:根据人力资源和社会保障部公布数据整理。

未来,基本养老保险基金的缺口还将持续增大。根据马俊教授领导的研究小组所做的国家资产负债表显示,中国城镇企业职工基本养老保险制度缺口已经存在,如果假定财政补贴保持 2011 年的水平不变,累计的结余将在 2022 年消耗殆尽,2013～2050 年的累计缺口现值将相当于 2011 年 GDP 的 83%,缺口现值将达到 37 万亿元[①]。郑伟教授等人的测算结果是:养老保险基金将于 2037 年出现收支缺口,2048 年养老保险基金将耗尽枯竭,2010～2100 年 90 年间的基金综合精算缺口将超过 12%[②]。李杨教授等人测算显示,2023 年城镇企业基本养老保险将出现收不抵支,2029 年累计结余将消耗殆尽,2050 年累计缺口将达到 802 万亿元,占当年 GDP 的 91%,当年养老金总支出占 GDP 的比重将达到 11.85%[③]。有关这样的测算还有很多,虽然不同团队对于基本养老保险基金缺口的测算结果不尽相同,但结论均较为统一地指向隐性债务规模庞大,未来基本养老保险基金缺口巨大。

三、基本养老保险基金管理效率有待提升

基本养老保险基金管理效率低下主要表现在两个方面:

(一)未实现养老金全国统筹

目前,中国大部分省市尚未实现真正意义上的收支统一的省级统筹,更不用说养老金全国统筹。不完全的省级统筹导致基本养老保险基金的收支不能在省内或省际进行转移支付,更多的还是只能以县级、市级内人口年龄结构为基础,故人口结构年轻化的省市可以在当前阶段实现盈余和基金结余,人口结构老龄化的省市当期入不敷出,只能更多依靠财政补贴弥补基金缺口。2014 年只有 8 个省份城镇职工基本养老保险征缴收入(不含财政补助)大于支出,23 个省份当期征缴收入小于当期基金支出。基金未能在全国范围实现统筹是中国基本养老保险制度基金财政补贴和基金结余共存的根本原因之一,大幅降低了制度的运行效率。

---

　　① 曹远征等:重塑国家资产负债能力,《财经》,2012(15)。
　　② 郑伟、陈凯和林山君:《中国养老保险制度中长期测算及改革思路探讨》,第五届中国社会保障论坛获奖论文,2013 年 11 月 7 日。
　　③ 李扬等:《中国国家资产负债表 2013——理论、方法与风险评估》,中国社会科学出版社,2013。

（二）结余基金未有效保值增值

基本养老保险基金结余主要来源于人口结构年轻化省市的结余、农民工参保截流和财政补贴资金等，到 2015 年底达到 3.6 万亿元[①]。但这部分沉淀的积累资金并没有市场化投资来实现保值增值，而是购买存款或者国债，年化投资收益率仅为 2％，低于近年来的通货膨胀率，更远远低于全国社会保障基金年化 8.82％ 的投资收益率。以全国社会保障基金年化收益率和基金现有收益率做比较，仅 2015 年基本养老保险基金损失的保值增值资金额就超过了 2 200 亿元，数字非常可观。

未实现制度全国统筹和未能有效实现基金保值增值是基本养老保险制度运行效率低下的两个主要问题。这两个问题进一步加重了基本养老保险基金缺口，影响着基本养老保险制度的可持续性。

第二章　基金的市场化投资是提升养老金体系可持续性的关键

第一节　基金的市场化投资是提升养老金体系可持续性的必然选择

养老保险基金是广大群众的"养命钱"，是一项重要的公共资金。随着中国覆盖城乡社会保障体系的不断完善，养老基金积累也在快速增加。但长期以来，为保障基金安全，国家限制养老保险基金的市场化投资管理，甚至规定基本养老保险基金只能存银行和购买国债，尽管对保障基金安全起了较好作用，但却为基金的保值增值带来了压力。目前，迫切需要加快完善基金投资政策，积极稳妥推进养老保险基金的市场投资管理。党中央、国务院高度重视养老保险基金的投资运营问题。按照党的十八届三中全会关于"加强社会保险基金投资管理和监督，推进市场化、多元化投资运营"的决定，《基本养老保险基金投资管理办法》于 2015 年 8 月 17 日正式发布。该项办法的颁布，对于加大中国养老保险制度的吸引力，调动广大群众参保积极性，扩大社会保险的

---

① 2015 年度人力资源和社会保障事业发展统计公报，人力资源和社会保障部网站，http://www.mohrss.gov.cn/SYrlzyhshbzb/dongtaixinwen/buneiyaowen/201605/t20160530_240967.html。

覆盖面具有重要意义。同时,也有利于拓宽基金来源,增强基金支撑能力,提升制度可持续性。

一、养老保险基金市场化投资管理的必然性和必要性

(一)中国已具备养老保险基金市场化投资管理的资本市场条件

1. 日趋成熟的资本市场为养老保险基金投资奠定了基础

养老保险基金的资金属性决定了其对安全性要求非常高,需要有成熟稳定的资本市场提供丰富的投资工具和载体,以及严格控制市场风险的方法与手段。近 20 年来,中国大力推动资本市场改革开放和稳定发展,陆续出台了一系列促进资本市场发展的法律法规,已形成多层次资本市场,机构投资者的规模逐步壮大。总体来看,资本市场在国民经济中发挥日益重要的作用,成为市场经济体制的重要组成部分,为养老保险基金的投资运作奠定了基础。

2. 养老保险基金市场化投资有利于经济和资本市场的健康发展

在社会保障制度和资本市场比较健全的国家,养老基金是经济和资本市场的重要资金来源。从国际养老金市场化运作经验来看,各国养老基金进入资本市场投资运营之后,都对本国经济发展和资本市场起到稳定器的作用。养老保险基金作为长期资金,考核标准和评价体系更加关注稳定性和长期性,这将直接影响授权管理市场机构的投资风格和投资行为,使短期投机逐步转向长期价值投资,进而使资本市场真正成为反映实体经济发展情况的"晴雨表"。中国的养老保险基金市场化投资运营,一方面将为资本市场注入长期性资金,培育更重要的机构投资者,完善资本市场结构和投资理念,推动资本市场的稳定发展;另一方面,通过投资国家重大工程、重大项目、国企改制上市等,参与国民经济建设,分享经济发展成果,并实现自身保值增值,同时进一步促进经济发展,形成两者良性循环和互利。

(二)市场化、多元化、专业化投资是实现养老保险基金保值增值目标的内在要求和客观规律

从国际经验来看,投资收益在基金积累贡献中占有举足轻重的作用,尤其是从长远来看,收益的复利积累部分将很大。例如,美国 CALPERS 和 CALSTR 的投资收益对养老金积累贡献大概为 40%～50%。国内企业年金基金运行以来,基金投资收益占当年基金新增规模 35% 左右,成为基金规模积累最为重要的来源。

国务院《基本养老保险基金投资管理办法》明确了养老保险基金投资的"市场化、多元化、专业化"的原则,在保证基金资产安全性、流动性的前提下,实现保值增值。即

由专业机构和专业人才负责养老保险基金的受托运营和投资管理,通过对养老保险基金进行战略资产配置,投资于金融市场提供的多种金融产品获取投资收益。目前,中国的养老保险基金投资范围包括:一是可以投资于国家重大工程和重大项目建设,投资国家重大工程、重大项目、国企改制上市等,对国有重点企业改制、上市进行股权投资;二是可以购买国债、政策性或开发性银行债券、信用等级在投资级以上的金融债、企业(公司)债、地方政府债券、可转换债(含分离交易可转换债)、短期融资券、中期票据、资产支持证券等固定收益类投资品种,投资比例上限可以达到养老基金累计结余的95%,加上债券正回购所加40%的杠杆,投资于主要包括各种债券在内的收益比较稳定的品种,所占比重上限可达基金资产净值的135%;三是可以投资股票、股票基金、混合基金、股票型养老金产品,这类投资资金所占比例上限最高可达基金资产净值的30%。多元化的投资将提高基金收益,增加投资收益对基金总量的贡献,为降低社保缴费率、减轻企业负担提供支持。

(三)全国社保基金、企业年金基金已有成功经验,并已培育一批具有丰富管理经验、良好业绩和社会信誉的管理机构

养老保险基金的市场化运作需要选择优秀的人才、优质的机构来进行受托、托管和投资。全国社会保障基金理事会担任国家级养老保险储备基金、基本养老保险结余基金的受托机构,托管机构和投资管理机构需要具有全国社保基金和企业年金的投资管理经验,或者具有良好的管理业绩和社会信誉。全国社会保障基金、企业年金基金以及保险资金早有实施市场化投资运作的经验,这类具有长期性特征的资金市场化运作过程中,在治理结构、资产配置、投资运营等方面积累了宝贵经验,并在长期市场化投资运营过程中,培育了一批专业化的养老资产管理机构和优秀人才。

二、养老保险基金市场化投资模式设计

在借鉴全国社会保障基金和企业年金的市场化运作模式的成功经验基础上,《基本养老保险基金投资管理办法》明确了养老保险基金市场化投资模式:由国务院授权的机构作为基金的受托治理主体,形成了一级信托、两级委托的治理结构。目前由全国社会保障基金理事会作为受托机构,其已经有较长的基金运作经验和成熟的工作团队,近几年来取得了年均收益率8.82%的较好业绩。

根据《基本养老保险基金投资管理办法》,各省、自治区、直辖市养老保险基金结余额委托国务院授权的养老基金管理机构进行投资运营。受托机构作为养老基金的治理主体,再选择托管机构、投资管理机构进行两级委托,同时明确了养老基金资产独立

于委托人、受托机构、托管机构、投资管理机构的固有财产及其管理的其他财产,必须是单独管理、集中运营、独立核算。养老基金投资管理治理结构如图2-1所示。

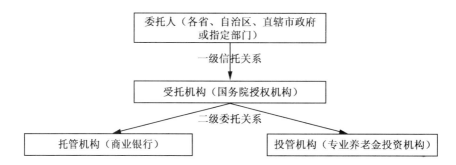

资料来源:课题组根据人力资源和社会保障部网站信息整理。

图2-1　养老基金投资管理治理结构

三、养老保险基金投资中的几个核心问题

尽管养老保险基金投资管理的基本框架已经形成,但实施市场化投资运作仍然需要进一步细化框架制度,应该着重关注以下几个核心问题:

(一)完善的基金治理结构

养老保险基金投资管理治理结构涉及受托人、委托人和投资管理人等之间的关系,需明确各类角色在基金投资管理中的职责和关系,避免潜在的委托代理问题以及可能影响到养老金资金安全的利益相关者和治理主体的利益冲突。良好的治理是建立利益相关者和治理主体之间互信的机制,有利于提高整个养老金计划的管理绩效。如在企业年金基金投资管理中,受托人“空壳化”使得受托人难以承担起信托制企业年金架构中赋予的法律责任,成为企业年金制度发展的重要障碍之一。

《基本养老保险基金投资管理办法》中对于受托人、投资管理人、托管人等角色给予了清晰的定义,将实施集中化管理,相对统一的收益率也能够避免各省市攀比,避免委托人对于投资管理的干预,有利于发挥受托机构的专业优势和规模效应。

(二)强大的资产配置能力

国内外投资经验表明,90%左右的投资收益由资产配置所决定。做好战略资产配置,明确所投资的资产类别以及各类资产的长期投资比例,是养老保险基金实现长期投资目标和管理风险的重要手段。养老保险基金既是长期资金,也是负债型的资金,更是老百姓的“养命钱”,更加需要在审慎决策的基础上采取积极的应对策略,控制投

资风险,应对资本市场的巨幅波动。因此,资产配置能力将对养老保险基金受托人的资产配置能力提出很高的要求,客观上要求受托人要为资产配置业务配备必要的资源,包括优秀专业人才、数据系统和研究资源等。

(三)优秀的投资管理人

为分散投资风险,养老保险基金投资将实施多元化投资,广泛投资于现金、国债、企业债、股票、证券投资基金、股权投资基金等,还可以参与国家重大工程和重大项目,参股国有重点企业改制和上市,并明确可以参与股指期货、国债期货投资等。养老保险基金将采用直接投资和委托投资相结合的方式。这意味着养老保险基金受托机构需要从众多的市场专业机构中将投资管理能力最强和风格最匹配的投资管理人甄选出来,把资金委托给这些投资机构。优秀的投资管理人将是养老保险基金投资管理获得超额收益的重要依托,也将是一项较为复杂的工作,需要建立完善的投资管理人甄选和评价体系,从公司与产品、人才与团队、投资流程和历史业绩等方面进行全方位的评估。

第二节　养老保险基金市场化投资的成功经验

目前,全国社会保障基金理事会管理的国家级养老储备基金、企业年金基金已经实现市场化投资管理,已为下一步深化养老保险基金的市场化运作积累了可借鉴的经验和模式,为确保养老保险基金市场化投资在保障基金安全的基础上获取良好的收益奠定了较好基础。

一、全国社会保障基金运作经验

(一)全国社会保障基金基本情况

全国社会保障基金(以下简称"全国社保基金")成立于 2000 年,是国家级社会保障储备基金,专门用于人口老龄化高峰时期社会保障支出的补充、调剂。根据《全国社会保障基金投资管理暂行办法》规定,全国社会保障基金的来源包括:中央财政预算拨款、国有股减持划入资金、经国务院批准的以其他方式筹集的资金、投资收益、股权资产。截至 2015 年底,基金资产总规模为 19 138.21 亿元,其中:直接投资资产8 781.77 亿元,占基金资产总额的 45.89%;委托投资资产 10 356.44 亿元,占基金资产总额的 54.114%。境内投资资产 18 003.31 亿元,占基金资产总额的 94.070%;境外投资资产 1 134.90 亿元,占基金资产总额的 5.93%[①]。

全国社保基金由全国社会保障基金理事会(以下简称"全国社保理事会")负责管理和运营。全国社保理事会是国务院直属事业单位,经费实行财政全额预算拨款。主要职责包括:受托管理全国社会保障基金、做实个人账户中央补助资金和部分省企业职工基本养老保险资金;制定基金的投资经营策略并组织实施;选择并委托基金投资管理人、托管人对基金委托资产进行投资运作和托管,对投资运作和托管情况进行检查;在规定的范围内对基金资产进行直接投资运作;负责基金的财务管理与会计核算,定期编制会计报表,起草财务会计报告;定期向社会公布基金的资产、负债、权益和收益等财务情况;根据财政部、人力资源和社会保障部共同下达的指令和确定的方式拨出资金;承办国务院交办的其他事项。

(二)基金投资运作

全国社保理事会根据《社会保险法》、《全国社会保障基金条例》和经国务院批准、由财政部与人力资源和社会保障部发布的《全国社会保障基金投资管理暂行办法》、《全国社会保障基金境外投资管理暂行规定》,以及国务院、财政部与人力资源和社会保障部的相关批准文件进行投资运作。财政部会同人力资源和社会保障部对基金的投资运作和托管情况进行监督。

1. 投资理念、管理模式和投资范围等

(1)投资理念。坚持长期投资、价值投资和责任投资的理念,按照审慎投资、安全至上、控制风险、提高收益的方针进行投资运营管理,确保基金安全,实现保值增值。

(2)管理模式。采取直接投资与委托投资相结合的方式开展投资运作。直接投资由社保基金会直接管理运作,主要包括银行存款、信托贷款、股权投资、股权投资基金、转持国有股和指数化股票投资等。委托投资由社保基金会委托投资管理人管理运作,主要包括境内外股票、债券、证券投资基金,以及境外用于风险管理的掉期、远期等衍生金融工具等,委托投资资产由社保基金会选择的托管人托管。全国社会保障基金投资管理运作模式如图 2—2 所示。

(3)投资范围。经批准的境内投资范围包括银行存款、债券、信托贷款、资产证券化产品、股票、证券投资基金、股权投资、股权投资基金等;经批准的境外投资范围包括银行存款、银行票据、大额可转让存单等货币市场产品、债券、股票、证券投资基金,以及用于风险管理的掉期、远期等衍生金融工具等。

---

① 全国社会保障基金理事会基金年度报告(2015 年度),全国社会保障基金理事会网站,http://www.ssf.gov.cn/cwsj/ndbg/201606/t20160602_7079.html。

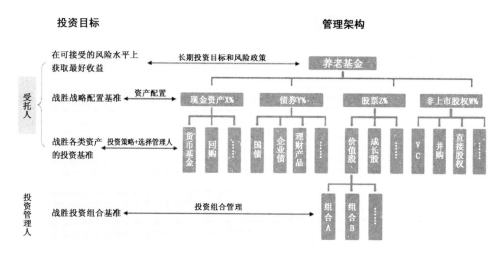

资料来源:熊军:《养老基金投资管理的关键问题》,北京:经济科学出版社,2014。

图 2—2　全国社会保障基金投资管理运作模式

（4）资产独立性。基金资产独立于社保基金会、基金投资管理人和托管人的固有财产,以及基金投资管理人管理和托管人托管的其他资产。基金与社保基金会单位财务分别建账,分别核算。

（5）投资业绩。2015 年,基金权益投资收益额 2 294.61 亿元,投资收益率 15.19%。基金自成立以来的年均投资收益率 8.82%,累计投资收益额 7 907.81 亿元。全国社保基金历年投资收益情况如表 2—1 所示。

表 2—1　　　　　　　　　　　全国社保基金历年投资收益情况

年份	投资收益额（亿元）	投资收益率（%）	证券市场投资收益率[1]（%）	债券市场投资收益率[2]（%）	纯债基金投资收益率[3]（%）	通货膨胀率（%）
2000	0.17	—	—	—	—	—
2001	7.42	1.73	—	—	—	0.70
2002	19.77	2.59	16.17	3.74	—	−0.80
2003	44.71	3.56	11.14	0.92	—	1.20
2004	36.72	2.61	16.99	−2.64	0.28	3.90
2005	71.22	4.16	−6.04	10.75	7.57	1.80
2006	619.79	29.01	116.80	2.17	4.00	1.50
2007	1453.50	43.19	158.25	−4.36	7.19	4.80

续表

年份	投资收益额（亿元）	投资收益率（％）	证券市场投资收益率[1]（％）	债券市场投资收益率[2]（％）	纯债基金投资收益率[3]（％）	通货膨胀率（％）
2008	−393.72	−6.79	−66.25	10.96	8.67	5.90
2009	850.43	16.12	89.90	−4.60	0.88	−0.70
2010	321.22	4.23	−11.51	−0.87	3.60	3.30
2011	74.6	0.86	−26.46	2.37	2.12	5.40
2012	654.35	7.10	9.75	−0.67	4.95	2.60
2013	685.84	6.20	−7.70	−5.23	0.94	2.60
2014	1424.60	11.69	52.19	7.50	12.6	2.00
2015	2294.61	15.19	5.58	5.00	10.12	1.4
累计投资收益	5611.95	年均48.82	年均12.79	年均1.66	年均5.17	年均2.35

注：1. 证券市场选取沪深300指数变化幅度作为收益衡量指标，即将相应年份内沪深300指数变化视为证券市场投资整体收益情况。

2. 债券市场选取中债总全价指数变化幅度作为收益衡量指标，即将相应年份内中债总全价指数变化视为债券市场投资整体收益情况。

3. 纯债基金投资收益率选取长期纯债型基金指数变化幅度为收益衡量指标。

4. 年均收益率为相应投资收益率几何平均所得。

资料来源：全国社会保障基金理事会官网，Wind经济数据库。

（三）基金的资产配置与风险管理

经过多年探索实践，基金形成了包括战略资产配置、年度战术资产配置和季度资产配置执行在内的较为完善的资产配置体系。其中，战略资产配置确定各类资产中长期目标配置比例和比例范围；年度战术资产配置是在战略资产配置规定的各类资产比例范围内，确定各类资产年度内的配置比例；季度资产配置执行是通过对形势分析和年度计划审视，确定季度具体执行计划。

基金风险管理围绕基金总体投资目标，针对管理运营各环节可能出现的各类投资风险，通过专门的风险管理手段和方法进行风险的识别、衡量、评估、监测和控制应对，覆盖基金投资管理活动全领域、全过程，建立业务部门、风险管理职能部门、风险管理委员会和投资决策委员会的风险管理责任制度，形成了较为健全的风险管理体系。

（四）基金的投资运营管理

近年来，面对复杂的国内外经济和市场形势，全国社保理事会不断加强投资运营科学精细管理,努力提高投资收益,切实防范投资风险。主要通过以下措施确保了基金的保值增值。

1. 合理配置基金资产

通过深入分析研判经济运行和市场走势,及时确定投资策略,合理编制年度资产配置计划,并根据市场变化与资金情况实施季度动态调整,较好把握了市场节奏和机遇。

2. 扎实做好基金投资

坚持用好增量、盘活存量,加强固定收益类产品投资管理,适时增加协议存款和债券投资规模,加大保障房项目等信托贷款,审慎开展优先股投资。坚持长期投资理念,加强市场研究,把握市场机遇,积极优化境内股票投资产品结构,提高股票投资收益。加强调查论证,优选实业投资项目,稳步推进股权投资基金投资,创新结构化基金投资方式,确保投资项目效益。夯实境外委托投资基础,调整产品优化策略,改进委托投资管理。

3. 加强基金投后管理

加强对委托投资管理人的日常监督、现场检查和年度考评,强化对股权投资项目的实地调研,密切跟踪分析企业经营情况,严格监督投资合同的执行,细化董事、监事委派管理,不断完善投资监控长效机制。

4. 强化基金风险管控

加强资产风险收益特征分析,实施独立风险评估,完善投资风险监测,开展绩效评估。健全规章制度,完善内控机制,强化合规运营和合规监管,通过稽核、检查等手段,将风险管理措施落实到每个投资环节和岗位,促进投资运营更加科学规范。

二、全国社保基金运作经验借鉴

(一)高度重视基金治理

养老基金治理包括权责安排,以及管理和运营基金过程中涉及的决策和监督制度、养老基金投资管理流程、信息披露制度等。全国社保基金在投资管理中高度重视基金治理,包括明确社保基金的目标和任务,以及受托人作为投资管理核心、负责基金治理的主体角色。受托人职责包括:制定长期投资目标、决定风险政策、决定资产配置、选择投资管理人、监管委托资产、报告基金管理绩效、确定内部管理人员的薪酬结构、建立有效的问责机制。理事会成员具有投资管理的专业知识和经验,有较强的决策能力。

全国社保基金的投资管理过程中强调六个核心因素：一是目标明晰。养老基金受托管理机构有清晰的目标，充分认识到承担的受托责任和应该履行的义务。二是抓住有利时机。根据市场发展趋势和管理养老基金的能力要求，经过合理预算获得投资过程中所需要的资源。三是领导力。基金理事会具有出色的领导力，投资委员会主席在决策中起着关键性的作用。四是坚定的投资理念。将坚定的投资理念贯穿于投资决策过程之中，得到整个基金体系的全力支持。五是科学的风险预算框架。将与目标相一致的风险预算作为参考，并引入精确的系统风险回报和超额回报数据，构建投资流程的框架。六是优秀的专业团队。有效利用投资管理人，建立科学的投资管理人评选标准，选择优秀机构担任投资管理人，以明确的指令和目标进行管理，使投资管理人与养老保险基金的目标保持一致[①]。

（二）充分发挥战略资产配置在养老保险基金实现长期投资目标和管理基金整体风险中的重要作用

全国社保理事会视战略资产配置为基金中长期投资管理的蓝图，充分发挥战略资产配置的功能，将战略资产配置的决策权归属于最高决策层，并在实践中逐步完善配置模型，做好参数选择，并关注投资视角变化对战略资产配置的影响。同时，积极做好资产配置的动态调整，不断提升专业管理团队的投资能力，采取审慎的决策机制，采用定量的基础性研究，密切跟踪市场变化，掌握风险驱动因素，确保基金的稳健收益。

（三）选择优秀的投资管理人

全国社保基金自成立以来，已成功建立了一整套成熟的投资管理人选择标准和体系。2003 年以来，共进行了 3 次评选投资管理人的活动，选择了 18 家境内投资管理人（包括 16 家基金管理公司和 2 家券商），选定了 33 家国际知名投资机构作为境外投资管理人，投资了 8 家股权投资基金。

全国社保理事会根据投资需要和自身投资管理能力决定是直接投资还是委托投资，并以投资管理能力为标准选择管理人。在甄选投资管理人时，关注四个方面：公司与产品、人才与团队、投资过程（包括投资决策机制、风险管理流程、产品库建设等）和历史业绩，以确保投资管理人帮助管理好基金并获取超额收益。

三、企业年金基金运作经验

（一）企业年金市场化运作情况

作为中国养老金投资管理市场化运作的先行先试，企业年金自 2004 年市场化运

---

① 熊军：《养老基金投资管理的关键问题》，北京：经济科学出版社，2014。

作以来,运行机制日趋成型,基金规模增长较快,较好地实现了保值增值。截至 2015 年底,参与企业 7.55 万家,覆盖职工 2 316 万人,积累基金 9 526 亿元,2007～2015 年年均收益率 8.09%,远超同期通胀水平。相关内容如表 2-2 和表 2-3 所示。

表 2-2   历年全国企业年金基本情况

年　份	企业数(百个)	职工数(万人)	积累基金(亿元)
2007	320	929	1 519
2008	331	1 038	1 911
2009	335	1 179	2 533
2010	371	1 335	2 809
2011	449	1 577	3 570
2012	547	1 847	4 821
2013	661	2 056	6 035
2014	733	2 293	7 689
2015	755	2 316	9 526

资料来源:人力资源和社会保障部:2015 年度全国企业年金基金业务数据摘要。

表 2-3   历年全国企业年金投资收益基本情况

年　份	投资组合数(个)	资产金额(亿元)	当年加权平均收益率(%)
2007	212	154.63	41.00
2008	588	974.90	-1.83
2009	1 049	1 591.02	7.78
2010	1 504	2 452.98	3.41
2011	1 882	3 325.48	-0.78
2012	2 210	4 451.62	5.68
2013	2 519	5 783.60	3.67
2014	2 740	7 402.86	9.30
2015	2 993	9 260.30	9.88
年平均	—	—	8.09

资料来源:人力资源和社会保障部:2015 年度全国企业年金基金业务数据摘要。

(二)企业年金运作经验借鉴

总体来看,企业年金近年来取得较快发展,主要取决于以下几个因素:

1. 制度先行为企业年金的发展提供了重要保障

近年来,企业年金在多层次养老保障体系中的价值定位更加清晰,中央关于人力资源和社会保障事业的"十二五"规划和"十三五"规划建议中多次明确提出要鼓励发展企业年金。发展企业年金被纳入国民经济和社会发展的重要内容。过去几年中,监管部门不断修订企业年金制度的管理办法,完善企业年金投资策略、治理结构、计划管理,并顺应市场的发展,出台有关建立集合计划、扩大投资渠道、发行养老金产品等多个政策文件,搭建并完善了企业年金制度框架。

2. 市场化运作方向明确,投资范围不断拓宽,确保了基金较好实现保值增值

在人社部、国资委等监管机构以及市场机构的共同支持和推动下,企业年金投资范围的不断扩大和政策的落地,进一步推动了年金市场健康快速发展。2004 年以来,企业年金基金不断扩大投资渠道,从制度上给养老金投资提供更多的配置选择,企业年金各类管理机构通过采取多样化的配置结构逐步加大对权益类市场的配置。2013年,监管部门将年金投资范围进一步放宽至多种,不仅为企业年金资产带来了稳健的投资收益,也为社会经济建设做出了积极的贡献。

3. 已建立科学有效的监管和治理模式

目前,企业年金基金管理已构建"一部三会"的监管体系,并且形成基金"四种角色"的受托管理模式,企业年金市场法人受托模式发展平稳,成为年金受托市场的主流模式,通过充分发挥受托人的核心作用以及投管人的专业价值,更有效地实现企业年金的保值增值。目前,经人力资源和社会保障部认定的具有受托管理资格的法人机构共 11 家,其中养老保险公司/养老金管理公司 6 家、银行 3 家、信托公司 2 家。第二层管理机构是经受托人选择为企业年金基金提供专业化服务的投资管理人、账户管理人和托管人。目前,取得投资管理人资格的金融机构共 21 家,包括养老保险公司/养老金管理公司、保险资产管理公司、基金公司、证券公司。取得账户管理人资格的共 18家,包括养老保险公司/养老金管理公司、银行、信托公司。取得托管人资格的共 10家,均为商业银行。企业年金管理人一览如表 2—4 所示。

表 2—4   企业年金管理人一览

	公司总数	受托人资格	投管人资格	账管人资格	托管人资格
专业养老保险公司/养老金管理公司	6	6	5	6	0
保险及其资产公司	4	0	3	1	0
信托公司	2	2	0	1	0
银行	10	3	0	10	10

	公司总数	受托人资格	投管人资格	账管人资格	托管人资格
证券	2	0	2	0	0
基金	11	0	11	0	0
合　计	35	11	21	18	10

资料来源:课题组根据人力资源和社会保障部公开信息整理。

4. 已培育一支养老金管理队伍和形成一整套养老金管理文化

企业年金经过十多年的市场化发展,不断汇聚金融行业优秀人才,逐步形成专注于养老金管理的专业人才队伍。一批专业企业年金管理机构逐渐摸索出了一条优化投资策略、提升运营能力和降低管理成本的专业化道路,成为对国内资本市场具备较大影响力的投资力量,并形成了具有中国特色、养老金特征的投资能力和风格。一方面坚持把握好客户需求,认真做好资产端的工作,另一方面重视委托人教育工作,逐步形成了"受益人利益至上"、"长期稳健"、"本金安全"、"风险可控"等具有养老金特征的投资理念和文化,并根据企业年金的长期资金特征,在投资管理过程中坚持客户导向和绝对回报,把握好资产与负债的匹配,做好动态资产配置,委托人、受托人、投管人三者形成良性循环互动,控制好绝对收益和相对收益,平衡好短期收益与长期收益。

案例1　企业年金集合计划的典范——长江养老晚晴系列产品

作为一家以养老金资产管理并提供养老金服务的金融机构,长江养老抓住历史赋予的机遇,以上海社保186亿元企业年金整体移交为起点,基于国内市场环境、制度背景和现实要求,借鉴国内外经验,以养老金绝对收益目标为核心,在受托管理和投资管理全国最大规模企业年金集合计划等方面大胆创新,进行了大量卓有成效的尝试和探索,体现了金融服务民生、服务社会建设的和谐社会发展目标。

长江养老在养老保险基金资产管理方面积累了大量的经验,其中过渡计划和金色晚晴企业年金集合计划的资产管理范式,作为中国现实情况下通过市场化和专业化运作模式承接政府委托型业务的典型案例,对于新一轮社保体制供给端结构化改革(尤其是保险资产管理机构参与基本养老保险基金投资的范式)、养老资产投资运作体系效率和质量的提高、中国资本市场长期机构投资者的培育和发展,实现社会养老财富快速积累、推动国民获得财产性收入等具有极大的借鉴意义。

2008 年以来,长江养老作为受托人和投管人(十个投管人之一),先后管理了上海整体移交企业年金过渡计划(2008~2009 年),以及其后续根据《企业年金基金管理试行办法》(人社部 2004 年 23 号令)规范转型的国内第一个也是规模最大、覆盖企业最多和人群最广的金色晚晴企业年金集合计划(2010 年至今)。

(一)计划沿革

过渡计划(上海企业年金由社保整体移交市场化机构运作管理的相关计划,2008 年 2 月至 2009 年末):2008 年,在上海社保局的大力指导和支持下,长江养老就原有企业年金移交资产和账户情况进行了较为充分的调研分析和精心准备,本着"整体移交、平稳过渡"的原则,基于历史原因和现实情况,立足于在发展中解决问题,设计了原有企业年金移交的过渡期管理方案,并在两年实践中取得优异成绩。

晚晴计划(由过渡计划转型而来的全国最大规模企业年金集合计划,2010 年至今)虽然基于监管要求,对过渡计划的类别资产管理模式略作调整,但总体延续了过渡计划的管理范式。作为人社部在试点规范的集合型年金计划方面赋予上海市先行先试的重要项目,其对于国内企业年金集合计划管理办法的推出,起到极大的推动和启发作用。

(二)计划的收益和风险数据对比展示

2008~2015 年累计收益率达到 51.5%,不仅大幅超过同期企业年金资产管理行业的平均投资收益率(42.8%);且有效防范了风险,在期间遭遇 2008 年全球金融风险和 2011 年股债"双杀"的背景下,实现了全部年度正收益率(期间两年行业平均水平均为负收益率),取得了可喜的成绩。过渡计划与晚晴计划收益率情况(2008~2015 年)如附表 1 所示。

附表 1　　　　过渡计划与晚晴计划收益率情况(2008～2015 年)

	2008 年	2009 年	2010 年	2011 年	2012 年	2013 年	2014 年	2015 年
晚晴产品	7.23%	3.77%	3.01%	0.79%	6.26%	3.46%	9.26%	9.15%
人社部行业平均	−1.83%	7.78%	3.41%	−0.78%	5.68%	3.67%	9.30%	9.88%
计划资产规模			139.37	136.02	141.85	157.35	188.86	240.46

注:2008 和 2009 年为过渡计划;2010 年以后为晚晴计划。

长江养老对这两个计划的有效管理和运作,不仅实现平稳过渡、顺利承接上海 186 亿元企业年金,以及其后封闭性的过渡计划向市场化的金色晚晴集合计划的有序高效和无缝转换,保证了不断不乱,确保了全球金融危机和上海世博会等重要时间节点的金融安全;而且通过市场化、专业化和规模化运作,有效控制了市场风险和实现了养老资产的高效安全投资,确保了养老金资产的保值增值。

过渡计划和晚晴计划的相关资产管理探索经验,对于国内《企业年金基金管理办法》(2011 年人社部 11 号令)和企业年金集合计划管理办法(《关于企业年金集合计划试点有关问题的通知》,2011 年人社部 58 号文)的出台,均起到极大的推动和启发作用。

第三章 养老保险基金市场化投资的国际经验

自 20 世纪 70 年代后期以来,人口老龄化、社会经济结构变化等因素不断冲击着全球各国的养老金保障制度,为防止出现支付危机,各国政府根据自身的具体情况和文化背景,采用了不同的实施路径和变革方向。

第一节 典型国家养老保险基金市场化委托管理的情况

通过对全球部分国家各个层次的养老保险基金市场化的分析,总体而言,养老保险基金投资运营模式大致可分为三类:法人机构模式、法定机构模式及私营化管理模式。

一、法人机构模式

法人机构模式的基金运营以委托管理的形式进行操作,政府公开选择经营完善的独立法人金融机构,由其投资运作养老保险基金,并对其运营进行监督。政府不参与养老保险基金的实际运作,其主要职能是选择并委托专业的基金管理机构,评估并监管委托机构的管理运营状况。养老保险基金的运作由受托管理机构负责,且需按期向政府提交报告。投资机构通常在经过严格筛选后才能进入养老保险基金市场。筛选一般采取公开招标等方法,选择高效率、低费率且有稳健业绩的公司,由其管理运作养老保险基金。采用这种模式的典型国家为日本和美国[1]。

(一)日本

1. 养老金体系概述

日本养老保障制度由三个部分组成。第一部分是具有强制性的国民年金。国民年金覆盖面较为广泛,参加对象是 20 岁以上居住在日本国内的人。这一层次的养老保障是日本整个保障体制的基础。第二部分是雇员养老金计划,包括厚生年金和共济年金。第三部分是私人养老金,分别由不同类型的企业年金和商业养老保险构成,企业和个人可自由选择加入[2]。

在日本养老体系中占有主要地位的是第一部分的国民年金和第二部分的雇员养老金计划。由于这两部分的养老计划都是政府强制的,因此由国民养老投资基金(GPIF)统一管理运营。根据《海外养老金管理》一书中数据,“截至 2014 年 3 月 31 日,GPIF 资产规模达 127.26 万亿日元”[3]。

2. GPIF 投资管理模式

直接投资、委托投资相结合是 GPIF 采取运用的模式。比如,现金资产、被动投资策略的国内外债券主要采用直接投资模式。而股票投资,根据相关政策限定:GPIF 必须采取委托投资方式,即使是股票指数投资也不例外。日本认为 GPIF 作为一家巨型公共基金,采用委托投资模式可以降低对私营公司的影响,而公共机构直接干预私营企业是不合适的。此外,GPIF 还需接受预算约束,因此尽管 GPIF 资金规模庞大,员工只有 70 人左右,这样就制约了 GPIF 发展其直接投资的能力[4]。

对于 GPIF 来说,如何评选投资管理人是一项非常审慎、重要的工作。GPIF 制定了投资管理人遴选标准,力求公开透明地选择管理人,对社会公布选择结果。另外,对于已入选的管理人,GPIF 每隔数年进行复审,有效地推动管理人的优胜劣汰。这些外部投资管理人有摩根士丹利、贝莱德集团和美国道富银行等。每年,GPIF 采取定性评估和定量评估的方法对投资管理人进行一次综合评价。对于定性评估,GPIF 从投资政策、流程、机构和专业人才等方面入手进行分析评估;对于定量评估,GPIF 从

[1]　韩立岩、王梅:国际养老基金投资管理模式比较及对我国的启示,《环球金融研究》,2012(9)。
[2]　穆斯斯、李南竹:日本政府养老投资基金资产配置变化分析与启示,《上海证券交易所研究报告》,2014 (20)。
[3]　人力资源和社会保障部社会保险基金监督司:《海外养老金管理》,北京:经济科学出版社,2015。
[4]　熊军:《养老基金投资管理》,北京:经济科学出版社,2014。

年度业绩等方面进行分析。在参考综合评估后,GPIF 会调整委托资金规模,对于评价排名高的机构增加委托资金规模,而对于评价名次低的机构则减少委托资金规模。在投资策略方面,GPIF 认为被动的指数化投资可以确保市场平均收益,并且能够降低管理成本。因此,对于交易类资产,GPIF 实行被动投资策略的比例达到 80% 左右。GPIF 认为过分关注短期市场波动是不适宜的,长期获取市场平均回报才是资金运作的关键。另外,日本群众的风险厌恶水平高,为确保资金安全,对于风险资产的规模,GPIF 也是需要限制的[①]。

在各国的养老储备金中,GPIF 的资产配置是属于保守型的。GPIF 的投资范围仅限于本国、外国股票,本国、外国债券和短期资产等,属于较为狭窄的投资渠道。截至 2014 年,其资产配置情况如表 3-1 所示。2003~2013 年间,GPIF 的年均投资收益率为 3.82%,如表 3-2 所示。

表 3-1   GPIF 资产配置情况

	国内债券		国内股票	国际债券	国际股票	短期资产
	市场债券	财投机构				
配置比例(%)	47.63	5.74	17.26	11.06	15.98	2.34
	55.36					
金额(亿日元)	606 111	72 991	219 709	140 726	203 366	29 737

资料来源:人力资源和社会保障部社会保险基金监督司:《海外养老金管理》,北京:经济科学出版社,2015。

表 3-2   GPIF 投资收益率

年份	投资收益率(%)	年份	投资收益率(%)	年份	投资收益率(%)
2003	8.4	2007	−4.59	2011	2.32
2004	3.39	2008	−7.57	2012	10.23
2005	9.88	2009	7.91	2013	8.64
2006	3.7	2010	−0.25	平均	3.82

资料来源:日本国民养老投资基金。

(二)美国

1. 养老金体系概述

美国的养老金系统同样由三个部分构成:

---

①   熊军:《养老基金投资管理》,北京:经济科学出版社,2014。

第一部分是社会保障计划(Social Security Program),即社会保障信托基金。这一部分的保障计划是政府强制执行的,全面覆盖人口,提供基本生活保障,是整个体系的基石。根据《海外养老金管理》一书中数据,"截至 2013 年底,美国社会保障信托基金规模达到 2.76 万亿美元,是全世界最大的社会保障基金之一"。第二部分是由政府或企业设立的雇主养老金计划。联邦、州和地方政府为雇员设立的各项养老金保障计划,即为政府设立的公共部门养老金计划(Public Sector Plans)。企业设立的是雇主养老金计划(Employer Based Pension Plans),由企业等机构为其雇员提供的养老金计划,通常也称为私人养老金计划(Private Pension Plans),典型如 401(K)计划。第三部分是个人自行参与和管控的个人退休账户(Individual Retirement Accounts,IRA),是一种补充养老金计划,由联邦政府通过提供税收优惠吸引个人自愿参与的计划。[①]

2. 雇主养老金计划管理模式

美国雇主养老金计划按照待遇给付方法不同可分为两类:一类是待遇确定型雇主养老金计划(Defined Benefit Plan,DB 计划),另一类是缴费确定型雇主养老金计划(Defined Contribution Plan,DC 计划)。在 DB 计划中,按照商定的公式,可以计算出雇员将来退休的待遇。计划需要担保雇员在退休后领取固定的退休金额。在该计划模式中,雇主是担当主要责任的,其需对退休基金的运营安排进行决策,且承担投资风险。DB 计划还需向美国养老金收益保障公司投保(Pension Benefit Guaranty Corporation),该机构接收雇主缴纳的保费,对入不敷出的 DB 计划进行援助。DC 计划的每一个参与人均有单独的个人账户,计划会对雇主和参与人向该账户所交付的金额以及所得投资收益作记录。按照参与人个人账户中所缴纳分担额的累计总额和投资表现,参与人在其退休时可获得对应的养老金数额。与 DB 计划不同的是,DC 计划雇员对个人账户中资金进行管理投资,承担主要责任及风险。DC 计划主要有以下几类:401(K)计划(适用于营利性企业);403B 计划(适用于非营利性组织);457 计划(适用于州政府及地方政府等)。因为通常雇主不愿意在养老金计划中担当较多的责任,而且 DB 计划也不利于员工的自由流动,因此 DC 计划渐渐成为美国雇主养老金计划的主要力量。根据《海外养老金管理》一书中引用的数据:"根据美国投资公司协会(ICI)的数据,截至 2013 年底,美国 DC 计划养老金资产规模 6.26 万亿美元,DB 计划养老金资产规模为 3.05 万亿美元,前者规模是后者的 2.05 倍。在 DC 计划中,401(k)计划资

---

① 人力资源和社会保障部社会保险基金监督司:《海外养老金管理》,北京:经济科学出版社,2015。

产规模达 4.19 万亿美元,占美国 DC 计划养老金资产的 67%,是美国最大的雇主养老金计划。"[①]

401(K)计划的来源,是美国《税收法》的第 401(K)条款。对 401(K)计划的经营管理可分为两种模式:单一雇主年金计划管理模式,以及多雇主年金计划管理模式。在第一类模式下,雇主建立年金管理公司,雇员根据雇主提供的投资模式决定投资方式和比例。第二种模式通常是由雇主和工会两方面各派代表成立在企业之外的基金托管委员会,并由其统筹年金计划的运营管理。在监管方面,美国对 401(K)采取审慎的监管模式,金融监管机构对 401(K)的投资行为、信息披露等进行监管;税务局负责税收方面的监督;劳工部核实计划发起者、参与者、和计划本身是否合格等。401(K)计划参与者偏向股票资产投资。根据《美国养老金管理模式及对我国的启示》一文中数据显示:"截至 2013 年底,美国 401(k)计划共 4.19 万亿美元,其中 2.65 万亿美元(占比 63%)配置于共同基金,1.54 万亿美元配置于其他投资品种(占比 37%)。"[②]

二、法定机构模式

法定机构管理模式是由中央政府将参与人的缴费汇集到一家公共管理的中央基金,且政府主管部门可以直接操作运营资金的投资行为。采用这种模式的典型国家为新加坡[③]。

(一)新加坡

1. 养老金体系概述

新加坡的社会保障体系分为两部分:社会保险和社会福利。新加坡社会保障体系的主体是社会保险,它由国家强制实施个人积累型的中央公积金制度构成。而社会福利是社会保障体系的辅助部分,政府对最低生活水平的成员给予救助,如发放救助金等。新加坡中央公积金制度采用完全积累的筹资模式:雇主与雇员逐年累计交付的公积金数额,全数存入受保人的个人账户,直到受保人需要使用时再行给付。待遇水平的高低是由缴费额和投资回报率决定的[④]。

为适合不同层次的需要,新加坡中央公积金分别设立了四个账户:普通账户(Ordinary Account)、专门账户(Special Account)、医疗储蓄账户(Medisave Account)和退休账户(Retirement Account)。普通账户的公积金用途分为购置住房、教育支出、

---

① 人力资源和社会保障部社会保险基金监督司:《海外养老金管理》,北京:经济科学出版社,2015。
② 美国养老金管理模式对我国的启示,http://www.yicai.com/news/2015/08/4675193.html。
③ 韩立岩、王梅:国际养老基金投资管理模式比较及对我国的启示,《环球金融研究》,2012(9)。
④ 郭伟伟:新加坡社会保障制度研究及启示,《当代世界与社会主义》,2009(5)。

人寿保险等;专门账户的资金则用于为公积金参与人积累退休金,提供养老、应急保障。医疗储蓄账户于 1984 年 4 月设立,用于支付门诊医疗服务、疾病保险费等。退休账户于 1987 年 1 月开始引入,专门账户是其资金的来源出处。退休账户在成员至 55 周岁时设立,年满 62 岁时即可开始支付养老金①。

2. 中央公积金管理模式

新加坡强调政府在社会发展中的主导和控制作用。新加坡中央公积金管理局是一个高度统一集中的组织,它不但负责社保基金的日常支出,也负责基金的管理和投资运营。在新加坡中央公积金制度的运营中,可以明显看出政府集中管理的特征。比如,新加坡中央公积金由雇主和雇员交付费用,但必须由中央公积金局负责相关规章制度的制定,并负责大部分资金的投资运营。另外,根据新加坡公积金局的规定,会员在进行投资时,只能是公积金局规定的品种,且每一投资品种还有更具体的限制。对于可选择的金融工具,普通账户投资计划有三类金融工具可以选择:①无投资限制,包括政府债券、定期存款、国库券、年金等;②投资上限不超过 35%,包括股票、产业基金、公司债券;③投资上限不超过 10%,包括黄金等贵金属投资。根据《集中式综合社会保障及市场化运作——新加坡中央公积金制度的经验与启示》一文中数据:"截至 2012 年 6 月底,实际参加普通账户投资计划的成员为 89.6 万人,资金规模为 230.72 亿新元。其中,股票、产业基金为 44.09 亿新元;保险产品为 145.7 亿新元;单位信托为 40.12 亿新元;其他投资为 0.81 亿新元。"另外,新加坡中央公积金对专门账户投资计划也是有约束的,其投资范围相当狭窄。例如,不可投资股票、公司债券、黄金等产品②。中央公积金投资计划的投资品种限制如表 3-3 所示。

表 3-3　　　　　　　　　中央公积金投资计划的投资品种限制

资产类别	普通账户投资限制	特别账户投资限制
定期存款	无	无
新加坡国债	无	无
新加坡国库券	无	无
法定机构债券	无	无
年金和养老保险产品	无	无

---

① 李东平、孙博:《集中式综合社会保障及市场化运作——新加坡中央公积金制度的经验与启示》,中国证监会研究中心,2013 年 3 月 6 日。

② 李东平、孙博:《集中式综合社会保障及市场化运作——新加坡中央公积金制度的经验与启示》,中国证监会研究中心,2013 年 3 月 6 日。

续表

资产类别	普通账户投资限制	特别账户投资限制
投连险	无	风险分类表中规定的特定品种
信托	无	风险分类表中规定的特定品种
ETFs	无	风险分类表中规定的特定品种
基金	无	禁止
股票	投资上限：35%	禁止
房地产信托		
公司债		
黄金、黄金ETF及其他黄金相关投资产品	投资上限：10%	禁止

资料来源：人力资源和社会保障部社会保险基金监督司：《海外养老金管理》，北京：经济科学出版社，2015。

根据《集中式综合社会保障及市场化运作——新加坡中央公积金制度的经验与启示》一文中提供的数据，"截至2012年6月底，实际参加专门账户投资计划的成员为45.2万人，资金规模为63.58亿新元。其中，保险产品为51.58亿新元；单位信托为12.01亿新元"[①]。历年中央公积金投资计划的资产配置比例如表3—4所示。

表3—4　　　　　　　　历年中央公积金投资计划资产配置

年份	2005	2006	2007	2008	2009	2010	2011
中央公积金普通账户投资计划							
股票、产业基金	24.1	19.3	16.6	17.1	17.7	17.9	18.2
保险产品	63.8	62.4	63.4	63.8	63.9	63.7	63.2
单位信托基金	11.4	13.3	18.6	18.3	18.1	18.1	18.1
其他	0.7	5	1.4	0.8	0.3	0.3	0.5
中央公积金特别账户投资计划							
保险产品	86.8	85.7	79.7	79.8	80.2	80.2	80.9
单位信托基金	13.2	14.3	20.3	20.2	19.8	19.8	19.1

资料来源：新加坡中央公积金局网站。

---

① 李东平、孙博：《集中式综合社会保障及市场化运作——新加坡中央公积金制度的经验与启示》，中国证监会研究中心，2013年3月6日。

三、私营化管理模式

一些拉美国家(如阿根廷、秘鲁、墨西哥、乌拉圭等)所实行的模式,智利作为其先驱是以个人账户为基础,私营化管理的竞争性社保制度。这种模式在一些拥有多层次社会保障体系的国家,政府会将第二层和第三层的保障模式采取私营化管理的方式,其主要方式是建立养老保险基金管理公司,审慎、规范地实施市场化运作,这种模式表现出比欧美国家更有力的发展趋势,并且带动其他国家实施社保基金市场化的改革①。

(一)智利

1. 养老金体系概述

智利养老保险由三个部分构成,分别是公共养老金体系、强制性私营养老金缴费计划以及自愿性私营养老金计划。根据特点分析,其第二部分强制性私营养老计划与中国基本养老保险制度可比性较强。智利是世界上首个将社会养老保险基金转化为私营化管理的国家,其对世界养老保障制度的改革产生了极其深刻的影响。智利个人账户的养老保险制度是建立个人账户,每个参与者按期将工资的一定比例存入个人账户中。个人账户资金由专业的养老保险基金管理公司投资运营,基金管理公司收取一定的管理费。个人退休后所领取的退休金的情况完全取决于基金积累数额和投资收益率②。

2. 管理模式

智利通过建立专门的养老保险基金管理公司来管理个人账户资金。将个人账户的资金集中统一运作,提高了资金的议价能力,有利于实现个人账户的保值和增值。同时,通过市场上多家专业的养老保险基金管理公司相互竞争,让利参保人,提高了养老基金的市场运作效率。雇员可以根据各家养老保险基金管理公司的投资收益情况来挑选,把自己的养老金委托给 AFP 进行投资管理③。智利养老保险管理方式如图3-1所示。

在 2000 年以前,每家养老保险基金管理公司(AFP)只能发起设立一只投资管理基金,没有出现细分。2000 年国家法律允许 AFP 可以设立两只投资基金,其中一只基金是专项基金,主要是为临近退休或已退休的雇员设计的固定收益类基金。2002

① 冉萍:社保基金投资的国际比较及对我国运营的借鉴,《经济问题探索》,2008(01)。
② 王舒艺:基本养老保险基金市场化管理架构的国际比较,《商务部国际贸易经济合作研究院》,2014。
③ 王舒艺:基本养老保险基金市场化管理架构的国际比较,《商务部国际贸易经济合作研究院》,2014。

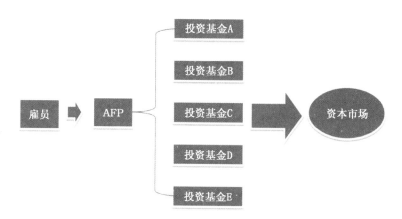

资料来源：全国社会保障基金理事会。

图 3—1　智利养老保险管理方式

年起，智利开始实行多个投资基金管理的制度，同时每家养老保险基金管理公司需要为雇员提供 5 种具有不同投资组合、风险水平和投资回报的投资管理基金。同时，对这 5 种不同风险收益特征的投资管理基金进行了投资范围的相关限制①。不同风格投资基金的配置限制如表 3—5 所示。

表 3—5　　　　　　　　　不同风格投资基金的配置限制

投资基金	投资股票的限制	
	上限	下限
投资基金 A	80％	40％
投资基金 B	60％	25％
投资基金 C	40％	15％
投资基金 D	20％	5％
投资基金 E	固定收益型	

资料来源：全国社会保障基金理事会。

可以看出，智利对每类投资基金投资股票的具体限制给予明确的规定，雇员可以按照自己的风险偏好选择适合自己的投资基金及组合。另外，政府对养老金最低投资回报率有要求。根据《基本养老保险基金市场化管理架构的国际比较》一文：每家养老基金管理公司必须保证管理的养老金在过去 36 个月的实际投资回报满足以下条件之一：①A 类和 B 类基金过去 36 个月的实际投资收益率不得低于同类基金平均回报率

---

① 人力资源和社会保障部社会保险基金监督司：《海外养老金管理》，北京：经济科学出版社，2015。

以下 4 个百分点;②所有类型的单子基金不得低于同类基金平均收益率的 50%[①]。

智利的养老金投资情况可以追溯到 1981 年。1981 年初期,养老金投资只限于低风险的国内证券,主要是定期存款、债券等。1985 年,随着智利资本市场逐步发展和开放基金管理公司可以投资 10%～30% 的股票。1996 年,境外投资上限为 6%。2008 年,境外投资比例上限提升到 45%。这充分说明了智利积极进行海外投资,在国际市场上进行配资管理[②]。

第二节　国际经验与启示

一、部分发达国家探索设立养老储备基金

公共养老基金是多支柱养老体系中最重要的部分,覆盖面广,提供基本养老保障,与广大民众的基本生活息息相关。全球范围内,大多数公共养老基金的筹资模式采用现收现付制,出于对养老基金结余资金的管理,大多数发达国家设有社会保障储备基金(Social Security Reserve Fund,SSRF),其融资来源主要是雇主和雇员缴费的剩余、政府的转移支出收入以及特种税收收入等。日本社会保障基金即属于此类。这类基金由社会保障机构(通常为公共机构)进行管理。另外,近年来很多国家开始设立国家主权养老储备基金(Sovereign Pension Reserve Fund,SPRF),这一类的基金一般是由政府直接设立,且与社会保障制度相分离。基金的融资来源主要是政府的财政转移支出,主要目的是应对社会保障制度未来可能的赤字情况。该类基金包括智利养老储备基金等[③]。世界主要公共养老储备基金如表 3—6 所示。

表 3—6　　　　　　　　　世界主要公共养老储备基金

国家	公共养老储备基金名称	类型	成立年份
美国	Social Security Trust Fund	SSRF	1940
日本	National Reserve Funds	SSRF	1959
挪威	Government Pension Fund	SPRF	1990
韩国	National Pension Fund	SSRF	1988

---

① 王舒艺:基本养老保险基金市场化管理架构的国际比较,《商务部国际贸易经济合作研究院》,2014。

② 陈懿冰:智利养老金的投资管理,http://www.iamac.org.cn/xhzt/zgbxzcgl/201603/t20160307_2869.html。

③ 陈志国:公共养老储备基金投资管理模式国际比较与中国改革建议,《中国经济问题》,2010(2)。

国家	公共养老储备基金名称	类型	成立年份
瑞典	National Pension Fund	SPRF	2000
加拿大	Canada Pension Plan Reserve fund	SSRF	1962
西班牙	Social Security Reserve Fund	SSRF	1997
法国	Pension Reserve Fund	SPRF	1999
爱尔兰	National Pension Reserve Fund	SPRF	2001
澳大利亚	Future Fund	SPRF	2006
葡萄牙	Financial Stabilization Fund	SPRF	1989
墨西哥	IMSS Reserve Fund	SSRF	
新西兰	Superannuation Fund	SPRF	2001
波兰	Demographic Reserve Fund	SPRF	2002
丹麦	Social Security Fund	SSRF	1964

资料来源：经济合作与发展组织网站（OECD，2007）。

实行多元化、市场化的投资，是目前大多数国家的公共养老储备基金运用的方式。一些国家的投资方式较为保守，偏向于债券、固收等较为安全的投资工具；而另一些国家的投资方式较为积极，偏向于股票等工具，并在全世界范围内配置多元化的投资产品，从而获得更高的收益。

公共养老储备基金的投资管理策略，是综合运用内外部管理、委托投资、指数化投资等策略的。在《综合投资理论视角下公共养老储备基金投资管理的国际比较》一文中举了几个典型的例子："如法国和爱尔兰要求储备基金全部实施外部化的管理，瑞典则要求至少10％的资产由外部基金管理人管理。在挪威，有80％的资产由挪威央行投资管理部管理，实施权益指数化投资和指数化固定收入证券投资，其他的授予外部管理人投资，主要投资于按照地区或者行业分类的专门权益投资类别。在加拿大，CPP投资理事会自身进行的投资都要求实行指数化投资。"[1]

二、养老基金大多委托商业机构进行市场化投资

分析全球养老基金投资运营模式发现，无论是基本养老储备基金（如日本），还是覆盖面甚为广泛的雇主养老金计划（如美国），都一致进行了市场化的委托管理操作。

---

[1] 周志凯、孙守纪：综合投资理论视角下公共养老储备基金投资管理的国际比较，《江西师范大学学报》，2013(2)。

总体来说,市场化的投资管理模式让不同机构参与运作管理养老基金,这不但可以有效运用其管理经验、市场认可度、人员资本等优势,为养老保险基金带来较优的投资业绩回报,同时也加强了竞争,有利于成本费用的削减,并且还促进了国内资本市场的发展。

从养老保险基金收益率的角度分析,市场化投资模式优于法定机构模式。政府部门主导的投资模式市场化程度较低,收益率不高。比如,新加坡统一规定存款利率,如果综合投资收益率达不到承诺财政要进行补贴,政府责任比较重。由于外部投资管理公司是一个独立的市场竞争主体,在依照养老保险基金投资运营相关法律规定的前提下,有比较充裕的运营决策自主权,其高度的灵活性为社保基金投资运营带来了更高的收益。而且,政府管理养老基金的运营过程,也可以在稳定收益率、减小波动性方面起到一定的作用。

各国实践表明,逐步放宽对养老保险基金投资的管制,实现法人机构投资管理、养老金管理市场化模式,将是中国今后的主要发展方向。市场化管理对于提高养老基金的投资收益,缓解一国人口老龄化带来的压力有重要意义,特别对于中国这样的人口基数大的国家显得尤为重要[1]。

三、保险机构和专业养老金公司是基金管理的重要力量

养老基金是一个庞大市场,吸引了大量金融机构参与。全球养老基金由多种类型的金融机构进行管理。这些机构包括养老金受托管理机构、保险公司、储备基金管理机构、投资公司、商业银行等。根据《养老基金投资管理》一书中的数据:"截至2007年底,31.4 万亿美元养老基金资产中,养老金受托管理机构运营的资产约为 17.7 万亿美元,占全部养老基金的 57%。保险公司所管理的养老基金约为 3.7 万亿美元,占全部养老基金的 11.8%。投资公司所管理的养老基金约为 2.8 万亿美元,银行所管理的养老基金约为 0.4 万亿美元,分别占全部养老基金的 8.9% 和 1.3%。"[2]因此,从全球范围来看,保险机构管理养老基金份额独占鳌头。

结合中国情况,保险机构的优势同样凸显,是参与并主导养老基金投资的重要力量。比如,中国的银行机构开展养老保险基金业务主要是参与企业年金业务和对养老基金进行托管,并不具备企业年金管理资格。然而,中国保险资管机构不仅具有企业年金基金投资管理经验,而且熟悉养老资金的资产负债特点,与养老金的投资管理属

① 韩立岩、王梅:国际养老基金投资管理模式比较及对我国的启示,《环球金融研究》,2012(9)。
② 熊军:《养老基金投资管理》,北京:经济科学出版社,2014。

性契合度极高。

通过对各国实践经验的研究,具体分析保险业参与养老基金投资管理运作的必要性,总结原因有三。首先,保险机构和专业养老金公司比其他机构更加专业。我们来看美国经验,养老基金投资的主要目标是为受益人提供养老金收入。由于养老基金的投资者注重长期受益,养老基金的投资指引通常规定所投资品种能产生稳定的现金流,且养老基金受到政府相关部门的严厉监管。相似的,保险机构投资的主要目的是为保险的购买人提供损害赔偿所需资金,且同样须接受政府相关部门的严厉监管。政府对此类基金能够投资的资产种类有严格的规定(如投资产品须满足最低的信用等级)[①]。保险机构在运作保险资金时比其他机构更为谨慎,以追求长远稳定收益为目标。另外,保险机构具有较强的精算技术、风险控制和服务网络等方面的优势。保险公司对基本养老保险基金的设计有更加深入的理解,而精算技术、风控网络等能为企业提供更为完善的产品设计条款和技术支持。较强的精算能力让保险资管机构能够设计出更加接近市场需求的投资组合,同时在平衡客户利益和自身业务发展上达到更优。

其次,养老保险基金管理是需要多样化和竞争性的。一个市场必须有竞争才会有效率,只有竞争才能实现优胜劣汰,提高养老基金的投资水平。综观他国经验,利用市场化投资机制,既可提高收益率,又促进资本市场发展。不同投资机构合理竞争,权利和风险适当分散,可以防止垄断经营,健全资本市场。市场运作,由政府监管,也可以避免国家承担过多责任。比如智利,1981 年对现收现付的养老金制度进行私有化改革,为每个雇员建立养老金个人账户,雇员缴费和投资净收益全部计入个人账户。为运营养老保险基金,相继成立了 27 家养老金公司,雇员可以自行选择投资机构,后来考虑到规模经济和运营效率等因素,有些机构陆续解散或者合并,目前还有 5 家公司负责这项事务。墨西哥现有 19 家各类投资管理机构负责养老金投资事务,也是由雇员个人或委托雇主选择投资机构。

最后,保险机构是国外市场上最有力的机构投资管理者之一。以美国为例,机构投资者是美国资本市场的中流砥柱。根据 2009 年世界大型企业联合会(The Conference Board)对金融危机后的市场现状所作的调查统计显示,养老基金、互惠基金、保险基金和各类捐赠式基金持有的股权总额占到美国全部股市的近一半(48.9%)[②]。美国资本市场主要投资者如表 3—7 所示。

---

① 美股机构投资者的翻云覆雨手,http://usstock.jrj.com.cn/2016/04/06210420792773.shtml。
② 美股机构投资者的翻云覆雨手,http://usstock.jrj.com.cn/2016/04/06210420792773.shtml。

表 3—7 　　　　　　　　　　　　　美国资本市场主要投资者

投资者类型	市场占比（%）
养老基金	20.7
共同基金	20.9
保险公司	7.3
总 和	48.9

资料来源：U. S. Equity Assets Held by Institutional Investors，2009.

　　根据《养老金与资本市场的良性互动——国际经验与中国的阶段性实践》一文中数据，"2011 年底，中国股市证券投资基金、社保基金、保险机构、信托机构等机构投资者占比为 15.6%，境外专业机构只有 1%，机构投资者发展潜力巨大。在新兴市场上，2010 年，马来西亚的境内专业机构持股市值占总市值的 69%，境外机构占 22%；韩国的境内机构占 23%，境外机构占 36%；阿联酋的境内机构占 34%，境外机构占 11%"[①]。可见，发展长期机构投资者，对于实现中国资本市场与养老金良性互动意义重大。

第四章　保险资产管理业及其在供给侧改革中的作用

第一节　中国保险资产管理业发展背景

　　与银行、证券、信托、基金等其他金融部门不同，保险业在为经济社会发展提供风险管理的同时，也提供了来源稳定的、期限更长的巨量资金，是市场上最重要的机构投资者之一。保险资产管理业积极参与保险业资产端的资金运用，与负债端的资金获取之间形成有机互动，是保险业的重要组成部分，与保险业的整体发展密切相关。

　　广义上，所有参与保险资产管理的单位与人员都属于保险资产管理业，既包括保险资产管理专业机构，也涉及保险公司的资产管理部门，同时还包括担任保险资金管理人的基金公司和证券公司；狭义上，保险资产管理业仅指保险资产管理机构，这其中

---

　　① 李东平、邱薇、孙博：养老金与资本市场的良性互动——国际经验与中国的阶段性实践，中国证券监督管理委员会，http://www.csrc.gov.cn/pub/newsite/ztzl/yjbg/201405/t20140528_255055.html。

又分为国寿资产管理公司、平安资产管理公司、太保资产管理公司等综合性保险资产管理机构，以及以长江养老为代表的专注于养老资产管理的专业养老金管理公司。本文将主要围绕狭义保险资产管理业的定义展开论述。

一、发展历程回顾

国内保险资金运用起步于 1984 年，进入 21 世纪之前，保险资产管理行业基本处于相对粗放的发展阶段。2003 年，保险业启动了集中化、专业化的保险资产管理模式改革。首先，保险公司总公司统一集中各分支机构的保险资金，集中管理、集中使用，以实现规范管理，获取规模效应；其次，一批较具规模的保险公司分别成立了各自的保险资产管理机构，并将保险资金委托其进行管理①。2003 年，中国人保资产管理公司成为国内第一家保险资产管理公司。2006 年，随着太平资产管理公司的批准筹建，"9＋1"（人保资管、国寿资管、平安资管、太保资管、中再资管、华泰资管、新华资管、泰康资管、太平资管＋友邦资管中心）的保险资产管理格局正式形成。

2012 年，保监会放开受托机构范围，允许符合资质的基金公司和证券公司受托管理保险资金，竞争者的加入倒逼保险资产管理机构加速发展，积极开展第三方资产受托管理业务。

在保险资产管理机构的发展历程中出现了一类特殊的市场主体——养老保险公司。养老保险公司虽然处于保监会人身险公司的总体监管框架下，但可以经营不纳入资产负债表的信托型养老资产管理业务。2013 年，长江养老成为国内首家获得养老资产管理资格的养老保险公司，开启了养老金管理公司正式加入保险资产管理机构大家庭的崭新时代。

在泛资管时代背景下，保险资产管理机构开始从单一的资金专户管理模式向产品化模式转型，从具有行政命令色彩的单纯管理公司内部资金向市场化的兼顾内部资金与第三方资金转型，从被动的负债驱动向资产负债双轮驱动转型。保险资产管理行业在综合财富管理领域的重要地位正在逐步得到确立。

二、保险资金运用渠道逐步拓展

1984～1990 年，保险资金运用基本属于试点阶段，在十分严格的监管制度下，保险资金主要以流动资金贷款和购买金融债券为主。1991～1995 年，保险资金运用进

① 缪建民：我国保险资产管理行业的发展与展望，《中国金融》，2010(3)。

入混业和宽松监管阶段,投资范围几乎涉及所有的投资领域和金融产品,甚至包括融资性租赁、房地产投资以及国债期货和商品期货。针对这一阶段中出现的一系列问题,从 1995 年起,保险资金运用开始实行分业管理和严格管制,投资范围仅限于银行存款、买卖政府债券、金融债券等形式[①]。

进入 21 世纪,保险资金运用渠道逐步规范,基金、股票、间接投资国家基础设施建设项目、不动产等陆续纳入保险资金投资范围。但总体来说,保险资金运用渠道仍然较为狭窄,一方面未能通过多元化投资提升保险资金投资业绩,进而更好地在负债端吸引保费收入,另一方面也不利于投资风险的有效分散。

2012 年,以"大连投资改革会议"以及随后的"投资新政 13 条"的出台为标志,"放开前端、管住后端"的保险资金运用市场化改革大幕正式拉开,保险资金投资渠道大幅扩宽,可投资金融产品的范围不断扩大。基础设施债权投资计划、不动产投资计划、资产支持计划、非上市股权投资、银行理财产品、集合资金信托计划、券商专项资产管理计划、股指期货、金融衍生品、创业板上市公司股票、优先股、私募股权基金等金融产品均纳入保险资金投资范围,保险资金投资运作空间大幅拓宽。保险资金大类资产可投资品种如表 4—1 所示。

表 4—1 保险资金大类资产可投资品种

大类资产	可投资品种	大类资产监管比例
流动性资产	境内品种主要包括现金、货币市场基金、银行活期存款、银行通知存款、货币市场类保险资产管理产品和剩余期限不超过 1 年的政府债券、准政府债券、逆回购协议。 境外品种主要包括银行活期存款、货币市场基金、隔夜拆出和剩余期限不超过 1 年的商业票据、银行票据、大额可转让存单、逆回购协议、短期政府债券、政府支持性债券、国际金融组织债券、公司债券、可转换债券,以及其他经中国保险监督管理委员会认定属于此类的工具或产品。	
固定收益类资产	境内品种主要包括银行定期存款、银行协议存款、债券型基金、固定收益类保险资产管理产品、金融企业(公司)债券、非金融企业(公司)债券和剩余期限在 1 年以上的政府债券、准政府债券。 境外品种主要包括银行定期存款、具有银行保本承诺的结构性存款、固定收益类证券投资基金和剩余期限在 1 年以上的政府债券、政府支持性债券、国际金融组织债券、公司债券、可转换债券,以及其他经中国保险监督管理委员会认定属于此类的工具或产品。	

---

① 缪建民:我国保险资产管理行业的发展与展望,《中国金融》,2010(3)。

大类资产	可投资品种	大类资产监管比例
权益类资产	境内上市权益类资产品种主要包括股票、股票型基金、混合型基金、权益类保险资产管理产品。 境外上市权益类资产品种主要包括普通股、优先股、全球存托凭证、美国存托凭证和权益类证券投资基金，以及其他经中国保险监督管理委员会认定属于此类的工具或产品。 境内、境外未上市权益类资产品种主要包括未上市企业股权、股权投资基金等相关金融产品，以及其他经中国保险监督管理委员会认定属于此类的工具或产品。	投资权益类资产的账面余额，合计不高于本公司上季末总资产的30%，且重大股权投资的账面余额，不高于本公司上季末净资产。账面余额不包括保险公司以自有资金投资的保险类企业股权。
不动产类资产	境内品种主要包括不动产、基础设施投资计划、不动产投资计划、不动产类保险资产管理产品及其他不动产相关金融产品等。 境外品种主要包括商业不动产、办公不动产和房地产信托投资基金（REITs），以及其他经中国保险监督管理委员会认定属于此类的工具或产品。	投资不动产类资产的账面余额，合计不高于本公司上季末总资产的30%。保险公司购置自用性不动产的账面余额，不高于本公司上季末净资产的50%。
其他金融资产	境内品种主要包括商业银行理财产品、银行业金融机构信贷资产支持证券、信托公司集合资金信托计划、证券公司专项资产管理计划、保险资产管理公司项目资产支持计划、其他保险资产管理产品。 境外品种主要包括不具有银行保本承诺的结构性存款，以及其他经中国保险监督管理委员会认定属于此类的工具或产品。	投资其他金融资产的账面余额，合计不高于本公司上季末总资产的25%。
境外资产		境外投资余额，合计不高于本公司上季末总资产的15%。

资料来源：《中国保险监督管理委员会关于加强和改进保险资金运用比例监管的通知》（保监发〔2014〕13号）。

与此同时，作为企业年金市场的重要参与者，以长江养老为代表的养老保险公司以及具备企业年金管理资质的保险资产管理公司在推动企业年金基金投资范围的过程中发挥了重要作用。2013年3月，人力资源和社会保障部联合中国银行业监督管理委员会、中国保险监督管理委员会、中国证券监督管理委员会发布了《关于扩大企业年金基金投资范围的通知》，大大放宽了企业年金基金的投资范围和相关投资比例，打开了企业年金基金参与非标投资的"闸门"。2014年9月，人力资源和社会保障部下发了《关于企业年金基金股权和优先股投资试点的通知》，长江养老作为企业年金股权投资的首家也是唯一一家试点单位，以企业年金资产参与投资中石化销售公司股权项目，启动了企业年金基金股权和优先股的投资试点。

三、监管政策日益市场化

党的十八届三中全会提出："经济体制改革是全面深化改革的重点，核心问题是处理好政府和市场的关系,使市场在资源配置中起决定性作用和更好发挥政府作用。"为适应改革的新形势,中国保险监督管理委员会较早确立了"放开前端,管住后端"的监管思路。中国保险监督管理委员会陈文辉副主席 2015 年 9 月对这一监管思路做了全面详尽的阐述——"放开前端",就是尽可能减少通过行政审批、核准等前置性管制手段来防范风险,让市场主体享有更大的经营和投资自主权,增强发展的内生动力;"管住后端",就是强化事中事后监管,加强对保险资金运用风险的持续性监测和监管,守住不发生系统性、区域性风险的底线。

保险资金运用市场化改革过程中,率先取得突破的是"放开前端"。2012 年以来,保监会不断加大简政放权力度,大幅度减少保险资金运用领域行政审批,着力将更多投资选择权和风险责任交给市场主体:一是扩展和丰富可投资资产池,逐步放开股权、不动产、创业板股票、蓝筹股、优先股、创业投资基金等投资。二是整合简化监管比例限制,将原来 50 余项监管比例减少至 10 余项,建立以大类资产分类为基础的多层次比例监管新体系。三是推进注册制改革,将基础设施投资计划等产品发行方式由备案制改为注册制,大幅度提升产品发行效率。四是加强与地方政府合作交流,在湖北、山东、天津、上海、江西、陕西等省市召开对接会,搭建沟通合作平台①。五是成立保险资产管理业协会,利用市场化方法,解决保险资产管理产品的注册、登记等问题,搭建起监管和市场的"桥梁"。

在"放开前端"的同时,中国保险监督管理委员会不断强化监管,将改革重点逐步向"管住后端"转移,将监管重心放在事中事后监管上。在强化事中监管方面,中国保险监督管理委员会加强保险资金运用风险的监测和预警,推进监管信息化,强化风险的早期预警与处理机制,避免出现大的风险事件特别是系统性风险,同时,不断丰富信息披露、内部控制、分类监管、资产负债匹配、资产托管等监管工具和手段;在强化事后监管方面,主要是科学有效地运用偿付能力监管,以"偿二代"建设为契机,进一步强化偿付能力对保险资金运用的影响和约束作用②。

此外,中国保险监督管理委员会还通过批准养老保险公司受托管理委托人委托的以养老保障为目的的人民币、外币资金,开展养老保险资产管理产品业务,以及完善养老保障管理业务的管理制度,丰富了保险资产管理机构的主体内涵与业务内涵。2013年,中国保险监督管理委员会批复同意长江养老在业务范围中增加"受托管理委托人委托的以养老保障为目的的人民币、外币资金"和"开展养老保险资产管理产品业务",

① 陈文辉:全面深化保险资金运用领域市场化改革,《人民日报》,2015 年 9 月 23 日。
② 陈文辉:全面深化保险资金运用领域市场化改革,《人民日报》,2015 年 9 月 23 日。

为养老保险公司充分发挥自身价值,更好地参与社会财富管理,服务实体经济发展提供了更加广阔的平台。近年来,中国保险监督管理委员会又三次修订完善养老保障管理业务,为业务参与机构增添了深度参与企业薪酬管理、助力国资国企改革的产品载体,也为其转型服务个人财富管理需求打开空间。

第二节　保险资管业展现出优秀的资产管理服务供给能力

一、市场主体日渐壮大

目前,保险资产管理业市场主体主要包括:21 家综合性保险资产管理公司、10 多家专业性保险资产管理机构、10 家保险资产管理公司香港(地区)子公司、2 家私募股权投资管理公司、1 家财富管理公司,以及 6 家养老基金管理(或养老保险)公司[①]。上述保险资产管理机构管理着绝大部分的保险资金和企业年金,在国内机构投资者中具有举足轻重的作用。相关内容如表 4-2 和表 4-3 所示。

表 4-2　　　　　　　　　综合性保险资产管理公司一览

序号	机构名称	成立时间
1	中国人保资产管理股份有限公司	2003 年 7 月
2	中国人寿资产管理有限公司	2003 年 11 月
3	华泰资产管理有限公司	2005 年 1 月
4	中再资产管理股份有限公司	2005 年 2 月
5	平安资产管理有限责任公司	2005 年 5 月
6	泰康资产管理有限责任公司	2006 年 2 月
7	太平洋资产管理有限责任公司	2006 年 6 月
8	新华资产管理有限公司	2006 年 6 月
9	太平资产管理股份有限公司	2006 年 9 月
10	安邦资产管理有限责任公司	2011 年 5 月
11	生命保险资产管理有限公司	2011 年 7 月
12	光大永明资产管理股份有限公司	2012 年 2 月
13	合众资产管理股份有限公司	2012 年 3 月
14	民生通惠资产管理有限公司	2012 年 10 月
15	阳光资产管理股份有限公司	2012 年 11 月

---

① 中国保险资产管理业协会:中国保险资产管理业受托管理能力建设报告,《中国保险资产管理》,2016(2)。

续表

序号	机构名称	成立时间
16	中英益利资产管理股份有限公司	2013 年 4 月
17	中意资产管理有限责任公司	2013 年 5 月
18	华安财保资产管理有限责任公司	2013 年 9 月
19	长城财富资产管理股份有限公司	2015 年 3 月
20	英大保险资产管理有限公司	2015 年 3 月
21	华夏久盈资产管理有限责任公司	2015 年 4 月

资料来源：中国保险资产管理业协会：中国保险资产管理业受托管理能力建设报告。

表 4—3 养老保险公司一览

序号	机构名称	成立时间
1	平安养老保险股份有限公司	2004 年 12 月
2	太平养老保险股份有限公司	2004 年 12 月
3	中国人寿养老保险股份有限公司	2007 年 1 月
4	泰康养老保险股份有限公司	2007 年 8 月
5	长江养老保险股份有限公司	2007 年 5 月
6	安邦养老保险股份有限公司	2013 年 12 月

资料来源：课题组根据公开信息整理。

二、投资风格与投资理念逐步成熟

保险资金独特的负债属性决定了保险资产管理机构相对于其他资产管理机构，普遍具有相对稳健的投资风格，形成了具有明显保险业特点的投资理念：一是资产负债管理。根据客户的资金需求，协助客户定制投资目标。二是风险收益比最优化。根据客户的风险定位，设置有效最优的风控措施，为每一位客户寻找风险收益的最佳平衡点。三是绝对收益、价值投资。努力确保绝对收益，把握机会追求相对收益，把握趋势性投资计划，以价值投资降低周期下行风险。四是注重实现收益，收益落袋为安[①]。

三、资产规模快速增加

"十二五"期间，中国保险业保费收入逐年增长，资产规模不断扩大，截至 2015 年底，保险业总资产达到 12.363 万亿元，较年初增长 21.6%，保险资金运用余额达到

---

① 中国保险资产管理协会：全国社会保障基金理事会资产管理业务交流材料，2015 年 7 月。

11.18万亿元,较年初增长19.8%。中国保险资产管理业协会执行副会长兼秘书长曹德云预测,到2020年,保险业年度保费收入规模将超过5万亿元,2014～2020年新增可运用保险资金规模将超过20万亿元。大规模的稳定资金,为保险资产管理行业的做大做强提供了充分的土壤。保险业总资产和资金运用余额如图4—1所示。

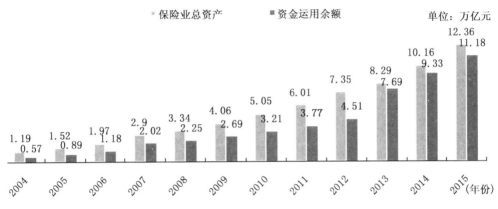

资料来源:中国保险监督管理委员会。

图4—1　保险业总资产和资金运用余额

四、资产配置趋向多元化

随着保险资金投资范围逐步放开,保险资金的资产配置也发生了改变,总体上呈现出以下趋势:一是固定收益类资产继续保持主导地位,虽然较之前几年70%、甚至80%的占比明显下降,但是银行存款和债券投资合计占比仍然超过50%;二是权益类资产稳中有升,截至2015年底,权益投资占比达到15.2%,但是距离30%的投资比例上限仍有很大的增加空间;三是另类投资增长较快,2015年底保险资金其他投资占比达到28.7%,另根据2014年底的数据,保险资金长期股权投资6 398.8亿元,占比6.9%,投资性不动产784.4亿元,占比0.8%,基础设施投资计划产品等7 317亿元,占比7.8%,长期股权投资、不动产投资、基础设施投资计划等分别比年初增长59%、13.9%和66%。保险资金资产配置情况如图4—2所示。

此外,保险资金加紧"走出去",投资规模不断扩大,也积累了丰富的境外投资经验。截至2015年底,保险资金境外投资余额为362.3亿美元(折合人民币超过2 336.5亿元),占保险业总资产的2.028%[1],比2012年末增加265亿美元,增幅达到273%。

---

① 李致鸿:险资境外投资超360亿美元　争设海外投资平台,《21世纪经济报道》,2016年3月22日。

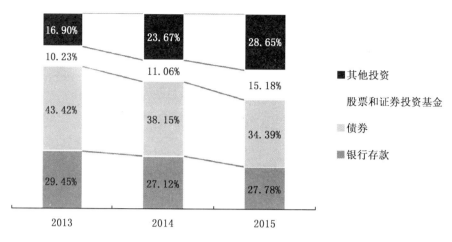

■ 其他投资

股票和证券投资基金

债券

银行存款

资料来源:中国保险监督管理委员会。

图 4—2 保险资金资产配置情况

五、投资业绩稳健积极

保险资金运用的市场化改革充分释放了保险资金运用的活力与动能,为投资业绩的提升提供了有力支撑。近年来,保险资金一直保持积极稳健的业绩水平。2004～2014 年,保险资金累计实现投资收益总额达到 2.1 万亿元,平均收益率 5.32%[1]。2015 年保险资金运用实现收益 7 803.6 亿元,同比增长 45.6%,平均投资收益率7.56%[2]。历年保险资金运用收益率如图 4—3 所示。

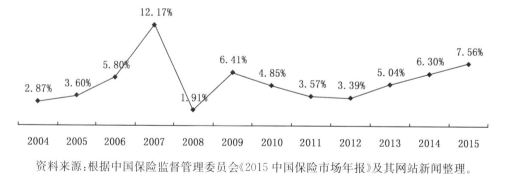

资料来源:根据中国保险监督管理委员会《2015 中国保险市场年报》及其网站新闻整理。

图 4—3 历年保险资金运用收益率

---

① 曹德云:另类投资和全球化配置是保险资产配置的方向,《21 世纪经济报道》,2015 年 12 月 17 日。
② 保监会网站新闻发布,http://www.circ.gov.cn/web/site0/tab5207/info4014358.html。

六、业务类别日渐丰富

目前,保险资产管理机构主要包括保险专户理财、组合类保险资产管理产品、保险保障基金管理、以企业年金为代表的养老金管理、养老保障委托管理业务、公募业务,以及另类投资产品发行业务和私募股权基金业务等。

(一)保险专户理财

保险专户理财是指保险资产管理机构接受保险公司委托,"一对一"提供从战略资产配置到投资管理的全流程业务。保险资产管理机构在管理母公司资产或集团内部其他公司资产时,目前多采用专户管理模式。

(二)保险资产管理产品

2013 年 2 月保监会发布了《关于保险资产管理公司开展资产管理产品业务试点有关问题的通知》,允许保险资产管理公司发行"一对一"定向产品和"一对多"集合产品,保险资产管理公司发行资产管理产品业务重新开闸。

保险资产管理产品以产品化替代专户管理模式,解决专户管理模式存在的委托人与受托人职责定位不清、沟通管理成本高、市场化程度低等弊端。2006～2015 年,保险业累计注册(备案)各类资产管理产品达到 1.77 万亿元,占管理资产规模的 14.75%。从投资主体看,关联保险机构、非关联保险机构和业外机构的投资规模各占 1/3,投资主体日益多元化,产品认同度和市场影响力不断提高[①]。

(三)保险保障基金管理

截至 2015 年 9 月 30 日,保险保障基金余额达 674.62 亿元,90%的资产配置为银行存款。自 2011 年开展委托投资业务以来,共配置委托资金 68 亿元,累计实现投资收益超 10 亿元,累计年化收益率 6.19%[②]。包括太平洋资管公司、太平资管公司、长江养老在内的多家保险资产管理机构成功入围保险保障基金的投管人行列。

(四)以企业年金为代表的养老金管理

保险资产管理机构是养老金管理市场的重要参与者,尤其在企业年金市场扮演了非常重要的角色。其中,投资管理人是企业年金管理中利润最大的一块业务,企业年金基金 20 家投管人中,"保险系"机构占据 7 家,分别是国寿养老、平安养老、长江养老、太平养老、泰康资产、人保资产和华泰资产。截至 2015 年底,"保险系"机构合计投

---

① 中国保险资产管理业协会:中国保险资产管理业受托管理能力建设报告,《中国保险资产管理》,2016
(2)。

② 任建国:在 2015 年中保基金公司委托资产管理工作会议上的讲话,http://www.cisf.cn/hydt/xwzx/
1792.jsp。

资管理 50％以上的企业年金基金,投资管理规模达到 4 791 亿元。保险机构企业年金投资管理规模及占比如图 4—4 所示。

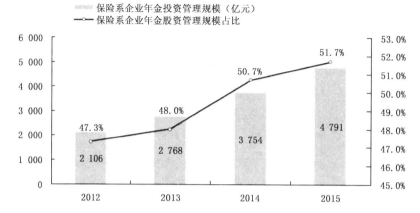

资料来源:课题组根据人力资源和社会保障部公开信息整理。

图 4—4　保险机构企业年金投资管理规模及占比

此外,保险资产管理机构还在努力争取获得国家养老储备基金、职业年金基金、基本养老保险基金等养老金资产的投资管理资格。

案例 2　以绝对收益目标为核心的投资管理探索——晚晴产品的管理模式

长江养老管理过渡计划和金色晚晴计划的范式本质,是有效借鉴国内外经验的管理模式创新和投资范围创新,尤其是通过创新养老金的运作模式和投资渠道,不仅使得养老金资产持续获得较稳定的财产性收入,也有效稳定了经过金融危机时期在内的剧烈波动性市场下的养老金收益率,实现了利国利民。

(一)过渡计划和晚晴计划的管理模式有效探索了养老基金资产管理方面绝对收益的实现方式

1. 探索了受托人两层次资产配置的管理模式

受托人在计划层面把握大类资产配置(整体计划权益仓位控制在 0～15％的范围,而人力资源和社会保障部标准组合权益上限为 30％),并进行动态调整,以符合产品风险收益特性并力争达到计划既定的绝对收益目标;受托人把握大方向,各投资管理人在组合层面的操作策略要符合计划整体配置思路,以确保策略贯彻不会出现大的偏差。

过渡计划阶段,作为试点,长江养老较彻底地借鉴了国外养老金的运作模式,采取按资产类别设计投资组合的模式,具体包括风险较低的现金组合、国债组合、权益组合中的股票基金组合和股票组合,以及企业债组合。

而在金色晚晴计划阶段,基于监管要求,通过对组合做出固定收益和权益类型的划分(人力资源和社会保障部要求组合层面,即使是权益性组合最高权益比例也不超过 30%),基本延续了过渡计划阶段的管理精髓。

2. 按资产类别设计投资组合的模式

在该模式下,受托人选择了各类细分资产投资领域中最优秀的投资管理人进行资产分类管理,以实现投资管理人之间的优势互补和投资风险分散。

过渡计划采取按资产类别设计投资组合的模式,因此受托人选择了各类细分资产投资领域中最优秀的投资管理人进行资产分类管理,以实现投资管理人之间的优势互补和投资风险分散:长江养老负责管理风险较低的现金组合、国债组合和权益组合中的股票基金组合;选择权益资产管理经验丰富和研究能力强的基金公司管理权益组合中的股票组合;选择企业债资源丰富且债券管理能力及研究能力强的保险资产管理公司和证券公司负责管理企业债组合。

金色晚晴计划阶段,继续采取一个综合收益率,通过引进包括博时、海富通、易方达、富国、中信、中金、泰康资产、国寿资产、华泰资产在内多个外部投资管理人的模式,内部继续以管理低风险的现金增强组合为主,有效实现了各方优势互补和计划整体风险有效分散。

3. 采取集合运作方式,具有非常明显的资产规模效应

通过广域投资品种的有效选择、规模效应下的管理费用有效分摊,提高了净投资收益。两个计划的受托和投资管理都具有非常明显的资产规模效应:首先,集中后的大规模资金在投资时有更多的投资品种可供选择,避免了行业中一度以单一计划为主,部分计划规模经济性不足甚至不能够参与银行间债券市场等不利情况;其次,两个计划均由所有参加的委托人一同分摊各种管理费用(尤其是与投资规模基本无关的审计费用、交易账户开户费用等),降低了单个受益人承担的费用,提高了净投资收益。

(二)计划管理方面,基于人脑和电脑结合的受托人主动有为

1. 专业团队的建设

长江养老非常注重受托资产管理能力的建设,专门设立了资产管理与监督部,作为受托投资管理的核心职能部门。部门内部不仅团队职能清晰、配备完整、分工明确,而且汇聚了从国内外银行、券商、基金公司、保险公司等引进的熟悉国内外年金市场经验、掌握战略资产配置技术、有丰富的投资管理人评估和风险管理经验的专业人士,提高了长江养老专业队伍的核心竞争力。

2. 专门系统的开发

针对我国新兴资本市场系统性风险较大的特点,为了更好地履行企业年金受托人战略资产配置、投资监督和评估职能,严格监督和控制企业年金投资合规风险,公司开发配备了具有国内领先优势的企业年金受托资产管理与投资监督系统——xRisk Suite 风险管理与绩效评估系统。该系统具有科学的年金基金战略资产配置和产品设计、有效的组合风险管理和合规监控、多维度的年金基金绩效评估和归因分析等多个特点。协助受托人执行投资监督和评估投资管理人、制定战略资产配置策略和信息披露的职能,大大提高了工作效率。

在上述人脑和电脑的资源有效利用基础上,两个计划的管理过程中,长江养老作为受托人主动有为,慎重选择、评估、监督和更换投资管理人,以投资指引、日常沟通、止损机制和动态资金分配等措施对计划实施有效管理。基于市场情况分析、投管人交流情况、投管人阶段业绩、资产配置情况等,结合市场分析和判断,在风险预算的基础上制订计划战略资产配置策略,通过对存量资产的调整和增量缴费资金的分配,与投管人定期和不定期的有效互动,实现计划层面的动态配置调整和风险控制。

(五)养老保障委托管理业务

养老保障委托管理业务,是指养老保险公司作为管理人,接受政府机关、企事业单位及其他社会组织等团体委托人和个人委托人的委托,为其提供养老保障以及与养老保障相关的资金管理服务。

近年来,养老保障委托管理业务逐渐形成两大发展趋势:一是团体养老保障产品成为企业薪酬管理的重要手段,以长江养老为例,通过团体养老保障产品的创新积极参与企业薪酬改革和国资国企混合所有制改革,为多家大型国有企业提供薪酬延付服务和管理员工持股计划;二是个人养老保障产品的公募属性更加突出,产品设计更加多元化,资产驱动型和主动管理型产品可以满足不同消费者的财富管理需求。

（六）公募业务

2013 年 6 月,中国证券监督管理委员会和中国保险监督管理委员会联合发布了《保险机构投资设立基金管理公司试点办法》,意味着保险机构向开展公募基金业务往前迈出关键一步。2013 年 11 月 6 日,首家保险系基金公司——国寿安保基金正式挂牌成立,保险资产管理机构正式踏入公募市场。

（七）另类投资产品发行业务

目前,保险资产管理机构开展的另类投资产品发行业务主要包括债权投资计划、股权投资计划和资产支持计划三大类。

债权计划目前仍然是保险资产管理机构投行业务的主要业务类型。根据中国保险资产管理业协会的信息,2015 年基础设施债权投资计划注册规模 1 027.45 亿元,占另类投资总体注册规模的 38%;不动产债权投资计划注册规模 1 019.68 亿元,占比 38%,两者合计约占全年另类投资计划注册规模的 76%。

资产支持计划发展快速。根据中国保险监督管理委员会披露的数据,2012 年至 2015 年 9 月,已经有 10 家保险资产管理机构发行 22 单,共计 812 亿元的资产支持计划业务,平均投资年限为 5.5 年,投资收益率为 5.8%～8.3%。项目资产支持计划业务有望成为保险资管机构资产证券化的业务平台,担任保险资管领域业务创新的主力军。

股权投资计划稳步发展。根据中国保险资产管理业协会的信息,2013 年,股权计划注册 1 单,注册规模 360 亿元;2014 年注册 11 单,注册规模 470 亿元;2015 年注册 5 单,注册规模 465 亿元。

（八）私募基金

保险业"新国十条"提出,允许专业保险资产管理机构设立私募基金。这是继放开保险资管机构开展公募基金业务后,险资进入私募基金业务领域的实质性进展。2015 年 1 月,中国保险监督管理委员会批复同意设立首批保险系私募基金,分别是光大永明资产管理公司发起设立的中小微企业私募股权投资基金,以及阳光资产管理公司发起设立的阳光融汇医疗健康产业成长基金。不同于以往只是投资私募股权基金,保险资产管理机构今后在私募股权基金中将扮演发起人与管理人的核心角色。

2015 年 9 月 10 日,中国保险监督管理委员会发布《关于设立保险私募基金有关事项的通知》(保监发〔2015〕89 号),对保险系私募基金的设立进一步予以规范和指导,相信下一步私募基金业务将成为各家保险资产管理机构重点关注的新兴业务领域。

七、受托客户覆盖面更加广泛

保险资产管理机构的受托客户类型大致可以分为保险客户、养老金客户和其他客户三大类。

一是保险客户。保险资产管理机构管理着大部分保险资金,服务对象既包括国寿集团、平安集团、人保集团、太保集团、新华保险等大型机构,也包括生命人寿、中邮人寿等中型机构,以及光大永明、中意人寿、中英人寿等小型机构。

二是养老金客户。国家电网、中石油、中石化等央企,以及各地农商行、宝钢集团、上港集团等地方国有企业都是保险资产管理机构重要的企业年金客户。此外,以长江养老"金色系列"产品为代表的企业年金集合受托计划,为保险资产管理机构向广大中小企业提供年金服务提供了平台。三是其他客户,包括保险保障基金、银行、财务公司等。

第三节　保险资产管理业在供给侧改革中的作用

一、供给侧改革的基本要义

(一)中央高层针对"供给侧改革"密集发声

进入 2015 年四季度后,中央在短时间内多次提及供给侧改革,在"十三五"规划谋篇布局之时展现出决策层经济思路的重要转变。

10 月 10 日,中央财办主任、国家发改委副主任刘鹤赴广东考察时强调,要大力推进市场取向的改革,更加重视供给侧调整,加快淘汰"僵尸"企业,有效化解过剩产能。这被视为是中央提出供给侧改革的先声。

11 月 10 号,习近平总书记在中央财经领导小组会议上首次提出供给侧改革,指出"在适度扩大总需求的同时,着力加强供给侧结构性改革,着力提高供给体系质量和效率,增强经济持续增长动力"。

11 月 11 日召开的国务院常务会议,再次强调"培育形成新供给新动力扩大内需"。

11 月 17 号,李克强在"十三五"《规划纲要》编制工作会议上强调,在"供给侧"和"需求侧"两端发力促进产业迈向中高端。

11 月 18 号,习近平在 APEC 会议上再提供给侧改革,指出要解决世界经济深层次问题,单纯靠货币刺激政策是不够的,必须下决心在推进经济结构性改革方面做更大努力,使供给体系更适应需求结构的变化①。

中央高层的密集发声,表明供给侧改革已经从幕后走向前台,有望取代传统上以投资、消费、出口"三驾马车"为核心的需求端刺激政策,成为经济新常态下实现中国经济升级版的重要手段。

(二)供给侧改革的内涵

供给侧改革,是指从供给、生产端入手,通过解放生产力,实现生产要素资源的合理配置,进而促进社会经济发展。

习近平总书记在中央财经领导小组第十一次会议上的讲话,全面阐述了供给侧改革的深刻内涵②:

其一,"要促进过剩产能有效化解,促进产业优化重组"。化解过剩产能,通过价格调整、企业整合淘汰、拓展外部市场是主要方式。这意味着,从央企到地方国企的整合将向下层逐级推开,"一带一路"的建设进程将加快。这关系到产业层面供给的改善。

其二,"要降低成本,帮助企业保持竞争优势"。这意味着企业将通过结构性减税获益。实际上,此前明确的"适当降低社保缴费水平",与降低成本的政策信号一致。这是在财税制度层面改善供给。

其三,"要化解房地产库存,促进房地产业持续发展"。这是对房地产作为支柱产业的再次确认。促进房地产业持续发展,不仅因为这一行业能带动钢铁、水泥、电解铝等许多下游产业的发展,化解这些行业的产能,有效拉动就业,还在于从推进"人的城镇化"考量,房地产业的发展是让2.5亿缺乏相应市民权利的城镇常住人口能真正定居下来的必要物质前提。这是在调控层面消除供给制约。

其四,"要防范化解金融风险,加快形成融资功能完备、基础制度扎实、市场监管有效、投资者权益得到充分保护的股票市场"。这一论述表明了最高领导层对股市发展的态度。股市既是企业的直接融资平台,也是普通投资者合法获得财富、提高消费能力的主要平台。这是在资本层面强调供给的稳定性。

产业层面、调控层面、财税制度层面、资本层面的新部署,勾勒出供给侧改革的重点领域和规模。

---

① 中央9天内4次提及供给侧改革,《中国证券报》,2015年11月26日。
② 徐立凡:供给侧改革对中国经济有何意义,《京华时报》,2015年11月16日。

二、保险资产管理业参与供给侧改革的实施路径

保险业"新国十条"提出，加快发展现代保险服务业，以满足社会日益增长的多元化保险服务需求为出发点，以完善保险经济补偿机制、强化风险管理核心功能和提高保险资金配置效率为方向，使现代保险服务业成为完善金融体系的支柱力量、改善民生保障的有力支撑、创新社会管理的有效机制、促进经济提质增效升级的高效引擎和转变政府职能的重要抓手。

从保险业社会稳定器和经济助推器的社会功能来看，加快发展现代保险服务业，本质上就是要全面提升保险业推动社会经济发展的服务供给能力，通过优化产品供给与服务供给，满足全社会日益增长的风险管理与财富管理需求。

保险资产管理机构近年来日益发展成熟，逐步成为市场上重要的资金管理者与机构投资者，在参与供给侧改革的过程中大有可为。具体来说，可以从以下几个维度提升保险资产管理机构的资产管理服务供给能力，积极参与供给侧改革。

一是发挥保险资产管理机构的专业价值，积极参与职业年金基金、基本养老保险基金以及其他政策性基金的市场化管理。职业年金基金、基本养老保险基金等政策性基金资金体量大、战略意义高，亟须优秀的市场机构通过市场化、专业化的资产管理供给能力对接基金保值增值的需求。通过盘活存量资金，提升存量资金的管理效能，激发存量活力，助力养老保障与社会管理事业的发展。

二是发挥保险资产管理机构的专业投资能力，将资产端的投资收益向负债端的保险产品开发传导，为产品开发提供更大的消费者让利空间，推出更有吸引力的保险产品。中国正在快速进入个人财富加速积累的发展阶段，逐渐富裕起来的各类消费者在风险保障、资产传承、财富管理等方面的需求不断增长，需求的增长迫切需要增加与之对应的供给，而保险产品，尤其是财富管理型保险产品的供给能力，很大程度上取决于保险资产管理机构对于保险资金的投资运作以及优质资产的寻找发现。

三是引导保险资金与养老金参与民生工程和基础设施建设，支持国资国企改革，服务"一带一路"、"京津冀一体化"等战略项目。促进社会财富资源流向资金使用效率最大化的经济领域，实现生产要素的顺利流通与合理配置，一方面促成社会财富分享国家发展成果，另一方面也为国家重大项目提供稳定的资金支持。

四是在资本市场加速改革的过程中，以机构投资者身份积极参与资本市场的建设与完善，承担资本市场稳定器的功能，推动保险资产、养老金等长期资金与资本市场的良性互动，为资本市场的稳定发展以及企业直接融资环境的改善发挥积极作用。

案例3 以绝对收益目标为核心的养老金投资创新

国内监管部门和委托人对企业年金投资运作的基本要求是保值增值,即使按年度考核也不应亏本。以此为核心,长江养老探索建立了以绝对收益率目标为核心的养老金受托投资管理体系,同时基于国内实际,在投资范围多元化等方面通过创新试点模式就股权和债权投资等进行有效探索,取得了良好绩效。

(一)上海公共租赁房债权计划项目

根据《企业年金基金管理试行办法》(人社部〔2004〕23 号令)和《企业年金基金管理办法》(人社部〔2011〕11 号令),企业年金的投资范围主要包括企业债、公司债、金融债、股票、基金、中期票据等金融投资产品,主要是交易性金融产品,而未纳入债权、股权等创新产品。事实上,直到 2013 年人力资源和社会保障部才下发《关于扩大企业年金基金投资范围的通知》(人社部〔2013〕23 号文),将债权、信托等创新产品纳入投资范围。

2010 年 7 月,上海市领导做出关于"企业年金和保险资金应积极探索进入上海公共租赁房的建设和运营领域"的有关表述后,在人力资源和社会保障部、中国保险监督管理委员会、上海市金融服务办公室、上海市人力资源和社会保障局、中国保险监督管理委员会上海监管局的大力支持下,长江养老积极配合上海市政府向中央监管部门争取试点政策,通过与太保资产的紧密合作,推进了国内养老金(企业年金)参与公共租赁房债权融资项目的首个创新试点项目落地。这是《企业年金基金管理办法》颁布后,全国首个通过批复试点的方式实现企业年金投资范围的重大突破,也是对上海市"两个中心"建设重点工作中有关"扩大企业年金投资金融创新类产品及重大基础设施等方面的范围"的具体落实。该项目后获得上海市金融创新奖,这是对该项目战略价值和创新意义的充分肯定。

实际上,公租房债权计划是类似企业债、公司债和中期票据的债权性金融产品,具有约定偿还期限、约定收益率、约定信用保障和债务风险处置机制,是资产证券化的金融产品。上海公共租赁房债权计划项目作为上海市政府首批公共租赁房债权融资项目,除具有良好的社会效益和重要的民生意义外,企业年金投资该项目的收益性和安全性,从长周期的角度也非常有保障:项目费后收益率 5.89％，按季付息，期限十年，且相关省级城投企业出具提供本息全额无条件不可撤销连带责任保证担保，项目本身评级 AAA，托管行一般按照摊余成本法估值。对于以企业年金为代表的养老金而言，作为稳定类资产构成之一，不仅非常安全，也能够很好地平抑计划收益率的波动，尤其是从长周期（2011 年下半年开始新一轮降息周期，该产品发行时五年定存为 5.1％，三年定存 4.65％，而目前三年定存仅为 2.75％）角度而言，收益性也非常可观。

（二）国家电网英大信托型养老金产品创新项目

2013 年 3 月，人力资源和社会保障部下发了《关于企业年金养老金产品有关问题的通知》（人社部〔2013〕24 号文），就企业年金投管人发行养老金产品和受托计划组合引入养老金产品做出规范，以推进国内养老金资产管理行业通过养老金产品方式进一步实现后端集中和规模经济。

信托产品与债权计划类似，托管行一般按照摊余成本法估值，对于以企业年金为代表的养老金而言，可以作为稳定类资产构成之一，能够很好地平抑计划收益率的波动。但相对而言，市场上的信托产品鱼龙混杂，期限长短和预期收益率区间差异极大，如何选择较好的标的，对接养老金安全第一的本质属性，是受托人和投管人重要的任务。对此，长江养老进行了卓有成效的探索。

长江养老与监管机构保持了良好的互动，密切跟踪政策变化，2013 年 4 月即推出相关创新产品和项目，设立长江英大电力基础设施信托产品型养老金产品，并将其引入受托的相关养老金计划，进一步通过养老金投资产品创新实现企业年金长期、稳健的投资业绩，实现广大受益人共享社会经济发展成果。

长江英大电力养老金产品属于长江养老与国家电网英大信托公司合作开发的信托产品型养老金产品，由长江养老担任产品投资管理人，中国工商银行担任托管行。该养老金产品主要投资于英大信托为企业年金投资发起设立的专项信托计划，而相关信托计划主要以符合国家宏观政策、产业政策和监管政策的国家电网旗下重大电网基础设施建设项目为对应资产，在保证安全第一、稳健投资的前提下，为企业年金提供长期、稳定的回报。事实上，该产品期限七年，费后收益率 5％，从长周期角度的安全性和收益性也非常符合企业年金为代表的养老金本质属性要求（2011 年下半年开始新一轮降息周期，该产品发行时三年定存 4％，而目前三年定存仅为 2.75％）。

第五章　保险资管业参与养老保险基金投资的政策建议

第一节　研究结论:保险资管业可为养老
保险基金投资提供良好服务

2010 年全球进入老龄化社会,而中国的人口老龄化问题更加严重。深化退休养老金体制改革,管控好人口结构变化风险,是当前和今后很长时期,中国经济社会发展亟须解决的挑战。加强养老保险基金投资管理是中国养老金体制改革的重要内容,并将成为供给侧改革的"排头兵"。经过近年来的快速发展,保险资管业完全有能力为养老保险基金投资提供良好服务。通过研究,我们得出以下结论:

一、中国养老金体制改革取得显著成就,但也存在一些深层次问题和矛盾

(一)改革成就显著

中国养老金体制改革伴随着经济体制改革的全过程,通过多年的改革和调整,取得显著成就,主要表现在:一是多支柱化。由单一的公共养老金计划,向公共养老金、企业年金、职业年金、商业养老保险等多支柱体系发展。二是建立了统账结合的公共养老金计划。这一模式既吸取了德国、法国和美国等国家传统的社会统筹、现收现付的养老金制度经验,又借鉴了新加坡、智利等国的强制储蓄、个人账户养老金制度特点,创造了具有中国特色的新模式。三是实现制度上的全覆盖。2015 年末全国就业人员 77 451 万人,参加基本养老保险人数为 85 833 万人(包括参保离退休人员 9 142 万人)。

(二)现行问题突出

中国现行养老金体制也存在一些深层次的问题和矛盾,主要表现在:一是人口老龄化挑战严峻。2010 年全球已经进入老龄社会,60 岁以上人口占比达到 11%,2050 年这一占比将达到 22%。而中国的老龄化问题更为突出,2014 年中国 60 岁以上老年人口已经达到 2.12 亿,占总人口的 15.5%,远高于全球平均水平。二是体制不完善。突出表现在体系"三支柱"发展不均衡,存在权益不清、责任不清、条块分割、可持续性

差等问题。三是基金缺口大。养老金储备严重不足,没有体现精算平衡原则,存在空账、虚账、混账等问题。截至 2014 年底,中国的养老金积累规模合计 5.4 万亿元,仅占GDP 的 8%,人均储备 3 375 元。相比之下,美国的养老金积累规模达到 24.7 万亿美元,占 GDP 的 145%,相当于人均储备 55 万元人民币。四是效率待提升。投资收益对养老金的积累贡献作用举足轻重。但养老金市场化运作程度低,2014 年职工基本养老保险基金累计结存 3.18 万亿元,这些资金没有得到很好的投资运用。企业年金和社保储备基金实现市场化运营的时间不长,企业年金基金投资中反映长期收益的投资产品依然稀缺,市场供求明显失衡,无法满足养老基金长期投资、平稳收益的需求。

二、基金市场化投资是养老金体系可持续发展的关键

(一)基金投资管理是中国养老金体系的重要内容

中国多层次养老金体系是现收现付制和积累制的有机结合。其中,公共养老金计划采用部分积累制,即基础养老金采用现收现付制,而个人账户采取积累制度;包括企业年金、职业年金在内的第二支柱均采用积累制。积累制下的养老金计划可以积累时间较长、规模较大的资金,这些积累资金的投资收益高低和稳定性对于未来养老待遇有重要影响,在一定程度上直接决定制度的成败。加强积累资金的投资管理,成为提升养老金体制可持续性的关键。而且在市场经济条件下,养老保险基金投资管理的市场化运作是其题中之义和必然选择。

(二)中国养老保险基金市场化投资管理取得成功经验

当前,中国对国家养老储备基金和企业年金采取市场化投资管理的模式,均取得较好的成绩。其中,国家养老储备基金由全国社会保障基金理事会管理,2003～2012年,全国社会保障基金理事会进行了 3 次评选境内投资管理人的活动,选定了 18 家境内投资管理人;进行了 3 次评选境外投资管理人的活动,选定 33 家国际知名投资机构作为境外投资管理人;投资了 8 家股权投资基金,实现了部分储备基金的市场化投资管理,取得较好的成绩。自 2000 年全国社会保障基金理事会成立以来,到 2015 年底,全国社会保障基金的年平均投资收益率达 8.82%,远高于同期市场平均水平。

2004 年《企业年金试行办法》出台后,原来由社会保险经办机构或大型企业内部机构管理的补充养老保险基金,逐步实现市场化投资管理。人力资源和社会保障部先后于 2006 年和 2007 年分两批次认定了 11 家金融机构具有企业年金法人受托资格,21 家金融机构具有企业年金投资管理人资格。到 2016 年一季度,企业年金积累基金达到 9 741.6 亿元,覆盖 75 709 家企业和 2 319.65 万职工,企业年金受托人和投资管

理人分别为 11 家和 21 家。

（三）基金投资的核心问题包括完善的基金治理结构、强大的资产配置能力以及甄选优秀的投资管理人

养老保险基金投资管理包括基金治理、投资政策、投资方式、资产配置以及风险管控等多方面内容，其核心是解决好收益与风险的矛盾。追求较好的长期收益，养老保险基金就必然会承担一定的投资风险；反之，如果严格限制基金投资的风险，基金资产的安全性得到保证，但是养老保险基金的投资回报就受到影响。化解基金投资的风险与收益之间矛盾，就是提高养老保险基金投资管理的专业水平，通过提高投资能力实现对基金风险的控制。这包括但不限于以下内容：一是加强基金治理，将投资决策职责和执行职责分离开来；二是提升资产配置能力；三是选择专业化、市场化的投资管理人，并将执行职责和具体管理业务委托给这些机构。

三、养老保险基金市场化投资是国际通行做法

养老金体制没有完成时。近年来，大部分国家为应对人口结构变化等风险，积极推进养老金体制改革，尝试整合政府、用人单位、在职人员、退休人员以及金融服务机构等不同利益关联方的利益，提升体制的可持续性以优化退休收入保障。加强养老保险基金的市场化投资管理是各国养老金体制改革的重要内容，并有以下几点经验：

一是部分国家设有储备基金，储备基金大多委托商业机构进行市场化投资，保险机构和专业养老金管理公司是基金管理的重要力量。

二是公共养老保险基金投资管理普遍存在效率低下问题，其主要原因是政府机构直接管理基金，管理部门的公共责任与基金投资的市场化、专业化要求存在矛盾。部分国家认识到这一矛盾，并开始探索将公共养老保险基金委托给市场化机构进行运营。

三是信托模式是企业年金、职业年金等补充养老保险基金管理的主流模式，即建立补充养老保险的用人单位（企业、政府部门）与金融机构签订一系列法律文件，并以此确定基金的受托管理、托管、投资管理和账户管理，实现基金投资的专业化和市场化。

四、保险资管业可为养老保险基金投资提供良好服务

（一）保险资管业前景广阔

中国保险业进入深化改革、全面开放、加快发展的新阶段，保险业服务经济社会的

领域越来越广,承担的社会责任越来越重,其发展前景和潜力也非常广阔。2014 年 8 月,国务院发布了《关于加快发展现代保险服务业的若干意见》(即"新国十条"),从顶层设计的高度全面规划了保险业未来的发展,首次在国务院文件中提出了"保险是现代经济的重要产业"和"保险成为政府、企业、居民风险管理和财富管理的基本手段",其中"现代经济的重要产业"和"财富管理的基本手段"是全新提法。"新国十条"明确了保险业在经济社会发展全局中的战略定位,首次将保险行业的发展由行业意愿上升为国家战略,为保险市场的发展指明了前进方向,增强了发展信心,对整个保险行业是极大的提振。

在这一背景下,目前保险资管的投资能力、风险管控能力、专业销售能力等方面与银行、证券、基金等板块的资产管理机构相比,仍有一定的差距。但保险业的快速发展,将有力支撑以保险资金运用为主业的保险资管业发展。以"放开前端、管住后端"为特征的保险新政,将为保险资管业的发展进一步松绑。2014 年,保险监管部门进一步丰富和细化了保险资金的投资范围,放开了保险资金在创业板股票、蓝筹股、优先股、创业投资基金、私募基金等领域的投资限制,放宽甚至取消了一些不适应形势变化要求的比例限制,提高了保险资金运用的市场化程度。这都预示着保险资管业在未来一段时期将迎来更大的发展。

(二)保险资管业供给能力不断提升

在保险资金运用新政的引领下,保险资管业正在推进由保险资金运用受托管理为主向全面财富管理的战略转型,保险资产管理开始从单纯的账户管理转向账户管理与产品管理并举,从单纯的管理保险资金向管理保险资金和外部第三方资金并举,从被动的负债驱动转向资产负债管理,从行业内部竞争转向金融跨界竞争。目前,保险资管业基本实现与证券公司、公募基金、信托公司等资管同业机构的同台竞技,行业之间的"壁垒"已经拆除。保险资管业务包括资产管理和投行两大板块,具有包括公募基金与投资连结保险产品管理、养老保障产品管理、企业年金业务、保险资产管理计划、项目资产支持、私募股权基金、基础设施及不动产债权计划、增值平台业务以及第三方保险资产管理业务等。保险资管业的供给能力得到不断提升,而且具有以下特点:一是具有契合养老金资金属性的稳健投资风格。保险资管业长期以来以管理保险资金为主业,保险资金的负债特性要求其投资遵循安全性为上的原则,并加强流动性管理。由此培育保险资管业形成的积极稳健投资风格,可以较好地契合养老金的长期资金属性,有效地防范和降低投资过程中的各类风险。二是保险资管业风险控制能力较强。目前,保险资金专业化、集约化、规范化和市场化的管理模式,以及委托人、托管人和管理人三方协作制衡的运作机制已经基本确立。三是擅长配置大规模资金支持实体经济发展。保险资金是长期性资金,与养老保险基金的特性是内在一致的。养老保险客户的收益风险特征总体上可以概括为跨越周期、中长期保证本金安全、收益稳健增长,这一收益特征表明,大规模资产配置是决定养老保险基金管理业绩的首要因素。近年来,特别是保险新政以来,保险业注重打造长期大类资产的配置能力,保险资产管理机构通过发起设立债权计划、股权计划、资产支持计划等路径,支持国家重大工程和新兴战略产业等实体经济发展,基础设施及不动产投资计划作为非标资产的代表,在保险资产配置中的比例持续提升。

第二节　保险资管业参与养老保险基金投资的方式

养老保险基金是指养老金体系中积累的资金,包括国家养老储备基金、基本养老保险结余基金,也包括企业年金、职业年金等补充养老保险基金。不同的养老保险基金具有不同的性质,由此而产生不同的投资要求,保险资管业可采用不同的方式参与。

一、保险资管业参与国家养老储备基金投资管理的方式

国家养老储备基金是国家为应对和化解人口老龄化危机,减轻未来公共养老金计划支付压力而采取的重要举措,其资金主要来源于财政预算拨款(彩票公益金)、国有资产出让收入、自然资源收入等,其主要目的是弥补未来的收支缺口。国家养老储备基金具有长期性特点,在相当长的一段时间内没有支付要求,对流动性要求不高,追求相对较高的投资回报是基金设立的目的之一。中国的国家养老储备基金设立于2000年,由同年成立的全国社会保障基金理事会管理。根据《全国社会保障基金投资管理暂行办法》、《全国社会保障基金境外投资管理暂行规定》以及相关文件,全国社会保障基金主要投资于固定收益资产、境内股票、境外股票、实业投资、现金及等价物五大类。

保险资产管理公司和养老金管理公司等保险资管业可以通过以下方式参与其投资管理。

(一)受托管理社保基金

目前,社保基金采取直接投资与委托投资相结合的方式开展投资运作。直接投资由社保基金理事会直接管理运作,主要包括银行存款、信托贷款、股权投资、股权投资基金、转持国有股和指数化股票投资等。委托投资由社保基金理事会委托投资管理人管理运作,主要包括境内外股票、债券、证券投资基金,以及境外用于风险管理的掉期、

远期等衍生金融工具等,委托投资资产由社保基金理事会选择的托管人托管。委托投资是目前社保基金投资管理的主要方式之一,据全国社会保障基金理事会公报,2015年末,社保基金资产总额 19 138.21 亿元。其中:直接投资资产 8 781.77 亿元,占基金资产总额的 45.89%;委托投资资产 10 356.44 亿元,占基金资产总额的 54.11%。

社保基金可考虑将资金委托给保险资产管理公司和养老金管理公司等保险资产管理机构。保险资产管理机构作为社保基金投资运营的受托人,成为基金投资运营的责任主体,承担制定基金投资策略、资产配置动态调整、开展直接投资和委托投资、监督委托投资等职责。

(二)销售保险资产管理产品给社保基金

保险资产管理产品是指保险资产管理公司(包括长江养老等养老金管理公司)作为管理人,向投资人发售标准化产品份额,募集资金,由托管机构担任资产托管人,为投资人的利益运用产品资产进行投资管理的金融工具。产品限于向境内保险集团(控股)公司、保险公司、保险资产管理公司等具有风险识别和承受能力的合格投资人发行,包括向单一投资人发行的定向产品和向多个投资人发行的集合产品。产品投资范围限于银行存款、股票、债券、证券投资基金、央行票据、非金融企业债务融资工具、信贷资产支持证券、基础设施投资计划、不动产投资计划、项目资产支持计划及中国保险监督管理委员会认可的其他资产。

保险资产管理产品是保险业创新的间接对接大型融资项目的投资方式。有关数据显示,截至 2015 年底,中国保险资产管理业协会共注册各类资产管理产品 121 项,合计注册规模 2 706.13 亿元。其中,基础设施债权投资计划 42 项,注册规模 1 027.45亿元;不动产债权投资计划 69 项,注册规模 1 019.68 亿元;股权投资计划 5 项,注册规模 465 亿元;项目资产支持计划 5 项,注册规模 194 亿元。由于保险资管擅长负债管理,投资的项目标准较高,安全性好,2015 年利率下调之后,保险资产管理产品的收益仍然能达到 6% 以上,在市场上具有较强的竞争力。社保基金通过购买保险资产管理机构、养老金管理公司等保险资管业发行的各类资产管理产品,规避基金投资风险,提升投资收益。

二、保险资管业参与基本养老保险结余基金投资管理的方式

基本养老保险基金包括企业职工、机关事业单位工作人员和城乡居民养老基金,是广大群众的"养命钱",也是重要的公共资金。我国基本养老保险基金主要是个人账户资金的结余,特别是 2000 年后,部分省市开展做实个人账户试点,以及新型农村养老保险和城镇居民养老保险扩面后,基本养老保险结余基金有所增加,2015 年末基本养老保险基金累计结存 39 937 亿元。目前,这些资金分散于各省市社会保险经办机构,主要以银行存款、国债等形式存在。

2015 年 8 月 23 日,国务院发布《基本养老保险基金投资管理办法》(以下简称《办法》)。《办法》明确,养老基金实行中央集中运营、市场化投资运作,由省级政府将各地可投资的养老基金归集到省级社会保障专户,统一委托给国务院授权的养老基金管理机构进行投资运营。同时规定,投资股票、股票基金、混合基金、股票型养老金产品的比例,合计不得高于养老基金资产净值的 30%;参与股指期货、国债期货交易,只能以套期保值为目的。

从《办法》的有关规定来看,保险资产管理公司、养老金管理公司等保险资管业可以通过以下方式参与基本养老保险结余基金的投资管理。

(一)受托管理基金的投资管理

《办法》第 26 条规定:"本办法所称投资管理机构,是指接受受托机构委托,具有全国社会保障基金、企业年金基金投资管理经验,或者具有良好的资产管理业绩、财务状况和社会信誉,负责养老基金资产投资运营的专业机构。"目前,保险领域尚无机构具有全国社会保障基金投资管理经验,但有 7 家机构拿到企业年金投资管理人资格,并开展了企业年金投资管理业务。其中,保险资产管理公司 3 家,分别是华泰资产、泰康资产和人保资产;养老保险公司 4 家,分别是国寿养老、长江养老、平安养老和太平养老。从管理规模来看,从大到小依次是平安养老、国寿养老、泰康资产、长江养老、太平养老、人保资产和华泰资产。这些机构应该可以依照《办法》等有关规定参与基本养老保险结余基金的投资管理。

(二)销售养老金产品给基金

养老金产品是由企业年金基金投资管理人发行的、面向企业年金基金定向销售的企业年金基金标准投资组合。《办法》第 34 条明确了基本养老保险结余基金的投资范围,"养老基金限于境内投资。投资范围包括:银行存款,中央银行票据,同业存单;国债,政策性、开发性银行债券,信用等级在投资级以上的金融债、企业(公司)债、地方政府债券、可转换债(含分离交易可转换债)、短期融资券、中期票据、资产支持证券,债券回购;养老金产品,上市流通的证券投资基金、股票、股权、股指期货、国债期货"。其中,养老金产品在列。具有相应资质的保险资产管理公司、养老保险公司可以发起设立养老金产品,并向基本养老保险基金销售。

（三）探索与基金合作参与国家重大工程和重大项目建设

《办法》第 35 条规定："国家重大工程和重大项目建设，养老基金可以通过适当方式参与投资。"多元化资产配置是保险资产管理的重要方向，也是保险资金投资收益的重要方式。保险资管业可以真正发挥保险资金特有的长期投资优势，探索设立夹层基金、并购基金、不动产基金等方式，与基本养老保险结余基金开展合作，将资金投向国家重大工程和重大项目。

案例 4　长江养老的养老金资产管理实践经验的启示

长江养老在过渡计划和金色晚晴企业年金集合计划的资产管理范式，作为中国现实情况下通过市场化和专业化运作模式承接政府委托型业务的典型案例，对于新一轮社保体制供给端结构化改革（尤其是保险资产管理机构参与基本养老保险基金投资的范式）、养老资产投资运作体系效率和质量的提高、中国资本市场长期资金属性机构投资者的培育和发展，实现社会养老财富快速积累、推动国民获得财产性收入等具有极大的借鉴意义。

长江养老的养老基金受托投资实践，尤其是以养老金绝对收益目标为核心，借鉴国内外经验在管理模式、投资范围等方面的大胆创新，生动地说明国内保险资产管理机构具有充分的能力基础和实践经验，能够基于国内市场环境、制度背景和现实要求，全面满足国内养老金资产管理的需要，体现金融服务民生、服务社会建设、服务于国家"十二五"规划所提出的和谐社会发展目标。

事实上，国内外经验都表明，养老金资产管理机构是资本市场中重要的长期机构投资者，尤其是保险资产管理机构，天然具有优秀的长期资金管理（绝对收益获取、养老金产品设计管理、资产负债管理和中长期资产配置等）方面的丰富经验，必然在基本养老基金市场化改革中发挥自身的优势。中国的养老金（包括基本养老保险基金、企业年金和职业年金、个人账户型养老金等）的市场化运作和创新投资不断推进，需要大力引入保险资产管理机构的参与，这将有助于实现如下目标：

从宏观角度看，有助于从供给端改善资本市场长期资金的有效提供、加强资本市场的稳定器作用和推动公司治理的有效参与，有效促进中国金融要素市场有效性的提升、资本市场资源配置功能发挥，推进养老金与中国资本市场发展的良性互动;有助于提高养老资产投资运作体系的效率和质量,从而推动国民分享改革成果和积累财产性收入,确保国民养老金的保值增值、促进中国社会总体养老财富快速积累,达到促进内需和消费,体现金融服务民生、服务社会建设的目的。

从微观角度看,推进保险资产管理机构参与基本养老保险投资,尤其是具有较好规模化、市场化和专业化养老金运作实践经验的现有养老保险机构参与,对于培育和发展具有品牌影响力、专注于养老金主业、追求长期价值和社会效益的创新型养老金融机构,无疑有着重要的战略意义,也有助于国内金融改革和金融深化的进一步推进、资产管理为主业金融机构的进一步丰富和发展。

三、保险资管业参与企业年金、职业年金基金投资管理的方式

中国企业年金自 2004 年起建立,职业年金正在筹划之中。企业年金和职业年金均采取信托管理模式,要求建立企业年金或职业年金的用人单位和员工将资金委托给年金理事会或法人受托机构,实现市场化运营管理。保险业可以遵照有关规定,从投资管理、受托管理、账户管理三个角色参与企业年金、职业年金的管理。保险资管业可以用好现有 7 个企业年金投资管理人资格,积极开展业务,提升能力,提供更好的投资管理服务。

第三节　保险资管业参与养老保险基金投资的配套措施

国家养老储备基金、基本养老保险结余基金、企业年金、职业年金等养老保险基金,投向包括养老金管理公司在内的保险资管业,是大势所趋,保险资管业参与养老保险基金投资管理的方式也是多样的。为顺畅推进保险资管业参与养老保险基金投资管理,还需要多方努力,提供一些配套措施。

一、向保险资管业开放社保基金投资管理人资质

(一)尽快修订《全国社会保障基金投资管理暂行办法》

2001 年 12 月颁布的《全国社会保障基金投资管理暂行办法》第九条规定:"申请

办理社保基金投资管理业务应具备以下条件：(一)在中国注册,经中国证监会批准具有基金管理业务资格的基金管理公司及国务院规定的其他专业性投资管理机构。(二)基金管理公司实收资本不少于 5 000 万元人民币,在任何时候都维持不少于 5 000 万元人民币的净资产。其他专业性投资管理机构需具备的最低资本规模另行规定。(三)具有 2 年以上的在中国境内从事证券投资管理业务的经验,且管理审慎,信誉较高。具有规范的国际运作经验的机构,其经营时间可不受此款的限制。(四)最近 3 年没有重大的违规行为。(五)具有完善的法人治理结构。(六)有与从事社保基金投资管理业务相适应的专业投资人员。(七)具有完整有效的内部风险控制制度,内设独立的监察稽核部门,并配备足够数量的称职的专业人员。"同时上述办法第十条规定:"社保基金投资管理人由理事会确定。申请社保基金投资管理业务,需向理事会提交申请书以及由中国证监会出具的申请人是否满足本办法第九条规定的基本条件的意见。理事会成立包括足够数量的独立人士参加的专家评审委员会,参照公开招标的原则对具备条件的社保基金投资管理业务申请人进行评审。评审委员会经投票提出社保基金投资管理人建议名单,报理事会确定。评审办法由理事会制定。评审办法及评审结果报财政部、劳动和社会保障部(现应为人力资源和社会保障部)、中国证监会备案。"

这些规定都将社保基金投资管理人限定于基金公司、证券公司范围内。但近年来资产管理行业发生根本性的变革,大资管时代已经来临,券商、基金、银行、保险等不同领域、不同牌照的资产管理业务范围的"鸿沟"正逐步被消除,差别不断在缩小,基本处于同台竞技的状态。有关单位和部门要顺应形势变化的需要,尽快修订《全国社会保障基金投资管理暂行办法》,将保险等领域的资产管理机构纳入社保基金投资管理人的选择范围。

(二)进一步扩大社保基金投资管理人队伍

社保基金自成立以来,先后进行了三次投资管理人公开征选。2002 年底,社保基金圈定嘉实、南方、华夏、博时、长盛、鹏华 6 家基金公司为第一批境内委托投资管理人;2004 年,易方达、国泰和招商 3 家基金公司成为社保基金第二批境内委托投资的基金公司。2010 年 10 月有 7 家基金公司和 1 家证券公司获选,分别是大成基金、富国基金、工银瑞信基金、广发基金、海富通基金、汇添富基金、银华基金和中信证券。

社保基金近年来规模不断扩大,投资管理的需求不断加大,2000 年社保基金 200 亿元起步,到 2015 年社保基金已超过 1.9 万亿元。建议尽快研究适当增选一批合格的投资管理人,参与社保基金的投资管理。考虑将保险资管机构和养老金管理机构纳入其中,实现社保基金投资管理人金融行业全覆盖。

二、开展投资管理人资格的互认

选择投资管理人是养老保险基金投资管理的一项重要业务,关系到基金投资目标能否实现,甚至关系到基金的安全。总体而言,国家养老储备基金、基本养老保险结余基金、企业年金、职业年金等同属于养老保险基金,其资金的属性有很多共同点,如都是在安全性的基础上追求收益性,既要看相对收益,也要看绝对收益。为降低社会成本,建议各类养老保险基金投资管理人实现互认,即取得一项资格的投资管理人即可开展其他同类业务。资格互认在基本养老保险基金投资管理方面已经迈出重要步伐。按照《基本养老保险基金投资管理办法》的规定,具有社保基金、企业年金基金管理资格的机构可以从事基本养老保险基金的管理。这一点在其他领域可以借鉴。

三、扩大养老保险基金的投资范围

政府对养老保险基金投资运营的监督,应主要针对受托管理机构和基金资产配置,尽量避免对投资组合和投资管理人的直接干预。政府相关部门应逐步放宽养老保险基金的投资渠道:一是适时将对冲基金、私募股权投资基金、商品资产、海外资产等资产纳入可投资范围。二是适时提高权益类的投资比例。例如,目前规定股票占比不超过 30%,该监管上限低于多数国家养老金股权资产的实际配置,它使得生命周期基金难以设计。三是将保险资管产品、养老金产品纳入养老保险基金的投资范围,顺应养老保险资产配置多元化趋势。

参考文献

[1]巴曙松,杨倞,刘少杰.2015 年中国资产管理行业发展报告:市场大波动中的洗礼[M].北京:中国人民大学出版社,2015.

[2]陈文辉.全面深化保险资金运用领域市场化改革[N].人民日报,2015 年 9 月 23 日.

[3]陈志国.公共养老储备基金投资管理模式国际比较与中国改革建议[J].中国经济问题,2010.

[4]郭伟伟.新加坡社会保障制度研究及启示[J].当代世界与社会主义,2009(5).

[5]韩立岩,王梅.国际养老基金投资管理模式比较[J].环球金融,2012.

[6]贺瑛,华蓉晖.社保养老金投资管理模式的国际借鉴[J].环球金融,2007.

[7]华宝证券.2015 年保险资产管理行业报告——供给侧改革下的保险资产管理行业[R].2016.

[8]李东平,邱薇,孙博.养老金与资本市场的良性互动——国际经验与中国的阶段性实践[R].

中国证券监督管理委员会.

[9]李东平、孙博.集中式综合社会保障及市场化运作——新加坡中央公积金制度的经验与启示[R].中国证监会研究中心.

[10]林义.社会保险[M].北京:中国金融出版社,2003.

[11]刘俊棋.养老金入市的国际经验借鉴与我国的政策选择[J].科技和产业,2012.

[12]缪建民.我国保险资产管理行业的发展与展望[J].中国金融,2010(3).

[13]穆斯斯,李南竹.日本政府养老投资基金资产配置变化分析与启示[J].上海证券交易所研究报告,2014(20).

[14]冉萍.社保基金投资的国际比较及对我国运营的借鉴[J].经济问题探索,2008.

[15]人力资源和社会保障部社会保险基金监督司.海外养老金管理[M].北京:经济科学出版社,2015.

[16]王舒艺.基本养老保险基金市场化管理架构的国际比较[D].商务部国际贸易经济合作研究院,2014.

[17]熊军.养老基金投资管理[M].北京:经济科学出版社,2014.

[18]徐立凡.供给侧改革对中国经济有何意义[N].京华时报,2015年11月16日.

[19]郑秉文.中国养老金发展报告2014——向名义账户制转型[M].北京:经济管理出版社,2014.

[20]中国保险资产管理业协会.中国保险资产管理业受托管理能力建设报告[J].中国保险资产管理,2016(2).

[21]周志凯,孙守纪.综合投资理论视角下公共养老储备基金投资管理的国际比较[J].2013.

[22]Jun Peng.State and local pension fund management[M].Boca Raton:Taylor & Francis Group,2009.

[23]Sudhir Rajkumar,Mark C.Dorfman.Governance and investment of public pension assets[M].Washington:The International Bank for Reconstruction and Development/The World Bank,2011.

(本文获"2015IAMAC年度系列研究课题"优秀奖)

保险资金运用主体参与养老金管理的模式研究

复旦大学

罗忠洲　　林思婕　　王奇超

摘要

本课题在分析我国养老金现有管理模式基础上,提出保险资金运用主体参与养老金管理存在的问题,并分析其原因;同时借鉴国外保险资金运用主体参与养老金管理模式的经验,提出我国保险资金运用主体参与养老金三大支柱资金管理的不同模式,以及相应风险控制手段。

目前,我国形成了由基本养老保险、企业补充养老保险、个人储蓄性养老保险三个支柱为主、全国社会保障基金为辅的养老保险基金体系。我国养老金总体规模不断扩大,投资范围也逐渐放开,但仍存在政府主导、结构不合理和巨额隐性资金缺口等一系列问题。

在美、日、英等主要国家,第二、第三支柱养老金主要依托市场化的投资管理人进行管理,且有助于发展专业化运作的养老金管理公司,为参保者提供"一站购齐的捆绑式服务"的模式是国际养老金市场的发展趋势。该模式可以提供综合服务,节省管理成本。

随着我国企业年金市场的发展,相关牌照的逐步放开,以及金融市场的日益开放和金融机构的不断壮大,我国企业年金管理模式将逐渐由法人受托分拆模式向法人受托集中捆绑模式乃至全捆绑模式发展。在市场化运营较为成熟的企业年金市场,保险公司在受托人和投资管理人方面具有明显优势,但在账户管理人方面落斥于商业银行,而且越来越多的商业银行开始争夺受托人角色,所以应不断增强自身优势,以期继续在未来规模更大的企业年金市场保持领先地位。基本养老金即将入市,职业年金和个人递延型税收产品市场也将迎来巨变,保险公司应积极通过多种途径参与到基金管理中,以抢占先机,占据市场优势地位。

我国对养老金投资监管应实行数量限制的监管模式,以适当的激励和约束机制解决年金运营过程中的委托代理问题。

关键词

养老金管理　保险公司　捆绑式管理模式　三大支柱

第一章　导　论

第一节　研究背景与意义

目前,我国形成了由基本养老保险、企业补充养老保险、个人储蓄性养老保险"三个支柱"为主、全国社会保障基金为辅的养老保险基金体系。但从养老基金的规模来看,我国当前仍然是以政府主导的基本养老保险为主,二、三支柱的非政府主导养老领域发展仍相对落后。截至 2014 年底,我国企业年金基金结余占比仅 18.11％,而个人养老储蓄几乎可以忽略不计。而在唯一市场化运行的企业年金(属于第二支柱)领域,受监管限制,我国各类金融机构参与企业年金业务的范围存在一定分割。其中受托人、账户管理人牌照发放给银行、保险公司、信托公司三类机构,基金及券商不能参与;投资管理人牌照发放给基金、保险(资产管理公司和养老保险公司)、券商,但未向银行开放该业务资格;而托管人牌照仅向银行发放。

因而,目前我国养老金管理存在结构发展不均衡、管理效率低下等问题。随着养老保障体系改革的不断深化,将扩充养老金市场规模,增加养老金融服务需求。在基本养老金即将入市,职业年金(属于第二支柱)和个人储蓄性养老保险即将发展的背景下,借鉴国外保险资金运用主体参与养老金管理的模式,研究中国养老金管理模式的变革路径,将对提升养老金管理效率、改善养老金结构不均衡等起到重要作用。

第二节　文献综述

由于计划经济等历史遗留原因,相比发达国家,我国的社会养老保障体系仍存在不少问题和发展空间,而作为补充社会养老保障体系而建设的商业保险,其作用暂时还不明显。因此,有一些文献讨论商业养老保险与社会养老保险之间的联系、养老保险基金体系的架构。张运刚(2005)建议政府应在家庭保障与全民最低生活保障制度相结合的基础上发展多层次养老保障体系,同时以低水平广覆盖的社会基本养老保险为主,鼓励职工积极参加企业年金和购买储蓄性的商业养老保险,建立健全养老保险的法律法规体系,同时建立全国养老保险应急准备基金,为养老保险平稳运行提供保障。陈文辉(2007)同样指出,基本养老保险的作用在于提供普遍的、低水平的退休收入,商业养老保险则是养老保障体系第二、第三支柱的主导者。唐金成、陈嘉州(2007)通过对比论述了社会保险与商业保险两者的区别与联系,也提出了社会保险与商业保险互动协调发展中需要注意的事项和建议,包括明确商业保险的经营目标、商业保险机构应充分研究社会保险、政府应给予商业保险发展以有效的政策支持等。王琬(2010)则从制度变迁的视角对我国商业保险参与社会保障体系管理的发展历程进行了全面回顾,肯定了我国商业保险在行业实力提升和服务能力建设方面取得的成就,同时也指出由于缺乏对社会保障的正确认识,我国商业保险仍然存在着市场开拓不足、职能定位不清、与社会保障体系缺乏有效协调等诸多问题。

在关于养老金管理模式的研究中,有按照参与管理机构划分和按照受托人参与程度划分两种不同的分类方法。诸多文献对第一种分类方法中的模式进行了研究,从参与管理机构的角度上,养老基金的管理模式可分为三种:由政府直接参与运营管理的养老基金称为公共运营养老基金;非政府机构参与管理运营的又包括两种,一种由政府专门成立的养老基金会来管理,另一种由私营机构来运营管理,前者称为基金会托管模式,后者称为私人运营模式。例如,张利群(2011)从我国的养老保险运营所存在的问题入手,结合世界各地养老保险改革的方向,比较分析了国外典型的新加坡公共运营模式、瑞典基金会托管模式和智利完全私有化模式,从而对我国养老保险运营模式提出建议。

针对后一种分类方法——按照受托人参与程度划分中的管理模式,目前学术界研究较少。的确,此前很长一段时间我国养老金市场不发达,占最大比重的基本养老金不能入市,投资对象限于银行存款和国债,而职业年金和个人储蓄性养老保险几乎没有发展,因而鲜有对于市场化运营中分拆和捆绑模式的讨论。许多文献较为笼统地指出了市场化运营这一方向。许谨良(2004)指出企业年金市场可以分为保险契约模式和信托模式两大类,建议保险公司在企业年金市场上除了要巩固和发展传统的养老保险业务的同时,积极探索信托模式的集团化运作,使企业年金与社会基本养老保险相结合。商红霞(2007)指出应当适当借鉴国外成功经验,从政府统包和单一的社会保障,转变到多层次的社会保障;从政府垄断运作,转变到运用市场机制、鼓励和支持商业保险公司竞争经营。田北海(2007)在研究了香港和内地养老基金运营模式异同之后,建议内地应借鉴香港养老基金的运营模式,实现养老基金运营主体由集中垄断型向分散竞争型转变,即引入部分专业化的资产管理机构来帮助管理养老金。郑秉文(2008)在分析国际养老金管理公司类型与特点的基础上,认为建立养老金管理公司的目的在于建立一个“三层级”的年金供给市场结构,以发挥不同市场主体的优势。王娜(2011)浅谈了中国社会养老保险制度的改革,指出了商业养老保险公司在养老领域应该肩负的职责,包括充分发挥其精算技术和资产负债管理技术,参与基本社会养老保险的账户管理和企业年金的管理中等。

随着我国养老金市场的发展,基本养老金即将入市、职业年金和个人储蓄性养老保险即将发展,养老金市场化程度的提高必然意味着保险公司更加广阔的参与空间。于是,从微观层面讨论保险公司参与养老金管理的模式更具意义,也能反过来为国家层面的决策提供依据。刘永涛(2014)对养老金基金的运营模式进行了国际比较,根据受托人参与的程度,将养老金运营模式划分为直接投资管理模式、部分委托管理模式和全部委托管理模式,同时指出不同的运营模式反映了养老基金当事人的捆绑程度,其中我国的企业年金属于部分委托管理模式。这也将是本课题研究的重点。

第三节　研究思路与创新之处

本课题的研究思路主要遵循“提出问题—分析问题—解决问题”进行。在分析我国现有养老金体系及管理模式基础上,提出养老金管理存在的问题,分析其成因;而后借鉴国外保险资金运用主体参与养老金管理模式的经验,进而提出我国保险资金运用主体参与养老金“三大支柱”资金管理的模式,以及相应的风险控制模式。

本文采用国内外比较借鉴、图表数据分析的方法,分析国际上保险资金运用主体参与养老金管理的模式趋势以及中国的差距所在,并加之图表数据佐证。

由上述文献综述可看出,学术界对于养老金管理的分拆、捆绑模式讨论较少,未能较好地关注国际上"一站购齐的捆绑式服务"的演变趋势。本文关注到了这一点,并且不仅从宏观层面介绍分拆、捆绑模式,还从微观层面分析了四种养老金管理人的角色,最终得出了保险资金运用主体应由分拆管理模式过渡为捆绑管理模式,并积极介入养老金"三大支柱"管理的结论。

本文的不足之处在于,受限于可获得的数据的全面性,未能采用实证分析方法对各种管理模式的收益率进行实证比较,退而选择图表数据分析的形式。这也是本文进一步完善的方向。

第二章　我国养老金管理历史、现状及问题

第一节　我国养老金体系演变

50 多年前,中华人民共和国政务院颁布了我国历史上第一部全国性社会保障法规——《劳动保险条例(试行)》。50 多年来,我国养老保险制度发展经历了(并正在经历着)三个阶段,这三个阶段养老保险的具体目的和具体内容各不相同。

一、第一阶段(1951~1984 年)

第一阶段可分为三个历史时期。

第一个时期,初建社会化的养老保险制度。从 1951 年开始到"文革"前,我国初步建立了养老保险制度,不仅规定了统一的支付条件、待遇标准和缴费比例,而且规定劳动保险金的 30% 上缴全国总工会作为社会保险总基金,对各地和各企业进行调剂,实际上实行了全国统筹。史料记载,早在 1957 年,全国实行《劳动保险条例》的企业职工就达1 600万人,同时,不具备实行《劳动保险条例》条件而与企业签订集体劳动保险合同的职工也有 700 万人,使社会保险制度的覆盖面达到了当时国营、公私合营、私营企业职工总数的 94%。对照 1952 年国际劳工大会通过的 102 号《社会保险(最低标准)公约》的规定,可以说,这一时期我国的社会保险制度起点确实高,发展相当快。

第二个时期,"文革"导致养老保险制度的"沉降"。1966 年开始的"文革"对各项

工作造成了灾难性的损失,社会保险制度也未能幸免。在机构被撤、资料散失、政令不通的情况下,1969 年 2 月,财政部发布《关于国营企业财务工作中几项制度的改革意见(草案)》,宣布"国营企业一律停止提取劳动保险金","企业的退休职工、长期病号工资和其他劳保开支,改在营业外列支",从而取消了社会统筹的养老保险制度使之变成了企业保险。这一时期,制度虽然"沉降",不再实行社会统筹,但保险标准被维持下来;人民生活水平提高缓慢,但基本待遇尚能支付。

第三个时期,整顿、规范和探索。"文革"结束后,在百废待兴的局面下,1978 年 6月,国务院颁布了《关于安置老弱病残干部的暂行办法》和《关于工人退休、退职的暂行办法》(即著名的"104 号文件"),针对"文革"中出现的不正常现象和过去制度的缺陷,重新规定了离退休的条件及待遇标准。1983 年,针对城镇集体企业保障能力弱的问题,国务院在《关于城镇集体所有制经济若干政策问题的暂行规定》中提出,集体企业要根据自身的经济条件,提取一定数额的社会保险金,逐步建立社会保险制度解决职工年老退休、丧失劳动能力的生活保障问题。到 1984 年底,"文革"期间遗留的 200 多万人应退休而未退休的问题基本解决,离退休待遇水平显著提高,城镇集体企业职工老年生活也有了初步保障。

我国养老保险制度发展的第一阶段几经波折,起伏跌宕,但发展的线索是清晰的。在这一个阶段上,养老保险的目的有两个:前半段主要是改善人民生活,巩固新生政权;后半段主要为计划经济体制服务。

二、第二阶段(1985~2000 年)

这一阶段重建了社会统筹制度。1984 年,以党的《关于经济体制改革若干问题的决定》为标志,我国经济体制改革进入了以城市为重点、以国营企业为中心的时代。虽然多年之后才提出社会主义市场经济体制的概念,但十一届三中全会的决定实际上已揭开了从计划经济转向市场经济的序幕。在这个大背景下,谋求成为自主经营、自负盈亏的商品生产者和经营者的企业,再不能容忍自我负担畸重畸轻的养老保险制度了。于是,从 1985 年起(少数地区从 1984 年起)各地纷纷进行了重建养老保险社会统筹制度的试点。1991 年,国务院颁布《关于企业职工养老保险制度改革的决定》,在全国重新实行养老保险社会统筹制度。从 1951 年始建社会统筹,经过 1969 年的沉降,到 1991 年重建社会统筹,历史兜了个大圈子,似又回复到本来的起点;但这不是简单的回归,而是典型的"否定之否定"的螺旋上升——不仅制度的覆盖范围大大扩展,包括了所有城镇企业及其职工和个体工商户,而且制度依存的体制已不是计划经济,而是市场经济。到 2000 年底,我国的养老保险制度已覆盖了 10 448 万职工和 3 170 万离退休人员,成为世界上最大的养老保险计划之一。

此外,这一阶段还完善了养老保险制度,形成了新的体系架构。经过 10 多年改革,我国的养老保险制度出现了完全不同以往的崭新面貌:初步搭建了基本保险、补充保险(企业年金)、个人储蓄性保险的多层次体系框架,与国际上流行的"三个支柱"保障理论相契合。2000 年,国务院颁布《关于完善城镇社会保障体系的试点方案》,把企业补充养老保险正式更名为企业年金,明确提出有条件的企业可以为职工建立企业年金。企业年金实行基金完全积累,采用个人账户方式,实行市场化运营和管理。建立企业年金的企业缴费在工资总额 4% 以内的部分,可从成本中列支。2000 年 8 月,国务院决定建立"全国社会保障基金",同时设立"全国社会保障基金理事会",社保基金会负责管理运营全国社会保障基金。全国社保基金的来源主要有中央财政预算拨款、国家对国有股的减持划入社保基金的,另外还有一些是经国务院批准的,以其他的方式筹集的资金。"三个支柱"实行了企业与职工个人共同缴费、国家财政资助的筹资政策,年度收支规模超过了 2 000 亿元;建立了社会统筹与个人账户相结合的制度模式,使公平与效率的原则得到更充分的体现;开始形成养老金的正常调整机制,使离退休人员能够分享经济和社会的发展成果。

不过,这一阶段养老金投资的对象受到了极大限制。1993 年,我国劳动部颁布了《企业职工养老保险基金管理规定》。此文件规定,我国养老保险基金的保值增值途径是购买国库券及国家银行发行的债券,采取购买国家债券的形式进行保值增值。1997 年 7 月 16 日,国务院颁发的《国务院关于建立统一的企业职工基本养老保险制度的决定》规定:"基金结余额除预留相当于 2 个月的支付费用外,应全部购买国家债券和存入专户,严格禁止投入其他金融和经营性事业。"从这个规定看出,那时候国家偏重考虑基金的安全性,较少地顾及基金的保值增值问题。由于我国的养老保险个人账户"空账运行",受个人账户"空账"的影响和上述政策的制约,加之我国目前的存款利率、通货膨胀率等因素的影响,难以满足养老保险基金保值增值的需要,直接造成了养老保险基金结余的贬值,给财政带来巨大的压力。直接导致养老保险基金的贬值,更不用说增值了,使基金积累的数额与逐年提高的养老金给付水平之间产生新的资金缺口。

三、第三阶段(21 世纪开始后)

这一阶段,养老金的投资对象逐渐放宽。2001 年 12 月,经国务院批准,财政部、劳动和社会保障部联合颁布了《全国社会保障基金投资管理暂行办法》,将社会保障基金投资的范围扩大到:"其他具有良好流动性金融工具,包括上市流通的证券投资基金、股票、信用等级在投资级以上的企业债、金融债等有价证券。"毫无疑问,这为养老保险基金保值增值解除了政策性的约束,开辟了新的投资渠道。但是,这还只限于全国社会保障基金,而作为社会保险主体的社会养老保险基金尚不能适用此种政策。

2004 年 5 月 1 日,劳动和社会保障部发布实施《企业年金试行办法》、《企业年金基金管理试行办法》,规定了企业年金的设立、缴费企业年金的管理原则。该办法还对账户管理人、托管人、投资管理人所具有的权利和责任作了相应的规定。而且,具体规定了企业年金投资的投资渠道、投资后所获得的收益分配、企业年金相关信息披露等。两个《试行办法》为规范企业年金的管理、对企业年金今后的发展奠定良好的基础。

2015 年 8 月,国务院发布实施《基本养老保险基金投资管理办法》(下称《办法》),明确了基本养老保险基金的投资范围,将股指期货、国债期货囊括其中,但根据《办法》第 38 条,养老基金资产参与股指期货、国债期货交易,只能以套期保值为目的,并按照中金所套期保值管理的有关规定执行;在任何交易日日终,所持有的卖出股指期货、国债期货合约价值,不得超过其对冲标的账面价值。

我国养老保险制度的改革是一个渐进的过程,是伴随着我国经济体制改革的发展而发展。在我国高速发展的经济水平下,养老保险制度已经不相适应。对于我国养老保险的改革,新的养老保险制度框架已经建立,但新制度中还存在很多问题,还需要进一步完善和发展。

第二节　我国养老金市场现状

目前,我国形成了由基本养老保险、企业补充养老保险(企业年金[①])、个人储蓄性养老保险"三个支柱"为主、全国社会保障基金为辅的养老保险基金体系。各基金的性质和功能不同:基本养老保险中有社会统筹账户和个人账户,社会统筹账户主要体现了社会保障制度的共济性原则,基金主要来源于企业和个人缴费,基金的管理实行现收现付制,也是调节收入分配的一种手段。统筹账户主要用于职工当期养老金的支出,基金没有积累;基本养老保险个人账户为积累制,主要来源于职工个人缴纳,账户为个人所有,基金用于职工本人退休后退休金的给付;企业年金是政府鼓励各企业根

---

① 企业年金是目前企业补充养老保险的形式,企业补充养老保险未来还将包括职业年金。

据自愿的原则在缴纳国家规定的基本养老保险费的基础上额外为职工缴费形成的,实行自愿的原则,国家给予一定的税收优惠和政策扶持,资金也实行完全积累制;全国社会保障基金大部分来源于国家财政,是我国的战略储备基金,用来应对人口老龄化的支付危机。

在基本养老保险基金的市场化运作、国有资产划拨社会保障基金、职业年金破冰、企业年金的快速增长和个人养老产品多元化发展五重因素叠加影响下,我国养老金管理业务有望迎来"井喷"式发展,成为金融市场的新"蓝海"。截至 2014 年底,第一支柱中基本养老保险基金累计结存 3.56 万亿元,全国社保基金会管理的基金资产总额为 1.53 万亿元;第二支柱中企业年金总规模为 0.77 万亿元;第三支柱商业养老保险储备,尚未有全口径的统计数据,仅保险公司团体和个人养老保险资金规模,已超 1 万亿元。仅按以上范围统计,目前我国养老金基金总体规模超过 5 万亿元。保守预计,养老金市场总量到 2018 年将达到 12 万亿元,有望超过保险、基金和信托,成为继银行、证券之后的第三大金融要素市场。养老金市场的规模发展及预测如表 2—1 所示。

表 2—1　　　　　　　　　　养老金市场的规模发展及预测　　　　　　　　　单位:万亿元

养老金资产类型	2012	2013	2014	2015	2016	2017	2018
基本养老保险资金	2.28	3.12	3.56	4.40	5.20	6.00	6.80
全国社保基金(委外)	1.02	1.27	1.53	1.82	2.13	2.42	2.70
职业年金	—	—	—	0.10	0.30	0.50	0.70
企业年金	0.48	0.61	0.77	0.89	1.02	1.15	1.28
第三支柱(不含个人商业保险)	—	—	—	0.18	0.43	0.76	1.15
合　计	3.78	5.00	5.86	7.39	9.08	10.83	12.63

资料来源:2012~2014 年历史数据来源为,基本养老保险资金数据和职业年金数据根据中华人民共和国人力资源和社会保障部领导讲话整理,全国社保基金数据来自全国社保基金年报,企业年金数据来源于中华人民共和国人力资源和社会保障部公布的企业年金年报,第三支柱数据来自机构分析数据。

但是,目前为止,由于我国的社会保障制度起步晚,各项制度法规还在摸索阶段,还没有建立完整的、比较成熟的社会保险基金运营机制。由于统筹层次低,资金管理混乱,我国养老保险基金在运营过程当中,只能过多强调安全性原则,规定只能存入国有商业银行和购买国债。由于保值增值的压力,自 2004 年开始,养老保险基金才正式入市,但国家对投资的种类和比例作了严格的限制,由于投资渠道狭窄,收益率很低,导致了基金的实际贬值。而且由于统筹层次太低,管理混乱,积累起来的基金交由地方政府管理，又缺乏相关的法律法规，政府无法对基金的运营实施有效的监督，基金被挤占、挪用、违规投资现象也时常发生。

一、第一支柱——基本养老保险

基本养老保险基金包括城镇职工基本养老保险、城乡居民基本养老保险和机关事业单位基本养老保险。

（1）城镇职工基本养老保险

目前，我国城镇职工基本养老保险制度采取社会统筹与个人账户相结合的部分基金积累制，企业和个人分别按月缴纳上年工资总额的 20％和 8％。社会统筹由各地社会保险经办机构对养老保险基金统一进行征收、管理和运营，纳入社会统筹，用于支付基础养老金，具有现收现付性质；而个人账户是通过强制性征缴，进入社会保险经办机构开设的个人账户，用于支付个人账户养老金，这部分基金具有长期积累的性质。

2001 年开始，国务院在辽宁、吉林、黑龙江试点基本养老保险个人账户做实工作，2006 年试点面扩大至上海、天津、山西、山东、湖南、湖北、河南、新疆、浙江、江苏。截至 2014 年底，试点省份做实个人账户累计收入 5 001 亿元，比上年增加 847 亿元。

截至 2014 年底，我国城镇职工基本养老保险参保人数为 3.41 亿人，当年基金收入 2.53 万亿元、支出 2.18 万亿元，基金累计结余 3.18 万亿元。自 2002 年以来，基本养老保险基金总收入和总支出年均增速分别为 21.4％和 18.1％。

尽管我国城镇职工基本养老保险发展迅速，由于统筹层次较低、管理较为分散，再加上投资效益较低，基本养老保险基金的制度优势完全体现不出来。按照我国现行政策规定，基本养老保险基金目前只能用于购买国债和存入银行，运营收益率区间大致在 2％～3％，替代率[①]由当初国务院的规定目标 58.5％不断下滑，在北京等省市已下滑至 40％。目前，国家正在积极尝试推进市场化的投资运作机制，提升基本养老保险资金的投资收益率。

（二）城乡居民基本养老保险

城乡居民基本养老保险基金由个人缴费、集体补助、政府补贴构成。国家为每个参保人员建立终身记录的养老保险个人账户，用以记录个人缴费、地方人民政府对参保人的缴费补贴、集体补助及其他社会经济组织、个人对参保人的缴费资助。个人账户储存额按国家规定计息。

---

① 养老金替代率，是指劳动者退休时的养老金领取水平与退休前工资收入水平之间的比率，是衡量劳动者退休前后生活保障水平差异的基本指标之一。

截至 2014 年底,城乡居民基本养老保险参保人数 5.01 亿人,比上年末增加 357 万人,年底基金累计结存 3 845 亿元,比上年增加 539 亿元,继续保持高速增长。

(三)机关事业单位基本养老保险

在机关事业单位基本养老制度改革之前,我国对机关事业单位职工采取国家统包的退休养老制度,覆盖范围包括了按照公务员制度管理的政府机构和经批准参照公务员制度管理的事业单位。退休待遇与工作年限挂钩,以退休前实际工资为基数、按照一定的比例计发,在宏观层面导致养老保险制度"碎片化",形成了有失公平的养老制度"双轨制"。

随着国发〔2015〕2 号、人社部①发〔2015〕28 号等一系列文件的出台,机关事业单位同步建立与企业相同的基本养老保险制度和职业年金体系。其中,机关事业单位基本养老保险将成为第一支柱的新增组成部分。

通过上述可以看出,我国目前的基金结余逐年增高,而且数额巨大。但是,过去受到投资渠道单一的限制(过去基本养老保险基金只能投资于国债、银行存款等资产),基本养老保险基金的投资绩效不甚理想,部分年度甚至低于通货膨胀,造成基金资产的贬值。如表 2-2 所示,近几年我国基本养老保险基金通过购买国债和银行存款,获取的实际投资收益率在 2%～4% 之间,扣除管理费用和手续费等,实际收益率更低。再考虑到通货膨胀等因素,有的年份收益则是负值。

表 2-2　　　　　　　　　2005～2014 年存款、国债利率与通货膨胀率　　　　单位:%

年　份	2005	2006	2007	2008	2009	2010	2011	2012	2013	2014
一年期存款利率	2.25	2.52	4.14	2.25	2.25	2.75	3.50	3.00	3.00	2.75
三年期存款利率	3.24	3.69	5.40	3.33	3.33	4.15	5.00	4.25	4.25	4.00
五年期国债利率	—	—	4.25	1.98	2.95	3.55	3.04	3.22	4.46	3.53
通货膨胀率	1.8	1.5	4.8	5.9	−0.7	3.3	5.4	2.6	2.6	1.5

资料来源:Wind,国家统计局官网。

在管理上,由各级地方社会保险经办机构进行管理,在省级进行统筹;同时,成立全国社保理事会,管理运营全国社会保障基金。由于统筹层次较低,管理较为分散,投资收益率偏低,我国基本养老保险的替代率由当初国务院规定目标 58.5% 不断下滑,在北京等省市已下滑至 40%。同时,因历史原因形成的"空账"问题越来越明显,亟待推进市场化的投资运作机制,提升养老金投资收益率。

① 人社部,全称为中华人民共和国人力资源和社会保障部。

二、第二支柱——企业补充养老保险

我国企业年金于 2004 年出台《企业年金试行办法》之后开始全面实施,自 2005 年正式进行市场化运作以来,采用信托管理模式,由受托人、投资管理人、托管人、账户管理人共同管理运营,相关业务资格由人社部进行审批。市场参与主体包括银行、券商、基金、保险公司、信托公司等,监管上除人社部之外,涉及财政、税务、银监会、证监会、保监会等多个部委。

由于企业年金准入门槛较高,报批流程较为复杂,部分企事业单位的补充养老保险,采取不正式报备但以类似年金的形式进行运作,也归入第二支柱。近年来,类年金业务呈现快速发展势头,主要体现为各类机构发行的养老金理财产品,该种模式下,相关机构开展业务无须经人社部批准资格。

过去五年,企业年金发展速度较快,年均复合增长率为 32%,但总体规模较小,截至 2012 年末,年金总规模占 GDP 比重不足 2%,平均替代率仅为 5%。人社部最新披露的数据显示,截至 2014 年底,企业年金积累基金达 7 688.95 亿元,较上年增加 1 654.24 亿元,增长 27.4%。建立企业年金计划的企业 73 261 家、参加职工 2 292.78 万人,分别较上年增长 10.8%、11.5%。2014 年,实际运作的企业年金为 7 402.86 亿元。2007~2014 年全国企业年金基本情况如图 2-1 所示。

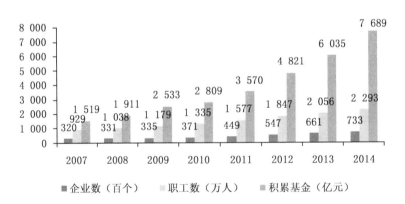

注:2007~2009 年采用各省及在中华人民共和国人力资源和社会保障部备案企业上报汇总数据,2010 年及以后年份采用企业年金基金管理机构上报汇总数据。

资料来源:中华人民共和国人力资源和社会保障部《2014 年企业年金情况》。

图 2-1　2007~2014 年全国企业年金基本情况

在企业年金的收益率方面,2014 年加权平均收益率达 9.3%,全年投资收益达

581.31亿元。最近几年,我国企业年金的年收益率高于债券市场,而波动率大大低于股票市场,这充分体现了企业年金在稳健的前提下追求较高收益率的运营风格。2007～2014年全国企业年金、股票、债券收益率如图2—2所示。

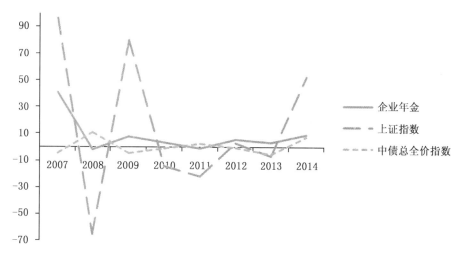

资料来源:中华人民共和国人力资源和社会保障部网站,Wind。

图2—2 2007～2014年全国企业年金、股票、债券收益率

证监会表示,截至2014年底,基金管理公司、证券公司受托管理全国社保基金、企业年金的规模合计1.01万亿元,受托管理规模分别占全国社保基金权益总额和企业年金累计规模的比例约44%和48%。

从相对规模来看,企业年金作为我国多层次保障体系的重要组成部分,当前发展仍不充分,还有很大潜力。2014年,我国企业年金资产占GDP比重不到1%;而发达国家的企业年金规模一般达到GDP的一半以上,美国接近100%,荷兰、瑞士等则远远超过GDP。从参与率来看,截至2014年底,全国基本养老保险覆盖的人数为8.42亿,企业年金覆盖人数只占当年基本养老保险覆盖人数的2.7%;而英国、美国、爱尔兰等国的企业年金覆盖率在50%左右,瑞典、荷兰的企业年金覆盖率几乎达到100%。

三、第三支柱——个人储蓄性养老保险

个人养老金计划方面,目前主要是保险公司发行的各类养老保险产品。由于我国缺乏有效的个人所得税优惠政策,个人商业养老保险购买意愿普遍不高,个人养老积累(第三支柱)更多地体现为个人储蓄。随着我国经济的发展和居民思想观念的改变,越来越多的人倾向于在工作阶段积累一定的财产,用于个人未来的养老保障。截至

2014 年底,我国居民储蓄余额为 50.3 万亿元,储蓄率超过 50％,远高于世界平均水平。

在资产管理意识觉醒的宏观背景下,中长期储蓄资产向养老金资产转化必然导致储蓄资产结构性变化,养老金资产将在一定程度上替代现有的银行中长期储蓄资产,与此相对应的各类养老金产品将逐步替代银行中长期储蓄业务。目前,作为我国第三支柱的保险公司发行的商业性养老保险,整体市场规模有限,无法满足个性化的养老需求。

与西方国家相比,目前我国个人储蓄型养老保险发展相对缓慢,亟须国家的政策支持和制度保障。

自 2013 年 5 月开始,根据《养老保障管理业务管理暂行办法》(保监发〔2013〕43 号)的规定,人寿、平安、泰康、太平、长江和安邦等六家养老保险公司已经开始面向团体和个人发行养老保障产品,并正逐渐取得市场认可。随着国家个人养老保险税收递延政策的完善,特别是面向个人的养老保障产品,有望激活中国版个人账户养老金(IRA),为我国养老金市场发展注入新活力。

四、养老保险基金体系辅助——全国社会保障基金

为弥补今后人口老龄化高峰时期社会保障的需要,我国于 2000 年底成立了社保基金会,管理运营全国社保基金。资金来源包括国有股减持划入资金及股权资产、中央财政拨入等,近年来也开始受托各省市个人账户做实基金的投资运营。全国社保基金采用直接运作与委托投资管理人运作相结合的方式。

截至 2014 年底,全国社保基金总额 1.53 万亿元,其中直接投资 7 718.12 亿元,占比 50.26％;委托投资资产 7 638.27 亿元,占比 49.74％。

第三节　我国养老金管理模式的演变及现状

一、第一支柱——基本养老保险

2015 年 8 月,国务院发布《基本养老保险基金投资管理办法》[①](以下简称"《办法》"),这标志着两万亿元养老金即将入市。此前,很长一段时间里,养老金只能存银

---

① 《基本养老保险基金投资管理办法》(国发〔2015〕48 号)。

行或买国债,投资渠道狭窄。目前,国务院确定由全国社保基金会理事会作为受托机构,以尽快启动养老保险基金的投资运营,《办法》也留出了未来成立新机构的空间。

《办法》还指出,基本养老金将采取直接投资与外部委托投资相结合的方式,即基本养老金受托机构可对一部分养老基金资产进行直接投资,其他养老基金资产委托其他专业机构投资。这与全国社保基金理事会投资方式类似,2014 年末全国社保基金直接投资占比 50.26%,委托投资占比 49.74%。结合基本养老金的投资范围来看,预计由受托机构直接投资的将是国家重大项目和重点企业股权、银行存款、政策性开发性债券等;而股票、基金、养老金产品等将委托市场机构进行投资。这意味着投资管理市场将迎来新机遇。已经具有全国社保基金投资管理资格的 16 家公募基金和 2 家券商、具有企业年金投资管理资格的 11 家公募基金、2 家券商和 7 家保险公司已然占领业务先机,《办法》还为以建信养老金管理有限责任公司为首的专业养老金管理机构预留了空间。

二、第二支柱——企业补充养老保险

受监管限制,我国各类金融机构参与企业年金业务的范围存在一定分割。2005年、2007 年人社部两次审批企业年金业务资格[1],其中受托人、账户管理人牌照发放给银行、保险公司、信托公司三类机构;投资管理人牌照发放给基金、保险(资产管理公司和养老保险公司)、券商,但未向银行开放该业务资格;而托管人牌照仅向银行发放[2]。

另外,受制于制度体制、税收优惠政策等多方面因素,我国第二、第三支柱年金市场发展欠缺。在这样的外部环境下,真正意义上通过综合性、市场化、专业化运作为参保者提供"一站购齐的捆绑式服务"的养老金管理公司尚未普及。

建信养老金管理有限责任公司成立之前,业界较为领先的养老服务机构的经营模式大致分为三类,均体现了综合性的发展方向:一是以工行代表的商业银行的养老金业务部门,主要业务包括面向机构客户的企业年金、类年金业务和养老金咨询,以及面向个人客户的养老金产品,其发展重点是可提供综合服务的类年金业务。二是以平安养老保险公司为代表的传统养老保险公司,主要经营企业年金、养老保险、人寿保险和健康保险等业务。该公司是国内唯一一家全国性专业养老金经营机构,拥有除托管资格外的其他三项牌照。三是以泰康养老保险公司为代表向养老金服务领域延伸的养

---

[1] 《关于公布第一批企业年金基金管理机构的通告》(劳动和社会保障部通告第 5 号)、《关于公布第一批企业年金基金管理机构的通告》(劳动和社会保障部通告第 10 号)。

[2] 《企业年金基金管理办法》(人力资源社会保障部令第 11 号)。

老服务机构,除经营传统养老保险业务外,公司提前布局养老配套服务、养老产业和养老社区。

2015年11月,建行养老子公司——建信养老金管理有限责任公司(下称"建信养老")宣布成立。这是国务院批准试点设立的国内首家专业养老金管理机构,也是首家"银行系"养老金管理公司。建信养老由中国建设银行发起,引入全国社会保障基金理事会作为战略投资者共同设立,分别持股85%和15%。"公司将充分发挥集团化和专业化优势,在继承建行养老金业务的基础上,持续提升养老金管理专业化服务能力,为客户提供涵盖养老金受托管理、投资管理、账户管理与咨询服务等业务在内的一站式养老综合服务,"建信养老董事长余静波介绍业务时说,"公司提供全国社会保障基金投资管理业务;企业年金基金管理相关业务;受托管理委托人委托的以养老保障为目的的资金;与上述资产管理相关的养老咨询业务;经国务院银行业监督管理机构批准的其他业务。"这体现了建信养老意在提供"一站购齐的捆绑式服务"和横跨养老金一、二、三支柱的服务,具有深远意义。

第四节　我国养老金管理存在的问题

我国的养老保险基金,由于统筹层次低,基本上不存在很完整的运营机制和体系,但是,即使在这有限的运营当中,由于财务制度不统一,缺乏相应的法律规范,养老保险基金不仅收益不高,而且经常被挤占挪用,造成基金流失。总的说来,我国的养老保险基金的运营存在以下的问题:

一、"三个支柱"结构不合理

尽管我国已经建立起"政府基本养老+企业补充养老+个人养老储蓄"的"三支柱"多层次养老保障体系,但从养老基金的规模来看,我国当前仍然是以政府主导的基本养老保险为主,二、三支柱的非政府主导养老领域发展仍相对落后。截至2014年底,我国企业年金结余占比仅18.11%,而个人养老储蓄几乎可以忽略不计。① 具体如图2—3所示。

反观美国相对完善的"三支柱"养老体系,基本养老、企业年金和个人储蓄型养老基本呈现"三分天下"的格局,其中企业年金占比42.01%、个人储蓄型养老占

---

① 平安证券:平安证券社保养老改革系列报告二:养老金市场化改革箭在弦上,万亿资金催生资管盛宴,2015年5月15日。

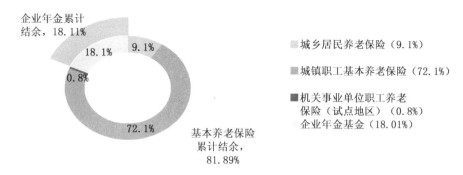

资料来源:Wind,平安证券研究所。

图 2—3　我国"三支柱"养老保险体系(2014 年)

30.19%,而基本养老保险基金占比仅为 27.8%。具体如图 2—4 所示。

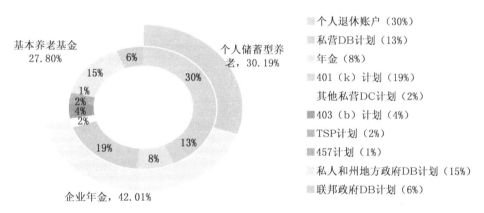

注:本文将针对政府雇员、教育机构、非营利组织雇员的 403(b)、TSP 计划、457 计划与我国类比归为基本养老保险;将针对企业雇员的 401(k)、私营 DB、其他私营 DC 计划归为企业年金养老保险。

资料来源:Wind,平安证券研究所。

图 2—4　美国"三支柱"养老保险体系(2014 年)

二、养老保险基金投资渠道狭窄,保值增值无法实现

由于国家对养老保险投资做了严格规定。我国养老保险基金的投资渠道狭窄,而且缺乏专业的投资人员,基金的运营收益很低,实际上在贬值。而且养老保险基金受到通货膨胀的巨大影响,对养老保险的增值保值来说更是雪上加霜。世界银行在《防止老龄化危机》的研究报告中支出:"中国在 20 世纪 80 年代中期改革了养老金制度,这些资金常常放在银行的账户中,获得的实际利率是负的。"[1]因为银行存款更多地考虑其安全性,而投资的收益却很低。同样,将养老保险基金单纯投资于国债也难以实现其保值增值的目的,因为我国所发行的国债的收益比起通货膨胀来说仍然很低。我国国债利率是被动地随着银行利率波动的,这种做法虽然使国债利率高于同期银行存款利率,但不考虑通货膨胀的作用,所以不具有指数调节功能。

从各国的做法来看,基金营运收入应是养老基金的重要的来源渠道之一,国际上一些国家把基金投资到资本市场,所获得投资收入是相当可观的。而我国政府规定由国家筹集的全国社会保障基金可以进入市场运营,出于安全性的考虑和统筹层次太低,由地方管理的基本养老保险基金目前只允许存入银行和购买国债。这样对基金安全性的考虑是足够了,但加上巨大的通货膨胀压力,存入银行的实际利率实际上是负的,由于国债的利率也基本上是随存款利率浮动的,所以购买国债的收益也基本是负的。由于我国养老保险基金的投资渠道狭窄,约束了其保值增值能力。随着养老保险基金个人账户做实、进行"实账化"管理和运作及个人账户基金规模的增大,个人账户基金投资运营必然势在必行。

三、养老保险基金存在巨额隐性资金缺口

根据新的制度,养老金的支付和缴费分为两个部分,即为基础养老金和个人账户养老金,这一制度刚开始运行的时候,就存在个人账户基金的空账问题,1997 年空账规模为 140 亿元,2000 年上升到 2 000 多亿元,2004 年为 7 400 亿元,郑秉文 2010 年8 月重新估算账户缺口,认为我国养老基金空账规模达到了 1.3 万亿元,仅仅十多年的时间空账规模就从 140 亿元增加到 1.3 万亿元,增加了近 92.86 倍。[2] 世界银行公布了一份关于中国未来养老金收支缺口的研究报告,指在一定假设条件下,按照目前的制度模式,2001~2075 年间,我国养老保险的收支缺口将高达 9.15 万亿元。[3] 无论哪个数据都表明我国的养老保险规模巨大,所以现在养老保障改革的关键就是应该采取何种措施来弥补这种缺口。因此,应该采取有效的措施,遏制缺口的进一步增大,进而逐步缩小缺口规模,实现养老基金平稳、安全、保值增值的发展是我们在当前社会保障制度改革中面临的最紧迫的任务。要解决资金缺口问题,而又不增加资金来源的负

---

① 世界银行:《防止老龄危机:保护老年人及促进增长的政策》,劳动部社会保险研究所译,中国财政经济出版社 1996 年版。

② 郑秉文:企业年金受托模式的"空壳化"及其改革的方向——关于建立专业养老金管理公司的政策建议,《劳动保障世界》,2008 年第 2 期第 84~97 页。

③ 世界银行:《中国未来养老保险收支缺口研究报告》,2005 年 5 月。

担,那么最明智的方法就是靠基金自身的运作来实现保值增值,使得基金本身有一些额外的收益。

四、养老资金挪用严重

我国养老保险基金是由政府的各级社会保险机构负责筹集与运作的,而且缺乏直接的监管,所以政府行为时常用于基金管理。尽管国家对养老保险基金的管理规定了严格的原则和方法,但由于各级行政机构的管理机制不健全,缺乏相应的法律法规、缺乏专业人员的管理、基金运营中的侵吞和挪用等腐败现象此起彼伏。国务院早在1993年就明确规定,养老保险基金、待业保险基金必须专款专用,任何部门、单位和个人都无权挪作他用,国务院也多次明文规定不得挪用社会保险基金,但擅自挪用、甚至恶性侵吞的现象时有发生。如有些地方在没有进行详细市场调研和投资可行性研究的情况下,动用养老保险基金进行风险性投资、基础建设投资,投资失败后,基金不能如期收回,造成基金流失。1993年,全国被挪用的养老保险基金51亿元,1994年上升为64亿元。1997年的有关抽样调查显示,7个主要省市的养老保险基金余额中,银行存款、购买国债和其他占款分别为11％、23％和66％。[①]

因此,我国养老金管理存在结构发展不均衡、管理效率低下等问题,亟须优化养老保险制度的层次结构和经营模式,大力发展第二、三支柱,以实现养老保障体系的"多层次"和"可持续"。此外,养老保障体系改革的不断深化将扩充养老金市场规模、增加养老金融服务需求,为保险资金运用主体参与养老金"三大支柱"资金管理提供了广阔的空间。

第三章　国外保险资金运用主体参与养老金管理的经验借鉴

第一节　养老金管理参与各方的角色分析

一、受托人

受托人是指受托管理企业年金基金的企业年金理事会或符合国家规定的养老金

---

① 孙平等:关于有效运价我国养老保险基金的探讨,《经济师》,2002年第2期。

管理公司等法人受托机构,其职责主要包括选择、监督、更换账户管理人、托管人、投资管理人以及中介服务机构,制定企业年金基金投资策略,编制企业年金基金管理和财务会计报告,根据合同对企业年金基金管理进行监督,根据合同收取企业和职工缴费,并向受益人支付企业年金待遇等。①

二、账户管理人

账户管理人是指接受受托人委托管理企业年金基金账户的专业机构,其职责主要包括建立企业年金基金企业账户和个人账户,记录企业、职工缴费以及企业年金基金投资收益,及时与托管人核对缴费数据以及企业年金基金账户财产变化状况,计算企业年金待遇,提供企业年金基金企业账户和个人账户信息查询服务等。

三、托管人

托管人是指接受受托人委托保管企业年金基金财产的商业银行或专业机构,其职责主要包括安全保管企业年金基金财产,以企业年金基金名义开设基金财产的资金账户和证券账户,对所托管的不同企业年金基金财产分别设置账户,确保基金财产的完整和独立,根据受托人指令,向投资管理人分配企业年金基金财产,根据投资管理人投资指令,及时办理清算、交割事宜,负责企业年金基金会计核算和估值,复核、审查投资管理人计算的基金财产净值,及时与账户管理人、投资管理人核对有关数据,按照规定监督投资管理人的投资运作等。

四、投资管理人

投资管理人是指接受受托人委托投资管理企业年金基金财产的专业机构,其职责主要包括对企业年金基金财产进行投资,及时与托管人核对企业年金基金会计核算和估值结果,建立企业年金基金投资管理风险准备金,定期向受托人和有关监管部门提交投资管理报告等。

第二节　国外养老金管理概况

经过多年的发展,国际上发达国家大多构建了以"三个支柱"体系为主的多层次社

---

① 根据人力资源社会保障部、银监会、证监会、保监会令第 11 号《企业年金基金管理办法》中的相关定义及职责界定整理。下面三类角色同。

会养老保障体系,积累了巨大的资产管理规模。截至 2014 年底,全球 16 个主要市场①的养老金资产达到 36 万亿美元(占全球养老金资产的比例达到 85%),比 2013 年增长 6%,占 GDP 的比重为 84%。其中,养老金资产规模最大的依次为美国、英国和日本,分别达到 21.96 万亿、3.24 万亿和 2.88 万亿美元。近十年来,全球养老金资产平均增长率达到 8%。对于第二、第三支柱养老金的经营运作模式,主要依托市场化的投资管理人进行管理,商业银行、基金公司、保险公司及这些金融机构下设的养老金管理公司都是重要参与者,其中,由大型银行投资设立的养老金管理公司占据主导地位。总的来看,发达国家的养老金市场规模大、增长快、集中度高,发展专业化运作的养老金管理公司,为参保者提供"一站购齐的捆绑式服务",是国际养老金市场的主选模式。

一、美国

美国的养老金市场起步早、发展快、规模大、体系完整,成为众多国家建设和发展养老金的重要参考。截至 2014 年底,美国养老金资产规模为 21.96 万亿美元,占 GDP 的 126%,是全球最大的养老金市场。

美国养老金体系包括政府强制执行的社会保障计划(第一支柱)、政府或雇主养老保险(第二支柱)和个人储蓄养老金计划(第三支柱)。第一支柱覆盖了美国绝大多数的就业人口,为其提供基本退休生活保障。雇主养老保险计划由美国政府提供税收优惠,各企业自愿建立,作为第一支柱强有力的补充。个人储蓄养老金计划(IRAs)则由个人自愿参加,联邦政府通过免征所得税予以扶持和鼓励。经过多年发展,个人储蓄养老金计划已成为美国养老保障体系的重要组成部分。实践中,符合资格的第三方金融机构(如商业银行、共同基金、保险公司、投资管理公司等)均可以为客户管理 IRA 计划。

整体来看,美国养老金监管相对宽松,对养老基金的资产组合限制较少;目前,养老金市场基本形成以基金公司、银行为主的竞争格局。基金公司的主要代表是美国信安金融集团,主要从事全球退休金管理、资产管理和保险业务,是美国最大的企业年金计划提供机构;商业银行的主要代表是花旗集团、摩根大通银行,通过成立独立的养老金管理公司,以单一法人受托人的身份参与养老金计划管理,提供包括基金托管、投资运营、待遇发放等"一站购齐的捆绑式服务",并且不断延伸服务范围。

---

① 16 个主要市场分别为澳大利亚、加拿大、巴西、法国、德国、中国香港、爱尔兰、日本、马来西亚、墨西哥、冰岛、南非、韩国、瑞士、英国、美国。

二、日本

日本在"二战"后经济腾飞时就建立了较为完备的公共养老金体系。日本养老保障体系主要包括三个层次：第一层次为国民年金，是最基础的养老保障，覆盖所有法定年龄段国民；第二层次为与收入关联的厚生年金和共济年金，针对企业雇员和公务员；第三层次为不同类型的企业年金和商业养老保险计划，如国民年金基金、厚生年金基金、收益确定型年金(DB 型)和缴费确定型年金(DC 型)等养老计划。第一层次和第二层次由政府运营且具有强制色彩，也被称为"公共养老"并在日本养老体系中占据主导地位。截至 2014 年底，日本养老金资产约 2.88 万亿美元，占 GDP 的比重为 60％。

因为养老金来源的不同，日本的养老金投资管理也有所区别。公共年金部分主要由厚生省成立的"年金积立金运用基金"(简称 GPIF)进行管理，其主要通过被动投资策略委托民间的金融机构投资于资本市场，且主要配置于国内债券市场。企业年金和商业养老保险计划的主要运营机构是信托型商业银行。信托银行一方面受托管理公共养老金，收取手续费；另一方面针对企业年金和个人推出一系列投资产品，同时提供专业化的理财咨询和市场分析，并收取相关手续费用。此外，信托银行与银行成立的资产管理公司合作紧密，如三菱东京 UFJ 信托银行为个人型定额缴存年金提供一揽子投资商品。其中，非保本信托理财型产品由三菱 UFJ 投信实际运营，保本型定期储蓄产品由三菱东京 UFJ 银行自运营。

三、英国

英国是世界上最早建立社会保障制度的国家之一，最早可以追溯到 1601 年伊丽莎白女王颁布的《济贫法》。目前，英国的养老保险制度由国家养老金计划、职业养老金计划和个人养老金计划三个支柱构成。

第一支柱的国家养老金计划包括"国家基本养老金计划"(Basic State Pension)和"第二养老金计划"(State Second Pension)，由政府提供，并由政府承担兜底责任。国家基本养老金计划目前已覆盖所有公营和私营部门的雇员，雇员和雇主共同缴费，形成"国民保险基金"(National Insurance Fund)。实行现收现付制，结余资金全部购买国债或者存银行，禁止进行股票投资。"国家第二养老金"计划主要目标人群是非常规就业者，如中低收入者、长期患病或身体残疾的从业人员。

第二支柱的职业养老金计划。由于第一支柱的国家基本养老金替代率较低，仅能保证员工退休后的基本生活需要或者说最低生活需要，大部分人退休后的主要收入来源于第二支柱的职业养老金。

第三支柱的个人养老金计划。它包括私人养老金、养老储蓄和个人寿险等。私人养老金主要面向众多中小企业,包括大量个体工商业者、自雇人士和非常规就业者,个人可以自愿选择是否加入个人养老金计划,并且待遇水平与个人缴费相关联,体现多缴多得的原则。

目前,英国已经形成了由财政部下属的皇家海关和税务总署负责国民保险基金预算的编制和国民保险费的统一征收,以及由工作和养老金部负责社会保险制度制定及待遇发放的管理体制。英国皇家海关及税务总署隶属于英国财政部,负责基金收缴并进行记录。每年,英国皇家海关及税务总署负责编制国民保险基金的收支预算及决算数据表,并将其作为英国财政部预算及决算总报告的一部分向英国国会报告。此外,英国社会保险基金管理的一个突出特点是成立了专门的政府精算署(Government Actuarial Department,GAD),隶属于财政部,是能够提供独立的精算咨询服务的单位。

四、拉美国家

拉美国家的养老金制度以强制储蓄为主要特征,在政府监管下由私人机构运营。大多数拉美国家通过立法规定建立专业化经营的养老金管理公司,专营养老金业务。目前,已有智利、巴西、墨西哥等十余个国家采取该方式,其中智利是典型代表。

拉美国家养老金管理公司是公共有限责任公司,主要特点表现为全程负责、高度捆绑、高度集权。养老金管理公司负责从养老金缴费到给付的全流程、一站购齐式服务,同时也包括养老基金的投资管理。政府对养老金管理公司的投资回报率有强制性的最低和最高限额规定。

以智利为例,其国家立法规定,养老金管理公司是以管理养老基金并提供退休金为唯一目标的私营机构。智利养老金管理公司的股东大多为国内外实力雄厚的金融机构,其中前四大养老金管理公司 PROVIDA、HABITAT、CUPRUM 和 BANSANDER 的大股东均为商业银行,分别是西班牙毕尔巴斯开银行、美国花旗银行、Penta 银行和桑坦德银行。

拉美国家的养老金管理公司的机构设立由政府行政监管部门审批,相关监管机构一般较为独立自主,向上对社会保障主管部门负责,向下对养老金管理公司实施监管和注册审批的职能。例如,智利由养老金监管局(SAFP)代表政府批准建立养老金管理公司,并对养老基金公司的日常运作和投资进行监管。墨西哥是由国家退休储蓄计划委员会审批(CONSAR)养老金管理公司。

五、中国香港

中国香港自 2001 年起实行强积金制度,截至 2014 年底,强积金的总资产净值已达到 5 651 亿港元。强积金监管部门为香港强积金计划管理局(MPFA)。强积金计划必须采用信托模式,参与者包括计划发起人、受托人、账户管理人、托管人及投资管理人等,其中受托人资格由强积金局核准。强积金计划中发起人是主要角色,银行、保险、基金等金融机构均可担任发起人,该资格无需经香港强积金局核准。业务运营过程中,各机构分别受所属金融行业监管机构监管,主要包括金融管理局、保险业监督和证券及期货事务监察委员会。

香港强积金制度中的受托人多数由大型商业银行和保险公司设立的养老金管理机构担任,并基本与其他市场角色高度捆绑。目前,香港最大的两家强积金受托人分别为汇丰银行和中银香港各自下设的养老管理机构。其中,汇丰银行旗下的养老金管理机构,市场份额最高,占比为 35%;中银香港旗下的养老金管理机构市场份额为 17%。

第三节 国外养老金管理模式比较分析

根据受托人参与的程度,养老金管理模式主要有直接投资管理模式、部分委托管理模式、全部委托管理模式以及集合管理模式等类型。

一、直接投资管理模式(或受托捆绑模式)

(一)直接投资管理模式概述

直接投资管理模式,又称受托捆绑模式,该模式是指养老金基金受托人直接管理养老金基金,养老金基金受托人集托管人、投资管理人、账户管理人于一身,全权负责养老金基金运营的一种运营方式。直接投资管理模式又可依据由何种机构担任受托人划分为由传统金融机构担任受托人模式和由养老金基金管理公司担任受托人模式。

由传统金融机构担任受托人模式。这种模式在美国、加拿大、英国、法国等发达国家较为常见。据统计,在美国大约 200 家受托机构中,以投资管理能力强大的基金管理公司、商业银行、保险公司以及信托公司作为捆绑受托人的情况较多,这些机构作为受托人可以提供"一站购齐"式服务。在美国和欧洲,担任捆绑受托人的机构中,以基金管理公司和商业银行占据最为主要地位。如在美国401K计划中,担任捆绑受托人机构中,基金管理公司占全部机构的50.4%、商业银行占24.4%、保险公司占14.1%、咨询公司占8.1%、信托公司及其他机构占3.0%。截至2010年底,401(k)计划资产总额为3.1万亿美元,占当年GDP的21%、美国养老金总额的17%。

由养老金基金管理公司担任受托人模式。这种模式在南美和东欧地区占据一定的地位,如智利、阿根廷、匈牙利等。阿根廷在第二支柱养老保险的基金管理模式中规定,受托人由一个专业化的养老金基金管理公司担任,全面进行账户管理、投资运营等业务。养老金基金管理公司可以由国家设立,也可以由私人设立,或者实行股份制。阿根廷的养老金自成立以来一直保持较高的投资回报率,1994~2002年期间,养老金基金投资累计平均每年投资回报率达到10.4%。到2003年末,养老金基金积累达到161亿美元,占GDP的14%。

匈牙利对于第二支柱的个人账户强制储蓄以及第三支柱的雇主、雇员自愿缴费,通过建立养老金基金管理公司,由其全权委托管理。匈牙利养老金基金自建立以来,基金资产和缴费成员规模一直呈高速成长之中,养老金管理公司规模不断壮大。截至2007年底,18家养老金管理公司管理着270万缴费者,占工作人口的65%,全部基金资产已超过6 000亿匈牙利法郎(约22亿欧元)。

(二)直接投资管理模式的优缺点分析

这种模式由于简化了委托—代理关系,一方面有效降低了管理成本,另一方面又提高了服务效率和灵活应变能力,可以为委托人提供"一站式"服务。

与此同时,这种模式也存在一些不足之处,如受托人职责过大、过宽,不符合专业化分工协作的趋势,增加了受托人的风险。此外,这种模式对受托人的要求较高,往往要求其必须具备较为丰富的投资管理经验,同时还需要相应的人员配置、投资管理系统和费用支持。

二、部分委托管理模式(或部分分拆模式)

(一)部分委托管理模式概述

部分委托管理模式,又称部分分拆模式,该模式是指由养老金基金受托人集合托管人、投资管理人、账户管理人中一项或两项职责,而将其余职责委托出去的一种养老金基金运营方式。在所有养老金基金运营模式中,以部分委托管理模式最为普遍,其中最为常见的两种情况:一种是将投资管理人的全部职责或部分职责委托出去,另一种是将账户管理人的职责委托出去。

几乎所有实行基金积累制的养老金制度的国家,只要养老金基金不是由政府直接管理(如新加坡),通常会选择不止一个当事人委托管理。在上述提到的使用直接投资管理模式的代表国家中,也常常是并行使用部分委托管理模式:即使在阿根廷、匈牙利、墨西哥等可以全部委托基金管理公司运作的国家,政府也没有明令禁止不允许其他机构担任托管人、账户管理人等角色。相反,更多的时候是商业银行等金融机构担当了这一角色;即使在美国以及欧洲各国,由传统金融机构担任捆绑受托人的情况也并非最为普遍的现象。部分委托管理的模式具有多种表现形式,这里以智利和中国香港为例,对两种最为常见的情况进行说明。

受托人不担任投资管理人模式,以中国香港为例。2000 年 5 月,香港颁布了《强制公积金计划条例》,规定"所有强制积金计划必须以信托形式成立",即要求必须委任独立的信托公司管理资产,根据第 44 条规定,信托公司"作为核准受托人,必须委任投资管理人和计划资产托管人以管控养老资产的投资"。当然,又规定如果受托人是合格的,受托人本身可承担计划资产的保管人职能。但是,投资管理人则无论如何必须是外包的。毫无疑问,从控制风险的角度来看,这一模式是值得提倡的。

由于香港强制公积金基金建立的时间较短,且经历了两次金融危机,投资回报率波动较大,其中 2008 年曾一度跌至 −26%。尽管如此,总体来看,还是取得了一定收益。根据全球著名投资研究机构理柏(Lipper)公司发布的报告数据,自 2000 年成立至 2011 年,香港强制公积金基金投资的年均回报率为 2.5%,共积累资金 3 560 亿港币。

受托人不担任账户管理人模式,以智利为例。智利法律规定,养老金管理公司管理的养老金资产独立于公司自有资产,账户养老金资产由托管银行保管。除此之外,养老金管理公司负责从养老金缴费、投资到缴费的全部事务,法律规定还可以和银行等其他监管当局许可的机构签订合同,由这些机构代缴。养老金管理公司负责养老金基金的投资,账户持有人拥有基金选择的最后决策权,此外养老金管理公司必须对投资安全性、最低收益保障、风险评级、关联公司等诸多方面制定政策并定期对外披露,接受账户持有人和政府监管机构的监督。

智利养老金基金建立较早,投资回报率也颇为丰厚,而且还成功解决了转制的成本问题,一直被奉为发展中国家的典范。1981~2013 年,智利养老金基金累计平均每年的投资回报率高达 8.56%,养老金基金规模超过了 70 亿美元,较好地实现了保值增值的目的。

（二）部分委托管理模式的优缺点分析

这种模式以受托人集中管理为主体，将其不擅长的职责或者将容易引起道德风险的职责委托出去，与受托捆绑模式相比，既提高了管理的专业化水平，又有效降低了风险；与全部委托管理模式相比，则节省了管理成本，提高了工作效率，因此，也得到了广泛青睐。2005年4月28日，经济合作与发展组织（以下简称"OECD"）理事会通过的《OECD养老金基金治理准则》及释义中规定，如果条件允许，可规定由养老金基金的治理主体负责任命托管人，托管人不同于法人实体，也不同于那些负责管理养老金基金的金融机构。任命一个独立的托管人是确保养老金基金资产的物质形态安全性和法律意义上的安全性的一个有效方式。

当然，这种模式由于受托人仍然部分承担了其他养老金当事人的职责，也存在一定道德风险，并且将部分职责委托出去，也必然增加一部分管理成本。正因如此，该模式下对受托人的选择非常重要。

三、全部委托管理模式（或全部分拆模式）

（一）全部委托管理模式概述

全部委托管理模式，又称全部分拆模式，该模式由养老金受托人将托管人、投资管理人、账户管理人的全部职责委托给不同的专业机构经营。在全部委托投资模式下，养老金受托人与托管人、投资管理人、账户管理人之间均存在着委托—代理关系，养老金基金其他当事人各司其职，分别承担资产保管、投资管理、账户管理等职责，并对受托人负责。受托人作为最终的法律主体，全权负责对其他当事人的监督与管理。

几乎没有哪个国家规定受托人必须将托管人、投资管理人、账户管理人的全部职责委托给不同专业机构进行管理。虽然如此，我们还是能够在美国的401k计划、英国的职业养老金计划中找到一些例证。

在美国，如果受托人不是银行或者信托公司，一般受托人会选择与其有密切服务关系的银行、信托公司作为托管人，根据《雇员退休收入保障法》的规定，一般情况下，投资管理不得与托管人、受托人为同一机构，而账户管理一般会委托给银行管理。也就是说，只要选择的受托人、投资管理人均不是商业银行，则全部委托模式是可行的。在英国，一些大型公司的企业年金也会选择这种模式进行运作。

（二）全部委托管理模式的优缺点分析

在这种模式下，养老金受托人和其他当事人之间分工明确，提高了专业化水平，降低了道德风险，但同时也增加了成本，牺牲了效率。

四、集合管理模式

(一)集合管理模式概述

集合管理模式是指将数个养老金基金的资产集合在一起,由一个受托人统一管理,当然,该受托人也可以委托其他机构担任托管人、投资管理人和账户管理人。因此,集合管理模式与其他管理模式并不互斥。这种模式通常存在于单个企业(通常规模较小)发起的企业年金中。此外,一些国家的行业养老金计划也属于这种管理模式。集合管理模式在发达国家是一种比较常见的模式,下面以美国和澳大利亚为例进行说明。

一是美国。在美国,养老金计划的集合管理模式主要有三种形式:集体信托、共同信托、主信托。集体信托通常是将完全没有关联的几个养老金计划集合在一起,由商业银行充当集体投资信托管理人。美国《税收法》规定,这种集体信托只能接受享有税收优惠资格的企业的养老金计划、个人退休账户等的加入。共同信托是由商业银行发起,其管理方式与集体信托类似,所不同的是,接受的资产不再局限于享有税收优惠资格的企业的养老金计划、个人退休账户,而是将各种资产全部集中起来,甚至可以包括医疗保险计划的资产。由无法享受税收优惠的企业所联合发起的"多雇主计划"就属于上述情况。主信托是将数个企业的养老金资产集合起来统一管理,所不同的是,其所接受的资产必须是同一个公司或同一公司集团的数个子公司所建立的养老金计划资产,而非相互没有关联的企业的养老金资产。

二是澳大利亚。根据1992年《担保性超级年金管理法》建立的澳大利亚的超级年金,是澳大利亚三支柱养老金体系中的第二支柱。超级年金通常采取集合管理的模式,规模较大的企业也会选择独立运作的方式。与美国的情况类似,其集合管理模式主要有三种形式:公司基金、行业年金和集成信托基金。公司基金由一个或多个雇主发起,必须采取信托方式运作,参保人员仅限于上述雇主的雇员的养老金计划。根据待遇支付方式的不同,可以分为确定给付(DB)或确定缴费(DC)两种类型,其受托人通常为信托公司,商业银行和保险公司等金融机构也可以担任。行业年金由多个雇主发起,仅对某一特定行业或相关行业开放,参加各方必须达成集体协议。近年来,行业年金开始放宽,中小企业及社会公众也可以参加。行业年金中最常见的为多行业年金,包含一系列相关行业,如原澳大利亚退休基金(ARF)覆盖了纺织服装和制鞋业。集成信托基金,又称为零售基金,由金融机构作为受托人提供给公众和雇主,成员通过购买投资产品即可参加该基金。集成信托基金主要面向自雇用者和不愿建立自有超级年金基金的雇主提供。

（二）集合管理模式的优缺点分析

集合管理模式的根本目的在于集合多个养老金计划的资金优势,形成规模经济,统一管理,集中运作,极大地降低了运营成本。

五、养老金管理模式的比较分析

世界各国养老金基金运营模式事实上呈现了养老金基金当事人的捆绑程度。一般说来,捆绑程度越深,往往可以提供更为综合的服务,还可以节省管理成本,提供更为快捷、便利的服务。同时,随着捆绑程度的加深,也增加了基金的运营风险,以及增加了受托人的暗箱操作的机会,即增加了道德风险的可能性,会损害服务接受方的利益。具体如表3—1所示。

表3—1　　　　　　　　　　　养老金管理模式的比较分析

管理模式	成本	效率	道德风险	专业化分工水平
直接投资 （受托捆绑）	低	高	高	低
部分委托 （部分分拆）	中	中	中	中
全部委托 （全部分拆）	高	低	低	高

第四节　国外保险资金运用主体参与养老金管理的经验借鉴

一、保险资金运用主体提供一站购齐的捆绑式服务

以美国401(k)计划为代表的企业年金为例,美国《税收法》规定每一个401(k)计划的建立、运营、管理涉及多个主体,其中:(1)受托人,可以是企业雇主或在企业内雇用的退休计划专员,或是从外部聘请专业公司等。(2)托管人,可以是银行或其他金融机构。这与中国托管人只能是银行的规定不同。(3)投资管理人,即能够提供投资产品的金融服务公司,如共同基金公司、保险公司、经纪人公司、银行等。相比之下,中国未向银行开放该业务资格。(4)账户管理人,负责记录、管理401(k)计划中每个雇员个人账户的缴费、投资与收益情况,承办人有时会将这一工作外包出去,或者由投资管理人负责。

美国在第三支柱个人退休金账户(IRA)中也有类似规定。根据美国《税收法》第408条规定,符合要求的第三方金融机构(如商业银行、共同基金、保险公司、投资管理公司等)可为客户管理 IRA 计划。

除了允许银行、基金、保险等金融机构持有多个管理人牌照,国外许多国家还允许成立专业养老金管理公司,提供"一站购齐"的捆绑式服务。而这类专业养老金管理公司大多由银行出资设立。

由此可以看出,保险公司持有多个管理人牌照在美国具有法律依据,保险公司提供"一站购齐"的捆绑式服务也是国外养老金管理的主要趋势。

但在中国,保险公司虽相对于其他类型金融机构(如基金、券商)较有优势,但仍然不能够持有托管人牌照,且获得受托人、投资管理人、账户管理人资格的保险公司数量也极为有限。自 2007 年发放了第二批牌照后就没有再发放牌照。美国信安金融集团区域副总裁袁时奋表示,中国的企业年金想要获得更大规模并提升收益水平,应当扩大企业年金的管理牌照,"只有更多的专业养老金管理机构参与,才能提高企业年金的回报率和宣传度,投资者参与企业年金的意识才能提升,也才能扩大企业年金规模"。

二、保险资金运用主体提供横跨三支柱的综合化服务

在对保险资金运用主体开放多个管理人牌照的同时,国外还体现出保险资金运用主体提供横跨三支柱的综合化服务的趋势。这不仅有利于金融机构自身的发展,也便于基本养老金委托人在甄选管理机构时参考其在企业年金等其他领域的管理业绩。

在中国基本养老金即将入市、职业年金和个人储蓄性养老保险即将发展的背景下,更应对更多保险资金运用主体开放多个管理人牌照,促使之提供"一站购齐"的捆绑式服务和横跨三支柱的综合化服务。

第四章 我国保险资金运用主体参与养老金管理模式分析

作为我国养老保障体系的"三大支柱"中最早进行市场化运营的部分,企业年金在过去十年发展过程中所积累的成功经验为我国基本养老保险和职业年金的市场化改革提供了丰富的经验和管理模式的借鉴。而保险资金作为我国最早参与企业年金建设和市场化经营管理的机构,其在精算技术、资产负债匹配管理、产品设计以及养老金

支付等多方面存在明显的竞争优势。可以预见,在进一步巩固企业年金市场已有优势的基础上,保险公司也将在即将开展的基本养老金、职业年金以及个人养老账户的市场化运营中担任重要角色。充分发挥保险业的技术管理的经验优势也将极大地促进我国整体的养老保险体系的市场化运营进程,并进一步完善我国的养老保险体系。以下分别从企业年金、基本养老金、职业年金以及个人储蓄性养老金的角度对于我国保险资金运用主体的参与模式和具体业务进行深入分析,并对各类养老金的资产配置展开讨论。

第一节　保险公司参与企业年金管理模式分析

2004 年 5 月 1 号,劳动和社会保障部出台了《企业年金试行办法》和《企业年金基金管理试行办法》,初步确立了信托型企业年金的制度框架,也标志着我国企业年金的发展正式进入市场化运营。随后,人社部又出台了一系列与企业年金相关的规章制度,对企业年金实施过程中的具体操作问题进行了详细说明和规定。在 10 多年时间里企业年金经历了快速发展,截至 2014 年底年金规模已达近 7 700 亿元,覆盖职工人数近 2 300 万人;但是与 10 年前的预期发展水平和与世界平均水平相比,我国企业年金市场仍然处于较为初级的发展阶段,企业年金自身也存在种种问题需要加以完善。

一、我国当前企业年金的管理模式

2015 年 5 月,人社部对外发布了最新修订的《企业年金基金管理办法》(以下简称《管理办法》)。

如上一章所述,根据受托人与其他市场管理人的组合形式,可将养老金管理模式粗分为分拆模式和捆绑模式,目前国际上养老金的主要管理模式如图 4－1 所示。

随着固定缴费型计划的膨胀和金融机构的发展壮大,捆绑模式凭借成本低廉和服务便利的优势逐渐成为国际上养老金计划管理的主流模式,其又可细分为理事会捆绑模式(较少)和法人受托捆绑模式。法人受托捆绑模式是指法人受托机构除承担法律法规规定的受托管理职责外,还兼任投资管理人,处理投资管理业务,而将账户管理和托管业务委托给第三方法人机构承担。在该种模式下,只有同时具备相关监管部门认定的受托人资格及投资管理人资格的法人受托机构才能同时承担受托人和投资管理人的职责。

国际上,法人受托捆绑模式目前主要有三种形式:第一是单个法人受托捆绑模式,

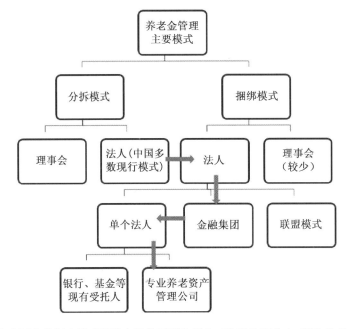

资料来源:中国人保资产管理股份有限公司研究报告:《从团体到个人:保险养老金管理扩容》。

图4—1 国外主要养老金管理模式

以银行、基金、保险等强势金融机构或者专业化养老资产管理公司为中心建立。第二是传统的金融集团下的捆绑模式,即服务提供商均属同一个金融控股集团。第三是法人受托联盟模式,这是一种受托人与其他专业法人机构以建立战略联盟的方式共同提供服务的折中方式。

我国目前企业年金管理的主流模式是法人受托分拆模式,即由法人机构担任受托人,且不兼任账户管理人、托管人和投资管理人,仅承担法律法规所规定的受托管理职责,而将账户管理、托管和投资管理业务委托给第三方法人机构承担。

在我国早期建立年金的大型企业中,大多数企业选择以理事会受托形式进行,主要原因一是避免委托代理问题,二是当时国内法人受托模式的有效市场供给不足。但是随着企业年金市场的逐步发展和规范化,越来越多的金融机构在企业年金市场上大展身手,而法人受托模式也逐渐占据主流,截至2014年底法人受托模式下的企业数已占到总数的70%。按照最新《管理办法》的规定,一个企业年金计划原则上只能选择一个托管人,一般情况下也只选择一个账户管理人;至于投资管理人,可以根据年金基金规模大小和投资组合取向选择一个或多个。此外,《管理办法》还规定:"同一企业年金计划中,受托人与托管人、托管人与投资管理人不得为同一人;建立企业年金计划的企业成立企业年金理事会作为受托人的,该企业与托管人不得为同一人;受托人与托管人、托管人与投资管理人、投资管理人与其他投资管理人的总经理和企业年金从业人员,不得相互兼任。"这表明当前我国受托人可以兼任投资管理人和账户管理人,但是不能同时担任托管人,也就意味着全捆绑式的企业年金管理模式在我国尚不能实现。表4—1展示了我国不同形式的法人受托模式和理事会受托模式。

表4—1   不同形式的法人受托模式和理事会受托模式

法人受托模式（主流）	理事会受托模式
全分拆	全分拆
受托人、账户管理人捆绑	受托人、账户管理人捆绑
受托人、投资管理人捆绑	
受托人、账户管理人、投资管理人捆绑	
全捆绑（在我国尚不可实现）	

二、我国企业年金管理模式的转变方向

目前,在我国企业年金市场上,集中度较高的捆绑模式尚在起步阶段,一方面是单个金融集团要同时获得受托人、账户管理人和投资管理人的难度较高;另一方面集中度较高的捆绑模式对于企业的风险控制能力和资源整合能力要求很高,我国目前具备此能力的金融控股集团寥寥无几。但是随着我国企业年金市场的进一步发展,相关管理牌照的逐步放开,以及金融市场的日益开放,我国大型金融控股集团将越来越多地出现在公众的视野中。在这样的情形下,可以预见到我国企业年金管理模式将由法人受托的部分分拆逐渐向法人受托的集中捆绑模式乃至全捆绑模式发展。从我国的实际情况出发,实行以受托人为核心的集中捆绑模式也有诸多优势:

(一)捆绑模式有利于受托人核心监督功能的发挥,使得整体风险更具管控性

在分拆模式下,由于受托人和投管人、账户管理人分属不同机构,受托人和其他企业年金管理机构之间可能存在监管信息的不对称,由此会引发一系列的委托代理问题。同时,如果不同机构之间的沟通交流不及时会使得年金管理数据和相关信息不能及时地传递到受托人,受托人将无法正常履行管理监督的责任,不利于受托人核心作用的发挥。但是在集中捆绑模式下,此类问题则可以得到有效改善,由于三者的信息由同一金融集团共享,受托人的监管形式、监管内容以及监管效率都将得到较大提高。与此同时,受托人可以通过对账户管理人和投资管理人的内部责任划分、及时追查以

使企业年金产品的风险管控能力进一步加强,也可减少总体的监管成本。

(二)捆绑模式可实现年金管理机构的规模经济和范围经济,减少基金整体的管理费和其他支出,降低委托人的委托成本

一方面,捆绑模式将形成有效的企业年金管理规模效应,节约管理成本;另一方面,捆绑模式可以增强受托人对于中介服务机构(如年终审计的会计师事务所)的议价能力,降低中介费用;此外,捆绑模式还能大量降低年金管理机构内部的沟通协调费用。通过降低整体年金费用可以降低委托成本,从而有效刺激年金市场需求,增强中小企业参加年金计划的意愿。

(三)捆绑模式有利于建立更为简单明了、高效快捷的企业年金运作流程

捆绑模式使原来一对多的外部发散性沟通,内部化为公司部门间的沟通交流,这进一步简化了企业年金的运作流程,提高了运作效率。相对于外部的发散性沟通,内部的集中沟通在沟通形式、沟通时效、沟通结果、沟通成本上都具有明显优势。

(四)捆绑模式将极大简化委托方所需工作,使其享受更为高效快捷的服务

对于拟建立企业年金计划的企业而言,如果选择一家信誉良好、整体实力突出的金融控股集团来建立长期合作关系,一方面可以享受到"一站购齐式"的金融服务,更为快捷和高效;另一方面则可以享受到因受托人规模经济的较低委托费用。

值得强调的是,对于拟以集中捆绑模式或全捆绑模式进行企业年金管理的金融机构而言,其自身的管理能力、风险控制水平需要达到一定水平,通过整合细分集团的内部资源,根据客户的具体需要选择旗下的保险公司、商业银行和基金管理公司分别担任账户管理和投资管理职责,以达到各部门的协同合作,发挥捆绑模式相对于分拆模式的规模经济优势。从我国实际情况出发,由分拆模式向捆绑模式逐步过渡的可能演化过程为:分拆法人受托模式→金融集团下法人受托模式→单一法人受托捆绑模式→专业化养老资产管理公司。未来更为专业化、系统化、集中化、集团化的专业养老金管理公司将成为企业年金市场的主流。

三、保险公司参与企业年金管理的竞争地位分析

企业年金的投资运营环节主要涉及受托人、托管人、投资管理人和账户管理人。图4-2是目前我国较为典型的企业年金流程示意。

如图4-2显示,受托人向托管人和投资管理人下达企业年金基金投资额度,托管人根据受托人的指令向投资管理人分配基金资产,投资管理人进行基金运作,并将运作结果与托管人进行一系列复核,托管人将最后估值结果(企业年金基金财产净值和

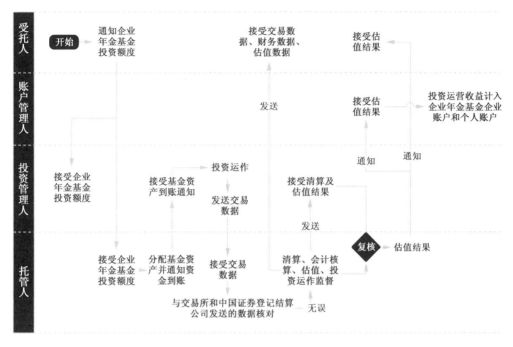

资料来源:招商证券研究报告——从团体到个人:保险养老金管理扩容。

图4—2　我国企业年金流程示意

净值增长率)通知受托人和账户管理人,账户管理人将基金投资运营收益按周或日足额记入企业年金基金企业账户和个人账户。

根据人力资源和社会保障部每季度发布的《全国企业年金基金业务数据摘要》中的截至2015年6月份的数据,整理得到各类企业年金基金管理机构的总额占比,具体如表4—2所示。

表4—2　　　　　　　　　　企业年金基金管理机构总额占比

	受托总额占比	账户管理企业账户数目占比	托管总额占比	投资管理总额占比
保险公司	71.05%	18.36%		49.95%
商业银行	27.44%	80.76%	100%	
信托公司	5.50%	1.09%		
证券公司				10.20%
基金公司				39.86%

资料来源:中华人民共和国人力资源和社会保障部:《全国企业年金基金业务数据摘要(2015年二季度)》。

从总额占比来看,保险公司作为受托人在企业年金市场占据绝对优势;商业银行垄断了托管人的角色,在账户管理人方面也处于绝对的领先位置;而在投资管理人方面,保险公司和基金公司并驾齐驱,证券公司也占据一席之地;信托公司则在四个角色上均处于弱势地位。

目前,保险机构参与企业年金运作的模式主要有"3+1"和"2+2"(法人受托分拆模式的具体形式)等模式。"3+1"模式是保险公司负责基金受托管理、账户管理和投资管理,其他主体负责基金托管的合作模式;"2+2"模式是保险公司负责基金受托管理、账户管理,其他主体负责基金托管和投资管理的合作模式。保险机构参与企业年金计划分为两种形式,"单一计划"针对大型企业,"集合计划"针对中小型企业。

以下分别就受托人、账户管理人和投资管理人中保险资金的定位及竞争优劣势,同时结合当前年金运行的最新情况加以说明。因托管人市场被银行所垄断,且目前保险公司尚未取得托管人资格,因此在下面的分析中暂不涉及托管人的讨论。

(一)受托人

受托人的角色在整个企业年金运营中居于核心地位,全权管理受托资产,由其选择、监督和更换账户管理人、托管人和投资管理人,并制定企业年金的整体资产配置策略。目前,保险业在企业年金受托人方面仍居于绝对的领先地位,由各大保险公司出资设立的养老保险公司国寿养老、平安养老、长江养老、太平养老、泰康养老五家公司占据了企业年金受托 70% 的份额,其中前三家公司是整个受托人市场的前三强。这主要得益于保险公司的先发优势,作为最早进入企业年金市场的金融机构,保险公司在该领域积累了丰富的企业年金管理经验,也在众多企业之间形成了良好的口碑效应。截至 2014 年,共有十家机构具有企业年金受托管理业务牌照,除上述 5 家专业养老险公司外,还包括华宝信托、中信信托两家信托公司,以及建设银行、工商银行和招商银行 3 家银行机构。截至 2015 年 6 月份我国企业年金的受托人的市场情况图4-3 所示。

而从纵向时间来看,2013~2015 年的企业年金市场情况整理如图 4-4。

从图 4-5 中可以看到,虽然保险公司仍处于领先地位,但是商业银行的追赶势头也相当强劲。商业银行进入企业年金的受托人市场较晚,直到 2007 年才由建设银行、工商银行、招商银行三家获得受托人资格,但是凭借商业银行良好的社会形象和出众的信誉优势,越来越多的企业将商业银行纳入了自己的选择范围。2014 年三家银行的受托人的市场份额提升了 1.2 个百分点,而保险公司相应减少了 1 个百分点。银行开始选择放弃托管人资格(按照现有制度规定,受托、托管不能为同一机构)转攻受

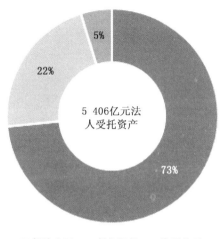

资料来源:中华人民共和国人力资源和社会保障部:《全国企业年金基金业务数据摘要(2015年二季度)》。

图 4—3　企业年金受托人情况(截至 2015 年 6 月份)

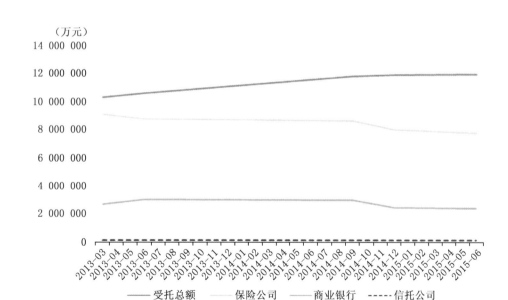

资料来源:中华人民共和国人力资源和社会保障部:《全国企业年金基金业务数据摘要(2015年二季度)》。

图 4—4　企业年金受托人情况(2013~2015 年)

管理资格,依托银行强大的账户管理系统,推进受托、账户管理一体化,进一步巩固其在账户管理领域的领先地位。

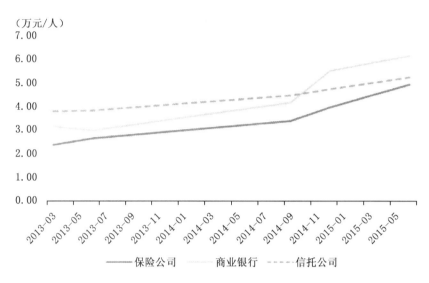

注：本数据为截至 2015 年 6 月份数据，以下图表未有特殊说明数据均为截至 2015 年 6 月份数据。

资料来源：根据中华人民共和国人力资源和社会保障部《全国企业年金基金业务数据摘要》（多季度）整理。

图 4—5 人均企业年金受托管理额

而从人均企业年金受托管理额来看，保险机构的受托平均额要明显低于信托机构和商业银行，这反映出了保险机构在企业年金运行过程中存在的一些问题，比如说，对于高净值客户的吸引力相对较弱，在企业选择上更为偏向中小企业等。

（二）账户管理人

账户管理人的职责包括建立企业年金基金企业账户和个人账户，及时记录年金基金的投资收益并核对相关数据。企业年金的个人账户和企业账户的管理情况统计如图4—6所示。

从图 4—6 中可以看到，商业银行的优势非常明显，个人账户占比高达 87.55%，企业账户的占比也有 80.76%，其在传统的存款业务领域深耕多年，积累了大量的账户管理经验，并形成了成熟的管理体系。保险机构的这部分市场份额主要受益于其作为受托人的捆绑模式下的结果（保险公司作为受托人时往往倾向选择己方机构作为账管人），保险公司自身或者下设的养老险公司均可以作为账管人，为企业年金提供政策咨询、账户查询和信息记录等服务。目前，涉足这一领域的保险公司包括：长江养老、

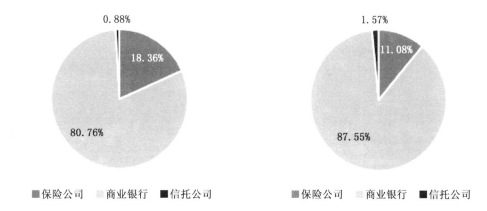

资料来源：中华人民共和国人力资源和社会保障部：《全国企业年金基金业务数据摘要（2015年第三季度）》。

图4—6　企业年金个人账户和企业账户数

国寿养老、平安养老、太保人寿股份、泰康养老、新华人寿股份等，总计个人账户占比约为11％，企业账户的占比达18.36％。

（三）投资管理人

投资管理人的主要职责包括对企业年金基金进行投资。作为企业年金管理中收费最高的项目，投资管理人市场也是各家金融机构争夺的重心。

目前，企业年金运营中的投资管理人主要以保险公司和基金公司为主，保险公司占据了基金管理总额的半壁江山，在组合个数上也居于明显的优势地位，如图4—7所示。相对于其他三个角色，获得投资管理人资格的机构达到了25家之多，每家的市场份额也相对分散，竞争相对激烈。其中，保险机构包括了养老险公司——平安养老、国寿养老、太平养老、长江养老，也包括保险资管公司——泰康资管、人保资管等。

综合而言，保险公司作为受托人和投资管理人具有较为明显的优势，但是在账户管理人领域则落后于商业银行。从长远来看，随着政策的逐步放松，各类金融机构将不断增强自身实力，相互渗透，最后向捆绑式的全能型金融集团发展。

四、我国企业年金未来发展空间的约束条件

我国企业年金市场虽然在过去的10年时间里获得了较快的发展，但是时至今日，一些问题依然影响着企业年金的进一步发展，主要体现在以下三个方面：

其一，我国目前的企业年金税收优惠力度较小，对于企业和个人的吸引力不足。按照现行规定，我国企业年金计划中个人缴纳部分在工资基数4％以内享受税收递延

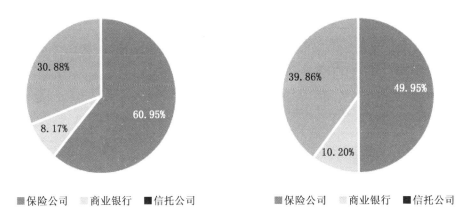

资料来源:中华人民共和国人力资源和社会保障部《全国企业年金基金业务数据摘要（2015
年第三季度）》。

图 4—7　企业年金基金投资管理组合数和总额占比

优惠,企业缴纳部分在 5％以内享受税收递延优惠,合计为 9％。而与之对比,美国
401(k)计划中,个人收入的 15％以内享受税收递延;企业根据个人缴费进行配比,一
般比例在 6％以内,两者合计最多达到 21％。美国的 401(k)计划正是因政府大力度
的税收优惠才获得长足发展,我国政府目前在这方面可操作的空间依然很大。加大对
于企业年金的税收优惠力度,激发中小企业和个人参与企业年金的积极性将成为我国
政府的必然选择。

其二,我国企业年金投资限制仍然较多,保值增值效果不明显,难以实现与资本市
场的协同发展。《管理办法》规定我国企业年金投资于股票类的权益资产上限为
30％,而美国 401(k)计划投资于股票市场的平均比例长期在 60％。当然,这与我国资
本市场波动较大,相关市场制度建设尚不完善有关,但未来企业年金投资限制的放开
依然是比较确定性的发展方向。

其三,目前企业年金计划的个人选择权和决策权依然十分有限。我国的企业年金
计划一般由企业委托给企业年金管理机构统一进行投资运营,个人投资选择权有限。
而美国的 401(k)计划中雇主普遍将投资决策权交给个人,同时投资管理人也提供了
丰富的产品组合以满足个人多样化的养老投资需求。未来随着我国居民养老意识的
增强和理财观念的变化,政府应逐渐给予个人更多的产品选择空间,以更好满足个人
投资养老需求,提高参与年金计划的积极性。

第二节　保险公司参与基本养老保险资金管理模式分析

作为我国养老保障体系的第一支柱,基本养老保险基金占据我国养老保障体系的 90% 以上的资金,但是长期以来其跑输通胀率的投资收益一直被人诟病,而这种局面在 2015 年迎来了根本性的改变。2015 年 8 月 23 日,国务院正式对外发布《基本养老保险基金投资管理办法》(以下简称《投资办法》),标志着我国开启基本养老金的市场化运营进程以及养老金全面委托时代的到来。截至 2014 年末,城镇职工和城乡居民基本养老保险基金累计结余 3.5 万亿元,据人社部预计,扣除预留支付资金外,全国可以纳入投资运营范围的资金总计将超过 2 万亿元,基本养老金背后的市场非常之广阔。

一、基本养老保险资金管理模式的新规定

《投资办法》对于基本养老保险基金的受托人、投资管理人、托管人的选定标准及要求、资金的投资范围、风险准备金等多方面进行了规定。其特点如表 4—3 所示。

表 4—3　　　　　　　　　　基本养老金、企业年金和社保基金管理要求对比

	基本养老金	企业年金	全国社保基金
运行模式	信托管理模式	信托管理模式	混合模式(社保基金管理模式和基金会管理模式)
投资模式	直接投资与外部委托	直接投资、外部委托或两者混合	直接投资与外部委托
权益资产的投资范围	上限 30%,且仅限境内	上限 30%	上限 40%,可用不超过 20% 投资境外
管理费用	托管年费率不高于净值 0.05%;投管年费率不高于净值 0.5%	托管年费率不高于净值 0.2%;投管年费率不高于净值 1.2%	托管年费率不高于净值 0.25%;投管年费率不高于净值 1.5%
计提风险准备金	投管机构提取当期管理费 20%;受托机构提取净收益 1%	投管机构提取当期管理费 20%	投管机构提取当期管理费 20%;另提取净收益 20% 作为一般风险准备金

（一）基本养老金受托机构暂时归于全国社保基金理事会

原文中提及"受托机构是指国家设立、国务院授权的养老基金管理机构"。而在 2015 年 8 月 28 日国新办举行的养老金投资管理例行吹风会上,人社部副部长游均表

示出于尽快启动养老保险基金的投资运营的考虑,目前暂时确定以全国社保基金理事会作为基本养老金的受托机构,因为全国社保基金会已有较长的养老金基金投资经验,近年来社保的投资年均收益率也达到 8.36%。

(二)基本养老金投资运营采取信托管理模式

在此模式之下,以省或直辖市政府作为基金的委托人,由其选定获得国务院授权资格的准公共机构作为受托人。信托模式的主要特征是谨慎管理、资产独立,采取专业托管、严格监管,信息披露。这与企业年金采取的管理模式类似,而与全国社保基金的运行模式存在较大差异。

(三)基本养老金将采取直接投资与外部委托投资相结合的方式

《投资办法》中规定,基本养老金受托机构可对一部分养老基金资产进行直接投资,其他养老基金资产委托其他专业机构投资,可近似看作以专业养老金机构为中心的部分捆绑模式。这与全国社保基金的运作模式比较类似,在被动投资领域和有突出优势的积极投资领域由社保基金理事会直接运作,而在其他领域其一般会委托专业性的投资管理机构进行投资运作。截至 2014 年底,全国社保基金直接投资占比50.26%,委托投资占比 49.74%。

(四)投资管理和托管市场迎来新的发展机遇

《投资办法》对于投资管理机构和托管机构的遴选标准给出了具体说明,主要分为两类:一是具有全国社保基金、企业年金基金投资管理经验或者托管经验的专业机构;二是"具有良好的资产管理业绩、财务状况和社会信誉,负责养老基金资产投资运营的专业机构"(投资管理人)以及"具有良好的基金托管业绩和社会信誉,安全保管养老基金资产的商业银行"(托管人)。与企业年金不同的是,《投资办法》并未设定账户管理人的角色,账户管理人部分的职能将有委托人代为执行。

(五)基本养老金的投资范围与企业年金类似,但比社保基金更为严格

基本养老金与企业年检投资范围的主要区别在于基本养老金可以不高于资产净值的 20%,资金投资国家重大项目和重点企业股权;与全国社保基金的区别在于基本养老金只能投资境内,而全国社保基金可将不超过 20%的基金投资境外,同时全国社保基金投资权益资产的上限为 40%,而基本养老金是 30%。

(六)基本养老金的管理费用低于全国社保和企业年金

《投资办法》规定:基本养老金托管机构年费率不高于托管资产净值的 0.05%;投资管理机构年费率不高于投资管理资产净值的 0.5%。而对应的企业年金业务中托管费率上限为 0.2%;投管费率上限为 1.2%;全国社保基金托管费率上限为 0.25%;

投资管理费率上限为 1.5％。因此对于参与基本养老金管理的机构而言，获取利润需要以量取胜，更为依赖其所管理的资产规模。

二、保险公司参与基本养老保险管理的路径

以上是对于《投资办法》对于基本养老金投资管理的总结，对于保险公司而言，机遇和挑战并存，机遇主要体现在三个方面：

其一，已持有企业年金和全国社保基金管理资格的保险公司可以积极申请基本养老金的投资管理人资格。保险公司的优势主要体现在两个方面：稳健的投资风格和卓越的精算技术。由于基本养老金和全国社保基金的性质不同，前者类似保险资金，始终面临资金收取和支付的流动性要求；而后者实质上是储备养老金，在投资时限和资金流动性上机动性更大，因此对于基本养老金而言其整个投资管理流程需要更为谨慎和保守。保险机构相对于其他金融机构最为突出的优点便是其稳健的投资风格和注重绝对收益的特点，而这正契合了基本养老金内在的投资要求。另外，由于基本养老金采取待遇确定型（DB 型），其对负债端的约束更多，在资产配置方面也更加注重安全性和流动性，对于产品设计和精算技术的要求也更高，而这也是保险公司独特的优势所在，保险公司可以凭借资产负债管理方面的专业能力在基本养老金管理方面大展拳脚。

其二，《投资办法》中对于那些尚未取得全国社保基金和企业年金的投资管理资格的机构也预留了政策空间。对于那些尚未取得投管资格的保险机构而言，如果能够不断增进自身在细分投资领域的专长，注重创新型产品的开发，就有机会在基本养老金的投资管理市场分得"一杯羹"。

其三，未来基本养老金受托人资格可能向保险机构开放。目前，基本养老金的受托人资格尚未向除全国社保理事会以外的其他机构开放，但是在 2015 年 8 月 28 日的吹风会上，人社部副部长游均也表示"由于养老金入市的资金规模会很大，从竞争角度出发，未来有成立新机构可能性"，预计将在社保基金理事会运行一段时间之后再行研究。而如果将来受托人资格向包括保险机构在内的其他金融机构开放的话，考虑到基本养老金的运行与企业年金的相似性，保险机构在受托人领域存在较大的竞争优势，这也要求保险机构在此前不断增强自身的业务水平，做好充足的准备。

第三节　保险公司参与职业年金资金管理分析

2015 年 1 月 14 日国务院正式发布《机关事业单位工作人员养老保险制度改革的

决定》(以下简称《决定》),其中强调"实行社会统筹与个人账户相结合的基本养老保险制度"以及"建立职业年金制度。机关事业单位在参加基本养老保险的基础上,应当为其工作人员建立职业年金"。《决定》一方面宣布着我国实行 20 年之久的养老金"双轨制"被废除,另一方面也标志着机关事业单位养老保障第二支柱的正式建立。同年 4 月 6 日,《国务院办公厅关于印发机关事业单位职业年金办法的通知》(以下简称《通知》)正式发布。《通知》中明确了机关事业单位的职业年金将"实行市场化投资运营,按实际收益计息",我国养老体系的第二支柱中的职业年金即将迎来重大变革,养老保险公司也迎来难得的跨越式市场发展机遇。截至目前,有关部门尚未发布职业年金基金的具体运行规则,但是可以预见职业年金的管理规则将在很大程度上参照我国目前发展已较为成熟的企业年金基金的管理规则。职业年金的成立及其市场化运营对于保险业的利好主要可归结为以下几个方面:

一、保险公司参与职业年金管理的机遇与优势

(一)职业年金采取强制性实施,将为保险业拓展更大业务空间

与企业自愿成立的企业年金不同,职业年金具有鲜明的强制性特征,按照目前推算,职业年金参与度将达到 70% 以上,远高于目前企业年金不足 30% 的水平。从年金的覆盖人群来看,目前我国事业单位有 111 万个,事业编制 3 153 万人,全国公务员总数约 700 万人,预计全国机关和事业单位人员合计近 3 900 万人,将远超目前的企业年金所覆盖的 2 293 万人的规模。而从年金缴费规模来看,若以 2013 年全国城镇单位就业人员的平均工资 5.15 万元/人/年作为缴费基数,按照《办法》规定的单位以工资总额的 8%、个人以本人缴费工资的 4% 的缴费比例进行测算,预计全国职业年金一年缴费规模总量将达 2 300 亿元。如果按照年平均收益率 10% 左右计算其复利,职业年金有望在未来的 5～6 年内达到与企业年金相当的基金规模(截至 2014 年末,全国企业年金积累基金规模 7 689 亿元)。

(二)职业年金采取市场化运营,保险机构在企业年金市场经验丰富,拥有较大优势

在人社部批准的 21 家企业年金投资管理机构中,保险机构占据 7 席;从管理的年金规模上,截至 2014 年,保险业累计受托管理企业年金规模 3 174 亿元,占法人受托总规模的 68.8%。因此,保险机构仅需将在企业年金市场多年取得的投资管理经验平移到职业年金之中便可取得多方面的竞争优势:

1. 拥有丰富的企业年金管理经验,追求稳健的投资风格

作为第一批进入我国企业年金管理市场的金融机构,保险机构具有最为悠久和最

为专业的养老保险基金管理经验。如前所述,职业年金和企业年金在资金性质、资金管理要求等多方面存在相似之处,其基金投资管理遵循安全性、收益性、流动性相统一的原则,而保险机构相对于其他金融机构管理的最大优势在于专业养老险公司的稳健的以绝对收益为主的投资风格,使其在资产配置、风险管理及服务体系等方面具有独特优势。

2. 强大的精算技术

这也是保险养老机构相对于其他金融机构的独特优势所在。《通知》规定在一定年限后领取的职业年金可一次性用于购买商业养老保险产品,依据保险契约领取待遇并享受相应的继承权,这需要较高水平的保险产品设计、负债管理和风险控制的水平,而精算技术正是其中的关键技术。

3. 较高水平的服务能力

由于职业年金涉及的机关和事业单位众多(包括中央、省、市、区县、乡镇五级),在与这些事业单位进行沟通交流、产品介绍等过程中需要诸多的协调沟通。而长期以来保险业推广以主动推销为主,其形成的服务意识强、服务网络广、服务队伍多和服务质量高的特点必将在此过程中发挥重要作用。经过多年发展,保险公司已铺设了广泛的分支机构和销售服务网络,建设了具备丰富专业知识和服务经验的人才队伍,并通过信息技术系统的广泛运用,提升自身的服务质量。

4. 产品体系丰富,可满足事业单位编制外人员的养老需求

在职业年金的实施过程中,一些事业单位编制外的员工将无法享受到职业年金,而养老保险公司可为其提供替代性的商业养老保险或企业年金产品,以满足其养老需求。

(三)职业年金的发展将间接刺激个人商业养老需求并对企业年金市场的发展形成新的助推力

一方面,养老金"双轨制"的废除意味着近 4 000 万人的体制内人员将从"吃财政饭"转变为自行缴纳养老金,这部分人的福利水平将趋同于社会均等化。前后的心理预期落差将会刺激公职人员的个人性商业养老保险购买需求,这对目前发展规模仍较小的商业养老产品市场将产生较大的刺激作用。另一方面,随着职业年金的广泛推行,人们对于养老体系第二支柱的认识也将加深,这会使那些尚未建立企业年金制度的公司职工与强制性执行职业年金制度的机关事业单位形成较大落差,从而进一步激发目前尚未建立企业年金制度的中小企业和个人建立年金以及缴费的积极性。

（四）职业年金领取方式的全面实施，将有助于商业养老保险市场进一步发展

在《通知》中强调"工作人员在达到国家规定的退休条件并依法办理退休手续后，由本人选择按月领取职业年金待遇的方式。可一次性用于购买商业养老保险产品，依据保险契约领取待遇并享受相应的继承权；可选择按照本人退休时对应的计发月数计发职业年金月待遇标准，发完为止，同时职业年金个人账户余额享有继承权"。这一表述实际上打通了职业年金和商业保险两者之间的壁垒，为商业保险更为顺畅地衔接职业年金铺平了道路。但是从目前企业年金实行的情况来看，一次性领取的比例较高，其原因主要是商业保险产品的有效供给不足。如果保险公司充分利用这一政策红利，创新设计或改进符合消费者需求的商业养老保险产品，把一大部分到期的职业年金引流到商业养老保险市场，将为保险业带来上万亿元的新增保费规模。

二、保险机构参与职业年金管理的限制因素

在职业年金为保险业带来诸多利好的同时，目前所公布的规定中还存在一些可能掣肘保险业参与职业年金市场的因素，可简单归纳为以下几点：

（一）未明确放开"受托人"资格

《通知》规定，职业年金的"投资管理人"和"托管人"资格向社会放开，但是对于"受托人"资格且并未给出明确规定。由于"受托人"有权选择投资管理人、托管人和账户管理人，在信托模式的年金计划中居于核心地位，对于保险公司来说如果不能取得职业年金的"受托人"资格，将对其拓展职业年金市场带来较大的不利影响。与此同时，如果将职业年金的受托资格交由地方社保经办机构，一方面由于社保机构的自身专业条件限制，职业年金制度运行效率难以保障；另一方面对于职业年金的责任承担和划分也会出现问题。江苏省出台的职业年金实施办法中要求的"实账积累形成的职业年金基金统一归集到省"尚可接受，但是其他一些地方在具体实施时可能将基金统筹的最低层次归结到县级统筹，这会导致年金计划分散、集中投资管理困难、投资回报率下降等一系列问题，无法产生集中受托管理的规模效应。

（二）年金计划模式较为单一

根据《通知》规定，目前职业年金只允许采用信托模式，即 DC 模式（缴费确定型），但是并未允许 DB 模式（待遇确定型），而国际上的惯例是两者通行。这在一定程度上也会制约保险业优势的发挥。例如，保险业的风险管理和精算优势，由于 DC 模式相对简单，而 DB 模式则需要考虑职工年龄、退休前工资水平、养老金预期替代率等多种因素，对于精算技术和风险管理的能力相当之高，但是若实行 DC 模式，保险业的这一

优势将被大大淡化。而从实行的养老金具体效果而言,DB模式无疑要优于DC模式。

综合以上所言,职业年金政策的落地将给保险行业带来极为难得的发展机遇,保险机构应该借鉴企业年金投资管理的成功经验,坚持以稳健投资理念为导向,以专业投资能力为核心,以先进投资技术为支撑,以优秀投资业绩为保障;充分运用保险机构在养老金产品开发和管理中积累的大量数据与经验,减少职业年金投资产品开发的周期,提升职业年金基金投资运营效率。加大全链条资源整合,量身定制从年金投资管理到终身领取养老保险产品的一揽子服务,不断扩大保险机构参与职业年金的广度和深度,增强保险机构在养老金投资管理领域的市场竞争力。

第四节 保险公司个人储蓄性养老保险资金管理展望

相较于规模不断壮大的第一支柱基本养老保险和近年来迅速发展的第二支柱企业年金和职业年金而言,我国养老体系的第三支柱个人储蓄性养老保险则由于种种原因始终处在起步阶段,发展缓慢,其市场份额所占比例不及10%。但是随着我国养老保障体系改革的深入,以及应对我国不断加深的老年化程度和完善多层次的养老服务需求,近两年来对于大力发展商业养老保险,推动个人递延型养老保险产品试点的呼声日益高涨。

作为我国多层次养老保险体系的组成部分,个人储蓄性养老保险是指由居民根据个人的收入情况自愿参与并自由选择经办机构的一种补充保险形式。保险公司在个人储蓄保险市场拥有先发优势,起着主导作用。自1980年中国恢复保险业至今,商业保险市场获得了较快发展;但是时至今日,整个市场也存在诸如管理运营水平不高、监管水平不足以及竞争秩序混乱的种种问题。从整体水平上看,国际惯例的商业养老保险所提供的养老金比例应占到所有养老金保障需求的25%~40%,目前中国仍远低于这一标准,商业保险整体的覆盖面和资金规模均较小。这一方面是保险业自身发展的问题所致,另一方面也是源于政府多年来在个人储蓄性养老保险层面缺乏有力的政策支持和实质性的具体实施方案,使得民众对于个人商业养老保险的认识不足,导致整体市场萎缩。

作为个人储蓄性养老保险市场的突破,个人递延型养老产品在近年来吸引了众多保险业业内人士和普通民众的关注。个人递延型养老保险是指投保人在税前列支保费,等到退休后按照规定领取保险金时再按彼时的个人所得税税法规定补缴个人所得税的养老保险产品。考虑到在这期间的物价上涨因素以及迟缓缴税的好处,这一政策实质上是国家对于个人购买养老保险的税收优惠,能够较为有效地拉动个人对于养老险的购买需求。

关于养老保险的税收优惠问题,在学术界的讨论由来已久,而在政策层面的相应探究也早已开始。早在 2008 年 12 月,国务院办公厅颁布的《关于当前金融促进经济发展的若干意见》便明确指出"积极发展个人、团体养老等保险业务,鼓励支持有条件企业通过商业保险建立多层次养老保障计划,研究对养老保险投保人给予延迟纳税等税收优惠"。2009 年 4 月,国务院又发布了《关于推进上海加快发展现代服务业和先进制造业建设国际金融中心和国际航运中心的意见》,进一步明确"鼓励个人购买商业养老保险,由财政部、税务总局、保监会与上海市研究具体方案,适时开展个人税收递延型养老保险产品试点"。随后,全国保险会议明确表示要大力推行健康养老保险发展,支持上海开展个人税收递延型养老保险试点。2011 年 11 月,《上海保险业发展"十二五"规划纲要》提出"推动上海开展个税递延型养老保险试点产品作为上海'十二五'期间上海国际金融中心建设的主要任务",鼓励试点开展。2012 年 6 月,上海市政府向国家财政部提交了开展"个税递延型养老保险"试点的方案。但是由于税收优惠政策涉及多方利益以及收入分配、社会公平等诸多议题,舆论对于该政策也存在诸多争议和探讨,以致这一新型产品的试点迟迟不能落地。但是在今年,伴随着国家在基本养老保险和企业年金职业年金领域改革的深入,对于个人递延型养老产品的推出也有了较为明确的时间表,据一位参与了"保监会关于个人税收递延型商业养老保险课题"的人士透露,个税递延型养老保险的相关政策将会于今年 12 月出台,由此,前后讨论了八年之久的个人递延型养老产品终于即将与大众见面。

毫无疑问,个人递延型养老产品的落地将给保险业带来重大利好,主要体现在以下几个方面:

其一,税收优惠政策的出台将为保险业带来巨大的潜在市场,递延税收政策会直接刺激购买,促进保费增长。2015 年 11 月 29 号由中国保险行业协会、人社部社保研究所等 5 家机构联合发布的《2015 中国职工养老储备指数大中城市报告》显示,2015 年中国大中城市职工养老储备指数为 59.7 分,虽然基本满足了城市职工养老储备要求,但大中城市职工仍有较大的提升空间,而个人递延型养老产品的主要客户群便是大中城市的中高收入群体。调查显示参加企业年金计划的职工人数比例仅为33.5%,购买个人商业养老保险的人数占比仅为 41.3%。而通过递延税收优惠政策将直接加强个人商业养老产品对于大中城市职工的吸引力,有关测算显示,如果养老保险税收递延限额为 700 元,到 2020 年仅上海一地就可以撬动 100 亿~200 亿元的商业养老保险保费收入,远超目前的个人商业养老保险规模总和。而考虑到全国市场,这一数字将更为惊人,如果能够充分挖掘该市场,将大大提高保险公司的保费收入,扩大整个保险业的资产规模。另外,相较于银行业、信托业等金融机构,保险行业在商业养老保险市场占据绝对优势,这一块"蛋糕"将基本由各大养老保险公司所瓜分。

其二,税收递延政策将为保险业通过承保端服务养老消费人群,进而进行客户的深度挖掘和需求刺激,以及通过投资端对接相应设施建设带来诸多机遇。由于个人养老产品相较于基本养老保险和企业年金更加重视市场机制的作用,注重个性化服务,保险业可以发挥自身的业务优势,利用多种市场投资工具和产品设计,根据客户的个性化需求推介产品,以最大限度地挖掘潜在市场,提高人均保单件数和件均保额。

其三,由于保险业可以以较低开发成本触及更多客户,以承保端的养老保险产品的推介为突破口,打造养老产业的服务闭环圈将成为众多保险公司的战略选择;相关机构可借此机会来整合多方资源并抢占产业链的上下游,进一步深度介入养老产业。中国社会逐步步入老龄化社会,养老产业背后所蕴含的商机将不言而喻。

其四,有利于加强商业养老保险对其他金融产品的竞争优势,弥补其与替代品竞争中的"先天不足"。由于保险资金的运用相较于其他金融机构受到了较为严格的限制,导致寿险产品在与其他投资类产品的竞争中处于弱势地位,而税收递延政策产生的税收节约效应,将大大弥补这一缺陷,增强商业养老保险的竞争力。

其五,个人递延税政策的落地将大大改变当前的企业年金市场和商业保险市场的竞争格局,将拥有经营企业年金执照的保险公司和其他寿险公司拉回同一"起跑线",增强保险公司在企业年金市场和个人商业保险市场的竞争力度,形成推动企业年金和个人商业保险发展的新动力。

除此之外,通过个人递延型养老产品的推广,将使消费者对保险产品的被动购买转变为主动购买,有利于培养我国居民对于商业保险产品的配置意识。保险公司也可借此契机向消费者推出其他保险产品,完善服务质量,提升服务水平,借以改善消费者对于保险业长久以来的不良印象,增强消费者信心,这些对于中国保险业的长久健康持续发展都有着重要意义。

综合上述所列,本次个人递延型养老产品的推出将在多个方面对中国保险业的发展产生深远、积极的影响。可以预见的是,本次对个人递延型税收养老市场的竞争将促发保险业的又一次"洗牌",推动整体保险行业的产业结构和服务质量水平的完善。同时,以个人递延税政策的落地为契机,也将激活我国目前尚显孱弱的第三支柱市场,进一步完善我国多层次的养老保障体系,为应对我国的老龄化问题做好充足准备。

第五节　我国养老金管理资金配置方向分析

一、养老保险基金的风险特征

养老保险基金是一种长期储蓄,由于在退休前不能提前支取,因而基金具有长期性和稳定性的特点,也因此决定了在基金的长期积累过程中受益人(即规定缴费制下的缴费人和委托人)要完全承担替代率风险、投资风险、通货膨胀风险及养老金储蓄的偿付能力风险。

(一)替代率风险

替代率风险是指基金的最终积累额(基金缴费加投资收益)在假定的寿命条件下达不到预定的替代率,从而影响退休后生活水平的风险。养老金替代率是指领款人养老金给付水平与缴款人平均缴费工资之比。替代率风险的风险来源有以下几个方面:

1. 缴费不足

即个人可能因失业、收入水平降低等原因导致在当期缴费不足。

2. 实际收益率低于设定水平

实际情况中此类原因主要是因为通货膨胀率上升过快,使实际利率大大低于名义利率。

3. 实际利率低于实际工资增长率

如果其他假设不变,当实际利率下降,低于实际工资增长率时,替代率则会下降。

为了降低替代率风险,政府需要提供最低受益担保等方式保证低收入人群退休后的生活水平。此外,通过有效的投资组合提高基金的实际收益率是保证较高水平的养老基金替代率的重要途径。

(二)投资风险

投资风险是指社会养老保险投资过程中由于主观原因(投资决策失误、投资组合选择不当)及客观原因(工商业的周期变化、利率波动、政府政策变化等)造成的投资收益率不确定的风险。该风险与资本市场的发育程度、投资工具以及市场运作的规范程度密切相关。资本市场的不断完善、政府适当的监管及基金投资管理的逐渐成熟都会降低投资风险。

（三）通货膨胀风险

通货膨胀风险是指由于通货膨胀，社会养老保险基金经过长期积累后其实际购买力下降。通货膨胀往往随一国经济的周期性波动而呈现出周期性变化的特点。养老金积累的长期性使其对于通货膨胀的风险较为敏感。为了抵御通货膨胀风险，金融市场创造了很多通过指数调整以对抗通胀风险的金融产品，为养老基金提供了有效的套期保值工具。

（四）偿付能力风险

偿付能力风险是指基金管理公司由于经营不善或其他原因陷入财务危机而不能偿付委托人的应计债权的风险。在养老保险基金的运营管理中，如果将基金的投资营运委托给基金管理公司等金融机构，社会养老保险基金就可能面临偿付能力风险。在实际操作中，通过政府的担保或基金管理公司的保险可以在一定程度上降低这种风险。

二、养老保险基金可选择的投资工具

保险基金可选择的投资工具大体分为两类：金融工具和实物工具。

（一）金融工具

养老保险基金投资的传统金融工具包括银行存款、国债、公司债券、公司股票等；创新的金融工具则包括各种衍生金融产品、另类投资等。

1. 银行存款

银行存款具有较高的安全性，而收益率相对较低。一般而言，银行存款仅占到养老保险基金投资组合的较小部分，只作为短期投资工具，其作用是维护基金的流动与周转，具体比例又视基金的流动性高低而有所不同。在某些国家政府会给予存入银行的养老保险基金以一定的税收优惠，如营业税减免，对于该部分资金，商业银行不准许缴纳存款保证金等。

2. 国债

中央政府发行的国债一般被视为没有违约风险，安全性高，因而是养老保险基金的重要投资工具。但因其投资收益率也低，因而在养老保险基金投资组合中所占比重有限。

3. 公司债券

公司债券风险高于国债低于股票，收益率介于两者之间。公司债券的收益率与其风险评级相关，因此一般政府会对社会保险基金投资的公司债券的等级及相应的投资比例有所限制,以防止过高的投资风险。通常,实力雄厚、信誉卓越的大公司发行的债券风险较小,而收益率较国债更高,因而也是养老保险基金投资组合的重要组成部分。

4. 公司股票

股票作为股权投资工具,风险和收益均高于债权投资工具。股票投资的收益来自于股票买卖的价差和持股期间的股息红利收入。作为长期投资的社会养老保险基金一般更注重后者,即公司的成长性带来的长期回报率。为保证社会养老保险基金的收益率,多数国家允许其投资于股票市场,但一般会限制其投资比例。

(二)实物工具

养老保险基金还可以投资于实物,如房地产、基础设施等。实物投资相对金融工具而言投资期更长、流动性更差,但能在一定程度上防范通货膨胀风险,因此也是养老保险基金的选择之一。其中,对基础设施的投资主要以贷款形式进行,对于房地产市场的投资则受经济周期波动影响有较大风险,投资限制相对更严。

三、我国政府对社会养老保险基金的投资范围限制

人社部、财政部及国务院分别对于企业年金、社会保障基金以及今年刚刚进行市场化运营改革的基本养老金都出台了具体的投资范围的规定。表 4—4 提供了三者投资范围的比较。

表 4—4   企业年金、基本养老金及社保基金的投资范围比较

资产类型		流动性产品或资产	固定收益类产品或资产	权益类产品	国家重大项目及重点企业股权
企业年金	上限	(债券正回购比例不高于50%)	95%	30%	
	下限	5%			
基本养老金	上限		135%(债券正回购余额每个交易日不高于40%)	30%	20%
	下限	5%			
社保基金	上限		20%	40%	
	下限	50%(银行存款不得低于10%)			

注:全国社保基金、企业年金和基本养老金对于流动性产品、固定收益类产品和权利类产品的范围界定有所不同,具体可参见相应的管理办法。

资料来源:根据《全国社会保障基金投资管理暂行办法》、《基本养老保险基金投资管理办法》以及《企业年金基金管理办法》整理。

由表 4-4 可以看到：

第一，相对而言全国社保基金的投资限制更少，其对于风险较高的权益类产品的投资上限达到了 40%，高于企业年金和基本养老金的 30%。

第二，各大养老金对于流动性产品都有一定的最低比例要求，这体现了养老类基金对于流动性风险较为敏感的特性。

第三，基本养老金的《管理办法》中指出了基本养老金对于国家重大项目和重点企业股权的投资比例上限，这是企业年金和社保基金所不具备的。

第四，社保基金被允许可以一定比例投资于境外资产，但是目前企业年金和基本养老金的投资范围仍被限制在境内。

四、我国养老金资产配置发展新方向

(一)投资限制进一步放开

这里仅以发展多年的企业年金为例进行说明。目前，企业年金市场已基本纳入了当今资本市场多数投资工具，但是仍有一些关键限制阻碍了资产配置的进一步发展。

1. 权益资产投资比例上限过低

目前规定股票占比不超过 30%，这个监管上限低于多数国家养老金股权资产的实际配置。预计随着我国资本市场进一步成熟和市场管理的进一步规范，这部分的投资限制有望宽松。

2. 对冲基金、私募股权投资基金、商品资产、海外资产等资产尚未获得投资许可

这类金融资产能够起到更好的风险分散和套期保值的作用，也是目前国际养老金资产配置中较重要的组成部分，随着我国未来市场化运营的养老金市场规模的进一步扩大，这部分投资品种有望被纳入到养老类基金的投资组合中。

综合来看，随着风险偏好的多样性和监管限制的放开，投资管理人的投资策略也将更加丰富，通过加入衍生品工具的对冲型策略和依托模型的量化投资策略养老金市场将拥有更为广阔的发展空间。

(二)另类投资占比将显著上升

所谓另类投资，是指传统的股票、债券和现金之外的金融和实物资产，如房地产、证券化资产、对冲基金、私人股本基金、大宗商品、艺术品等。2011 年以来，中国保险资金加大了另类资产的投资力度，对于优化资产配置结构和改善投资收益发挥了显著作用。国内养老资金也应抓住国家鼓励社会资本参与基础设施建设、国企改革和新兴战略行业的重大机遇，积极推动养老保险产品对于另类投资配置，以达到多样化投资

组合分散风险以及提升总体收益率的目的。

第五章　保险资金运用主体参与
养老金管理的监管模式分析

第一节　委托代理和约束与激励相容问题

一、委托代理理论

委托代理理论主要研究在信息不对称条件下市场参与者的委托代理关系以及解决委托代理问题的机理约束机制问题。当市场主体之间存在信息不对称且双方存在利益关系时,委托代理关系便存在了。代理人和委托人之间存在着信息不对称和利益目标的不一致问题。当代理人在代理活动中追求自身效用最大化时,他就不会完全按照委托人的利益目标行事,而又由于信息的不对称,代理人可能会产生机会主义思想,通过"隐藏行动"而不完全承担其行为的全部后果,即所谓的"逆向选择"和"道德风险",从而产生委托代理问题。

二、约束与激励相容理论

解决上述委托代理问题的途径是通过激励约束机制的设计,其核心是建立一个合理的激励机制,这种机制使委托人与代理人的利益进行有效"捆绑",使代理人和委托人的效用最大化的目标相一致,以激励代理人采取最有利于委托人的行为,从而委托人利益最大化的实现能够通过代理人的效用最大化行为来实现,即实现激励相容。具体来讲,就是通过提供一个在委托人与代理人之间安排风险、收益和动力相分享与承担的制度,给予代理人报酬并使报酬取决于企业的经营绩效,能够对代理人形成较强动力,进而能使代理人自我抑制自身道德风险行为。

三、我国企业年金市场的委托代理问题

(一)企业年金委托代理风险的来源

我国企业年金市场的运营过程中存在复杂的多层次委托代理关系,主要由两层构

成:第一层是企业和职工将年金基金资产委托给年金基金的受托人管理;第二层是企业年金基金受托人分别与企业年金基金投资管理人、账户管理人和托管人订立合约,由其负责企业年金基金的运营。大致如图5-1所示。

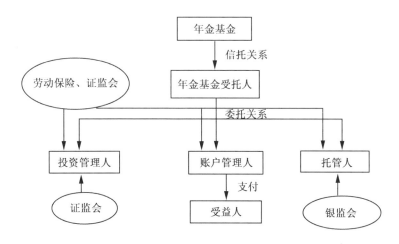

图5-1 我国企业年金委托代理关系示意

具体来讲,企业年金运营过程中可能产生委托代理风险的来源有以下三个方面:

1. 委托人和法人受托机构(或企业年金理事会)的委托代理关系

一些法人受托机构(或企业年金理事会)有可能在向委托人及受益人出具的企业年金基金管理报告中显示虚假数字,隐瞒年金基金的真实利润或者因重大事故造成的重大损失。

2. 企业年金受托人与投资管理人、账户管理人和托管人的委托代理关系

由于两者之间存在信息不对称问题,当年金基金的运营出现问题时为了掩饰自己的过失,投资管理人、账户管理人和托管人有动机向负责监督的受托人隐瞒真实情况和提供虚假信息。

3. 投资管理人、账户管理人和托管人之间的业务关系

按照现行规定,投资管理人、账户管理人和托管人之间有责任及时与对方核对企业年金基金会计核算、估值结果、缴费数据等有关数据。如果这些代理机构之间的制衡机制不能发挥其应有的作用,那么很可能产生几个代理人之间的"合谋"行为,侵害委托人的权益。

(二)企业年金委托代理问题的主要原因

1. 企业年金参与各方的利益目标不一致

这主要体现在企业年金委托人和其他代理人之间利益目标的不一致性。企业职工参加企业年金计划是为得到一份除基本养老金之外的企业退休金,为退休之后的生活做好储备,追求的是企业年金资产的保值增值。而其他代理人作为具有独立利益的经济主体,其追求的是企业利润的最大化。两者之间的利益冲突就有可能使企业年金的运营过程中出现种种矛盾。

2. 企业年金委托人和受托人之间、受托人和其他委托人之间的信息不对称性

这指的是一方面企业年金委托人将年金资产委托给受托人管理之后很难及时全面地获得该年金的真实运营情况,另一方面是除受托人之外的代理人可能不会及时全面地将年金的运行情况报告给受托人,因此受托人很难对各代理人的工作完成程度、年金的运营状况等做出准确判断,这都会导致委托代理风险的产生。

3. 企业年金运营各环节中监督机制的不完善

这主要指的是企业年金的外部监管,包括政府、中介机构和管理运营机构的监管。政府监管主要包括方案审核、资格准入认定、市场退出机制以及解决纠纷等;中介机构监管主要包括审计、资信评定和偿债能力评估等,以确保信息发布的真实性;管理运营机构监管在企业年金资产保管、账户报告、投资回报和信息披露等方面承担职责。目前,我国对于企业年金的外部监管尚存在很多不足之处,使得年金运营过程中的委托代理问题更易产生。

(三)防范我国企业年金市场委托代理风险的建议

1. 激励机制方面的建议

根据理论部分的论述,解决委托代理问题的方法之一就是对代理人建立合理的激励机制,使其目标函数和委托人的目标函数相一致,体现在企业年金市场上就是对代理主体传统的薪酬制度进行改革,将其收益由一般的固定收益转变为与其管理绩效挂钩的浮动收益,具体操作时可以固定收益加基金业绩收益提成的薪酬制度。在目前实际情况中已有不少企业年金计划在委托代理风险发生可能较高的受托人和投资管理人领域实行了类似的薪酬机制,其降低委托代理风险的效果也是比较明显的。

2. 约束机制方面的建议

建立约束机制需要从内部约束和外部约束两方面进行加强。内部约束方面需要保持企业年金各责任主体之间的制衡机制运行有效。比如,应要求管理层代表和职工代表共同组成企业年金理事会或共同选择受托机构,以保障一般职工的权利,同时受托人在选择各年金代理机构的时候也应该与机构签订合格的委托合同并严格执行,使其相互间也形成互相制衡的机制。

而在外部约束方面，一方面要继续加强完善政府、中介机构和管理运营机构的监管和约束机制，同时也要发挥新闻媒体的场外监督功能；另一方面一个高度完善、竞争激烈的代理人市场也将遏制委托代理问题的发生，另外还需要政府加强信息披露机制的完整性和真实性。

第二节　养老金投资监管的监管模式

按照监管当局对资产组合类别和比率的限制程度，世界范围的养老金投资监管可分为谨慎人规则监管、数量限制监管以及两者兼有的混合监管三种模式。

谨慎人规则监管是指监管层对于代理人管理的投资资产组合类别和各投资品种的投资比例不作具体的限制性规定，而将监管重心放在确保受托人按照信托法中的"谨慎人规则"要求勤勉、尽责地进行管理的监管模式。

数量限制监管是指监管层明确规定养老金的可投资资产的资产类别和各资产类别比例的数量限制，以达到控制风险的目的的监管模式。

混合监管则是指监管当局综合利用谨慎人规则和数量限制进行监管的模式。

一、谨慎人规则和数量限制监管模式的比较

（一）监管理念和监管侧重点不同

谨慎人规则的监管是行为导向的监管，其强调的是对养老金的代理人尤其是受托人的内部控制、治理结构和信息披露等行为的监管和规范。其奉行的监管理念是"效率监管"，监管的重点放在代理人的行为方式、决策过程和投资过程是否严格遵循谨慎原则的关键标准，这体现了监管与服务相结合的间接的监管模式和"适度监管"的原则。

数量限制监管模式的监管理念则是"安全"理念，其监管重点放在对具体的投资工具的选择上，如投资类别、资产类型和投资结果。这种监管模式在一些发展中国家较为普遍，因为如果代理人缺乏基金的管理经验（尤其是对风险的控制能力）或者不成熟的金融市场环境（波动大、缺乏流动性和透明度）都将对厌恶风险程度较高的养老金投资带来不利影响。

（二）适应性和灵活性不同

显而易见的是，谨慎人规则的监管模式给予了受托人更大的自主决策权，受托人可以根据市场变化和基金的资产负债结构较为灵活地确定养老金的投资品种和投资

比例,以最大限度地提高养老金的投资收益。

而数量限制的监管模式则对养老金的可投资品种和各品种的投资比例给出了严格的限定,这种监管模式虽然更为简单易行,但是当市场情况变化较快或者产品自身出现各种问题时,却限制了管理人及时地根据实际情况做出应对的能力。与此同时,随着金融市场的不断发展和金融产品的不断创新,越来越多综合化的金融衍生产品出现在市场中,对其种类的界定以及相应的监管也会越来越困难。

(三)适应的规制环境不同

谨慎人原则和数量限制的两种不同的监管模式是由一国所处的客观环境所决定的,具体包括法制环境、资本市场、养老金治理、监管体系、信息披露等方面。一般而言,一国法律体系中与谨慎人规则监管的法律体系越完备,资本市场越有效,养老金的治理机制越完善,养老金管理者的投资管理能力和水平越高以及投资监管体系和监督、报告及信息披露制度越成熟,该国实行谨慎人原则的监管模式的可行性就越高。

从目前各国的实践来看,英国和美国是较为典型的谨慎人规则监管国家,而智利等发展中国家则较多地采取数量限制监管模式。但现在一种趋势是混合监管模式开始逐渐流行,随着本国金融市场的完善、监管能力的提高和年金计划参与者金融熟悉程度的提高,采取定量限制式监管模式的国家正在逐步放松监管,而那些采取审慎监管模式的国家却在悄然强化年金基金监管功能。如美国政府在 2000 年"安然"事件之后开始改革企业年金制度,布什总统提议严格限制以年金基金购买本公司股票的比例以及缩短禁售期。除此之外,加拿大、芬兰在谨慎人原则监管的基础上加入了部分数量限制监管方法;意大利、日本、荷兰等国家也采取了谨慎人原则监管与数量限制混合的年金监管模式。

二、我国养老金的监管形式及发展方向

养老类基金的管理机构涉及金融领域的所有主体,同时基金也广泛地投资于货币市场、资本市场和保险市场的各类金融产品,因此我国对包括企业年金在内的养老金的监管模式的选择必须契合我国当前金融市场发展的现状以及我国金融分业经营和分业监管的客观情况,以下是我国养老金监管的三个主要特征及今后的发展方向。

(一)采取数量限制的监管模式

从第四部分对基本养老金、企业年金和社保基金投资范围的总结中可以看到,我国目前还是实行的数量限制的监管模式,这也是与我国目前比较脆弱的金融市场以及各金融主体较低的投资管理水平等因素密切相关的。

可以预见,随着金融市场的发展和投资水平、理念的提升,我国政府对于未来年金基金的投资范围和比例将进一步放宽。

(二)设立年金基金市场的二次准入机制

市场准入是指监管机构对欲进入市场的主体或客体(产品)进行限制。以我国企业年金市场为例,目前我国企业年金的监管机制设立了二次准入机制,即首先由中国银监会、证监会和保监会等金融监管部门对申请年金基金管理业务的专业机构、金融机构和保险机构进行资格审查或报备;然后,由国家人社部对经过三大金融监管部门认可的年金基金管理业务申请机构进行第二次准入审查。只有经过二次准入的合法金融机构才有资格成为年金基金市场的受托人(法人)、账户管理人、托管人和投资管理人。

未来随着我国监管体系的进一步整合(如目前市场传闻的证监会、保监会和银监会三会合并),我国年金基金产品的设立审核流程有望进一步简化,监管部门的监管效率也将大大提高。

(三)多部门的协同监管、功能性监管

由于目前我国分业经营、分业监管的现状,因此国家各相关部门之间应加强相互的沟通协作,如国家人社部应会同银监会、证监会和保监会等金融监管部门,对我国企业年金市场的系统性风险和跨市场风险进行监测和分析,以防患于未然。

第三节　保险资金运用主体参与养老金管理的风险控制

要建立一套适合养老金管理经营特点的,对各种风险、各业务品种、各流程环节实施有效风险管理的体系,需要具备及时识别、衡量、评估、监控和管理所有重要风险的能力。按照现代风险管理理论,风险管理的流程包括风险控制水准定位、全面风险识别、客观风险度量、有效风险控制和动态检查调整五步。下面以我国企业年金的风险控制为例来说明保险资金运用主体在参与养老金管理的过程中需要注意的风险控制。

一、企业年金资产管理的风险控制的定位及原则

风险定位是进行风险管理的核心,其作为总体方针和指导,决定了企业根据自身情况所能够承担的风险水准和能力。企业的风险偏好体系包括风险偏好、风险容忍度和风险限额三个方面:风险偏好是公司对风险的基本态度,为战略制定、经营计划实施以及资源分配提供指导;风险容忍度是公司对既定风险水平出现差异的可接受程度,

是风险偏好的具体体现;风险限额是公司根据不同风险类别、业务单位、产品类型特征等对风险容忍度的进一步量化和细化。

企业年金资产管理的主要目标是满足委托人的退休收入支付,因此其要在首先保证产品的安全性和流动性的前提下再追求收益率水平,企业年金产品的风险容忍度相对较低,但是高于基本养老金和社保基金。

二、企业年金资产管理中面临的主要风险

风险辨识是风险管理过程中重要的步骤之一,其中又可细分为两个步骤:风险分类和风险识别。

(一)风险分类

风险分类是进行风险识别和后续管控的基础。按照风险控制对象和风险来源的不同,可以将常见风险划分为以下四类基本风险:

1.市场风险

市场风险是指公司在养老金投资管理过程中由于金融市场价格的不利变化而带来的潜在损失。这些价格因素包括利率、汇率、股票、商品以及不同金融工具市场价格间的相关性等。

2.信用风险

信用风险是指公司在养老金投资管理过程中由于相关交易方(包括投资管理人、托管人、客户、债券发行人、交易对手、登记结算机构和经纪商等)违约的不利变化而带来的潜在损失。

3.操作风险

操作风险是指公司各部门、其他管理人以及业务各环节操作中由于管理系统设置不当、系统功能不完备、内控环节薄弱、人为差错、管理水平落后、决策失误、外部事件等因素导致的潜在损失。操作风险包括投资管理风险、产品研发风险、市场营销风险、运营风险、关联交易风险、流动性风险、战略风险、新业务风险、法律法规风险、信息技术风险、财务风险、人力资源风险、信息披露风险、声誉风险等。

4.系统风险

系统风险是指不能预见、不能避免并且不能克服的不利情况(如网络通信故障,水灾、地震等自然灾害或其他人为破坏事故等)导致系统出现问题,使公司的业务异常中断,并使养老金资产、委托人或其他管理人、本公司利益遭受损失的可能性。

(二)风险识别

风险识别是建立在风险分类的基础之上,是保险公司在认识和发现在经营活动中所面临的风险的过程。公司可通过流程图法、组织图分析法等方法,描述风险的特征,系统分析风险发生的原因、风险的驱动因素和条件等。

风险识别范围应涵盖公司各类业务。覆盖的风险包括经营过程中对公司财务或非财务状况产生重大影响、所有可能导致公司重大损失的风险,以及独立评估风险程度不高但与其他风险相互作用可能导致重大损失的风险;公司新产品、新业务、新流程推出前应对风险进行全面的评估,确保全面认知新兴业务中的风险因素。

三、风险评估与计量

风险评估和计量是指在通过风险识别确定风险性质的基础上,对影响目标实现的潜在事项出现的可能性和影响程度进行评估和计量的过程。

对能够量化的风险,管理人应建立相关的风险计量模型,应用压力测试等多种方法计量公司所承受的风险,并持续改进计量方法,不断提高风险计量的科学性和准确性;对尚难量化的风险,建立风险识别、监测、控制和报告机制,确保相关风险得到有效管理。

四、风险应对与控制

风险的应对和控制是指公司围绕发展战略、风险偏好与风险容忍度,结合风险评估与计量结果制定风险应对方案并进行有效实施。风险应对方案主要包括:解决该项风险所要达到的具体目标,所涉及的管理及业务流程,所需的条件和资源,所采取的具体措施及风险应对工具等内容。

公司应制定相关风险控制措施,确保风险应对方案的有效执行。通常可以采用的风险控制措施包括但不限于:

第一,建立、完善相应的管理政策和制度;

第二,改善相应业务流程;

第三,改善相应的内部控制机制;

第四,建立风险预警及监控体系。

五、风险的动态监管调整

风险的动态监管及调整是指通过风险的监测预警及时发现风险,同时根据在企业

运行过程中出现的新问题对原有的风险控制流程和体系进行更新和完善,具体来讲有以下几个方面:

(一)风险监测与预警

风险监测是指监测各种关键风险指标和风险因素的变化、发展趋势,以及风险管理措施的实施效果的过程。

风险预警是指公司在有效监测风险的基础上,根据不同风险类别的特征,逐步建立风险预警体系,对未来可能发生的风险事件及面临的风险给予预警。

公司根据整体风险情况建立风险指标监测体系,并对照风险偏好和风险容忍度,对风险指标设定预警标准。公司风险管理部门负责公司整体性风险、各类风险指标组合层面的监测,以及不同风险类别之间风险传染、影响和扩散情况的监测和预警。各业务部门负责所辖风险类别的监测和预警,及时提供风险预警指标的相关基础信息,并对所报送风险预警指标基础数据信息的完整性、真实性和及时性负责。

(二)风险报告

风险报告是指在风险监测的基础上,编制不同层次和种类的风险报告,遵循报告的发送范围、程序和频率,以满足不同风险管理层级和不同业务部门对于风险状况的多样性需求,并进行及时反馈的过程。

(三)风险监督与评价

保险公司对风险管理的健全性、合理性和有效性进行监督检查。定期分析风险管理体系的设计和执行结果,并通过监督活动发现风险管理薄弱环节,不断完善全面风险管理体系。公司风险监督包括三个层次:

第一,各业务部门对自身风险的监测和风险管理工作的自查;

第二,风险管理部门对各业务部门风险管理工作的实施情况进行监督检查;

第三,保险公司具有内部审计职能的部门对公司全面风险管理体系的健全性、合理性以及有效性进行独立的监督评价。

(四)风险管理的再完善

根据风险管理的监督检查和考核评估结果,结合风险控制监控中发现的问题,及时提出改进措施,完善内部控制机制,修改内部控制制度,调整风险评估方法、风险控制措施、风险报告途径和内容,进而提高风险控制能力。

由上可见,对于企业年金的风险管理是一个系统化的庞大工程,也贯穿着企业年金资产管理以及其他养老金产品的全过程。企业通过对于年金管理过程中的风险水准定位、全面的风险识别、风险控制技术方法、动态监管的全方位把握,才能有效地控制产品风险,更好地实现管理目标。

第六章 结 论

本课题在分析我国养老金现有管理模式基础上,提出保险资金运用主体参与养老金管理存在的问题,分析保险资金运用主体参与养老金管理存在问题的原因,借鉴国外养老金管理模式的经验,提出我国保险资金运用主体参与养老金"三大支柱"资金管理的不同模式,以及相应风险控制模式。通过研究得到以下结论:

一、我国养老金管理存在政府主导、结构不合理和巨额隐性资金缺口等问题

自50多年前我国颁布第一部全国性社会保障法规开始,我国养老金体系经历了三个阶段的演变,形成了由基本养老保险、企业补充养老保险(企业年金)、个人储蓄性养老保险"三个支柱"为主、全国社会保障基金为辅的养老保险基金体系。截至2014年底,我国养老金基金总体规模超过5万亿元。

目前,我国养老金管理还存在诸多问题。首先,"三个支柱"结构不合理,仍以政府主导的基本养老保险为主,二、三支柱发展相对落后。截至2014年底,我国企业年金基金结余占比仅18.11%,而个人养老储蓄几乎可以忽略不计,而美国的企业年金占比42.01%,个人储蓄型养老占30.19%。其次,养老保险基金投资渠道狭窄,保值增值无法实现。第一支柱基本养老保险在很长一段时间里只能存银行或买国债,投资渠道狭窄。2015年8月发布的《基本养老保险基金投资管理办法》标志着两万亿元养老金即将入市,目前由全国社保基金会理事会作为受托机构,将采取直接投资(国家重大项目和重点企业股权、银行存款、政策性开发性债券等)和委托市场机构投资(股票、基金、养老金产品等)相结合的方式。第二支柱企业补充养老保险(企业年金)的管理受到监管限制,因而各类金融机构参与企业年金业务的范围存在一定分割。最后,养老保险基金存在巨额隐性资金缺口,且基金挪用严重。根据新的制度,养老金的支付和缴费分为两个部分,即为基础养老金和个人账户养老金,这一制度刚开始运行的时候,就存在个人账户基金的空账问题。由此,随着养老保障体系改革的不断深化,为保险资金运用主体参与养老金"三大支柱"资金管理提供了广阔的空间。

二、国外保险公司参与养老金管理主要趋势为提供"一站购齐"的捆绑式服务和横跨"三支柱"的综合化服务

本文通过对国外的养老金市场的考察,发现国际上发达国家大多构建了以"三支柱"体系为主的多层次社会养老保障体系。截至2014年底,美国、英国和日本等16个主要市场的养老金资产达到36万亿美元,占GDP的比重为84%。

对于第二、第三支柱养老金的经营运作模式,主要依托市场化的投资管理人进行管理,商业银行、基金公司、保险公司及这些金融机构下设的养老金管理公司都是重要参与者。其中,由大型银行投资设立的养老金管理公司占据主导地位。总的来看,发达国家的养老金市场规模大、增长快、集中度高,发展专业化运作的养老金管理公司,为参保者提供"一站购齐"的捆绑式服务,是国际养老金市场的主选模式。

根据受托人参与的程度,养老金管理模式主要有直接投资管理模式、部分委托管理模式、全部委托管理模式以及集合管理模式等类型。直接投资管理模式(或受托捆绑模式)中,一部分由传统金融机构担任受托人,可提供"一站购齐"服务,在美国、加拿大、英国、法国等发达国家较为常见,如在美国401(k)计划中,担任捆绑受托人机构中,基金管理公司占全部机构的50.4%。另一部分由养老金基金管理公司担任受托人,可由国家或私人设立,在南美和东欧地区占据一定的地位。部分委托管理模式(或部分分拆模式),典型如中国香港的受托人不担任投资管理人,以及智利的受托人不担任账户管理人,上述提到的使用直接投资管理模式的代表国家(地区)也常常并行使用部分委托管理模式。全部委托管理模式(或全部分拆模式)并不常见,但仍在美国的401(k)计划、英国的职业养老金计划中有一些例证。集合管理模式与其他管理模式并不互斥,通常存在于单个企业(通常规模较小)发起的企业年金中。一般说来,如果捆绑程度越深,往往可以提供更为综合的服务,还可以节省管理成本,提供更为快捷、便利的服务。同时,随着捆绑程度的加深,也增加了基金的运营风险,以及增加了受托人的暗箱操作的机会,即增加了道德风险的可能性,会损害服务接受方的利益。

国外养老金管理为我们提供的经验借鉴是,在中国基本养老金即将入市、职业年金和个人储蓄性养老保险即将发展的背景下,应对保险资金运用主体开放多个管理人牌照、鼓励成立专业养老金管理公司,提供"一站购齐"捆绑式服务和横跨"三支柱"的综合化服务。

三、我国保险公司企业年金管理模式应由分拆式向捆绑式转变，并积极介入基本养老金、职业年金和个人递延型税收产品市场

由于我国目前大型的金融控股集团较少，我国年金市场上的主流模式是法人受托分拆模式。相较于分拆模式，捆绑模式在诸多方面具有较为明显的优势。随着我国企业年金市场的发展，相关牌照的逐步放开，以及金融市场的日益开放和金融机构的不断壮大，我国企业年金管理模式将逐渐由法人受托分拆模式向法人受托集中捆绑模式乃至全捆绑模式发展。

在市场化运营较为成熟的企业年金市场，保险机构在受托人和投资管理人方面具有明显优势，但是在账户管理人方面则落后于商业银行；同时，商业银行还垄断着托管人市场，目前也有越来越多的商业银行开始进入企业年金市场争夺受托人角色。可以预见到，未来的企业年金市场将享有力度更大的税收优惠、范围更广的投资选择、更多的个人投资选择权。与此同时，未来企业年金代理人市场的竞争也将日趋激烈，保险公司要不断增强自身优势，以期继续在未来规模更大的企业年金市场保持领先地位。

基本养老金作为在我国养老金体系中占比超过90％的部分，其长期较低的投资收益率被人诟病，我国在今年对基本养老金进行了市场化运营的改革。根据最新发布的消息，基本养老金的受托人将暂时由全国社保基金担任。但是，保险公司依然有许多途径可以参与到基本养老金的管理中。一方面已获得年金投管资格的保险公司可以发挥自身投资风格稳健的特点在基本养老金的投资管理人方面有所斩获；另一方面对于尚未获得年金管理资格的保险机构而言，努力提升自身实力和业绩，也有机会进入到基本养老金的管理市场。此外，未来受托人资格也可能向除社保理事会之后的金融机构开放。

2015年，我国废除了实行多年的养老金双轨制，建立了事业机关单位的职业年金制度。职业年金与企业年金存在众多相似之处，因而保险机构在管理经验、精算技术、服务水平以及产品体系等方面都具有明显优势，保险机构应该充分借鉴在企业年金市场投资管理的成功经验，积极参与职业年金产品的开发设计和宣传，以期在职业年金市场占得先机。

作为我国多年来发展缓慢的第三支柱个人储蓄性养老保险，同样在今年迎来了重大政策变动，已经讨论多年的个人递延型养老保险产品的相关文件和试点将在今年年底之前落地，这对中国保险业的发展将产生深远、积极的影响。本次递延型养老产品的推出将促成保险业的又一次"洗牌"，并将推动整体保险行业的产业结构和服务质量

水平的完善。同时,以个人递延税政策的落地为契机,也将激活我国目前尚显羸弱的第三支柱市场,进一步完善我国多层次的养老保障体系,为应对我国的老龄化问题做好充足准备。

四、我国对养老金投资监管应实行数量限制的监管模式,以适当的激励和约束机制解决年金运营过程中的委托代理问题

为解决保险资金运用主体参与养老金管理的委托代理问题,需要从激励机制和约束机制两方面来入手,从激励机制方面可行的方案是对传统薪酬制度进行改革,将固定收益改为固定收益加基金业绩收益提成的薪酬制度;从约束机制方面则需要从内部和外部同时加强监管。

对于养老金投资监管的不同模式,谨慎人规则强调的是“效率监管”,其赋予管理人更大自由;而数量限制监管则强调“安全监管”,对于投资品种及数量比例都有严格规定。这两种监管模式适用情况由一国的多种因素共同决定,如法制环境、资本市场、养老金治理、监管体系、信息披露等方面。我国目前实行的是数量限制监管,同时设立了年金基金市场的二次准入机制以及多部门的协同监管、功能性监管的监管模式。

本课题从风险控制水准定位、全面风险识别、客观风险度量、有效风险控制和动态检查调整五个步骤对保险资金运用主体参与养老金管理的风险控制进行了详细分析,指出企业年金的风险管理是一个系统化的庞大工程,企业需要同时做好上述五个方面的工作才能起到有效控制风险的作用。

参考文献

[1]OECD编著,史建平等译.养老金制度与体系[M].中国发展出版社,2007.

[2]陈康济.个人税延型养老保险实行对中国保险业发展的影响——以上海地区为例[J].江淮论坛,2013,04:66-70.

[3]陈文辉.发展商业养老保险 健全养老保障体系[J].中国金融,2007,09:9-10.

[4]李超.个税递延型养老险政策渐近 养老金融需求望“井喷”[N].中国证券报.2015.12.04.

[5]刘莉.日本、韩国公共养老金投资模式演变及启示[J].社会保障研究,2015,01:96-102.

[6]刘永涛.养老金基金运营模式的国际比较[J].中国劳动,2014,06:29-32.

[7]潘伊琳.我国养老保险个人账户基金及其投资运营研究[D].河北大学,2013.

[8]平安证券.平安证券社保养老改革系列报告一:养老体系改革路在市场,多箭齐发方能老有所养.2015.04.27.

[9]平安证券.平安证券社保养老改革系列报告二:养老金市场化改革箭在弦上,万亿资金催生资管盛宴.2015.05.15.

[10]平安证券.平安证券社保养老改革系列报告三:"国家队"历史战绩卓著,养老金投资改革有方可循.2015.06.15.

[11]人力资源社会保障部基金监督司.《全国企业年金基金业务数据摘要》(2012年底—2015二季度).

[12]商红霞.如何提高商业养老保险对社会保障体系的贡献[A].山东省保险学会、山东大学经济学院."创新·和谐·发展"征文颁奖仪式暨保险学术报告会论文集[C].山东省保险学会、山东大学经济学院,2007:4.

[13]苏彬.委托代理视角下的中国企业年金监管责任主体研究[J].经济师,2007,08:78—79.

[14]唐金成,陈嘉州.论社会保险与商业保险的互动协调发展[J].西南金融,2007,07:46—47.

[15]田北海.香港与内地养老金运营模式比较及其对内地的启示[J].学习与实践,2007,06:125—134.

[16]王丹.中国企业年金资产管理的风险控制[D].西南财经大学,2008.

[17]王娜.中国社会养老保险制度的改革与商业养老保险公司在养老保障领域的职责[J].时代金融,2011,33:86.

[18]王琬.中国商业保险的发展与社会保障制度建设[J].人口与经济,2010,06:54—58,65.

[19]魏志华,林亚清.社保基金的投资管理模式及其困境摆脱[J].改革,2014,03:47—55.

[20]许谨良.我国社会基本养老保险与商业补充养老保险相结合方式研究[A].上海市保险学会.2004年上海市保险学会年会论文集——暨上海市保险学会成立20周年和《上海保险》创刊20周年纪念[C].上海市保险学会,2004:9.

[21]闫峰.我国养老金市场急需发展多资产配置基金[N].中国证券报.2015.12.04.

[22]张利群.我国养老保险基金运营模式管理研究[D].陕西师范大学,2011.

[23]张运刚.人口老龄化与我国养老保险制度改革[J].四川师范大学学报(社会科学版),2005,02:18—23.

[24]赵航.我国企业年金制度中的委托代理风险及其防范[J].商业时代,2011,11:93—94.

[25]赵文龙.保险业如何参与职业年金发展[N].当代金融家.2015.09.29.

[26]郑秉文.企业年金受托模式的"空壳化"及其改革的方向——关于建立专业养老金管理公司的政策建议[J].劳动保障世界,2008,02:84—97.

[27]Holzman,R.,"Pension Reform,Financial Market Development and Economic Growt Preliminary Evidence from Chile?",IMF Staf Papers No.44,Washington D.C.,IMF.,1997.

[28]James M.Poterbab,Steven F.Ventic and David A.Wise,"Do 401(k) contributions crowd out other personal saving?",*Journal of Public Economics*,Vol58,September 1995,pp.1—32.

保险资金参与"一带一路"战略的研究

东方金诚国际信用评估有限公司

张　猛　俞春江

摘要

全球金融危机以来,我国保险业迅速从危机中复苏,保险业保费收入和资产总额呈现几何式增长。但是,在利率市场化的大环境下,随着传统险预定利率的放开,保险业负债端利率已经开始逐渐走向市场化,同时又面临投资收益下行的压力。保险业亟须拓展多元化投资,尤其是在境外投资领域。2015 年 3 月,"推动共建丝绸之路经济带和 21 世纪海上丝绸之路的愿景与行动"正式发布,未来"一带一路"建设的全面铺开将为保险资产提供高收益项目和丰富的境外投资机遇,有利于保险资产提升投资收益率和资产配置多样性。本文结合保险资金大规模、长期限、追求稳定收益的特点,通过对保险资金可投资境外投资品种的论证,认为保险资金在作为"一带一路"建设优先领域的基础设施领域,将发挥关键作用。但是,由于"一带一路"沿线国家可供投资品种和中国保监会监管要求的双重限制,保险资金通过境外投资参与"一带一路"战略仅能通过投资政府债券和多边金融机构债券来实现。从国内市场投资来看,保险资金可通过投资"一带一路"主要资金池、参与国内省区"一带一路"对接项目、投资具备产能输出和资源整合的行业以及参与境外政府或企业国内融资的方式,分享"一带一路"建设未来丰硕收益。

关键词

保险资金　境外投资　一带一路　主权评级

第一章　"一带一路"国家战略

第一节　"一带一路"战略背景

"一带一路"即"丝绸之路经济带"和"21世纪海上丝绸之路",是2013年9月和10月习近平主席访问哈萨克斯坦和东盟时提出的战略构想,该构想将中国与西亚各国之间形成的一个经济合作区域定义为"丝绸之路经济带"。该区域东接亚太经济圈,西连欧盟经济圈,矿产资源、自然资源、土地资源、能源资源和旅游资源十分丰富,但自然环境恶劣、交通基础设施较差,经济发展水平与两端的经济圈存在巨大落差。"21世纪海上丝绸之路"是串起连通欧洲、北非、西亚、南亚和东盟等各大经济板块的海上运输链。

在提出"一带一路"战略构想以后,习近平主席、李克强总理等领导人多次出访"一带一路"周边国家,出席进一步加强互联互通的伙伴关系对话会议,多次与有关国家元首和政府首脑进行会晤,就共建"丝绸之路经济带和21世纪海上丝绸之路"达成共识。为推进"一带一路"战略的实施,2015年3月28日,习近平主席在2015年"博鳌亚洲论坛"开幕式上发表了主旨演讲,推动"一带一路"沿线各国实现在经济战略层面的相互对接和优势互补;同日,国家发改委、外交部、商务部联合发布了《推动共建丝绸之路经济带和21世纪海上丝绸之路的愿景与行动》。

"一带一路"战略依靠"一带一路"相关国家与中国既有的双多边机制,借助已建立的、有效的区域间和国际上的合作平台,主动地发展沿线国家多层次合作伙伴关系,共同打造政治互信、经济融合、文化包容的利益共同体、命运共同体和责任共同体。"丝绸之路经济带"战略囊括了东南亚、东北亚经济整合,并一起通向欧洲,形成欧亚大陆经济整合。"21世纪海上丝绸之路"战略从海路联通欧亚非三个大陆和"丝绸之路经济带"战略形成一个海上、陆地的闭环。

第二节 "一带一路"战略建设内容和范围

一、"一带一路"战略内容

"一带一路"战略以政策沟通、设施联通、贸易畅通、资金融通、民心相通为主要内容。其中,基础设施互联互通是"一带一路"建设的优先领域,包括交通、能源基础设施及信息网络基础设施;投资贸易合作是"一带一路"建设的重点,着力消除投资贸易壁垒问题,构建地区间和各个国家间便利的商业环境,打造自由贸易区,释放经济合作潜力和经济发展潜能。

二、"一带一路"战略的国际合作

"一带一路"战略将重点打造中蒙俄、中国—中南半岛、中国—中亚—西亚、孟中印缅、中巴、新亚欧大陆桥六大经济走廊。其中,"丝绸之路经济带"将联通中国经中亚地区、俄罗斯至中东欧地区;中国经中亚、西亚至波斯湾和地中海区域;中国至东南亚滨海国家、南亚各国、印度洋各岛国。"一带一路"及其六大经济走廊共包括了东南亚、南亚、中亚、西亚北非、中东欧地区的 64 个国家,其中对接欧洲发达经济体的中东欧国家 22 个、能源产出聚集地中亚及西亚北非国家 23 个、原材料产出聚集地南亚及东南亚国家 19 个。

三、"一带一路"战略的国内建设

根据"一带一路"走向,从国内省区来看,"一带一路"建设将强调省区间互联互通,以沿线中心城市为支撑,以重点经贸产业园区为合作平台。丝绸之路经济带包括了西藏、新疆、青海、甘肃、宁夏、陕西、内蒙古、辽宁、吉林、黑龙江、云南、重庆、广西 13 个省市自治区;21 世纪海上丝绸之路则包括海南、广东、福建、浙江、上海 5 个省市。根据《推动共建丝绸之路经济带和 21 世纪海上丝绸之路的愿景与行动》,新疆被定位为"丝绸之路经济带核心区";福建则被定位为"21 世纪海上丝绸之路核心区";陕西、甘肃、宁夏、青海四地的定位是形成面向中亚、南亚、西亚国家的通道、商贸物流枢纽、重要产业和人文交流基地;东南沿海城市的定位为加强沿海城市港口建设,强化国际枢纽机场功能;广西的定位是 21 世纪海上丝绸之路与丝绸之路经济带有机衔接的重要门户;

云南的定位是面向南亚、东南亚的辐射中心；内蒙古、黑龙江、吉林、辽宁、北京的定位是建设向东北亚开放的重要窗口。

第三节 "一带一路"战略的外交与经济意义

一、"一带一路"战略的外交意义

从对外关系来看，"一带一路"战略重新定义了中国外交方向。经过改革开放30多年，中国已经大大提升了自身综合国力和外部影响力，中国政府在此背景下主动调整自身的国际定位与外交战略，提出了"一带一路"国家战略构想。东方金诚研究人员认为，这一战略已然成为中国对外交往关系的"顶层设计"，并将塑造未来较长一段时间的中国外交战略。这表明，中国的地缘政治定位已经不再是区域性重要国家，而是与世界第二大经济体相符的全球定位，是全球事务中重要的"一极"。中国在区域政治事件中的作用已获得提升、推动了自身与周边地区的经济发展、增加了对周边国家的吸引和辐射能力、构建了地区政治和经济领域的"和谐新秩序"。

具体来看，俄罗斯在中国外交中的重要性仍然较为突出，俄罗斯是中国政府认可的唯一的"全面战略协作伙伴"，中国将一如既往发展同俄罗斯的关系，不断提升"全面战略协作伙伴"关系。中亚国家是"一带一路"的重点方向及上海合作组织成员国，因此中亚国家在中国区域外交中的重要性将会得到显著提升。对于南亚国家也是如此，比如巴基斯坦，中国政府将其定义为全方位战略合作伙伴。同属南亚国家的印度，虽然对"一带一路"战略采取谨慎态度，但印度经济发展潜力以及与中国在各领域间的合作前景使印度在中国区域外交中的地位有所上升；此外，斯里兰卡及尼泊尔等南亚国家，沙特、阿联酋、伊朗等西亚国家未来将与中国有机会开展多领域合作。东盟国家是21世纪海上丝绸之路建设的枢纽地区，因而在中国周边外交中的重要性不减。

二、"一带一路"战略的经济意义

中国经济从1979～2004年平均增长将近10%，2009年成为世界第二大经济体，贸易增长年平均16.3%，2010年成为世界最大的出口国，2013年成为世界最大的贸易国。但2014年以来，国内经济去杠杆和欧美等发达经济复苏缓慢导致中国经济内、外需求持续疲弱，经济增速不断下行。房地产的高库存、传统行业的过剩产能以及长期的人口老龄化趋势，中国经济短期内难以"出清"，亟须开辟和释放新的需求。

"一带一路"沿线国家包括了东南亚、南亚、中亚、西亚北非、中东欧地区的 64 个国家,沿途多为新兴市场和发展中国家,多数国家拥有人口红利的结构优势,发展潜力巨大。"一带一路"沿线国家人口总计约 30.8 亿,占全球总人口的 44%,其中不乏人口 1 亿以上国家,如印度、印度尼西亚、巴基斯坦、孟加拉国、俄罗斯;人口超 5 000 万国家,如菲律宾、越南、埃及、伊朗、土耳其、泰国、缅甸。"一带一路"沿线国家大多未出现老龄化现象,劳动力充沛,部分南亚及中亚国家基础设施相对薄弱,人力及资本流动不畅,经济需求处于长期被抑制的状态。"一带一路"沿线国家是中国产能输出主要对象,在促进当地经济发展的同时,分享当地经济增长所带来的需求释放。

第二章 "一带一路"沿线国家发展现状

第一节 "一带一路"沿线国家结构特征

"一带一路"沿线国家巨大的发展潜力将为中国在未来国际关系和经济发展方面提供重要的战略机遇,但机遇与风险是并存的,"一带一路"沿线国家落后的发展水平与其国家在政治环境、投资环境、经济结构、财政风险以及外部风险方面的特征密切相关。

一、政治环境

国家政治存在较高的不稳定性,国际关系变化无序,投资环境较为不利。政治脆弱性较为突出,政府执政效率和廉洁度较低,政府对国家基础设施投资严重不足,政策制度易出现反复,一旦出现突发事件,就可能形势逆转,形成严重的风险。例如,"一带一路"沿线国家中埃及、叙利亚等北非、中东国家具有类似特征。

二、经济结构

市场经济不发达,经济缺乏活力和创造力。国家储蓄及投资不足且对外资吸引力弱,导致较严重的供给不足,失业率高企并伴随严重的通胀等情况。经济结构依赖有脆弱性的单一产业,或单一进出口产品,甚至包括外国不可靠的价格优惠或自身没有价格主导权,且没有积累足够的缓冲资金。比如,采取"休克疗法"实现转轨的独联体国家形成的高度进口依赖和较弱的经济自主能力,以及部分石油国家和原材料出口国等。但是,此类型国家有一定的经济基础,制度环境较为稳定,具备基本的基础设施条件,如塞尔维亚、罗马尼亚等中东欧国家以及柬埔寨、老挝等东南亚国家。

三、财政收入结构

财政收入结构表现出对单一产业高度依赖,财政支出刚性高,外部风险由于经济对外依存度高而较为突出。财政收入结构及外部风险一般与经济结构性特征存在很高的关联性。经济对单一产业的依赖导致财政也依赖单一收入来源,且不稳定;经济水平难以支撑的长期高社会福利导致连年赤字;政府通过通货膨胀逃废债务,货币不断贬值,缺乏外债偿付能力,因此外债基本都是官方优惠。中东欧国家则由于经济缺乏自主性,外部流动性易在风险情绪升温的情况下出现受限情况。

四、基础设施水平

基础设施水平落后,严重制约经济发展。由于上述政治及经济脆弱性突出,财政收入不稳定性高,刚性支出挤占资本支出等特征,导致"一带一路"沿线国家基础设施水平落后,在能源、交通、信息网络等领域处于全球中下水平。中亚、南亚以及东南亚地区基础设施投资效率低下,中东欧地区具备一定的基础设施水平,但较为落后,后续维护更新资金不足。"一带一路"沿线国家基础设施建设需求难以满足,成为制约其经济增长动能的"瓶颈",而资金正是制约其基础设施建设的"瓶颈",尤其是规模大、期限长的保险资金将有望为"一带一路"基础设施的互联互通的有力支撑。

第二节　中国与"一带一路"沿线国家的投资贸易合作

投资贸易合作是"一带一路"建设的重点内容。中国在对外投资和贸易往来方面均与"一带一路"沿线国家存在较为广阔的合作空间。2014 年,中国与"一带一路"沿线 64 国家商品贸易总值 111 869 497 万美元,占中国商品贸易总值的比重为 26.00%[①];截至 2014 年末,中国对"一带一路"沿线国家对外直接投资存量合计 9 282

---

① 2014 年,中国商品贸易总值前 5 位国家(地区)分别为美国、中国香港、日本、韩国和中国台湾,占当年商品贸易总值的比重分别为 12.9%、8.7%、7.3%、6.8% 和 4.6%。

160 万美元，占中国对外直接投资总存量的比重为 10.52%①。

一、中国与沿线国家贸易

"一带一路"沿线国家中商品贸易总值前 30 位国家从地理位置来看主要集中于亚洲，前 30 位中亚洲国家有 22 个；从贸易种类来看主要集中于石油、原材料、日用品等大宗商品贸易，如石油产出国马来西亚、俄罗斯、沙特、阿联酋、伊朗等，原材料出口国如泰国、越南、印度尼西亚、菲律宾等。未来，随着"一带一路"战略的推进和相关基础设施的互联互通，中国将通过优势制造业如装备制造、核电、高铁等提升贸易商品附加值，拓宽贸易领域，优化贸易结构，挖掘贸易新增长点，促进贸易平衡。同时，与地理位置较远的中东欧国家之间贸易往来将有望扩大。

表 2—1 显示了 2014 年中国与"一带一路"沿线国家商品贸易总值前 30 位国家的商品贸易总值与相应比重。

表 2—1   2014 年"一带一路"沿线国家中商品贸易前 30 位国家

序号	国家	商品贸易总值（万美元）	比重（%）
1	马来西亚	10 202 001	2.37
2	俄罗斯	9 528 498	2.21
3	越南	8 363 976	1.94
4	新加坡	7 974 087	1.85
5	泰国	7 267 274	1.69
6	印度	7 059 357	1.64
7	沙特阿拉伯	6 910 686	1.61
8	印度尼西亚	6 358 094	1.48
9	阿联酋	5 480 628	1.27
10	伊朗	5 185 116	1.20
11	菲律宾	4 445 666	1.03
12	伊拉克	2 850 438	0.66
13	阿曼	2 585 763	0.60
14	缅甸	2 497 161	0.58

---

① 截至 2014 年末，中国对外直接投资存量前 5 位国家（地区）分别为中国香港、英属维京群岛、开曼群岛、美国和澳大利亚，占中国对外直接投资存量总量的比重分别为 57.8%、5.6%、5.0%、4.3% 和 2.7%。

序 号	国　　家	商品贸易总值(万美元)	比重(%)
15	土耳其	2 301 563	0.53
16	哈萨克斯坦	2 243 858	0.52
17	波兰	1 719 366	0.40
18	巴基斯坦	1 600 327	0.37
19	科威特	1 343 601	0.31
20	孟加拉国	1 254 616	0.29
21	埃及	1 161 966	0.27
22	捷克	1 098 123	0.26
23	以色列	1 088 008	0.25
24	卡塔尔	1 058 279	0.25
25	土库曼斯坦	1 047 047	0.24
26	匈牙利	902 446	0.21
27	乌克兰	859 397	0.20
28	蒙古	730 925	0.17
29	斯洛伐克	620 523	0.14
30	吉尔吉斯斯坦	529 835	0.12
合计		106 268 623	24.70

资料来源:海关统计资讯网,东方金诚整理。

二、中国对沿线国家直接投资

在"一带一路"沿线国家中,中国对外直接投资较多的国家主要有以下特点:自然资源较为丰富,如石油产出国哈萨克斯坦、伊朗等,矿产资源国蒙古;交通运输设施较差,如柬埔寨、缅甸等东南亚国家;与中国政治关系较好,如俄罗斯、巴基斯坦、缅甸、老挝等;地理距离中国较近,中国在东南亚、南亚、中亚投资较多,在中东欧投资较少。

表2—2显示了2014年末,"一带一路"沿线国家中中国对外直接投资存量前30位国家和相应比重,以及2014年中国对前30位国家的对外直接投资流量及相应比重。

表 2—2   截至 2014 年末"一带一路"沿线国家中中国对外直接投资存量前 30 位国家

序号	国　家	存量(万美元)	比重(%)	流量(万美元)	比重(%)
1	新加坡	2 063 995	2.34	281 363	2.29
2	俄罗斯	869 463	0.99	63 356	0.51
3	哈萨克斯坦	754 107	0.85	—4 007	—0.03
4	印度尼西亚	679 350	0.77	127 198	1.03
5	老挝	449 099	0.51	102 690	0.83
6	缅甸	392 557	0.44	34 313	0.28
7	蒙古	376 246	0.43	50 261	0.41
8	巴基斯坦	373 682	0.42	101 426	0.82
9	伊朗	348 415	0.39	59 286	0.48
10	印度	340 721	0.39	31 718	0.26
11	柬埔寨	322 228	0.37	43 287	0.35
12	泰国	307 947	0.35	83 946	0.68
13	越南	286 565	0.32	33 289	0.27
14	阿联酋	233 345	0.26	70 534	0.57
15	沙特阿拉伯	198 743	0.23	18 430	0.15
16	马来西亚	178 563	0.20	52 134	0.42
17	吉尔吉斯斯坦	98 419	0.11	10 783	0.09
18	土耳其	88 181	0.10	10 497	0.09
19	菲律宾	75 994	0.09	22 495	0.18
20	塔吉克斯坦	72 896	0.08	10 720	0.09
21	埃及	65 711	0.07	16 287	0.13
22	匈牙利	55 635	0.06	3 402	0.03
23	也门	55 507	0.06	596	0.00
24	格鲁吉亚	54 564	0.06	22 435	0.18
25	阿富汗	51 849	0.06	2 792	0.02

序号	国　　家	存量(万美元)	比重(%)	流量(万美元)	比重(%)
26	土库曼斯坦	44 760	0.05	19 515	0.16
27	乌克兰	42 453	0.05	472	0.00
28	乌兹别克斯坦	39 209	0.04	18 059	0.15
29	伊拉克	37 584	0.04	8 286	0.07
30	斯里兰卡	36 391	0.04	8 511	0.07
合计		8 994 179	10.19	1 304 074	10.59

资料来源:《2014年度中国对外直接投资统计公报》,东方金诚整理。

总体来看,"一带一路"沿线国家普遍存在投资率偏低,国内需求由于供给不足而被抑制等特征,与中国目前经济结构问题形成互补。考虑中国目前对"一带一路"沿线国家较低的投资规模,同时"一带一路"沿线国家的基础设施水平较为落后,未来"一带一路"建设的全面铺开将为大规模、长期限、追求稳定收益的保险资金提供高收益项目和丰富的境外投资机遇,有利于保险资产提升投资收益率和资产配置多样性。

第三章　保险资金境外投资的必要性

第一节　我国保险行业发展近况

中国的保险业保持了快速发展的良好势头。1999年以来,保险业保费收入和总资产年均复合增长率分别达到19.53%和27.67%。2014年,中国保险业实现保费收入20 233.6亿元,比上年增长17.5%,相当于1999年的14.52倍;保险业总资产达到10.16万亿元,比上年增长22.3%;保险资金运用余额达到8 739亿元,比上年增长51.4%。中国保险业保费收入和保险资产总额再创新高。

图3—1显示1999年以来,中国保险行业每年保费收入和年末保险资产总额规模情况。2015年1~9月,中国保险行业保费收入19 040.52亿元,同比增长19.49%;9月末保险资产总额17 282.27亿元,较年初增长22.91%。

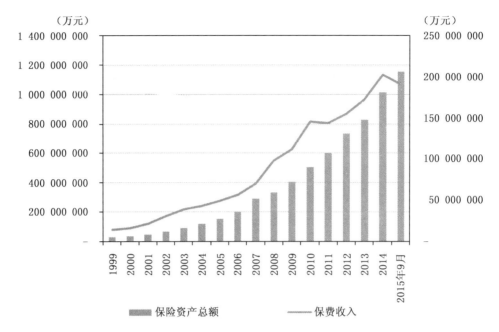

（万元）　　　　　　　　　　　　　　　　　　　　　　　　　（万元）

资料来源：中国保险监督管理委员会，东方金诚整理。

图 3—1　1999 年以来中国保险业保费收入和保险资产总额情况

中国保险业市场体系较为健全，保险普及率提升迅速。截至 2014 年末，全国共有财产保险公司 67 家，其中中资 45 家、外资 22 家；全国共有 73 家人身保险公司，其中中资公司 45 家，外资公司 28 家。2014 年，中国保险业保险深度[①]为 3.18%，保险密度[②]为 1 479.3 元。

第二节　保险资金投资存在的问题

中国保险业持续健康发展，保险资金运用余额快速膨胀，但对于保险资金的资产负债管理仍存在诸多问题，提升空间较大。保险资金对固定收益类资产配置过高，导致投资收益处于较低水平。保险资金资产配置存在地区集中度过高问题，资产配置缺乏多样性。通过境外投资解决保险资金资产配置问题的必要性逐渐突出。

---

① 保险深度是指地区当年保费收入与地区生产总值的比例，反映了该地保险业在整个国民经济中的地位。
② 保险密度指按当地人口计算的人均保险费额，反映了当地居民参加保险的程度。

一、保险资金固定收益类资产配置过高

截至 2014 年末,保险资金运用余额为 9.3 万亿元,占保险业总资产的 91.9%,较年初增加 1.6 万亿元,增幅为 21.4%。从配置结构看,一是固定收益类资产继续保持主导地位,国债、金融债和企业债等各类债券余额为 3.6 万亿元,在投资资产中占比 38.2%;银行存款 2.5 万亿元,占比 27.1%。二是权益类资产稳中有升,投资股票和基金的余额为 1 万亿元,占比 11.1%,较年初的 10% 增长 1.1 个百分点。三是另类投资增长较快,长期股权投资 6 398.8 亿元,占比 6.9%;投资性不动产 784.4 亿元,占比 0.8%;基础设施投资计划产品等 7 317 亿元,占比 7.8%。长期股权投资、不动产投资和基础设施投资计划分别比年初增长 59%、13.9% 和 66%。

2015 年 9 月末,资金运用余额 103 934.69 亿元,较年初增长 11.38%。银行存款 25 424.65 亿元,占比 24.46%;债券 36 196.60 亿元,占比 34.83%;股票和证券投资基金 13 744.51 亿元,占比 13.22%;其他投资 28 568.93 亿元,占比 27.49%。其中,其他投资占比较 2014 年末增加 3.82 个百分点,但银行存款和债券合计占比为 59.29%,占比仍然很高,保险资金固定收益类资产配置过高的问题仍较为显著。

图 3-2 显示 2013 年末、2014 年末和 2015 年 9 月末,中国保险资金运用余额资产配置构成,其中其他资产包括长期股权投资、不动产投资、基础设施投资计划等。

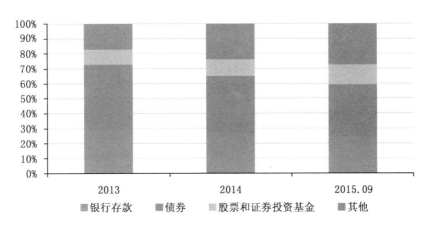

资料来源:中国保险监督管理委员会,东方金诚整理。

图 3-2 中国保险资金运用余额投资结构

二、保险资金境外投资明显不足

根据保监会副主席陈文辉在"第五届财新峰会把握海外投资的战略机会"论坛上

讲话,截至 2014 年 11 月底,中国保险业海外投资总额达到 159.9 亿美元(折合人民币约 1 000 亿元),仅占同期保险业总资产的 1.26%,未来提升空间巨大。中国保险进行海外投资主要通过出口信用保险、投资境外企业股权、设立境外机构、投资不动产等方式,实施境外投资战略。

中国保险业对国内资产存在很高的风险集中度,尤其是在当下国内经济增速持续放缓,房地产业的去库存及钢铁、煤炭、水泥等行业去产能导致国内债券市场刚性兑付不断被打破,银行业不良率开始上升,中国保险行业,对国内资产配置过高,存在很高的地区集中度,缺乏对中国经济下行的有效对冲,资产多样性明显不足。

三、保险资金投资回报率偏低

从投资收益看,保险资金投资回报率较低,2004~2014 年,中国保险资金年均投资收益率为 5.1%;投资收益率波动幅度较大,如 2008 年中国保险业投资收益率仅为 1.91%,较 2007 年下降 10.26 个百分点,也反映出保险业投资对中国资本市场波动的风险暴露很高。

图 3-3 显示 2004~2014 年中国保险资金运用余额规模及年度收益率变化。其中,2014 年末,保险资金运用余额达 9.33 万亿元,年度投资收益率为 6.3%。

2014 年,保险资金运用实现投资收益 5 358.8 亿元,较 2013 年增加 1 700.5 亿元,同比增长 46.5%;财务收益率为 6.3%,同比提高 1.3 个百分点;综合收益率为 9.2%,同比提高 5.1 个百分点。财务收益率和综合收益率均创近五年来最好水平。

但是,在利率市场化的大环境下,随着传统险预定利率的放开,保险业负债端利率已经开始逐渐走向市场化,部分保险机构的前端保费成本已达 7%,保险机构提升投资收益率的压力持续加大,保险机构的资产负债管理难度不断增加。

综上,保险资金未来需围绕提升资产配置多样性和投资回报率两大目标优化资产配置结构。在保险资金现有资产配置结构中,增加对境外国别风险的暴露将能够在保持现有资产配置的情况下,有效降低保险资金较高的地区集中度,并通过国别风险溢价提升投资回报率。而且,境外资本市场尤其是发达资本市场各类投资品及其相应的对冲衍生品较为丰富,有效保障保险资金的稳定收益。保险资金进行境外投资必要性逐渐突出。

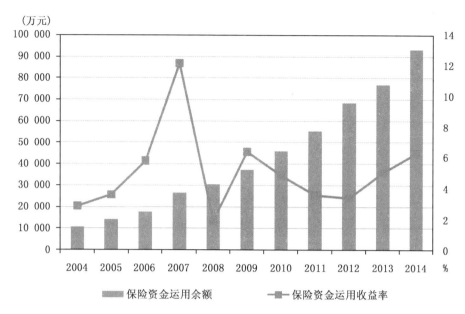

资料来源:中国保险监督管理委员会,东方金诚整理。

图3—3　2004～2014年中国保险资金运用余额及年度投资收益率

第四章　保险资金境外投资主要规则

第一节　保险资金运用面临的监管环境

保险资金运用监管政策环境不断放松,保险资金所能运用的基础投资工具也更加丰富,从传统公开市场股票及债券投资到基础设施项目、非上市股权、房屋土地不动产、集合资金信托计划、金融衍生品工具等另类投资以及境外投资,使保险公司真正实现多元化资产配置成为可能。

2014年2月,根据保监会发布的《关于加强和改进保险资金运用比例监管的通知》,保险资金可投资的金融资产分为货币基金等流动性资产、债券等固定收益类资产、股票等权益类资产、房屋等不动产类资产和其他金融资产五大类资产。其中,投资权益类资产的账面余额,合计不高于本公司上季末总资产的30%;投资不动产类资产的账面余额,不高于上季末总资产的 30%;投资其他金融资产不高于上季末总资产的 25%;境外投资余额不高于 15%。

2014 年以来,在前述五大类可投资资产的基础上,保监会等监管层陆续发布了近 10 条进一步放松投资限制的新政和细则,比如优先股、创业板股票、蓝筹股、创投基金等险资投资领域,进一步放宽了险资的投资渠道。

东方金诚认为险资投资规则的不断放松,有利于其投资运作空间的大幅增加。目前,保险机构通过在资产端拉长资产久期,以及提升高收益率资产配置比例,丰富投资多元化,保险业投资收益率得到一定的提升。此外,"偿二代"将有效提高保险业的资本使用效率,增加保险可运用资金余额。

总体来看,中国保险业正处于快速发展期,保险资金可运用规模不断快速增长,但保险资产配置多样性不足、海外资产占比低,对国内资本市场风险暴露过大,保费成本的上升导致投资回报率持续承压,保险资金境外投资必要性尤为突出。自 2014 年以来,政策监管不断放松,可投资渠道的不断放开,未来较为有利的政策环境将为保险业化解资产配置难题以及未来保险资产管理行业的发展带来机遇和挑战。

第二节　保险资金境外投资规则演变

2007 年 7 月 26 日,中国保险监督管理委员会、中国人民银行和国家外汇管理局共同制定了《保险资金境外投资管理暂行办法》(以下简称《办法》)。《办法》对保险资金境外投资委托人、受托人和托管人资格条件,保险资金境外投资申报制度,境外投资托管账户收入和支出管理,投资管理以及风险控制,信息披露等方面进行了规范。其中,对保险资金境外投资可投资品种限制于以下四类:(一)商业票据、大额可转让存单、回购与逆回购协议、货币市场基金等货币市场产品;(二)银行存款、结构性存款、债券、可转债、债券型基金、证券化产品、信托型产品等固定收益产品;(三)股票、股票型基金、股权、股权型产品等权益类产品;(四)《中华人民共和国保险法》和国务院规定的其他投资形式或者投资品种。同时,《办法》要求保险资金境外投资总额不得超过委托人上年末总资产的 15%,实际投资总额不得超过国家外汇局核准的投资付汇额度。

中国保监会于 2012 年 10 月根据上述《办法》印发了《保险资金境外投资管理暂行办法实施细则》(以下简称《细则》),对保险资金可投资的境外资产品种及合规的金融市场进行了细化规定。

《推动共建丝绸之路经济带和 21 世纪海上丝绸之路的愿景与行动》2015 年 3 月

正式发布三天后,中国保监会为加强保险资金境外投资监管,适应"一带一路"战略倡议,进一步扩大保险资产的国际化配置,优化资产配置结构,下发了《中国保监会关于调整保险资金境外投资有关政策的通知》(保监发〔2015〕33号)(以下简称《通知》)。为响应"一带一路"国家战略,《通知》对保险资金境外投资规范作了进一步的放松。比如,保险资金投资境外中央及地方政府债券、政府部门支持性或担保债券、国际组织债券、公司债券和可转换债券等固定收益类资产时,计价货币不限于国际主要流通货币,应具备的信用评级由"发行人和债项均获得国际公认评级机构 BBB 级或者相当于 BBB 级以上的评级"调整为"债项获得国际公认评级机构 BBB－级或者相当于 BBB－级以上的评级";保险机构投资境外的股票由表4－1所列国家或者地区证券交易所主板市场挂牌交易的股票扩展为上述主板市场和香港创业板市场挂牌交易的股票。

从保险机构参与"一带一路"战略可运用资金规模来看,根据"保险资金境外投资总额不得超过委托人上年末总资产的15%"这一监管要求,截至2014年末,保险机构可用于境外投资资金规模最高可达到1.5万亿,而在2014年11月底,保险业已进行境外投资资金约1 000亿元,占同期保险业总资产的比重仅为1.26%。保险资金境外投资可运用资金规模巨大,未来提升空间十分广阔。

保险资金境外投资规则在不断放松,给保险资金进行境外投资创造了广阔的操作空间,同时也为保险资金支持"一带一路"建设提供了有力的政策支持。

第三节　保险资金可投资国家

保险资金参与"一带一路"战略海外投资须按照上述《办法》、《细则》及《通知》中最新规范要求进行申报。

表4－1显示了保险资金境外投资可选择的国家(或地区)金融市场,包括了25个发达市场和20个新兴市场。其中涵盖了新加坡、印度尼西亚、波兰、俄罗斯、马来西亚、捷克、埃及、泰国、土耳其、印度和菲律宾等"一带一路"沿线国家。

表4－1　　　　　　　　保险资金可投资国家或地区金融市场

一、发达市场		
澳大利亚	中国香港	葡萄牙
奥地利	爱尔兰	新加坡
比利时	以色列	西班牙

续表

加拿大	意大利	瑞典
丹麦	日本	瑞士
芬兰	荷兰	英国
法国	卢森堡	美国
德国	新西兰	
希腊	挪威	
二、新兴市场		
巴西	印度尼西亚	波兰
智利	韩国	俄罗斯
哥伦比亚	马来西亚	南非
捷克	墨西哥	中国台湾
埃及	摩洛哥	泰国
匈牙利	秘鲁	土耳其
印度	菲律宾	

资料来源：中国保险业监督管理委员会。

第五章　保险资金参与"一带一路"战略境外投资选择

第一节　沿线国家中保险资金可投资品种

根据中国保监会关于保险资金境外投资的《办法》、《细则》及《通知》，保险资金通过境外投资参与"一带一路"战略可以选择在表4—1中相关国家（或地区）的金融市场交易由"一带一路"沿线国家发行的货币类市场票据、固定收益类证券、股票等权益类证券、不动产以及各类基金。

根据保险资金规模大、期限长、追求稳定收益的投资特点，货币市场类工具由于期限较短，难以满足保险资金长久期的投资需求；权益类产品由于收益存在一定波动性，尤其是"一带一路"沿线国家政治及经济脆弱性的结构特征决定了其权益类投资品种收益波动性较大,不符合保险资金追求稳定收益的特点;不动产投资根据中国保监会要求仅限于投资表4-1中发达市场,其中仅新加坡为"一带一路"沿线国家,投资标的过于集中;基金类产品一方面由于"一带一路"沿线国家金融体系欠发,难以提供可供投资的基金类产品,另一方面中国保监会对基金类产品要求较高,即使有可供投资的"一带一路"沿线国家基金类产品也难以达到保监会相关要求。

从保险资金参与"一带一路"战略可投资品种来看,在与保险资金大规模、长期限、追求稳定收益等特征最接近的基础设施投资领域。基础设施互联互通是"一带一路"建设的优先领域。政府作为基础设施等公共服务的投资、建设、运营、维护主体或公共服务的购买方,其在国际市场发行的政府债券是保险资金参与"一带一路"战略最直接的方式。

根据以上论证,保险机构可供投资的品种将主要集中于固定收益类中的政府债券、政府支持性债券及国际金融组织债券,具体要求投资债券以国际主要流通货币计价,且发行人和债券均应获得BBB-级或者相当于BBB-级以上的评[①]级。比如,政府债券按规定须达到国际公认评级机构外币主权信用等级BBB-以上(含)。

尽管保险资金境外投资的监管限制正在随着"一带一路"建设的推进而不断放松,但是现阶段仍面临较多的掣肘。一方面,"一带一路"沿线国家落后的金融体系、无法进行国际市场融资等客观因素导致保险资金可投资资产种类较为有限,且面临较高投资风险;另一方面,投资境外政府债券作为保险资金参与"一带一路"海外投资的最直接的途径。由于对于债券级别和交易场所的硬性限制,保险资金投资"一带一路"沿线国家政府债券掣肘较多,且政府债券收益率较低,保险资金无法充分享受"一带一路"战略预期收益。

第二节　保险资金投资政府债券信用风险和收益

根据中国保监会保险资金境外投资监管规则,保险资金可投资于境外主权国家政府债券,且政府债券以国际主要流通货币计价,并须达到国际公认评级机构外币主权信用等级BBB-以上(含)。

表5-1显示了国际三大评级机构标准普尔、穆迪和惠誉对"一带一路"沿线64个国家外币主权信用等级。其中,政府债券达到投资级的国家共计22个;投机级的国家

---

① 《保险资金境外投资管理暂行办法实施细则》第十三条规定:同一投资标的在同一会计核算期间,具有两家以上信用评级机构信用评级的,应当采用孰低原则确认信用级别。

共计 26 个;未曾受评国家 16 个。

表 5—1　　　国际三大评级机构对"一带一路"沿线 64 个国家外币主权信用等级分布

信用等级	数量	国　　家
投资级(含 BBB－及以上)	22	阿联酋、阿曼、阿塞拜疆、爱沙尼亚、巴林、波兰、菲律宾、哈萨克斯坦、捷克、卡塔尔、科威特、拉脱维亚、立陶宛、罗马尼亚、马来西亚、沙特、斯洛伐克、斯洛文尼亚、泰国、新加坡、以色列、印度
投机级(BBB－以下)	26	阿尔巴尼亚、埃及、巴基斯坦、白俄罗斯、保加利亚、波黑、俄罗斯、格鲁吉亚、黑山、柬埔寨、克罗地亚、黎巴嫩、马其顿、蒙古、孟加拉国、摩尔多瓦、塞尔维亚、斯里兰卡、土耳其、乌克兰、匈牙利、亚美尼亚、伊拉克、印度尼西亚、约旦、越南
未评级	16	阿富汗、巴勒斯坦、不丹、东帝汶、吉尔吉斯斯坦、老挝、马尔代夫、缅甸、尼泊尔、塔吉克斯坦、土库曼斯坦、文莱、乌兹别克斯坦、叙利亚、也门、伊朗

资料来源:标准普尔、穆迪、惠誉,东方金诚整理。

从表 5—1 来看,保险资金可投资的"一带一路"沿线国家政府债券的数量为 22 个,占"一带一路"沿线 64 个国家的比例为 34.4%。从地理分布来看,东南亚国家 4 个、南亚国家 1 个、中亚国家 1 个、西亚国家 7 个、中东欧地区独联体国家 9 个。投机级和未受评国家共计 42 个,多为政治和经济脆弱性突出、地缘政治风险显著国家,如埃及、乌克兰、伊拉克、阿富汗、巴勒斯坦、叙利亚等;经济发展水平低下,如孟加拉国、斯里兰卡、不丹、东帝汶等。投机级和未评级国家信用风险水平较高,不符合保险资金的稳定投资收益预期。

表 5—2 显示了保险资金可投资的政府债券级别分布,主要集中于 A 和 BBB 级别。

表 5—2　　　保险资金可投资的 22 个"一带一路"沿线国家主权信用等级分布

主权信用等级	国家
AAA	新加坡
AA	阿联酋、卡塔尔、科威特、沙特
A	阿曼、爱沙尼亚、波兰、捷克、拉脱维亚、立陶宛、马来西亚、斯洛伐克、以色列
BBB	阿塞拜疆、巴林、菲律宾、哈萨克斯坦、罗马尼亚、斯洛文尼亚、泰国、印度

资料来源:标准普尔、穆迪、惠誉,东方金诚整理。

保险资金可投资的 22 个国家主要集中于西亚和中东地区石油产出国,如阿联酋、卡塔尔、科威特、沙特、阿曼等,中东欧地区"转轨"较为成功的独联体国家,如爱沙尼亚、波兰、捷克、拉脱维亚、立陶宛、斯洛伐克等。从保险资金可投资政府债券期限来看,上述国家在国际市场发行的政府债券期限包括 2 年期、3 年期、5 年期、10 年期及15 年期。保险资金可根据自身资产负债管理需求,选择不同期限债券进行投资。

从债券收益率来看,自美国次贷危机、欧债危机以来,世界主要发达经济体一直维持超宽松的货币政策,为经济复苏营造充足的资金流动性,为政府或私人部门去杠杆营造低息环境,压低债券融资成本。以 10 年期债券收益率为例,上述 22 个国家政府债券收益率为 1‰~3.5‰之间。保险资金通过海外投资缓解投资收益压力难以得到满足,但是投资境外政府债券能够有效降低保险资金地区集中度,增加保险资金资产配置多样性。

第三节　引入国内信用评级机构衡量信用风险的必要性

中国保监会《细则》和《通知》中对保险资金可投资的政府债券信用等级须获得国际公认评级机构 BBB-以上评级。但是,国际评级机构评定信用等级是否能够反映政府真实信用水平,仅依靠国际评级机构的信用等级进行投资决策是否属于对评级信息过度使用和依赖。依据国际三大评级机构主权信用等级,在 2014 年末"一带一路"沿线国家中中国对外直接投资存量前 20 位国家中,有 12 个国家未达到 BBB-及以上级别,其中不乏中国全面战略协作伙伴俄罗斯、全方位战略合作伙伴巴基斯坦。

2008 年发源于美国的国际金融危机使发达国家的债务负担进一步飙升,一些国家徘徊在违约的边缘,随后的欧洲主权债务危机再一次冲击了发达经济体的高信用等级。新兴经济体的境外投资资本不仅长期以来收益率极低,还因金融危机和欧洲债务危机的爆发面临着债权大幅度贬值的危险。国际三大评级机构的国家信用评级没有反映发达经济体真实的债务偿还能力,事前未能成功"预警",事后又大规模调低评级,加剧了资本市场和金融体系动荡。

国际三大评级机构和信用评级行业受到投资者和监管机构的诟病。比如,国际三大评级机构评级方法技术不足降低了评级准确性、内控制度不完善损害了评级独立性、对金融创新风险程度认识不足导致了评级"虚高"、跟踪评级不及时对风险变化后知后觉;同时,对信用评级行业高度缺乏竞争性、发行人收费模式影响评级独立性、评级过程透明度低导致外部约束不足、资本市场对评级结果过度使用和依赖等问题。

中国目前是世界上经济增长最快的地区,在后危机时代发挥了带动全球经济复苏和增长的核心作用,中国政府拥有很强的信用能力。危机的惨痛教训证明国际三大机构的国家信用风险信息并不是完全可靠的,在主权评级方面,中国的主权评级历来比较低,在没有替代产品的情况下,中国企业依据国际评级机构的信息进行国际投资必然付出不应有的代价。同时,它们的评级结论也损害了中国国家和企业的对外形象,使其他国家对中国企业的信用资质产生怀疑,付出了不合理的融资成本,同时也增加了企业境外融资和对外投资活动的难度,阻碍了中国扩大对外投资与贸易的步伐。

国家信用评级本应是维护债权国正当利益的有力武器。截至 2015 年 10 月末,中国的外汇储备已经达到约 3.6 万亿美元。随着我国金融业"走出去"步伐不断加快,在对一些与我国经济往来较为密切的新兴市场和特定国家,国际评级机构往往评级很差、区分不足。中国理应建立自己的国家信用评级标准,以此作为对外投资的判断依据。随着人民币国际化进程的加速,资本账户将逐步放开,外汇资产日益掌握在分散的投资者手中时,对外投资的风险判断就更为复杂、更加不易,因此我国建立自己的国家信用评级标准,开展国家信用评级具有重大的现实意义和紧迫性。

第四节 国际三大评级机构和东方金诚主权评级方法

"一带一路"沿线国家政府债券是保险资金通过境外投资参与"一带一路"建设的最直接方式,尽管能够提高保险资金资产配置多样性,降低地区风险集中度,但可投资标的较为有限,预期收益率较低。保险资金投资政府债券无法全面分享"一带一路"战略经济成果。主权信用评级是对一国主权政府偿还本币、外币计价债券能力和意愿的评价,是保险资金投资政府债券进行决策的唯一考量。以我国自主国家信用评级标准代替国际三大评级机构评级标准将能够从中国自身利益角度衡量债券投资信用风险,挖掘与我国经济往来较为密切的新兴市场和特定国家信用风险被高估的投资机会,提升保险资金投资境外政府债券收益。

一、穆迪主权信用评级方法

穆迪公司主权信用风险评估主要基于相互作用的四类关键要素——经济实力、制度实力、财政实力以及抗冲击能力,通过 3 次构造二维矩阵,穆迪最终得出政府债券对应的级别范围,也即主权级别。同时,穆迪认为并不存在一个定量模型可以将导致某一政府违约的众多复杂因素都考虑进去,因为根据定量因素所确定的纯模型化方法不能够掌握政治、经济、金融和社会因素之间相互关系的复杂性,而正是这些因素决定了主权信用的风险程度,因此穆迪对主权政府评级综合考虑了定量和定性两大因素。图

5—1 显示了穆迪主权信用评级分析框架。

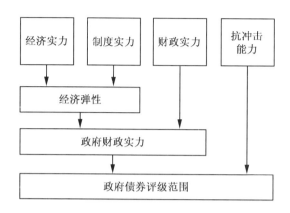

资料来源：https://www.moodys.com/，东方金诚整理。

图 5—1　穆迪主权信用评级方法分析框架

二、标普主权信用评级方法

标普主权评级主要评定一国主权及时、足额偿还债务的意愿和能力。其分析主要基于五项关键因素：(1)体制与治理效率、安全风险；(2)经济结构及增长预期；(3)外部流动性及国际投资头寸；(4)财政状况、弹性及债务负担；(5)货币弹性。各项采取打分制，结合定量指标和定性分析，先根据关键因素确定初始得分，后根据调整因素做相应调节，分为从"极弱"到"极强"6 个等级，并分别反映在体制与治理效率得分、经济得分、外部得分、财政得分和货币得分中。对体制与效率得分和经济得分计算平均值得到体制与效率、经济概况得分；对外部得分、财政得分、货币得分计算平均值得到灵活性及表现概况得分；再将二者构建二维风险矩阵得出主权等级水平。图 5—2 显示标普主权信用评级分析框架。

三、惠誉主权信用评级方法

惠誉公司认为主权信用风险分析是对支付债务的意愿和能力的一种定性和定量分析的综合。其关键分析要素有：(1)宏观经济状况、政策及预期，包括增长预期、经济稳定、政策的连贯性与公信力；(2)会使经济或多或少容易受到金融部门风险、政治风险及治理因素等冲击影响的结构性特征；(3)公共财政，包括预算平衡、公共债务与财政融资的结构和可持续性；(4)外部融资，包括经常账户平衡、资本流动以及外债(公共及私人部门)水平与结构的可持续性。在对定量指标的分析中，惠誉通过构建多元回

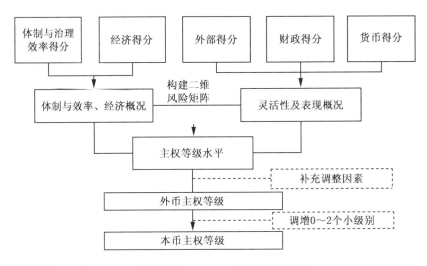

资料来源:http://www.standardandpoors.com/,东方金诚整理。

图 5—2 标普主权信用评级方法分析框架

归模型(又称主权评级模型 SRM)将从上述四个要素中选取的共 19 个定量指标综合起来并得出一个最终得分,作为初步参考,当然最终主权等级的评定仍需结合定性分析。

在确定本币与外币信用等级方面,惠誉认为一般来说本币等级要么等于要么高于外币等级 1~2 个级别,极少数情况下,如国内债务曾出现违约记录或国内债务负担远高于外币债务等,本币等级可能低于外币等级。对于没有本国货币的主权国家,如欧盟成员国(尤其欧元区)及完全美元化的经济体,外币与本币信用等级相一致。

四、东方金诚主权信用评级简介

东方金诚于 2011 年开始进行主权信用评级产品研发,完成了《东方金诚国家/地区政府主体评级信用评级方法》。根据东方金诚主权信用评级分析框架,经济实力和政治风险决定国家/地区的基础素质,财政状况、外汇资产及其流动性、货币政策及融资弹性决定国家/地区的财政实力及灵活性,基础素质和财政实力及灵活性综合作用共同决定国家/地区的偿债能力及意愿。

图 5—3 显示了《东方金诚国家/地区政府主体评级信用评级方法》的分析框架。

国家/地区政府对本外币债务的偿还能力与管辖地区经济紧密相关,国家/地区政府辖区内经济现状及未来发展前景将在较大程度上决定该政府未来财政收入的规模及其稳定性。东方金诚对经济实力的分析,重点考察决定宏观经济运行状态的主要数

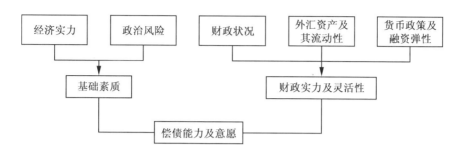

资料来源:《东方金诚国家/地区政府主体评级信用评级方法》。

图5—3 东方金诚主权信用评级方法分析框架

据,通过总量分析、结构分析、趋势分析寻找影响主要经济指标变化的内在风险因素,并结合经济的周期性研究,分析宏观经济所处的运行阶段、未来可能产生的变化及各类风险因素,以此判断宏观经济的稳定性和发展潜力。

政治风险方面,东方金诚认为,抽象评价各类政治体制的优劣没有实际意义,而是应该在了解其优势和不足的基础上,结合政治风险影响因素,分析国家/地区政府所实行的政治体制是否符合本国/地区国情,国家/地区政府在实际施政过程中是否做到扬长避短。

本级财政收支状况是本级政府财政实力的直接反映,在对国家/地区政府信用品质进行分析时,本级财政收支状况是分析的重点。同时,东方金诚将结合不同财政体制下,本级政府对辖区内财政资源的控制力进行综合分析。

外汇资产及其流动性旨在分析一个国家或地区本币的兑付能力,即在外债偿还时,是否有足够的外汇资金用于偿还外币债务,以及用于偿还外债的收入是否可以及时、便捷地转换为外币资产。一方面需要分析一个国家或地区国际收支状况及不断积累储备资产的能力,另一方面则需要对储备资产的规模、结构及应用进行分析。

货币政策及融资弹性是在各国家/地区货币政策决策体系分析的基础上,评价各国家/地区政府运用货币政策手段调节货币供应和国内流动性状况应对经济压力和财政困境的能力。

第六章 保险资金参与"一带一路"战略国内投资

保险资金通过投资境外参与"一带一路"战略可投资渠道较为有限,且面临诸多监管掣肘,仅能通过投资"一带一路"沿线国家政府债券提高保险资金资产配置多样性,但无法分享"一带一路"战略实施所带来的收益提升。保险资金参与"一带一路"战略沿线各省、自治区对接项目,投资由政府及多边组织主导的"一带一路"战略资金池,投资国内参与"一带一路"战略行业以及随着国内金融市场逐步开放,投资境外融资人国内融资工具等,既能使保险资金充分享受境外投资经济收益,又能丰富国别风险暴露,降低地区风险集中度。

第一节 保险资金投资"一带一路"战略可参与的主要资金源

当前同"一带一路"战略有关的资金源主要为丝路基金、亚洲基础设施投资银行、金砖组织开发银行和上合组织开发银行。

一、丝路基金

习近平主席在 2014 年 11 月 8 日加强互联互通伙伴关系对话会上宣布了成立丝路基金的决定,中国将投资 400 亿美元设立丝路基金。丝路基金有限责任公司于 2014 年 12 月 29 日在北京注册成立,并开始运行。

丝路基金是由中国外汇储备管理局、中国投资有限责任公司、中国进出口银行、国家开发银行等共同出资,遵照《中华人民共和国公司法》,设立的中长期投资开发基金,致力于在"一带一路"战略发展过程中发掘投资机会并提供相应的专业投融资服务。丝路基金首期资本金为 100 亿美元,其中外汇储备出资 65 亿美元,中投公司、进出口银行和国开行分别出资 15 亿美元、15 亿美元和 5 亿美元,共计 35 亿美元。

丝路基金投资期限集中于中长期投资,为"一带一路"的沿线国家和地区服务,投资于基础设施、能源开发、产业合作和金融合作。其优势在于投资期限长,投资手段丰富,与国内外各家金融机构密切合作,相互配合和补充,通过股权、债权以及贷款相配合的多元化而专业的投融资方式,为可能提供中长期稳定合理回报的项目进行融资。

丝路基金的第一个对外投资项目是巴基斯坦的水电项目。巴基斯坦水电项目(即卡洛特水电站项目)规划装机容量 72 万千瓦,总投资额约 16.5 亿美元。作为中巴经济走廊优先实施的能源项目,卡洛特水电站计划采取 BOT(建设—经营—转让)模式运作,计划于 2020 年投入运营。丝路基金对三峡集团控股的三峡南亚公司进行了股权和债权投资。在股权投资方面,丝路基金认购了三峡南亚公司 15% 的股份;同时,丝路基金与进出口银行、国开行、IFC(国际金融公司)组成银团贷款,向卡洛特水电项目提供了 2 亿美元的银团贷款。

保险资金参与"一带一路"海外项目,可与丝路基金设立共同投资基金,委托丝路基金进行保险资产管理,同时也可针对特定境外项目委托丝路基金进行对外投资。

二、亚洲基础设施投资银行(亚投行)

亚投行是一个由主权政府出资成立的亚洲区域的多边开发机构,支持重点的基础设施建设项目,促进亚洲区域建设互联互通化和经济一体化,加强中国及其他国家和地区的合作。亚投行银行股本金为 1 000 亿美元,每股 10 万美元,共计 100 万股。

首批 21 个初始成员国家于 2014 年 10 月在北京签署了合作备忘录,其他国家和国际金融机构之后陆续签署。亚投行正式成员目前共计共 57 个,其中亚洲国家 37 个。亚投行目前计划 2016 年第二季度启动第一个项目,预计明年贷款额可能达到 15 亿~20 亿美元,5~6 年内亚投行年贷款额将达到 100 亿~150 亿美元。

亚投行作为政府间多边金融机构,保险资金无法直接对亚投行进行投资,但可以通过参与亚投行在其成员国或其他地区债务或其他融资活动投资亚投行,为亚投行基础设施建设项目贷款提供资金来源。

三、金砖国家开发银行

中国国家主席习近平 2014 年 7 月 15 日与俄罗斯总统普京、巴西总统罗塞芙、印度总理莫迪、南非总统祖马,在巴西福塔莱萨共同参与了关于建立金砖国家开发银行的协定以及有关合作文件的签署并发表了《福塔莱萨宣言》,宣布成立金砖国家开发银行,该银行初始资本为 1 000 亿美元,初始认缴资本 500 亿美元并在金砖国家间平均分配,总部落户中国上海,首个区域办公室设在南非约翰内斯堡。

金砖国家开发银行于 2015 年 7 月 21 日在上海正式开业,预计于 2015 年底或 2016 年初启动运营。金砖国家开发银行主要资助金砖国家以及其他发展中国家的基础设施建设,同时还设立了 1 000 亿美元应急储备基金,旨在抵抗未来金融危机,协助成员国解决短期流动性压力。

金砖国家开发银行政府性质较强,保险等社会资金参与机会较小。

四、上海合作组织开发银行

2010 年在上合组织总理会上,中国政府建议上合组织深化财政和金融领域合作,提议成立上海合作组织开发银行,共同出资、共同受益;扩大各方之间的本币结算合作,促进区域经济贸易往来。成立上合组织开发银行,将有助于解决各国所面临的基础设施建设融资困难,一方面可以在短期内应对目前的世界性的经济危机,另一方面可以促进地区经济长期稳定发展。尤其是考虑到当前国际石油价格低位运行、俄罗斯经济陷入困境、中亚各国外汇储备匮乏的形势下,成立上海合作组织开发银行必将对促进区域内项目融资、发展成员国经济起到重要作用。

截至目前,上海合作组织开发银行还未正式成立。

除参与"一带一路"战略官方融资来源,保险资金参与"一带一路"还可以通过股债权投资支持"走出去"的中资公司;保险资金可以与境外的其他投资机构进行合作,如发起基金等。监管部门已着手降低投资限制,保险行业在管理投资风险方面获得更大地灵活度。

第二节　保险资金参与地方政府"一带一路"对接项目

"一带一路"作为国家战略,全国各省及自治区政府根据自身资源禀赋、区位优势、产业基础等相继启动了对接"一带一路"建设项目,并制定了参与"一带一路"建设工作实施方案。各省及自治区围绕国家"一带一路"战略规划确定了各自省的重点市、重点港口,形成各省内交通网与"一带一路"陆海大通道的直接连通。其中,湖南省计划建设 80 个左右的重大项目,总投资 3 000 多亿元;广东省制定了《广东省参与"一带一路"建设实施方案优先推进项目清单》,清单中涉及 68 个项目,总投资达 550 亿美元,囊括了农业、渔业、制造业、服务业、基础设施建设及能源资源六个领域。

保险资金可以通过股权、债权、基金等多种形式参与各省及自治区对接"一带一路"建设项目,发挥保险资金期限长、规模大的优势,支持各地区经济建设,有利于解决各地区经济发展不平衡的现状,也有利于解决逆周期投资动力不足的现状。

从保险资金的运用来看,保险资金还可以作为社会资本与各地方政府合作,采取公私合营模式(PPP)投资"一带一路"建设。PPP 项目建设周期符合险资长期性的特征,有助于缓解资产负债错配的问题,险资可以通过专项债权计划、股权计划以及保险投资基金为大型PPP项目提供融资。

第三节　保险资金投资境外发行人国内融资市场

随着"一带一路"和人民币国际化战略的不断推进,国内金融体系市场化的改革使得资本实现跨境双向流动,"一带一路"沿线国家较为落后的经济发展水平意味着未来经济发展的巨大潜力,各经济体对于外来资本的需求均较为迫切。在发达资本市场准入门槛较高的背景下,"一带一路"沿线国家希望得到逐渐开放的中国资本市场的认可。

2015年下半年以来,我国在利率市场化、汇率形成机制改革以及资本账户开放等方面推出重大改革措施,熊猫债发行已出现明显升温的迹象。展望未来,以人民币加入SDR为契机,熊猫债市场规模将迅速扩大,成为保险资金通过国内投资分享"一带一路"建设丰硕收益的又一途径。

第四节　保险资金投资"一带一路"战略产能输出行业

"一带一路"战略吸引众多产能过剩行业"走出去",通过资本、技术、产能输出寻求海外市场,保险资金可借此机遇参与国内企业"走出去",分享未来海外投资收益。

近年来,中国国内经济结构一直处于深层次调整过程中,传统行业需求下降、产能过剩、经济效益下滑等问题较为突出,产业升级压力较大。固定资产投资和房地产开发投资增速持续创新低。进出口总体形势不容乐观,主要发达经济体和其他新兴市场国家经济增长仍然乏力。中国经济面临国内需求不足、外部需求萎缩、产业产能过剩等问题,并导致经济增速不断下行。煤炭、钢铁、化工、水泥等行业产能过剩问题严重,行业亟须整合,挖掘新领域,开拓新市场。然而,企业效益的不断下滑、负债水平的高企都严重抑制了企业研发投资和资源整合。

中国通过"一带一路"战略缓解国内供需矛盾,消化过剩产能,主要通过高铁、电力、工程机械、汽车、飞机、通信、电子等行业对"一带一路"沿线国家进行出口投资,在为"一带一路"沿线国家带来巨量外资的同时,也为中国企业开辟海外市场、推动产能过剩行业整合提供了重要机遇。比如,在高铁领域,从国家领导人层面到铁道部改革,到中国南车与中国北车合并,到高铁产业供应链订单不断,均为投资者提供了丰硕的回报。保险资金对具备产能输出和资源整合行业和企业的投资将会充分获得"一带一路"战略的预期收益。

参考文献

[1]国家发展和改革委员会,中国外交部,中国商务部.推动共建丝绸之路经济带和 21 世纪海上丝绸之路的愿景与行动[N]. http://finance.people.com.cn/n/2015/0328/c1004－26764666.html,2015.

[2]中国商务部,中国国家统计局,国家外汇管理局.2014 年度中国对外直接投资统计公报[K].北京:中国统计出版社,2015.

[3]张洁,中国周边安全形势评估"一带一路"与周边战略(2015)[G].北京:社会科学文献出版社,2015.

[4]钟飞腾,朴珠华等.对外投资新空间:"一带一路"国别投资价值排行榜[M].北京:社会科学文献出版社,2015.

[5]中国保险监督管理委员会,2015 中国保险市场年报[G].北京:中国金融出版社,2015.

[6]华宝证券,大疆无界——2015 年金融产品年度报告[R].北京:华宝证券研究所,2015.

[7]Moody's Investors Service.Rating Methodology-Sovereign Bond Ratings[R].https://www.moodys.com/researchdocumentcontentpage.aspx? docid＝PBC_157547,2013.

[8]Standard& Poor's Ratings Services.Sovereign Rating Methodology[R].http://www.standardandpoors.com/en_US/web/guest/article/－/view/type/HTML/id/1447567,2014.

[9]Fitch Ratings.Sovereign Rating Criteria[R].https://www.fitchratings.com/creditdesk/reports/report_frame_render.cfm? rpt_id＝754428,2012.

保险资金境外投资研究

中国平安人寿保险股份有限公司

周　宇　姜文欣　汪水山　杨绍华　唐子珺

摘要

本文探讨我国保险资金境外投资的战略意义,并通过比较海外保险公司境外投资状况和案例,强调我国保险公司应尽快提高境外资产比重。同时,本文从全球中长期人口结构、宏观趋势和当前资产估值的角度出发,探讨发达国家与新兴市场的长短期机会和存在的问题与风险,并提出了一种通过量化指标来挑选未来具备增长潜力和高投资回报的地区,并运用分散化指数投资相应的股票市场的方法。

关键词

保险资金　境外投资　人口结构　估值水平　新兴市场

第一章　保险资金境外投资的战略意义

中国保险行业在过去 10 年间年经历了快速发展。根据中国保监会数据,截止至 2014 年底,全行业保费收入达 2.02 万亿元,比 2003 年末增长近 4.2 倍。2015 年前两

个季度实现保费收入 1.37 万亿元,同比增长 19.2%。我国保险行业总资产规模已从
2003 年的 9 123 亿元增长至 11.4 万亿元,年均复合增长率达到 22%。考虑到我国保
险深度和保险密度与国际水平相比依然较低,随着收入水平的提高和人口步入老龄
化,居民对保险产品的需求还将持续旺盛,保险业保费收入和资产规模有望在未来 10
年内保持较高的增长。

保费收入的快速增长对保险资金运用投资收益率提出了更高的要求。我们认为
在可预见的将来,保险资金提高境外投资比重是大势所趋,主要原因有四点:(1)国内
市场面临资产配置荒;(2)分散投资组合风险;(3)国外资产具有相对收益的优势;(4)
人民币汇率的不确定性增大。

第一节　国内市场的资产配置荒

在利率市场化的趋势下,保险公司的负债端面临来自银行存款、理财产品、信托计
划等投资渠道的激烈竞争,资金成本黏性较强。然而,在资产端的投资收益上面临挑
战:随着中国经济步入新常态,人口老龄化带来的潜在经济增速的下滑将降低绝大多
数资产的回报率。自 2015 年以来,宏观经济基本面恶化,央行已经调降基准利率和存
款准备金率各 5 次[①],一年期存款利率创下历史新低。当前,许多机构面临着"资产配
置荒"的难题,即在国内实体经济和金融市场里面难以找到风险与收益相匹配的资产。
理财产品预期收益率与企业债到期收益率如图 1—1 所示。

资料来源:Wind 资讯金融终端。

图 1—1　理财产品预期收益率与企业债到期收益率

---

① 　如无特别指明,本文数据更新均截止至 2015 年 12 月 14 日。

资产配置荒的根源在于实体经济缺少增长。除了人口老龄化等中长期因素,产能过剩、债务负担高企以及行政干预下的资源低效配置都是实体经济投资回报率下滑的重要原因。过去几年的实际经验证明,以财政和货币政策为主导的传统宏观调控手段无力扭转经济结构性下行的局面。要实现经济可持续增长从而破除资产配置荒,需要实行结构性改革。

然而,结构性改革在施行过程中往往伴随着阵痛。为了维持社会稳定,不可操之过急,而通过简政放权、创业创新提高要素生产率远非一日之功,需日积月累方可见成效。因此,改革转型注定是一个艰苦和漫长的过程。在此过程中,经济增速还将继续下行,实际利率还将处于低位。在改革取得成效之前,国内市场的资产配置荒将继续存在。因此,在全球范围内寻找风险收益匹配的资产,能够缓解当前资产配置荒的困境。

第二节　分散投资组合风险

经典的投资组合理论认为,由于不同市场、不同资产类别之间相关性不一致,通过分散化投资能够在有效降低投资组合的波动性的同时获得较高收益,通过分散投资可以显著改善投资组合的风险—收益比率。

在实践中,在国内资产配置荒的环境下,机构为了获取较高收益通常面临三种选择:第一,通过拉长资产久期承担利率风险获得较高收益;第二,通过信用质量下沉承担信用风险获得较高收益;第三,通过投资结构较复杂的非标资产承担流动性风险获得较高收益。但是,在国内金融市场上缺乏足够的高收益长久期资产,而中高等级信用债的信用利差已经处于历史低位,非标资产的投资回报率也在快速下行。在利率市场化后,居民习惯了收入的快速增长和资产的快速升值,对未来投资回报率预期居高难下。在负债端继续保持激烈竞争的环境下,机构为了扩张或维持资产规模,有可能被迫加大对高风险资产的敞口。这在宏观经济进入深度调整的时期无疑是非常危险的做法,稍有不慎,可能将出现系统性的金融风险。因此,从风险管理的角度出发,积极开展境外投资能够承担分散风险的职能,降低对国内宏观经济和金融市场的风险敞口。

第三节　境外资产的相对收益优势

尽管中国的利率水平在全球范围内仍处于较高位置,但在一些资产领域,境外市场仍能提供较高的收益水平。以房地产市场为例,截至 2015 年 3 季度,国内一线城市高档住宅的租金收益率在 2% 左右,而美国对应城市的公寓租金收益率水平在 6% 左右,如果考虑到两国无风险利率的水平,境外不动产投资的利差优势更为明显。中美主要城市公寓租金收益率比较如图 1—2 所示。

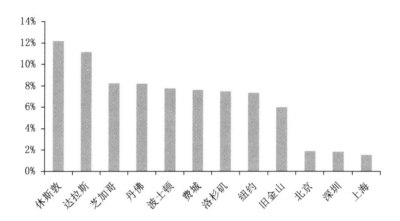

资料来源:Real Capital Analytics,彭博。

图 1—2　中美主要城市公寓租金收益率比较

除此以外,境外市场上的中国资产也存在明显的估值优势。由于资本市场投资者结构、信息感知和投资理念的不同,境外交易的中国资产存在较为明显的折价。在香港和内地均上市的中国公司的 A—H 平均溢价率为 40%,恒生中国国企指数的未来 12 个月预期市盈率约为 7.1 倍,而同以大型国企为主的上证指数的预期市盈率约为 15 倍。在离岸市场发行的人民币债券(点心债)的到期收益率显著高于同一公司在境内市场发行的债券。以万科为例,其在香港市场发行的 2016 年 12 月到期的点心债收益率为 4.6%,而在内地银行间市场发行的 5 年期中期票据(MTN)的到期收益率仅为 3.6%。

类似的情况也存在于美国上市的中国概念股上。不少代表着中国经济转型方向的龙头企业,如百度、奇虎、新东方、京东、阿里巴巴等,在美国市场上的估值远低于 A 股市场对同行业公司的估值水平。随着国内市场火爆与发行机制改革提速,持续的估值折价已经引发了中概股的私有化浪潮。2015 年以来已近 30 家中概股宣布了私有化计划。无论是通过买入准备私有化的中概股赚取收购溢价,还是通过非公开市场入股与企业一起完成私有化过程回归 A 股获得更高的估值,从风险收益的角度考量都具备较高的吸引力。

第四节　人民币汇率的不确定性加大

自 2005 年 7 月人民币汇改以来，人民币开启了 10 年的渐进性升值之路。人民币对美元汇率从汇改前的 8.28 一度升至 2014 年初的 6.05。根据国际清算银行（BIS）的测算，以对一揽子货币通过贸易加权、并经通胀调整的实际有效汇率衡量，人民币已处于 1994 年数据起始以来的新高。人民币实际有效汇率处于历史新高如图 1—3 所示。

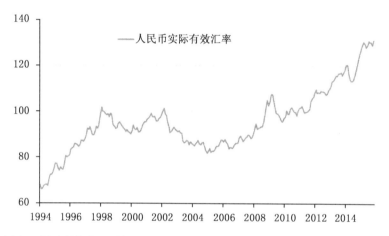

资料来源：国际清算银行，彭博。

图 1—3　人民币实际有效汇率处于历史新高

人民币长期的渐进性升值打压了国内资本境外投资的热情。尤其在全球金融危机之后，发达国家普遍实行零利率政策，而中国依靠大规模的信贷刺激，成为率先走出危机的主要经济体，以较高的经济增速和较高的利率水平吸引了大量海外资金的流入。中国 2 年期国债利率与美国、德国、日本的 2 年期国债平均利率的息差从 2009 年的 20 个基点左右扩张至 2013 年的 400 个基点。在市场预期金融产品刚性兑付的环境下，套息交易将带动人民币汇率继续升值。在此环境下，境外投资一方面要承担负利差，即以较高的人民币负债成本去配置收益率更低的境外资产，另一方面将承担人民币升值所带来的汇率损失。

然而，人民币汇率升值不可能永远持续。其他国家近年来竞相贬值货币以提振经济的策略使得人民币被动走强，加之老龄化伴随的劳动力成本攀升，严重削弱了中国经济的竞争力。中国的出口增速从 2010 年 31% 的高点连续 5 年放缓，2015 年前 11

个月出口同比萎缩 3%,将会是 2009 年全球金融危机以来的首次年度负增长。与此同时,截至 2015 年 3 季度,外商直接投资(FDI)占 GDP 的比重下滑至 0.9%,创下 1991 年以来新低。

随着经济增速的下滑,利率下行和信用风险逐渐增加,此前为套息而流入中国的资金开始平仓。资金流向的变化最直接的反映在外汇市场上。2013 年的时候,人民币对美元汇率在岸市场成交价还在央行规定的每日波动区间的下限,表明市场认为人民币对美元还将继续升值。然而,这个趋势在 2014 年后发生逆转,在岸市场成交价逐渐逼近央行所规定的每日波动区间的上限,反映出持续的贬值压力。彭博的测算结果显示,过去的 12 个月中有约 6 000 亿美元的投机资金通过各种途径流出中国。

展望未来,决定汇率的根本因素是经济的基本面。从长期而言,中国经济的潜力仍然巨大。结构改革和转型升级的成功将释放经济增长潜力,助推人民币国际化,推动全球资金对人民币资产的配置需求。但在未来 2~3 年内,中国经济仍处于结构改革的"阵痛"中,而美国经济正步入扩张阶段。经济周期的分化将伴随货币政策的分化。随着美联储开启加息周期,中美两国的利差将继续收窄,甚至反转,资金外流趋势可能将持续。

不仅如此,随着金融改革的推进,资本账户的逐渐开放和汇率机制的市场化都是实现人民币国际化不可缺少的重要环节。在资本账户开放后,我国企业全球并购获取技术、品牌、开拓新市场的战略蓝图,以及国内居民资产分散化配置的需求都将对人民币汇率形成更大的压力。

因此,人民币单边升值的时代已经结束,保险资金过往境外投资面临的利差和汇率的双重损失有望得到改变。当前,海外投资者对人民币汇率短期内存在较强的贬值预期,一年期离岸人民币对美元的远期合约隐含的汇率贬值幅度在 3%左右。险资投资海外低风险资产并通过外汇远期合约锁定汇率收益不失为一种较好的选择。

第二章 国际保险资金境外投资状况

由于历史数据较少以及统计口径的不一致,不同国家的保险资金的境外投资状况难以简单对比。多数国家的保险投资数据里没有单独披露海外资产比例,因此我们着重讨论一些主要经济体的保险资金投资状况。

第一节　美国保险资金境外投资状况

根据数据显示,2014 年底,美国保险资金所持有的外币资产共 1 007 亿美元,占行业总资产的 1.7%。然而,外币资产不能等同于海外资产,尤其鉴于美国资本市场的广度与深度,许多境外资产(股票、债券等)在美国市场上以美元发行或交易。因此,如果我们将境外投资定义为对应资产超过 50% 的股权由海外实体持有,则 2013 年末美国保险资金中投向由海外实体控制的资产的规模已达到了 1.34 万亿美元,约占行业的 22%。

但美国境外投资的进一步细分数据较少,我们只能从大类资产的配置趋势看美国险资的资产偏好。美国寿险业对股票和股票类基金的配置比重在 1990 年后迅猛增长。截至 2015 年 2 季度,美国寿险业对权益类资产的配置占了总金融资产规模的 1/3。受债券利率持续下行的影响,美国寿险业对债券的配置比重从 1994 年的 64% 降到了当前约 48%。在美联储实施量化宽松压低各类资产收益率后,寿险业对海外的配置明显加大。美国寿险业通过购买国际债券以及对外直接投资持有的资产规模已达 6 624 亿美元,增长 61%,占总资产规模也从 2009 年初的 9.3% 上升至 10.5%。美国产险业的配置趋势与寿险类似。

第二节　英国保险资金境外投资状况

截至 2013 年底,英国保险资金所持有的海外资产(包括海外股票、债券、基金不动产等)共 4 060 亿英镑,占行业总资产的 25%。股票是其中占比最大的海外资产,占总资产比例超过 10%。

同样在 2008~2009 年金融危机后,面临全球债券收益率下降的环境,英国保险资金加大了对海外资产的配置。截至 2012 年底,海外股票、债券与共同基金占总资产的比例从 2007 年的 17.4% 上升到 22.7%。

第三节　日本保险资金境外投资状况

日本险资境外投资的快速增长开始于 20 世纪 80 年代。险资配置海外证券及债权占总资产的比重从 1980 年的 1.7% 上升到 1989 年的 9.6%。国内日益昂贵的资产价格、日元的快速升值和资本账户开放后的国际化配置需求是主要原因。

在 20 世纪 90 年代日本国内股票与房地产资产泡沫破灭后,从 1990 年到 1995 年,日本资金配置海外资产的比例从 9.1% 下降到 6.3%。日本险资大量变卖海外资产以弥补国内市场的亏损。1993 年,日本险资海外持有资产比上一年下降 2.87 万亿日元,1994 年又再次下降近 7 000 亿日元。

然而,日本险资海外配置的步伐并没有因此逆转。国内的低收益率迫使险资继续加大海外资产的配置步伐。海外资产的配置比例从 1995 年后又开始上升,截至 2014 年底,日本险资的海外资产配置比重已经升至 16.3%,创历史新高。在日本首相安倍晋三的推动日元贬值的努力下,日本最大的养老金机构政府养老投资基金(GPIF)响应号召,增加了对海外资产的配置比重。这一举动将引发更多的保险与养老基金效仿,在可预见的未来,日本险资配置海外资产的比例还将继续上升。日本险资境外资产配置占总资产比重如图 2—1 所示。

资料来源:Bank of Japan,Haver Analytics.

图 2—1　日本险资境外资产配置占总资产比重

由上述三个国家的境外投资情况可以归纳出发达国家险资的境外投资占总资产的比重仍处于上升趋势,在配置份额上显著高于我国保险公司的水平。国内经济增速下滑,人为的低利率环境降低国内资产收益率,因此,险资需要在全球范围内寻找收益相对较高的资产,而主要发达国家央行推行的量化宽松政策更加剧了这一趋势。

第四节　关于日本公司境外投资教训的再思考

有观点认为,我国保险公司境外投资,尤其是在境外的不动产投资,应充分吸取日本 20 世纪八九十年代的教训。境外投资要深刻了解不同市场之间的特性、趋势与监管的差别,以及经济、法律和政治上的风险,不可盲目,一拥而上。

我们同意日本境外投资的前车之鉴值得高度重视和深入研究。我国目前险资出海的背景,与日本当年存在不少类似之处:首先,国内步入低利率环境,资产估值普遍偏高,尤其是房地产市场,使得国内投资者将目光转向海外不动产市场;其次,人民币持续对主要货币升值,实际有效汇率处于历史高位,增强了对海外资产的购买力;最后,由于国内投资渠道有限,机构投资者希望出海寻找更多机会的愿望强烈。

但我们认为对日本公司境外投资的案例研究并不应该被简单归纳为境外投资应缓行,反而恰恰说明了境外投资的必要性和急迫性。

20 世纪 80 年代,在日本经济繁荣、汇率升值以及资本流入的多重助推下,国内资产价格快速上涨。从 1984 年到 1989 年的 6 年间,日经指数累计上涨逾 300%,东京证券交易所主板市场的股票平均市盈率从 1983 年末的 35 倍上涨到 1989 年末的 71 倍。东京房地产价格从 1985 年末开始加速上涨,到 1990 年初时涨幅已逾 150%,东京核心地段的地产价格是同期纽约曼哈顿地产的 350 倍。银座的写字楼,一度卖出每平方米 100 万美元的天价。有媒体描述:"东京皇居 1.32 平方英里的土地比整个美国加利福尼亚州的楼市都要值钱。"

随着 20 世纪 80 年代末日本土地、股票市场泡沫达到顶峰,国内资产的普遍高估值以及日元极强的购买力,使得日本企业在境外大肆"扫货":办公楼、土地、休闲山庄、电影公司甚至艺术品纷纷被日本保险公司收入囊中。美国媒体惊呼日本将要买下美国。20 世纪 80 年代末,日本人已经在美国洛杉矶市区和夏威夷拥有大量饭店、高级住宅等不动产,据统计,日本资金当时拥有全美约 10% 的不动产资产,其中最轰动的就是三菱公司对洛克菲勒中心的收购。

从 1989 年 10 月到 1990 年,日本三菱花费 13.7 亿美元的价格收购了被誉为"美国代表"的洛克菲勒中心 80% 的股权,一时风光无限。但收购完成后,由于美国陷入经济衰退,造成持续的经营亏损,最终三菱地所于 1996 年 7 月因无法偿还贷款,将洛克菲勒中心最初建造的 14 栋大楼以 3.08 亿美元的价格出售,造成损失超 10 亿美元。

三菱地所对洛克菲勒中心的收购是 20 世纪 80 年代末至 90 年代初包括保险公司

在内的众多日本企业海外投资的缩影。日本国内资产泡沫破灭以后,日本寿险业的投资收益显著下滑,寿险公司入不敷出。1997 年起,先后有 7 家寿险公司出现偿付能力危机破产倒闭。经济衰退期间,日本企业重新调整海外投资战略,被迫低价卖出海外资产。

三菱地所对洛克菲勒的投资忽视了美国经济在短期内陷入衰退的可能,并且高估了自身的经营能力,对未来现金流作了过于乐观的假设。然而,随着美国房地产周期开始复苏,仅仅在三菱地所将洛克菲勒中心低价脱手后不到 4 年,这栋物业在 2000 年以 18.5 亿美元的价格再次售出。假设三菱能持有至 2000 年,在价格上可获得年化约 3% 的回报。

造成日本企业投资亏损的根本原因是其在国内市场所持有的资产泡沫破灭,带来巨大的投资损失和债务,以至于需要折价出售境外资产填补亏空。从这个角度说,如果日本企业能在更早的时候,以更便宜的价格加大对海外资产的配置力度,可能结果会完全不一样。日本险资净资产水平与资产配置余额如图 2—2 所示。

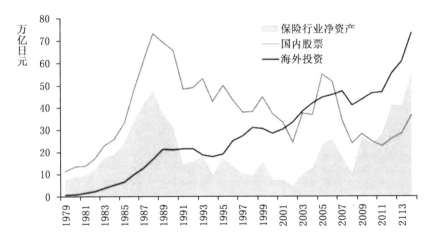

资料来源:Bank of Japan,Haver Analytics.

图 2—2　日本险资净资产水平与资产配置余额

因此,对我国险资来说,在做好对海外市场和资产前景的深入研究的前提下,趁早加快对海外市场的配置,降低国内资产过于集中的现状,才是实现长期可持续投资回报,避免重大金融风险的可行之道。

第三章　我国保险资金境外投资发展历程

第一节　我国保险资金境外投资政策回顾

我国保险资金境外投资的历程大致可以划分为三个阶段,分别为第一阶段,2004~2006年通过外汇资金进行境外投资;第二阶段,2007~2011年境外投资的试水阶段;第三阶段,2012年至今,以境外不动产投资为主体的阶段。

2004年,中国人民银行和中国保险监督管理委员会共同制定和颁布的《保险外汇资金境外运用管理暂行办法》(中国保监会 中国人民银行令2004年第9号)标志着保险外汇资金境外投资渠道正式放开。

2007年,《保险资金境外投资管理暂行办法》(中国保险监督管理委员会、中国人民银行、国家外汇管理局令2007年第2号)从投资品种、投资市场、投资总额三方面拓宽了境外投资范围,提高了境外投资比例。

2012年7月颁布的《保险资金境外投资管理暂行办法实施细则》(保监发〔2012〕93号)(以下简称《实施细则》)进一步放宽了保险企业境外投资范围,开启了我国保险机构投资海外不动产市场的热潮。

在《实施细则》颁布后,2013年7月中国平安集团以2.6亿英镑收购伦敦劳合社大厦。2014年,安邦保险以19.5亿美元收购纽约华尔道夫酒店。随着2014年"新国十条"鼓励保险资金开展境外投资,以及2015年保监会出台《关于调整保险资金境外投资有关政策的通知》的出台,境外投资政策继续放开,保险机构境外投资的步伐进一步加快,阳光保险、中国人寿、泰康人寿等纷纷出海,投资重点聚焦在海外地标性不动产上。

第二节　我国保险资金境外投资现状

数据显示,截至2015年6月我国保险资金境外投资余额为335.74亿美元,合计2 052.58亿人民币,占保险业总资产1.8%。与保监会规定的15%的上限相比,还有很大的提升空间。

现行的监管政策已经给予了国内保险公司更多自主空间、拓展保险资产管理机构委托投资范围、扩大了境外债券投资范围等,包括将保险机构受托委托投资范围由香港地区市场扩展至包含发达和新兴市场在内的 45 个国家或地区的金融市场,扩大债券投资范围由 BBB 级以上的评级调整为债项获得 BBB−级以上的评级,并且允许保险资金投资香港创业板股票等。

然而,从目前境内保险公司境外投资的实践来看,我国保险公司进行境外投资主要采用三种投资方式:第一种是直接股权投资的方式,通过直接股权投资的方式对非保险类的金融机构实施控制;第二种是间接股权投资,即通过投资股权投资基金的方式进行境外投资;第三种是通过购入商业不动产或办公不动产的方式进行境外投资。

从区域配置的角度看,当前我国保险资金的境外投资主要是香港市场的股权投资,以及英、美等发达国家的不动产投资及保险企业的股权投资。来自保监会的数据显示,截至 2015 年 6 月保险资金境外投资中港币资产为 1 737.65 亿港币,合计 1 370.33 亿人民币,占境外投资余额 66.76%。境外不动产投资没有直接数据,但据我们的估算,总额约为 450 亿人民币,占境外投资余额的 22%。我国保险资金资产配置状况如图 3−1 所示。

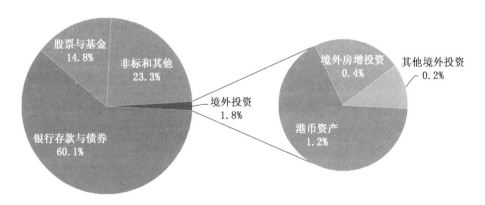

资料来源:Wind 资讯金融终端,中国保险监督管理委员会,中国平安人寿保险股份有限公司。

图 3−1　我国保险资金资产配置状况

境内保险资金对香港市场资产以及发达国家不动产资产的配置偏好有其合理性。由于环境、语言、资产风险较为接近,香港市场通常是内地金融机构境外投资的第一站。内地监管机构对香港市场的政策扶持,也奠定了香港作为中国内地与海外资本市场对接"桥梁"的地位。在香港主板市场上市的 H 股和红筹股,因其资产质量较高,估值相对 A 股存在明显折价而一直广受险资青睐。

2012 年 7 月颁布的《保险资金境外投资管理暂行办法实施细则》中对境外不动产投资限定为"发达市场主要城市的核心地段,且具有稳定收益的成熟商业不动产和办公不动产"。这一规定在一定程度上降低了保险公司境外不动产投资的风险。不动产投资周期长,对现金流稳定性要求高。发达国家一线城市如纽约、伦敦、东京等的核心地产,因其商业环境优异、人口持续流入、兼具稳定现金流和较高的资产保值增值功能。

自从中国平安 2013 年收购伦敦劳合社大厦首开险资境外不动产投资先河后,已经至少有 6 家保险公司参与了境外不动产投资,投资地点分布在纽约、伦敦、波士顿、悉尼等地。据媒体报道,自 2015 年以来,中国海外房地产投资同比激增 50%,预计全年或将突破 200 亿美元,其中险资的出海是主要驱动力之一。

近年来,险资对海外不动产资产的追逐主要是出于收益率的考虑。由于不动产类资产流动性较差,因此能够提供比低风险固收类资产要高的收益率,如国债、投资级企业债等。对于资金久期较长的保险公司,尤其是资金来源与未来支付需求可预测性较高的寿险公司,可以减少部分流动性的要求从而获取流动性溢价的补偿。此外,不动产投资属于另类投资中的一种,与传统的股票、债券投资的相关性较低,且受二级市场价格波动影响较小,通过增加境外不动产资产的配置能够有效分散投资风险,优化投资组合的风险收益状况。

第三节　我国保险资金当前境外投资的问题

我国险资的境外资产配置水平总体偏低,且集中于香港(地区)市场和发达国家一线城市的不动产资产。随着险资加大海外资产配置的力度,当前的配置方向将越来越难以满足境外投资分散风险、提升回报的需要。

香港市场上的资产在未来仍将存在良好的配置价值,尤其是当前离岸人民币市场上的点心债与境内债券的利差以及港股市场上的 A－H 溢价,都使香港市场成为一个内地同质资产的替代性选择。但随着香港与内地经济融合程度的加深以及金融市场的互联互通,香港与内地资产的关联性正在上升。如图 3－2 所示,香港恒生国企股指数与沪深 300 指数月回报率的相关系数呈明显上升趋势。不仅如此,即使是反映香港本地股表现的 MSCI 香港指数,其与沪深 300 的相关系数 2015 年以来也在迅速上升。

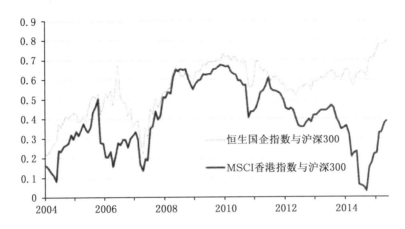

资料来源：彭博。

图 3—2　香港与内地股市滚动 30 个月的相关系数

　　此外,香港市场自身的宏观风险在加大。港币与美元挂钩的机制意味着香港金管局需要追随美联储的步伐提升利率。对于受中国内地经济下行影响较大的香港本地企业来说无异于雪上加霜。而贷款成本的上升,也可能成为压垮香港高昂的房地产价格的"最后一根稻草"。因此,配置香港资产所能获得风险分散的好处正在消退。

　　而对发达国家一线城市的不动产投资,也面临着收益率快速下行的局面。发达国家过去几年实行的量化宽松政策普遍推高了资产的价格,一线城市的不动产价格屡创新高。据统计,纽约曼哈顿岛的办公楼单位面积美元价格自 2010 年起已经上涨209%,新加坡同期上涨 113%,伦敦上涨幅度虽只有 35%,但在过去 18 个月上涨了26%。发达国家的保险机构、退休基金以及海外的富豪都将一线城市的核心地产视为财富保值增值的首选。

　　中国平安在 2013 年购买伦敦劳合社大厦时的租金收益率为 6% 左右,2014 年中国人寿购买伦敦金丝雀码头大楼时的租金收益率已经降至约 5%,今年在海外一线城市的租金收益率也普遍处于 4%～5% 的水平。如果以反映价格波动的资本化率(Cap Rate)衡量,海外大都市核心写字楼的收益率水平当前都在 3%～5% 之间。境外核心都市办公楼资本化率水平如图 3—3 所示。

　　为提高收益率,保险公司普遍利用海外低利率通过融资加杠杆的形式买楼。当借款到期需要再融资时,保险公司将面临较大的利率风险。如果再融资周期与利率上行周期以及地产下行周期相叠加,则会对保险公司的投资业绩带来较大的负面影响。若是资产负债管理不善,遭遇流动性问题,就可能被迫在下行周期抛售低流动性的不动

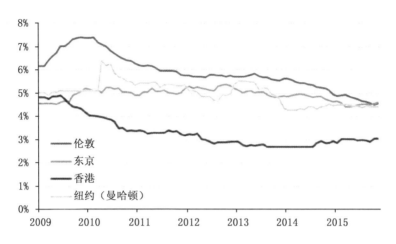

资料来源：彭博，Real Capital Analytics。

图 3—3　境外核心都市办公楼资本化率水平

产资产，遭受较大的投资损失，重蹈日本公司在美国不动产投资的覆辙。

第四章　未来境外投资市场的风险与机遇

第一节　影响经济增长与资产长期回报的核心因素

　　由于境外发达市场收益较高的非标资产日渐稀缺，我国保险公司的海外配置，需要探索在中长期实现较高收益的新领域。因此，如何选取最优的境外投资市场是当务之急。我们研究了影响不同国家和地区经济增长与资产长期回报的核心因素。我们发现劳动年龄人口增速以及当前资产的估值水平，对未来长期投资回报有着显著的影响。

　　劳动年龄人口增速与经济增长在长期内存在显著的正相关关系。从 2000 年到 2014 年，我们选取了 43 个主要国家和地区（人口规模在 2 000 万人以上），图 4—1 展示了这些市场 15 年间的劳动年龄人口年均增速与同期以美元计价的实际 GDP 年均增速的关系。

　　从图 4—1 中可以看出，劳动年龄人口的高速增长通常伴随着 GDP 的高速增长。

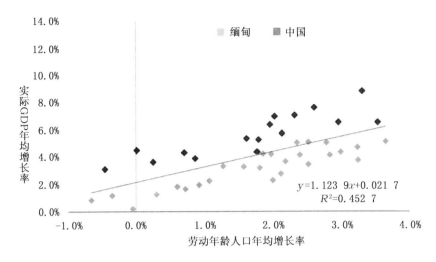

资料来源：世界银行、联合国人口统计、Haver Analytics。

图 4—1　劳动年龄人口年均增速与经济增长率（2000～2014）

除了城镇化因素助推的中国以及内部纷争不断的缅甸，其余国家的劳动年龄人口增速与 GDP 增长有着显著的线性正相关关系。快速的劳动力增长在长期将带来较高的经济增速，意味着企业盈利的高速增长和较高的投资回报率。

而估值是衡量资产长期回报的另一项重要指标。我们同样从过去 15 年间人口规模在 2 000 万以上的 43 个主要国家和地区中，选取其对应的 MSCI 股票总回报指数（美元计价）作为资产回报的参考。由于许多新兴市场股票历史时间短，盈利波动大，因此简单市盈率受经济周期的影响上下波动极大，难以衡量资产的长期估值。而一些长期估值指标，如周期调整的希勒市盈率、股票总市值占 GDP 的比重等缺乏足够的数据，因此我们选择市净率（即价格/账面净资产的比率）作为估值的标准。股票净资产受经济周期波动影响较小，能较好地反映市场价格相对于每股账面价值的偏离程度。

在上述 43 个主要国家和地区中，具备 15 年市净率历史数据的国家和地区共计有 27 个。2000 年 3 季度各样本的市净率水平与从 2000 年 3 季度至 2015 年 3 季度的 15 年间对应指数的年化总回报率的关系如图 4—2 所示。

如图 4—2 所示，各国股票指数的长期回报率同当前的估值水平存在较显著的负相关关系。较低的估值在长期将趋向均值回归，在这过程中将进一步提升资产的回报率。

我们也尝试加入其他的宏观变量，如债务占 GDP 比率、城镇化率等来解释未来经济和资本市场的表现，但验证的结果均不显著。较高的债务负担并不意味着未来的低

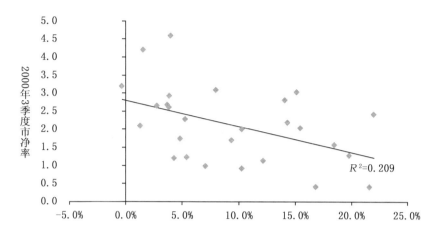

资料来源：MSCI、彭博。

图4—2　当前股票估值与未来年化总回报率(2000年9月～2015年9月)

增长,尤其对于潜在增速较高的新兴市场来说,债务可以通过高增长和高通胀稀释掉。而当前的城镇化率对未来并没有显著的预测作用,也是因为城镇化率与经济增速互为因果。较快的经济增长带动了城镇化率的提升,从而进一步促进了经济的繁荣。但也有不少国家,经济增速较低而城镇化率也在低位停滞不前。

第二节　发达国家市场的现状与展望

考虑到以美国为首的发达国家进入经济复苏阶段,市场对美元对人民币保持升值趋势的预期较为强烈,因此发达国家,尤其是美国的股票、债券等预计将受到越来越多"出海"的保险资金的青睐。

一、发达国家面临长期低增长、低回报的困境

然而,当前发达国家各类资产普遍昂贵。从长期投资的角度看,当前多数发达国家市场的资产估值已经充分甚至过度地反映了未来的增长空间。

展望未来,发达国家面临着人口老龄化、高负债与劳动生产率放缓的现实。根据联合国人口统计预测,发达国家(G7)的劳动年龄人口(16～64岁)的年均增速从1985年的约1%快速下滑到2015年的-0.1%,并将在未来15年里持续萎缩。从国家看,在未来15年内,美国、英国、加拿大的劳动年龄人口还将保持微弱的增长,但德国、日本、意大利等国等都将处于负增长。

劳动生产率衡量的是一个国家的生产效率。从长期来看,是经济增长与人均收入水平提高的根本动力。G7 国家的劳动生产率增在过去 35 年间也出现了明显的下滑。从1981～1986 年,G7 国家的平均劳动生产率增速约为每年 2%,但在此后持续下滑。到了 2008～2009 年全球金融危机之后的 5 年间,G7 国家的平均劳动生产率增速仅为每年 0.6%。G7 国家劳动年龄人口与劳动生产率增速如图 4-3 所示。

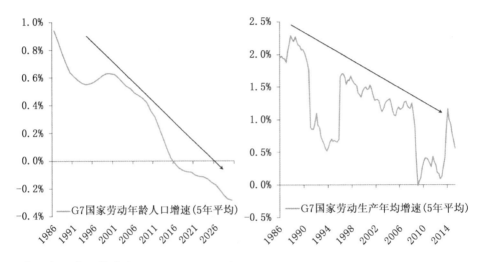

资料来源:各国统计局、OECD、Haver Analytics。

图 4-3 G7 国家劳动年龄人口与劳动生产率增速

劳动年龄人口增长状况与劳动生产率决定了一个国家的潜在经济增速。发达国家劳动年龄人口增速的放缓,劳动生产率增速低迷,意味着经济潜在增速将长期处于一个较低的水平。

较低的经济增长率与人口老龄化造成了全社会的总供求失衡,加剧了政府的养老负担。与此同时,发达国家的债务却在快速攀升。G7 国家的非金融部门总债务(包含家庭、非金融企业以及政府部门)占 GDP 比率的平均值从 1981 年的 133% 直线上涨到 2014 年的 253%。金融危机之后主要国家推行的"去杠杆"的努力并没有降低整个经济体的杠杆率;私人部门债务负担或有下降,但伴随的是政府部门被迫加杠杆以维系经济增长。G7 国家经济增速与债务水平如图 4-4 所示。

高企的债务率限制了利率上行的空间。从 1980 年起,G7 国家的长期国债利率水平一路下行。截至 2015 年 3 季度,G7 国家当前的平均 10 年期国债收益率水平仅为1.33%。其中,日本、德国与法国都在 1% 以下。较低的未来经济增速、高企的债务负担、与当前较高的资产估值意味着发达国家资产的长期回报率将持续处于低位。G7

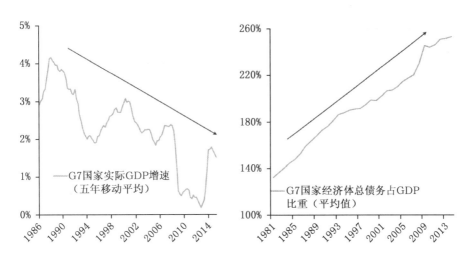

资料来源:各国统计局、OECD、Haver Analytics。

图 4—4　G7 国家经济增速与债务水平

国家长期国债到期收益率如图 4—5 所示。

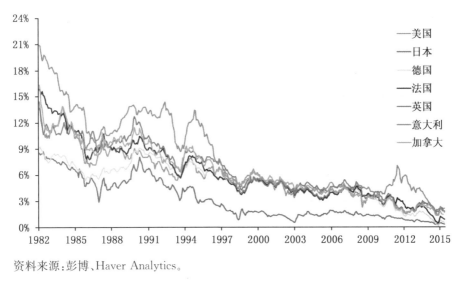

资料来源:彭博、Haver Analytics。

图 4—5　G7 国家长期国债到期收益率

二、发达国家风险资产牛市已渐露疲态

不仅如此,在当前阶段,以美股为首的发达国家风险资产的大牛市已经渐露疲态。截至 2015 年 5 月(前期高点),自 2009 年 3 月开始的美股牛市已经持续了 76 个月。在此期间,标普 500 指数累计上涨幅度为 216%,持续时间与累计涨幅均超过了标普

500 指数 1921 年以来的历次牛市的平均水平。标普 500 指数历次牛市表现统计（1921 年至今）如图 4－6 所示。

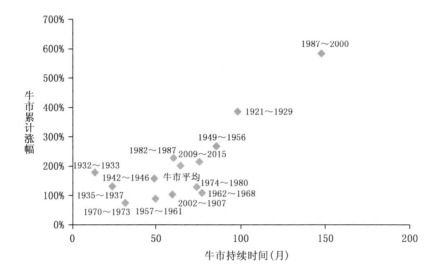

资料来源：彭博、Haver Analytics。

图 4－6　标普 500 指数历次牛市表现统计（1921 年至今）

　　如此长的牛市主要受益于金融危机后美联储的量化宽松政策刺激了金融市场，推升了资产价格，从而通过信贷环境的改善与资产价格上涨带来的财富效应拉动经济逐步复苏。

　　但经济的复苏并没有反映到销售收入的改善。从 2009 年 1 季度至 2015 年 3 季度，美国名义 GDP 累计增长约 26％，标普 500 指数累计回报约 141％，每股盈利同期的累计涨幅为 99％，但每股收入仅上涨 16％。反映利润增长并非来源于实体经济改善。无独有偶，收入增长大幅落后于盈利增长的现象并非美国所独有。发达国家（G7）加总的名义 GDP 在过去 6 年间累计涨幅仅有 13％，MSCI 发达国家 G7 指数（MSCI G7 Countries Index）同期涨幅 102％，每股盈利累计上涨 77％，同期每股收入仅上涨 5％。发达国家本轮复苏周期累计涨幅统计（2009 年 3 月～2015 年 9 月）如图 4－7 所示。

　　金融危机后，发达国家企业盈利增长的主要来源有三个：低利率降低了企业的利息支出、高失业率降低了企业的劳动力成本、企业股票回购推动盈利增长。然而，随着美国劳动力市场接近饱和，工资增长开始加速。美国小时工资过去 3 个月同比增速 2.4％，创 6 年新高。劳动生产率的增速下滑与工资增速上涨的意味着企业盈利面临

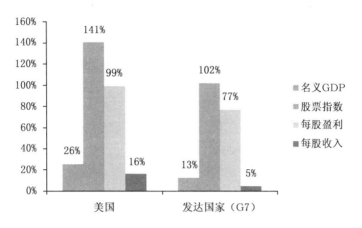

资料来源:MSCI、彭博、Haver Analytics。

图4-7 发达国家本轮复苏周期累计涨幅统计(2009年3月~2015年9月)

下行压力。随着美联储开始加息,支撑企业股票回购的融资成本走高,利息支出难以继续下降,而持续走强的美元将继续打压美国企业的海外盈利。美股盈利未来持续增长的空间有限。美国股票盈利与单位劳动成本增速如图4-8所示。

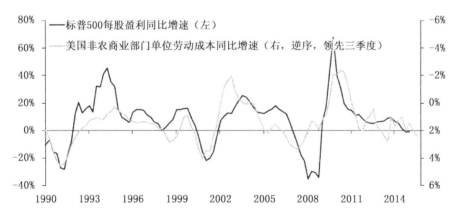

资料来源:彭博、Haver Analytics。

图4-8 美国股票盈利与单位劳动成本增速

而过去几年持续扩张的市盈率也难以进一步提升。根据过往加息周期经验表明,美股市盈率在加息周期开始之后开始收缩。尽管市盈率在纵向比较中尚处合理区间,但更能反映销售状况的市销率的水平已经接近2000年互联网泡沫时期。用其他长周期指标,比如经盈利周期调整后的希勒市盈率(Cyclically Adjusted Price-to-Earnings Ratio,CAPE)、总市值占GDP比重(Market Capitalization to GDP)或托宾Q比值

(Tobin's Q)衡量美国股市均显示,当前股票的估值均接近历史的高位。美国股票市场历史估值水平如图 4—9 所示。

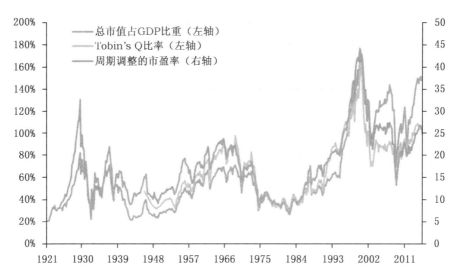

资料来源:彭博、Haver Analytics。

图 4—9　美国股票市场历史估值水平

　　在过去 6 年中,每当经济放缓或者海外市场出现较大冲击时,如欧债危机,风险资产的下跌都被主要央行加码的宽松政策托起并再创新高。然而,央行得以持续宽松的前提是通胀保持低位。眼下,主要国家的名义通胀率因油价和其他大宗商品价格的大幅下跌而处于低位,但剔除粮食和食品的核心通胀率却在稳步上升。

　　随着人口老龄化和经济潜在增速下滑,劳动力市场工资上涨的压力在美国、英国和日本日益明显。当大宗商品基数效应消退甚至止跌回升时,名义通胀率将明显反弹。当经济和盈利增长低于预期,而通胀上行又掣肘央行继续宽松时,风险资产及利率债恐均将面临剧烈调整。

　　全球发达国家央行的宽松政策释放的过剩流动性涌入金融市场压低了各类资产回报率。而较低的未来经济增速与当前较高的资产估值意味着发达国家资产的长期回报率将持续处于低位。

第三节　新兴国家市场的现状与展望

　　我们认为新兴市场依然是未来经济增长和资产回报较高之处。作为寻求境外高收益机会的保险机构,有必要从长期投资的角度考虑新兴市场中的投资机会。

一、新兴市场当前面临许多不利因素

不可否认,在当前新兴市场面临许多不利因素。过去 10 年支撑新兴市场的两大根本驱动力——国际资本流入与中国需求都在"熄火"。中国需求继续放缓将冲击多数新兴经济体的增长前景。而美联储加息与全球资本的回流将使某些负债率较高的新兴市场国家出现资产负债表的问题。

雪上加霜的是,在旧的增长模式结束后,不少国家亟须结构改革塑造新的增长引擎。但在经济下滑和民粹盛行的环境下,结构改革知易行难。当经济放缓时,就业市场和社会福利支出上的压力首先传导到财政赤字的迅速扩大以及现任政府支持率的下滑,而推行结构改革又往往将伴随着不得人心的财政紧缩和裁员重组,加剧了政治上的不稳定,从而进一步恶化财政赤字、国际收支以及资本外流,造成汇率大幅贬值和通胀攀升。显著的代表就是巴西、南非、阿根廷、委内瑞拉等国。

二、但新兴市场之间区别甚大,不可一概而论

然而,并不是所有的新兴市场都是一个模式。新兴市场的概念,是相对于发达国家而言,在人均收入水平上还有很大提升空间的国家和地区的统称。但不同新兴市场国家之间区别甚大,各具特色。尽管中国需求放缓和美联储加息引发资本回流仍将是新兴市场明年的主题,但并非每个国家都受到同样的冲击。

以墨西哥为例,其对中国需求的敏感度远低于对美国需求。而拥有众多低成本的劳动力人口以及运输成本上的优势,使其在制造业结构上正在替代中国成为美国的新工厂。当美国经济走强引发美联储加息时,强劲的需求很可能将带动墨西哥的投资及出口持续增长。

类似的例子还有印度,随着享有改革派名声的新总理莫迪上台,外界对印度推行结构改革,释放人口潜力成为新的"世界工厂"寄予厚望。过去一年来当中国经济放缓冲击多数新兴市场国家时,印度资产屡次成为投资新兴市场的机构的避风港。在过去 6 个月,印度卢比是新兴市场中对美元表现第二好的货币,同期贬值 4.0%,甚至优于人民币。

同样,对于外界普遍担心的美联储加息后引爆新兴市场的高债务以及经常账户赤字的问题,也不可绝对化。我们搜集了主要新兴市场当前的外部债务水平和经常账户的情况,发现依然有一些新兴市场国家,如韩国、越南、泰国、菲律宾等,有着较高的经常账户余额,以及较低的外部债务。有较强的能力抵御美联储加息与中国经济放缓的

冲击。主要新兴市场经济体经常账户余额与外债负担如图4－10所示。

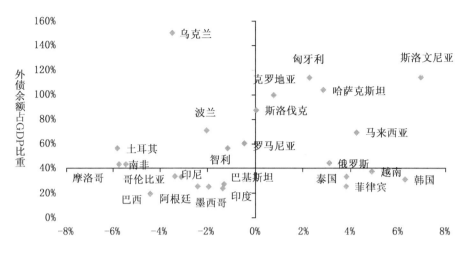

资料来源:彭博、Haver Analytics。

图4－10 主要新兴市场经济体经常账户余额与外债负担

三、新兴市场的"危险"中包含"机遇"

从短期来看,随着明年中国经济的继续放缓,以及美联储渐进加息。一些经常账户赤字高,外债比例高的新兴市场国家还将处于压力之中。不排除由于国际金融市场的进一步恶化,冲击国内经济,形成较大的社会动荡甚至政治危机。

然而,"危机"一词本身就包含着危险与机遇。经济和政治上的冲击终将推动相关国家过去停滞不前的结构改革,而金融资产价格的充分调整也将为长期投资者提供了具备吸引力的买点。在1998年夏天俄罗斯债务危机后买入俄罗斯股票,在1999年巴西恶性通胀危机后买入巴西股票,在2001年阿根廷违约后买入阿根廷股票,持有5年后的美元价格年化总回报率分别为74.2%、16.5%和37.2%。

根据历史数据分析,新兴市场正在趋近长周期的拐点。以MSCI股票指数为例,上一轮发达国家跑赢新兴市场的周期发生在1994年9月到1998年9月。在大约4年的时间里,发达国家累计涨幅约54%,新兴市场指数累计跌幅约59%。自2010年10月至今的5年间,发达国家股市表现再次跑赢新兴市场。当前MSCI新兴市场指数与发达国家指数的比率已经回到了2005年的水平。新兴市场指数的估值水平也已经低于长期均值,部分新兴市场已经开始显现长期买入的机会。主要新兴市场股票总市值占GDP比率(2005～2015)如图4－11所示。

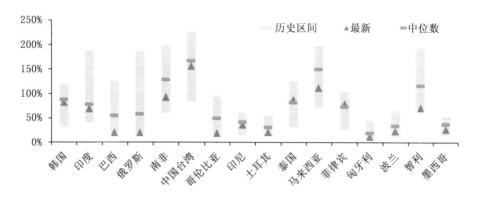

资料来源:彭博、Haver Analytics。

图4—11 主要新兴市场股票总市值占GDP比率(2005~2015)

四、新兴市场的长期前景光明

尽管短期内新兴市场仍将面临挑战,但从中长期来看,新兴市场充满着机遇。相比发达国家人口老龄化和结构化低增长的长期趋势,新兴市场依然具备良好的人口结构,以及生产率提升的巨大空间。根据国际货币基金组织(IMF)的测算,以购买力平价计算,新兴市场占全球GDP的份额在2008年已经超过发达国家并将持续扩大,即使在排除中国后的其他新兴市场国家的份额,预计在2019年前后也将超越发达国家。从对全球经济增速的贡献看,从2000年到2010年,新兴市场贡献了全球约2/3的经济增长,这一比例在未来10年内还将维持高位。发达国家与新兴市场占全球经济的份额与贡献率如图4—12所示。

除了自身所拥有的增长潜力之外,外界条件也为新兴市场的长期发展打开了希望之门。展望未来,新兴市场将受益于三大动力。

(1)发达国家的宽松货币政策将继续推动过剩的流动性寻求高收益资产。尽管美联储开始加息回收流动性,但欧洲央行、日本央行甚至中国央行在可见的将来还将保持着低利率政策,全球资金寻求高收益资产的趋势不会逆转。在发达国家资产价格普遍高估的环境下,不少有战略眼光的投资者加大了对新兴市场的研究和配置。

(2)中国雄心勃勃的“一带一路”规划,如果能顺利实施,将从长期而言改善制约新兴市场发展的“瓶颈”——基础设施。根据亚洲开发银行在2009年的预测,亚洲在未来10年内共需要8万亿美元的基建投资。现有的世界银行、国际货币基金组织、亚洲开发银行的资金规模和组织架构已经远远满足不了新兴市场的需求。而中国主导成

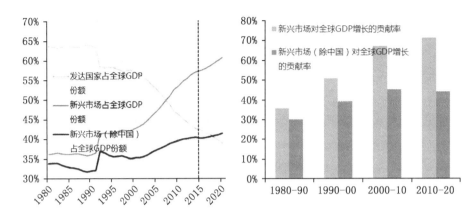

资料来源：国际货币基金组织、彭博、Haver Analytics。

图 4－12　发达国家与新兴市场占全球经济的份额与贡献率

立的亚洲投资银行、丝路基金、金砖银行，与现有的国开行与进出口银行一起，不仅为新兴国家的融资需求提供了新的渠道，还可以将自身在基础设施投资和建设上的丰富经验推广到其他新兴市场国家中。

（3）中美地缘政治上的角逐将使新兴市场受益。出于地缘政治上的竞争，中国在新兴市场上的积极进取也引发了美国与日本的强烈反应。日本和中国在印尼、印度、非洲等地的基建项目建设上开展了激烈的竞争。而美国为维持其世界第一的地位和影响力，一方面实施"重返亚太"计划，力推跨太平洋伙伴关系协定（Trans-Pacific Partnership Agreement，TPP）。通过关税减免和市场准入打造新的区域经济一体化平台，为亚太地区众多新兴经济体创造了新的增长动力；另一方面积极加大对非洲国家的援助和投资。无论最终中美的地缘政治竞争"鹿死谁手"，新兴市场国家都是最大的受益者。

除了股票之外，新兴市场的债券、地产、PE 与基建项目等都存在较好的长期投资机会。JP Morgan 的新兴市场美元债券指数（EMBI）在过去 20 年间的年化总回报率约为 10.2%，即使在新兴市场股市累计下跌 27% 的过去 5 年中，该指数依然获得 4.5% 的年化总回报率，领先同期巴克莱美国债券综合指数（Barclays Aggregate）。

地产、PE 与基建项目由于投资周期长，受公开市场价格波动的影响较小，更受险资的青睐。尤其对于一些处于增长初期，资本市场尚不发达或者根本不存在的新兴市场而言，非公开市场投资依然是主要的机会。例如，在未来 15 年，非洲地区将是全球劳动力增长最快的地区。巴克莱的前 CEO 罗伯特·戴蒙德（Robert Diamond）在离职后发起了投资于非洲银行业的私募股权基金，就是看好非洲国家的经济增长将带来旺盛的金融需求。劳动年龄人口年均增速按地区排名(2015～2030)如图 4—13 所示。

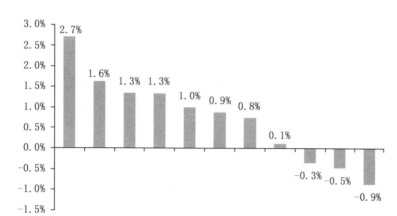

资料来源:联合国人口统计、Haver Analytics。

图 4—13　劳动年龄人口年均增速按地区排名(2015～2030)

第四节　新兴市场投资的主要障碍与对策

虽然新兴市场国家存在长期投资的机会,但对于我国保险资金而言,依然面临诸多障碍,亟待解决。

一、我国保险机构缺乏新兴市场投资的专业人才

我国保险机构常年来处于负债驱动的发展模式,在投资端优秀投研人才的储备相对不足。尽管在最近几年随着保险行业的迅猛发展,越来越多的优秀人才投奔险资,但面对境外市场,尤其是众多新兴市场投资机会,法制不健全、政治不稳定、社会动荡都是不容忽视的投资风险,保险资管的投研力量依然相对较弱。这也对国内保险公司的投资能力与风险管理提出了更高的要求。

可以采取的对策有四种:一是通过加大力度引进具备丰富海外投资经验,尤其是新兴市场投资经验的专业人才以提升险资的投研能力。二是在事前优选国家之后,通过分散化、指数化的长期投资获取超额回报。在下一章,我们将着重介绍这种方法以及我们的选择标准。三是通过委托投资,与国际上知名的、过往业绩优异的新兴市场投资管理人合作。四是在局部领域,比如基建项目及相关上下游领域,跟随世界银行、国际货币基金组织、亚洲开发银行和亚洲投资银行等跨国发展机构,寻求风险较小,收

益稳定的投资项目。

二、险资对新兴市场投资受到监管约束过强

虽然保监会已将保险机构受托委托投资范围由香港市场扩展至包含发达和新兴市场在内的 45 个国家或地区的金融市场,并允许新兴市场资产在险资总投资中占不超过 10% 的权重。但随着 2016 年"偿二代"的正式实施,对风险因子的要求将在很大程度上制约险资投资新兴市场资产的兴趣。

"偿二代"对新兴市场权益类资产的市场风险因子是 45.00%,对发达国家权益类资产的风险因子是 30.00%。而对国内权益市场的沪深主板、中小板以及创业板的风险因子分别是 31.00%、41.00%、48.00%。在固定收益类资产上,发达国家的风险因子是 7.62%,新兴市场是 21.39%,而对应国内的固收资产里,普通债券型基金、AA+的固定收益类信托计划以及 5 年期以上 AA 的企业债券的风险因子分别为 6.00%、13.50%、14.05%。

监管机构出于审慎原则,加强对险资境外市场投资的监管理所应当。但在风险因子上赋予境外资产,尤其是新兴市场过高的权重恐有值得商榷之处。如果以股票市场的波动率衡量,我们截取了 2000 年 3 季度至 2015 年 3 季度保监会允许的新兴市场以及主要发达国家的 MSCI 指数的总回报数据,计算其年化的波动率情况。

从图 4—14 中可以看到,新兴市场之间的波动率差别甚大,既有回报极不稳定的俄罗斯、巴西、埃及等国,也有波动率与英国、美国等发达国家类似的摩洛哥、南非与马来西亚。除中国外,新兴市场股票指数的平均波动率是 28%,发达国家股票指数的平均波动率是 21%。而中国沪深 300、中小板和创业板对应波动率分别为 31%、33% 和 36%。国内股票资产的波动率在新兴市场排名中处于中高水平,但风险因子却与发达国家接近。

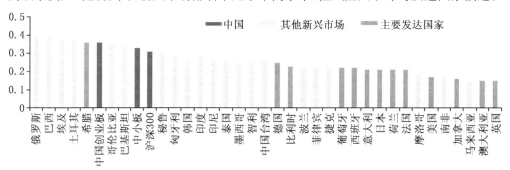

资料来源:MSCI、彭博。

图 4—14 MSCI 主要市场指数年化波动率(2000.9—2015.9)

不仅如此,风险并不等于波动率。尽管波动性可量化并在统计上有广泛的运用,但投资风险应是永久损失本金的可能性,而非投资过程中的资产价格暂时的涨跌状况。国内固收类资产当前波动虽小,但在国内经济下行、信用风险频发、信用利差却因为刚性兑付的预期而处于历史低位的环境下,对信用风险的考量也许也应该留有更大的余地。

美国著名投资机构 Oaktree Capital 的创始人 Howard Marks 对两者的区别有着精辟的描述:"考量风险时,我们希望找出投资者所担忧,且因承担该风险而要求获得补偿的事。我认为大部分投资者不会惧怕波动性。投资者惧怕的是永久亏损的可能性。永久亏损与波动性为不同。如果投资者能够坚持并在上升时退出,向下波动并不会带来大问题。永久亏损可因以下两个原因中的任一个而发生:(1)原本暂时性的下跌因投资者在向下波动期间因丧失信心、源自其投资时间表的要求、紧急的财务状况,或情绪压力等原因卖出而被锁定;或(2)投资本身因基本面原因而无法上升。我们可以经受住波动性的难关,但我们没有机会化解永久亏损。"[①]

换言之,如果我们以一个长期投资者的身份投资新兴市场,并通过严谨的事前分析与调查精选标的,以及完善的投后流程对风险进行有效的管控,资产价格的暂时波动并不能真正反映投资的实际价值。尽管保险投资的账面价值可能在市场环境恶化时受到一定程度的冲击,但做好流动性和投资组合风险分散管理的机构能够承受该类风险。更何况,即使以波动率衡量,许多新兴市场资产风险也小于 A 股市场。

根据前文的分析,由于发达国家将处于一个长期低增长、低回报的环境中,就迫使投资者要去积极探索具备长期经济增长和投资回报潜力的其他地区。然而,过高的风险因子权重和"一刀切"的做法可能在一开始就将扼杀险资探寻新兴市场投资机会的积极性。长此以往,险资恐怕将面临大量配置国内资产带来的风险集聚以及配置境外发达国家接受长期低回报的两难境地。

第五章　通过人口与估值优选全球股票市场

根据前文所述,通过人口结构(劳动年龄人口增速)与当前资产估值(市净率)从理

---

① Howard Marks.致客户的备忘录《重新再谈风险》,2015 年 6 月。

论上能够选择出在长期内具备较高投资价值的国家和地区。我们尝试运用该方法来挑选未来具备增长潜力和高投资回报的地区,并通过分散化指数投资相应的股票市场以检验业绩表现。

第一节 选取未来十五年可能获得超额收益的市场

考虑到市场容量与资金规模,我们依旧选取人口数在 2 000 万以上的经济体,并根据联合国人口统计对各个经济体未来劳动年龄人口(2015～2030 年)的预测,以及截至 2015 年 3 季度各个经济体股票指数的市场估值,我们做出了如图 5-1 所示的散点图。

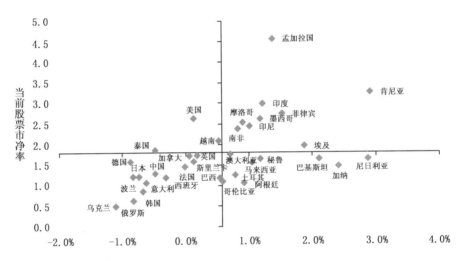

资料来源:联合国人口统计、MSCI、彭博、Haver Analytics。

图 5-1 劳动年龄人口年均增速与当前股票市净率(2015～2030 年)

图 5-1 根据样本内两个指标的平均数值(0.58%,1.80x),可以划分为四个象限。右上角的第一象限是未来劳动力增速较高但当前资产估值也较高的国家,包括肯尼亚、印度、菲律宾、墨西哥等国;左上角的第二象限是未来劳动力增速较低甚至持续萎缩,但当前资产估值偏高的国家。在这一象限中以美国最为突出。美国长期经济潜在增速趋于下滑与当前股市的偏高的估值的结合,意味着长期资产回报率可能将处于较低的位置。第三象限则是劳动力人口增速较低,但当前市场估值也较低的国家,涵盖了众多西欧和东亚国家,包括中国在内。市场对这些国家长期下滑的经济增速已经有了较为充分的定价。

而右下角的第四象限则是我们认为未来 10～15 年有望带来较高投资回报的方向,即未来劳动力增速较高但当前市场估值偏低的国家。共有 9 个,分别是:尼日利亚、加纳、巴基斯坦、秘鲁、马来西亚、土耳其、澳大利亚、哥伦比亚与阿根廷。

这个名单与当前投资者所偏好的主流新兴市场国家不同。主要原因是估值水平。当前状况最好的新兴市场国家如印度、菲律宾、墨西哥等国,投资者在寄予厚望的同时也赋予了对应资产较高的估值水平,从而限制了未来的回报率。

而在第四象限的国家都伴随着或多或少的问题其至危机:巴基斯坦、尼日利亚、土耳其面临持续的宗教冲突与恐怖主义问题;阿根廷、加纳深受高通胀、汇率贬值与政治"瘫痪"之苦;澳大利亚、秘鲁、马来西亚、哥伦比亚正在遭受大宗商品价格暴跌引发的冲击。

然而从长远的眼光看待,动荡总会过去。当前广受追捧的印度、菲律宾与墨西哥同样曾面临着严重的危机:墨西哥遭遇了 1994 年的比索危机;菲律宾被卷入 1997～1998 年的亚洲金融危机;印度在 2013 年美联储暗示缩减 QE 时遭遇了大量的资本外流与汇率贬值,一度与土耳其、南非、印度尼西亚、巴西一起被誉为"脆弱五国"。"生于忧患、死于安乐。"一个国家和社会往往在危机之后方能痛下决心,推动结构改革,实现经济的长期可持续增长。

第二节 历史回测检验(2000 年 9 月～2015 年 9 月)

我们可以用同样的标准在 2000 年时选择劳动力人口增速较高并且资产估值较低的国家,运用历史数据进行回测。我们筛选出来的处于第四象限的国家共有 10 个,分别是:阿根廷、巴西、哥伦比亚、南非、印度尼西亚、墨西哥、马来西亚、巴基斯坦、秘鲁和菲律宾。具体如图 5－2 所示。

我们分别考察这 10 个国家的 MSCI 总回报指数在过去 15 年间的年均回报率,发现他们均跑赢了同期的 MSCI ACWI 基准总回报指数(All Country World Index)。而 2000 年筛选时处于第二象限的国家中,只有泰国与中国跑赢了基准指数。前者是因为金融危机之后的估值回归,后者是因为城镇化和加入 WTO 之后劳动生产率的快速增长。具体如表 5－1 所示。

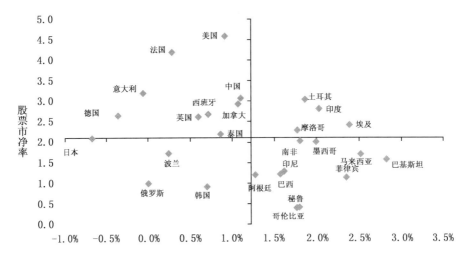

资料来源:联合国人口统计、MSCI、彭博、Haver Analytics。

图 5-2　劳动年龄人口年均增速与当前股票市净率(2000 年 9 月～2015 年 9 月)

表 5-1　　　选取国家的股票指数年化总回报一览(2000 年 9 月～2015 年 9 月)

	年化总回报		
MSCI ACWI	4.0%		
阿根廷	4.3%	日本	1.3%
巴西	5.4%	德国	2.8%
哥伦比亚	21.6%	意大利	-0.4%
南非	15.4%	法国	1.5%
印度尼西亚	19.8%	英国	3.8%
墨西哥	10.3%	泰国	14.3%
马来西亚	9.3%	加拿大	3.9%
巴基斯坦	18.4%	美国	4.0%
秘鲁	16.8%	中国	7.9%
菲律宾	12.1%	西班牙	3.7%

资料来源:MSCI、彭博、中国平安人寿保险股份有限公司。

　　如果看单个国家股票的表现,在第一年间,处在第四象限的 10 个国家中,阿根廷、巴西与巴基斯坦的回报落后于基准,在前 3 年内,只有阿根廷的年化总回报率落后于基准。从 5 年、10 年以及 15 年的周期看,全部 10 个国家的年化回报率均超出基准。具体如表 5-2 所示。

表5—2　选取国家的股票指数年化总回报率的时间范围（2000年9月～2015年9月）

年数	阿根廷	巴西	哥伦比亚	印度尼西亚	马来西亚	墨西哥	巴基斯坦	秘鲁	菲律宾	南非	等权重组合	ACWI基准
1	−46.1%	−43.1%	18.3%	−9.7%	−9.4%	−11.2%	−37.1%	5.9%	−10.2%	−1.5%	−15.0%	−28.0%
3	−17.7%	−7.9%	31.2%	17.2%	6.1%	3.5%	32.6%	24.3%	−4.0%	6.0%	11.9%	−9.1%
5	10.9%	17.1%	57.9%	28.6%	9.7%	19.4%	33.9%	30.6%	6.2%	17.5%	25.9%	1.5%
10	9.4%	19.7%	43.8%	28.8%	11.9%	15.3%	18.1%	31.9%	12.2%	16.3%	23.5%	2.3%
15	4.3%	5.4%	21.6%	19.8%	9.3%	10.3%	18.4%	16.8%	12.1%	15.4%	15.8%	4.0%

资料来源：MSCI、彭博、中国平安人寿保险股份有限公司。

我们可以通过分散化投资来降低投资单一国家的风险。我们构建一个股票组合，以等权重的方式跟踪这10个国家的MSCI股票指数，并在每季度末重新平衡权重。从表5—2中可见，该等权重指数的回报自在第一年就显著优于基准，在5年内的表现最优[①]。通过回测，该等权重组合从2000年3季度到2015年3季度的年化总回报率为15.8%，而同期MSCI新兴市场指数、MSCI ACWI指数、MSCI美国指数的年化总回报率分别为7.8%、4.0%、4.0%。从2000年3季度开始，该组合与主要基准指数的累计走势，以及主要统计指标如图5—3和表5—3所示。

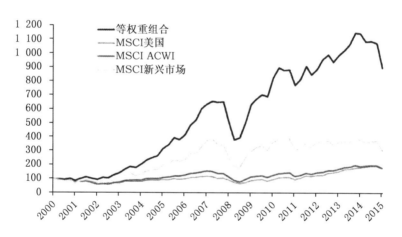

资料来源：MSCI、彭博、中国平安人寿保险股份有限公司。

图5—3　等权重组合与MSCI主要基准指数的累计走势（2000年9月＝100）

表5—3　等权重组合与MSCI主要基准指数表现的统计结果（2000年9月～2015年9月）

	年化总回报	年化波动率	Sharpe比率	最大回撤
等权重组合	15.76%	21.96%	0.65	−42.0%

① 等权重指数每季度重新平衡，不考虑交易成本及税收等因素。

续表

	年化总回报	年化波动率	Sharpe 比率	最大回撤
MSCI ACWI	3.96%	18.42%	0.13	−48.7%
MSCI 新兴市场	7.75%	25.77%	0.24	−53.0%
MSCI 美国	3.98%	17.09%	0.15	−45.4%

资料来源:MSCI、彭博、中国平安人寿保险股份有限公司。

从回测结果可以看出,等权重指数不仅在回报上显著跑赢主要基准指数,而且在经无风险利率及波动率调整后的 Sharpe 比率上也遥遥领先。在波动率上的表现要优于 MSCI 新兴市场指数。最大回撤也低于主要基准。

第三节 历史回测检验(2004 年 12 月～2014 年 12 月)

一个潜在的问题是我们对于时间段的选取可能会影响该方法的有效性。2000 年3 季度正值互联网泡沫带动的发达国家景气高点和新兴市场金融危机后的人气低点,尽管与当前环境有一定类似之处,但如果在一个相对"正常"的环境下挑选国家,结果是否会不一样?

由于多数新兴市场国家的历史数据有限,我们采取缩短观测周期的办法,选取2004 年 4 季度至 2014 年 4 季度的 10 年间,用相同的指标和计算方法,筛选出符合我们条件的经济体。在 2004 年末,劳动年龄人口未来增速超过样本平均水平,而当前股票市净率低于样本平均水平共有 6 个,分别是巴西、巴基斯坦、土耳其、哥伦比亚、马来西亚以及秘鲁。具体如图 5—4 所示。

看单个国家股票的表现,从 2005 年起在第一年间,只有马来西亚的股票回报落后于基准,在前 3、前 5 和前 10 年内,6 个国家以及等权重组合均超出基准。具体如表5—4所示。

表 5—4　　选取国家的股票指数年化总回报率(2004 年 12 月～2014 年 12 月)

年数	巴西	巴基斯坦	土耳其	哥伦比亚	马来西亚	秘鲁	等权重组合	ACWI 基准
1	54.9%	65.0%	57.1%	107.3%	2.9%	34.8%	53.3%	11.5%
3	59.1%	34.1%	30.6%	39.2%	22.5%	61.9%	43.0%	15.1%
5	32.3%	10.5%	16.6%	30.0%	11.5%	34.3%	25.3%	3.8%
10	9.6%	16.5%	14.3%	15.8%	10.4%	17.3%	16.1%	6.7%

资料来源:MSCI、彭博、中国平安人寿保险股份有限公司。

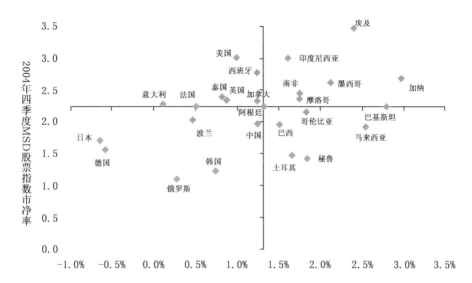

资料来源:联合国人口统计、MSCI、彭博、Haver Analytics。

图 5—4　劳动年龄人口年均增速与当前股票市净率(2004 年 12 月~2014 年 12 月)

其中,等权重组合从 2004 年 4 季度末到 2014 年 4 季度末的年化总回报率为 16.1%,而同期 MSCI 新兴市场指数、MSCI ACWI 指数和 MSCI 美国指数的年化总回报率分别为 8.7、6.7% 和 7.8%。从 2004 年 4 季度开始,该组合与主要基准指数的累计走势,以及主要统计指标如图 5—5 和表 5—5 所示。

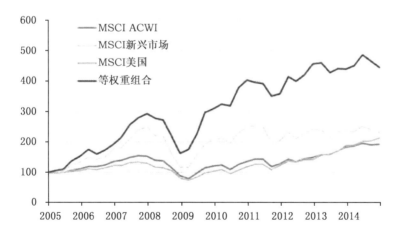

资料来源：MSCI、彭博、中国平安人寿保险股份有限公司。

图 5—5　等权重组合与 MSCI 主要基准指数的累计走势(2004 年 12 月=100)

表5-5 等权重组合与 MSCI 主要基准指数表现的统计结果(2004 年 12 月～2014 年 12 月)

	年化总回报	年化波动率	Sharpe 比率	最大回撤
等权重组合	16.1%	22.9%	0.64	−44.6%
MSCI ACWI	6.7%	18.1%	0.29	−48.7%
MSCI 新兴市场	8.7%	24.5%	0.30	−53.0%
MSCI 美国	7.8%	16.3%	0.39	−45.4%

资料来源:MSCI、彭博、中国平安人寿保险股份有限公司。

从回测结果可以看出,选取 2004 年底相对"正常"的市场环境后,通过相同标准选取并构建的等权重指数依然在回报上显著跑赢主要基准指数,在经无风险利率与波动率调整后的 Sharpe 比率上也表现突出。在最大回撤上也要优于其他三大基准指数。

以上检验显示通过未来人口趋势和当前估值水平选取未来回报较好的市场,并通过分散化、指数化的投资能够在长期取得较好的回报。但是,由于新兴市场股市的历史数据不足,我们难以追溯到更久远的时候以检验该方法在 20 世纪 90 年代之前的表现。因此,在投资实践中还需谨慎运用。

此外,这只是一种量化的股票市场选择方法,并不意味着不符合该选择标准的国家就没有投资价值。不少新兴市场国家的资本市场尚未成形,但经济增长潜力可观,直接投资与私募股权投资的机会更大。还有一些新兴市场国家,如越南、缅甸等国,未来劳动年龄人口增速虽然不高,但农村大量剩余劳动力向城市转移的城镇化过程中有望带来经济的强劲增长,一如中国 2000 年以后的发展道路,也蕴涵着广阔的市场机会。

第六章 结 论

随着人民币汇率波动加剧、经济增速下滑和国内资产配置荒的环境愈演愈烈,我国保险公司海外投资趋势在增强。风险分散、相对估值优势以及潜在汇率收益是主要驱动力。

发达国家险资的境外投资占总资产的比重仍处于上升趋势,在配置份额上显著高于我国保险公司的水平。由于经济增速下滑,低利率环境下国内资产收益率下降,使得险资需要在全球范围内寻找收益较高的资产。主要发达国家央行推行的量化宽松政策更加剧了这一趋势。当前,我国保险公司的海外配置和国外保险公司相比还有很大的提升空间。

目前,我国保险资产的海外配置以香港(地区)资本市场与发达国家核心城市的不动产资产为主。然而,随着香港市场与内地市场的关联性上升,以及核心城市不动产收益率下降,当前的配置方向将越来越难以满足我国险资境外投资分散风险、提升回报的需要。我国保险公司的海外配置,需要探索在中长期实现较高收益的新领域。

我们发现人口结构趋势、资产估值对经济增长与资产回报的影响显著。发达国家面临人口老龄化、低劳动生产率和高债务负担,较低的潜在增速低迷与较高的资产估值意味着发达国家资产的长期回报率偏低。

而新兴市场依然是未来经济增长与资产回报的重要源泉。尽管短期内面临诸多不利因素,但良好的人口结构、生产率提升的巨大潜力以及外界因素的助推,都为新兴市场的长期繁荣奠定了基础。长期投资者应借新兴市场估值偏低之时逐渐开始加大对新兴市场资产的配置。

当然,投资新兴市场资产还存在许多风险与限制。法制不健全、政治不稳定、社会动荡都是不容忽视的投资风险,这也对国内保险公司的投资能力与风险管理提出了更高的要求。我们认为分散化、指数化投资,以及寻找专业投资机构能够较好的在长期规避这些风险。另一个约束是关于偿二代下的风险资本规定对新兴市场的资产赋予较高的风险因子。我们认为新兴市场的不同国家间差别甚大,不可一概而论。从历史的回报与波动率的角度衡量,某些新兴市场的风险因子应有调整的空间,也希望监管层未来能够放宽这方面的限制。

最后,我们提供了一种通过人口结构与当前资产估值来挑选未来具备增长潜力和高投资回报的地区的方法,并通过分散化指数投资相应的股票市场。历史数据回测显示,通过该方法挑选出的市场组合能够显著跑赢基准指数,并有着较低的波动性与较高的 Sharpe 比率。根据当前的资产估值与未来 15 年的人口结构预测,我们挑选出了 9 个可能带来超额回报的股票市场,分别是尼日利亚、加纳、巴基斯坦、秘鲁、马来西亚、土耳其、澳大利亚、哥伦比亚与阿根廷。

参考文献

[1]Berends,K.,R.McMenamin,T.Plestis,R.J.Rosen,The Sensitivity of Life Insurance Firms to Interest Rate Changes[J].*Federal Reserve Bank of Chicago*,2Q/2013,pp.47—78.

[2]Kong,J.,M.Singh,Insurance Companies in Emerging Markets[J].*International Monetary Fund Working Paper*,WP/05/88,May 2005.

[3]兰东娟,宋军刚.我国保险资金境外投资风险防范探析[J].保险研究,2009(1).

[4]凌秀丽,姚丹.保险资金境外投资研究[N].中国保险报,2014年12月10日第004版.

[5]Praet P.,Fixed Income Strategies of Insurance Companies and Pension Funds,Bank for International Settlements,the Committee on the Global Financial System Report,July 2011.

[6]曲扬.保险资金运用的国际比较与启示[J].保险研究,2008(6).

[7]谭艳斌.我国保险资金投资境外不动产风险防控探析[J].吉林金融研究,2014(3).

[8]魏瑄.保险资金海外投资研究[N].中国人保资产管理股份有限公司 宏观与战略研究所专题研究,2015年10月22日.

[9]张众.中国保险资金投资境外不动产的若干思考[J].中国保险,2015(5).

（本文获"2015IAMAC年度系列研究课题"优秀奖）

风险管理篇

偿二代对保险资产管理的影响研究

中国平安人寿保险股份有限公司

孟　森　丁振寰　孟若妍　郭　泰　曹　璇

摘要

近 20 年来,日趋复杂的国际金融环境对行业的资本监管提出了新的要求。西方发达国家相继推行了银行业的巴塞尔协议(Basel Ⅰ 和 Basel Ⅱ)、保险业的 RBC 监管体系(美国)和 Solvency Ⅱ 监管体系(欧洲)。

在经济飞速发展和人民币国际化的大背景下,我国金融行业的监管也面临新的挑战。从 2013 年起,中国保险监督管理委员会倡导开发了中国偿付能力二代(偿二代)的监管体系,新体系预计在 2016 年正式运行。本文首先从国际视角审视了保险行业资本监管的现状和历史经验,其次聚焦以风险为导向的、具有中国特色和国际可比等特性的偿二代体系,最后对三支柱的监管框架进行了梳理。

长期以来,投资利润是保险公司获取收益的重要来源,偿二代对资产端风险考量的设计非常细致,这将对保险资产管理产生深远的影响。本文分别从战略资产配置和战术资产配置两个层面深入讨论了新的监管环境给险资的投资理念、实施流程和市场操作带来的变革。

然而,中国的资本市场还有待成熟,保险公司在实施偿二代的过程中会面临很多压力和挑战。本文就计算规则、实际操作、内部模型和压力测试等技术细节进行了探讨和建议;随后,明确提出保险公司需在加强资产负债匹配、搭建数据系统和量化分析模型、进行人才储备等方面积极应对新规则带来的挑战。

关键词

资本监管　偿二代　战略资产配置　资产负债　久期匹配

第一章　全球视角下的金融行业资本监管

第一节　银行资本监管的发展历程

创设于 1974 年底的巴塞尔委员会是应对金融危机的产物。当年联邦德国赫斯塔特银行倒闭后，大西洋两岸的金融市场发生动荡。巴塞尔委员会至今影响最大，也是花费时间最长的一项工作是资本监管框架，即巴塞尔资本监管协议。制定和完善该协议的工作从 20 世纪 80 年代初延续至今。银行业强化资本监管贯穿巴塞尔协议的演进过程。

在 20 世纪 80 年代金融自由化和放松管制的浪潮下，为强化国际银行体系的稳定性，巴塞尔委员会于 1988 年 7 月发布第一版资本协议《统一资本计量和资本标准的国际协议》，即"巴塞尔协议 I"，要求成员国的国际活跃银行最迟于 1992 年底达到 8% 的最低资本充足率要求。巴塞尔协议采用风险资本概念，要求银行资本能覆盖其面对的所有实质性风险，对信用风险的资本要求提出了计算方法。

进入 20 世纪 90 年代后，银行体系的交易账户资产比重明显上升，市场风险日益凸显，巴塞尔委员会于 1996 年 1 月发布了《市场风险资本监管的补充规定》，即"巴塞尔协议 1.5"版，要求商业银行对所持有的外币资产、证券、商品、衍生品等交易头寸由于市场价格变化所带来的风险计提资本要求，将资本监管的范围扩展到市场风险。

2004 年发布的《统一资本计量和资本标准的国际协议：修订框架》，即巴塞尔协议 II，又将操作风险、证券化业务信用风险的资本要求及计算方法纳入资本监管范畴。该协议包括了资本监管的三大支柱：第一支柱——最低资本要求，覆盖了信用风险、市场风险和操作风险三大风险。第二支柱——监督检查，引入资本充足率评估程序，使资本监管覆盖范围扩展至三大风险以外的其他风险。第三支柱——市场纪律,明确信息披露要求,更好地发挥市场约束作用。同时,巴塞尔协议Ⅱ引入了内部评级法计量风险。

2008年国际金融危机爆发后,2010年12月颁布了《流动性风险计量、标准与监测的国际框架》和《增强银行业抗风险能力的全球监管框架》等一系列文件,即巴塞尔协议Ⅲ。该协议更加强调资本吸收损失的能力,大幅提高对高质量的核心一级资本的最低要求;提高了资本充足率要求,在银行达到最低的核心一级资本4.5%水平的基础上,进一步分别满足2.5%储备资本和0~2.5%逆周期资本的要求,缓解资本监管的顺周期性;引入了杠杆率监管要求,用表内外资产加总之和替代风险加权资产来衡量资本的充足程度,防范风险加权资产计算过程中的模型风险;此外,该协议还引入了新的流动性监管标准,更加关注压力情形下的流动性管理,防范流动性危机。

第二节　巴塞尔协议Ⅲ对保险业资本监管的影响

巴塞尔协议是全球银行业资本充足性监管的统一标准,监管理念与方法处于金融业前列。保险业全球偿付能力监管标准并不统一,两个最有影响力的标准体系分别是美国基于风险的偿付能力监管标准和欧洲偿付能力监管标准。国际保险监督官协会(IAIS)成立后,发布了《资本充足性和偿付能力原则》等一系列文件,对偿付能力监管进行了原则规定。由于银行与保险公司面对的很多风险是相似的,因此这些标准在建立与完善偿付能力监管标准过程中不断借鉴巴塞尔协议的成果。

在银行业与保险业监管体系中,资本监管都占据核心位置,分别以资本充足率和偿付能力充足率作为衡量资本充足性的关键指标。与银行相比,保险公司业务形式虽有不同,但在经营中也同样面临着信用风险、市场风险、操作风险和流动性风险。在信用风险方面,保险公司在资金运用和再保险等业务中,有许多交易对手,交易对手的信用程度对其业务会产生很大影响。在市场风险方面,债券和股票市场采用盯市法计价,市场风险很大。在流动性风险方面,保险公司的赔付具有一定的可预见性和滞后性,其对流动性的要求虽然不像银行那么高,但在退保率上升时,保险公司也会面对较大的流动性风险。

20世纪90年代,美国保险监督协会借鉴银行监管中的风险资本理念,设定了基于风险的资本标准(RBC)。其基本思路是:保险公司的资本要与其业务规模及所面临的风险相匹配,根据保险公司的业务规模和面临的风险来计算RBC。

2002 年起,欧盟也开始制定新的保险偿付能力监管标准——欧洲偿付能力Ⅱ。该标准全面借鉴了巴塞尔协议监管理念,对保险公司的偿付能力资本要求覆盖承保风险、市场风险、操作风险和信用风险。与巴塞尔Ⅲ相似,欧洲偿付能力Ⅱ采用在险价值(VaR)方法来量化资本要求。各风险模块的资本要求以一年时间范围内置信水平为99.5%的在险价值(VaR)来计算,最后通过协方差矩阵汇总成资本要求的总和。除了标准法之外,欧洲偿付能力Ⅱ还鼓励保险公司建立适合自身业务投资特性的内部模型来量化风险。使用内部模型法时,保险公司需要向监管机构证明使用内部模型能更好地反映其所面临的风险,并得到监管机构的许可。

由此可见,保险业的资本监管理念与方法在很大程度上借鉴了银行资本管理的经验。当然,保险也有不同于其他行业的特殊性。例如,与一般企业不同,保险公司的投资资金主要来源于保险负债。而不同于普通的负债,保险负债有以下几个特点:

(1)保险负债的时间具有不确定性:保险偿付一般是基于特定的风险事件,而风险事件的发生或不发生是不确定的。

(2)保险负债的规模具有不确定性:偿付金的多少一般由风险事件发生所造成的损失大小决定,或者由风险事件是否发生及何时发生所决定,这些都具有不确定性。

(3)保险负债的成本具有不确定性:除了未来现金流的不确定性之外,决定负债时间价值的利率曲线也会随着经济周期或其他市场因素的变化而变化,从而导致保险负债的估值具有不确定性。

因此,保险行业在借鉴银行业的同时也需要建立符合自身特点的资本监管体系。

第三节 欧洲保险业的资本监管

一、欧洲偿付能力Ⅱ的发展背景

长期以来,欧洲各国的保险监管机构都将保险公司的偿付能力作为是否允许其持续经营的关键指标。除了英国和瑞士,目前欧洲各国普遍使用的是基于规模为导向的资本监管体系,即欧Ⅰ代。欧Ⅰ的优点是计算简单,便于监管。对于长期以来以保障型产品为主的保险行业,业务结构简单清晰,投资渠道又受到严格监管限制,保险资金的资产配置多以国债等低风险的资产为主。在这种运作模式下,于早期形成的欧Ⅰ监管体系已经能够满足当时的时代的需求。

进入 20 世纪 90 年代中后期,欧洲各发达经济体逐步进入经济低增速的稳定发展时期。保险产品的保障和避税功能促进了保险需求,促使保险市场飞速发展,保险公司的规模也迅速扩大,资产规模仅次于银行。与此同时,金融市场高速发展,日新月异,各种眼花缭乱的金融衍生品和资产证券化产品层出不穷。一些保险公司不满足于单一的产品形态,不断推出创新产品,在投资层面为了追逐高收益资产而逐步增加风险偏好,扩大投资范围到权益、低等级信用债、新兴国家债券和结构化产品等资产类别中。保险行业的信用风险和市场风险逐步显露。

1991~2010年的几次金融危机(包括1997年亚洲、2000年美国科技股危机、2008年次贷危机及2009年欧债危机)使各国保险等金融机构受到了不同程度的打击甚至遭到破产,即使是规模庞大的大型集团也不能幸免。我们从中看到,随着金融市场的发展,保险投资端和业务端的复杂程度大大提升,各机构之间关联程度随之提高,系统性风险增加。

银行业在这一时期加以反思,首先推行了巴塞尔协议(Basel Ⅲ)。随后,欧洲保险业协会加以借鉴并积极推出了结构相近的欧洲偿付能力Ⅱ。欧洲偿付能力Ⅱ是基于风险为导向对公司进行全面风险考量和监管的新型结构体系,在业务和投资方面进行了更加全面和深入的风险考核。监管机构和各级保险公司协力开发,几经修改,最终将于2016年正式实施。

二、欧洲偿付能力Ⅱ的主要内容

2002年开始,欧洲保险和职业养老金管理局(EIOPA)建立了欧洲偿付能力Ⅱ的结构框架,确定了其法律地位。在各成员国保险监管机构和各级保险公司及咨询机构的协同开发下,欧洲偿付能力Ⅱ发展成了"三支柱"的风险考量体系:第一支柱为定量要求标准;第二支柱为定性要求标准;第三支柱为信息披露要求。

(一)欧洲偿付能力Ⅱ的标准量化模型

偿付能力设计原则以风险为导向,第一支柱分标准公式和内部模型。偿付能力充足率为实际资本和最低资本的比值。

标准公式的实际资本的计算与国际会计准则IFRS近似,即资产负债估值反映当时市场认可的可变现价值。资产以公允价格(Asset Market Value)来计价,负债分为最优估计(Best Estimate Liability)和风险边际(Risk Margin),前者是合理预估的未来赔付现金流的折现,后者是未来每年最低资本所占用的资金成本的折现。资产和负债的差值即为实际资本。Solvency Ⅱ下的资产负债结构如图1-1所示。

欧洲偿付能力Ⅱ提出两个资本要求:一是偿付能力资本要求(Solvency Capital

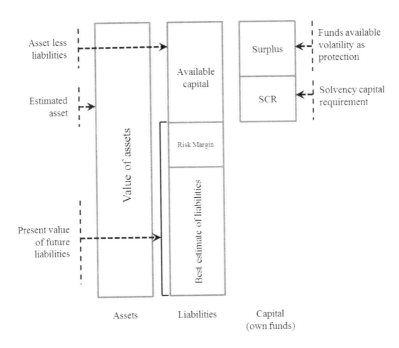

资料来源:IE and Oliver Wyman Report,2013。

图 1—1   Solvency Ⅱ 下的资产负债结构

Requirement),对应 99.5% 在险价值(Value at Risk,VaR);二是最低资本要求(Minimum Capital Requirement),对应了一定比例的准备金和保费规模。

偿付能力资本要求(SCR)可以按照标准公式或内部模型来计算。其中,基本资本要求(BSCR)是公司的资产负债管理和业务运营过程中遇到的各种风险引起的损失所需的资本补偿。其主要根据以下两种方法来计算:

(1)情景法,适用于与长期现金流相关的风险,如利率风险和利差风险,标准公式分别给出利率上升和下降情形下曲线变化的幅度。

(2)因子法,适用于对短期影响直观的风险,如巨灾和其他市场风险,各风险因子对应了历史经验统计得出的 200 年一遇的极端不利情景下的损失比例。

各最低资本的累积会因为分散效应而使总和降低。最终的最低资本还享受到递延税和分红特储带来的风险吸收效应。

相关内容如图 1—2 和表 1—1 所示。

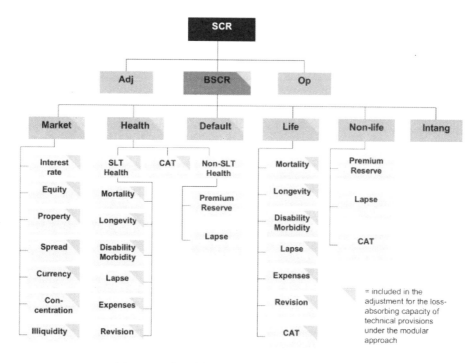

图1—2　欧洲偿付能力Ⅱ中最低资本的风险结构

表1—1　　　　　　　　主要风险最低资本间分散效应对应的相关系数

	Market	Default	Life	Health	Non-life
Market	1				
Default	0.25	1			
Life	0.25	0.25	1		
Health	0.25	0.25	0.25	1	
Non-life	0.25	0.5	0	0	1

(二)欧洲偿付能力Ⅱ的内部模型

除了标准模型之外,欧洲偿付能力Ⅱ还引入了内部模型的概念。内部模型可分为完全内部模型(Full Internal Model)和部分内部模型(Partial Internal Model),后者中的经济资本计算需要标准公式和内部模型相结合而得出。其优点:一是相对于偿二代的统一计算模板,内部模型对本公司内部各个环节的风险进行了梳理和量化,所用的情景和参数在有据可依的条件下有自主决定权;二是在资本有限的情况下能采取迅速有针对性的节约资本的方法,对各种战略决策有权衡比较的标准。

英国央行金融监管署(Prudential Regulation Authority)已经审核通过了以下公司的内部模型并从2016年起允许使用,如表1—2所示。

表1—2　　　　　Solvency II Internal model approvals (5 Dec. 2015)

Amlin Plc	Pension Insurance Corporation Plc
Aspen Insurance UK Ltd	Phoenix Group
Aviva Plc	Prudential Plc
British Gas Insurance Ltd	QBE European Operations Plc
Just Retirement Ltd	RSA Insurance Group Plc
Legal&General Group Plc	Scottish Widows Group
Market International Insurance Company Ltd	Society of Lloyd's
MBIA UK Insurance Ltd	Standard Life Plc
The National Farmers' Unions Mutual Insurance Society Ltd	Unum European Holding Company Ltd
Pacific Life Re Ltd	

三、欧洲偿付能力Ⅱ对资产配置的影响

早期的资产配置方式对投资收益率和波动率等传统指标非常专注,未能充分考虑整体资产组合的有效性对保险公司资本使用层面的优化效应。现代金融产品的复杂性也使考察相应资产类别风险的难度增加,缺乏统一的方法和标准。过去提倡的资产负债匹配主要基于现金流使用和再投资风险的考虑,还未深入到对公司资本影响的量化考核。

欧洲偿付能力Ⅱ的设计使保险公司资产配置策略直接影响公司的资本要求,对公司的产品和运营产生进一步的影响。保险公司需要重新审视和完善资产配置方法。

(一)分散化(Diversification)

偿二代明确了大类资产之间的风险分散效应,鼓励投资到更广泛的资产类别中。制度中对险资的各种可投资资产进行分类,并在标准公式中给出各种类别资产的风险量化方法和分散效应因子。保险公司在资产配置过程中对这些给定参数进行合理使用,最大化分散效应,以充分、有效地利用组合的红利。

此外,由于保险公司自身的特性,绝大部分欧洲保险资金投资于当地金融市场或相邻国家和地区。对于发达市场和新兴市场,偿二代进行了区分并给出对应的风险因子和风险分散效应参数。在新兴市场经济高速发展的机遇中,保险资金可以寻找高回

报投资收益的机会,相对较高的投资风险也可借助与发达市场间的不一致性进行风险分散。权益风险的相关系数如表1—3所示。

表1—3 权益风险的相关系数

Corr Index	Global	Other
Global	1	
Other	0.75	1

注:Global:EEA 和 OECD 对应的是发达国家市场。Other:其他新兴市场。

资料来源:Solvency Ⅱ QIS5 计算指引。

(二)资产负债匹配(Asset Liability Matching)

偿二代下的最大风险是市场风险中的权益风险和利率风险。相关内容如图1—3和图1—4所示。

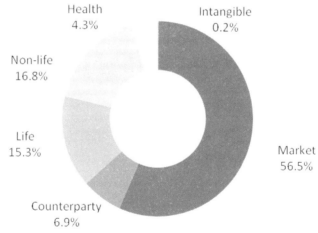

Decomposition of the diversified Basic Solvency Capital Requirement (BSCR) for all solo undertakings:

Health 4.3%
Intangible 0.2%
Non-life 16.8%
Life 15.3%
Counterparty 6.9%
Market 56.5%

资料来源:EIOPA Report on the fifth Quantitative Impact Study (QIS5) for Solvency Ⅱ,14 March 2011。

图1—3 基本偿付能力资本要求中的风险分布 (EIOPA,2009)

欧洲偿付能力Ⅱ制度的推行促使保险公司特别是寿险公司更加关注利率风险,并将控制利率风险作为资产配置的目标之一。在新制度推行过程中,寿险公司积极减少股票配置比例,增加固定收益类资产并优先选择久期较长的国债、高等级信用债和资产证券化产品,以减小资产负债久期缺口,降低利率风险。欧洲保险公司2011年末资产配置如图1—5所示。

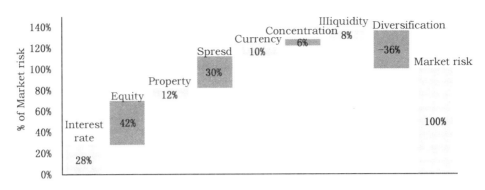

图 1—4　QIS 5 的市场风险测试结果（EIOPA，2009）

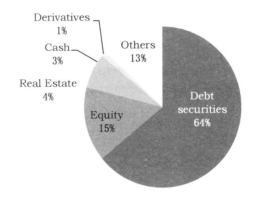

资料来源：IE and Oliver Wyman Report，2013。

图 1—5　欧洲保险公司 2011 年末资产配置

（三）委托投资（Externalisation）

欧洲偿付能力Ⅱ对投资端从决策到日常组合管理以及数据监控都有非常详细的条款规定。许多保险公司，特别是中小型保险公司在数据系统搭建和投资管理方面所需的成本消耗非常大。再者，中小保险公司受到自身资金规模的限制，在多元化投资上很难获得市场机会，从风险分散的角度难以对资本使用进行优化。

由于以上原因，许多中小公司选择将部分或全部资产委托给外部专业资产管理人，既可以低成本地满足日常管理的需要，又可以借助专业团队参与投资到各类产品。通过委托投资，保险公司在欧洲偿付能力Ⅱ的实施过程中减少了投入成本，又有效利用分散效应节约了资本。

面对欧洲偿付能力Ⅱ时代的到来，保险资产管理将面临多方面的挑战。据普华永道的调查，保险公司认为影响主要体现在以下方面，如图 1—6 所示。

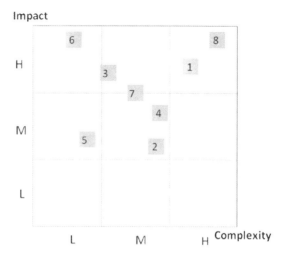

1. 操作层面对资产基准的影响
2. 委托服务协议中的变化
3. 开发新的投资策略
4. 支持资产穿透法的操作和数据系统
5. 资产的公允价值报表
6. 更快速和频繁的报表周期
7. 风控
8. 险资委托方和资管受托方
   的合作关系上的文化改变

图 1-6　Solvency Ⅱ 对保险公司的影响

第四节　美国保险业的资本监管

一、美国偿付能力监管体系 RBC 建立的背景

风险资本体系（Risk Based Capital，RBC）是由美国保险监督官协会（NAIC）于 20 世纪 90 年代建立的资本充足率监管体系。其缘起于 20 世纪 80 年代美国大批保险公司因偿付能力不足而倒闭，监管机构需要建立一套风险预警体系以避免倒闭风潮再次发生，维护行业的安全与稳定。RBC 主要目的是：

（1）帮助监管机构设定对保险公司进行"监管干预"的危险值水平；

（2）尽早发现保险公司的偿付能力问题，通过及时干预减少干预成本；

（3）通过标准化的风险计算公式，达到普遍适用的效果；

（4）建立全面的风险计量模型，尽可能涵盖保险公司面临的各项风险。

二、RBC 体系下偿付能力水平计算方法与特点

RBC 体系下的偿付能力水平是以保险公司调整后总资本（TAC）与风险资本（RBC）的比率作为指标，根据计算得出的比率大小决定应采取的监管措施。根据 RBC 比率，NAIC 确定了四个干预层次，分别为：公司行动水平、监管行动水平、授权控制水平和强制控制水平。

风险资本 RBC 是基于对各类风险的计量得出的资本最低要求。以寿险为例，RBC 涵盖了四大类风险：资产风险、保险风险、利率风险和一般业务风险。这四类风险又各由其子风险构成，每一类风险通过因子法计算，直接且简便。四大类风险之间的相关性也在监管规定中明确定义。风险调整后总资本相当于公司具有的实际偿付能力额度。

三、美国 RBC 与欧洲偿付能力Ⅱ体系的比较

与欧洲偿付能力Ⅱ体系相似，RBC 体系下保险公司的资本要求与各类风险挂钩，风险越大，资本要求越高，体现了以风险为导向的资本监管理念。但 RBC 与欧洲偿付能力Ⅱ仍有较大的区别，主要体现在以下几个方面：

（一）负债评估口径不同

美国 RBC 体系下负债都是基于法定口径，采用较为谨慎和保守的假设。保险准备金的计算采用随机情形下未来现金缺口贴现的尾部条件期望值（Conditional Tail Expectation），即极端不利情形下负债贴现的均值。而欧洲偿付能力Ⅱ采用的则是市场一致性的估值方法，以便更真实地反映当前经济情形下公司的负债水平。

（二）风险计量方法不同

美国的 RBC 体系采用的是因子法来计算各风险所需要的最低资本，各风险之间的相关性以 0 或 1 来代表。而欧洲偿付能力Ⅱ的最低资本实质是在险资本（VaR），基于市场价值计算在特定压力下（一般为 99.5％ VaR 值）保险公司所需的最低资本，主要通过情景法来计算。

（三）设计理念不同

RBC 实质是一套监管预警体系，主要目的在于让监管机构尽早发现保险公司存在的偿付能力问题，尽早实施监管干预从而避免因偿付能力不足而带来的系统性风险。而欧洲偿付能力Ⅱ的设计理念则是以原则为导向，要求保险公司建立一套全面风险管理体系，例如在二支柱中要求公司完成自评报告（ORSA），包含风险识别和评估、风险管理流程和框架等内容。

（四）内部模型运用不同

RBC 主要是以标准化公式为主，风险资本的计算公式具有普遍适用性，只对于变额年金等少数产品的部分风险在无法用标准公式准确计量的情况下采用内部模型法。而且内部模型只是标准公式的补充内容，并不能取代标准公式。欧盟则认为标准模型不一定能够全面真实地反映公司的风险，所以允许并鼓励公司采用内部模型。这也反

映了欧洲偿付能力Ⅱ以原则为导向的精神。欧洲偿付能力Ⅱ下的内部模型可以完全取代标准模型,但要事先通过监管部门的审核。2015年12月5日,英国保险监管部门宣布了偿二代下内部模型通过审核的公司名单,标志着英国保险公司内部模型的正式落地。

四、美国保险公司资产配置概况

美国保险公司近五年的大类资产配置比较稳定(见表1—4),主要以债券为主,占比67%左右,其次是普通股和按揭债券,分别为11.9%和6.8%。现金和短期投资的占比也较高,占4%左右,体现了保险公司流动性需求。另外,金融衍生品也是重要的投资工具之一,占比逐年增加,2014年衍生品投资占比为1%。

表1—4　　　　　　　　美国保险行业大类资产配置历史数据

Asset Class	2014	2013	2012	2011	2010
Bonds	67.0%	67.5%	68.4%	69.3%	69.5%
Preferred Stock	0.4%	0.4%	0.4%	0.4%	0.6%
Common Stock	11.9%	12.1%	11.1%	10.7%	10.5%
Mortgages,First Lien	6.8%	6.7%	6.6%	6.5%	6.4%
Real Estate	0.7%	0.7%	0.7%	0.7%	0.7%
Cash & Short—Term Investments	4.0%	3.8%	4.2%	3.8%	4.1%
Contract Loans	2.3%	2.4%	2.4%	2.4%	2.5%
BA & Other	5.4%	5.2%	5.0%	4.7%	4.6%
Other Receivables	0.2%	0.2%	0.2%	0.2%	0.3%
Derivatives	1.0%	0.7%	0.8%	0.9%	0.4%
Securities Lending(Reinvested Collateral)	0.3%	0.3%	0.3%	0.3%	0.4%

资料来源:www.naic.org,Special Report,2015.06.22。

美国产险和寿险公司在投资配置上有很大的差异(见表1—5)。寿险公司的债券和固收类资产显著高于产险公司;产险的权益资产占比很高,在20%以上。

表1—5　　　　　　　　2014年美国保险行业投资分布情况

资产类别	产险	寿险和年金
债券	61.5%	73.9%
优先股	1.0%	0.3%

续表

资产类别	产险	寿险和年金
普通股	21.6%	2.1%
按揭贷款/抵押贷款	0.7%	10.3%
房地产	0.7%	0.6%
保单贷款	0.0%	3.6%
衍生品	0.0%	1.6%
现金及短期	5.9%	2.8%
其他	8.7%	4.9%

资料来源：2014 SNL Financial，Moody's Analytics。

产险和寿险的资产配置差异很大程度上取决于两者负债特性的不同。产险以短险为主，对流动性要求高，投资收益主要目标之一是战胜通货膨胀。通过适当增加权益投资，可以提高资产组合的整体收益，同时也有较好的流动性。

寿险的负债久期很长，且一般有最低保证成本，因此需要通过大量的债券投资来对冲负债利率风险。保险公司的资产一般分为储备资产和留存资产。储备资产是监管规定的用来应对保险负债部分的资产，这部分资产受到严格的监管约束，而留存资产的配置则较为自由，受监管约束小。因此，美国大部分保险公司的资产配置是以满足负债和监管要求为出发点(Liability Driven)，较为谨慎与保守。2014 年，美国寿险的普通股投资仅占总投资资产的 2% 左右。与产险不同，寿险主要通过投资高收益企业债券(High Yield)及银行担保或信用良好的资产抵押债券来提高投资收益(表 1—6 是 2014 年美国保险行业固定收益资产的细分)。因此，信用风险成为美国寿险公司面临的最大风险之一。

表 1—6　　　　　　2014 年美国保险行业固定收益资产投资细分情况

Bond Type	Life	P/C
Corporate Bonds	60.5%	32.8%
ABS and Other Structured Securities	7.1%	4.5%
Agency-Backed RMBS	7.7%	8.8%
Municipal Bonds	6.2%	36.4%
US Government	5.1%	8.6%
Private-Label CMBS	5.1%	3.0%

Bond Type	Life	P/C
Private-Label RMBS	3.6%	2.0%
Foreign Government	3.0%	2.9%
Hybrid Security	0.9%	0.2%
Agency-Backed CMBS	0.8%	0.8%
Total	100.0%	100.0%

资料来源：www.naic.org。

在 RBC 框架下，信用风险的最低资本要求与资产评级直接相关，评级越低，资本要求越高，这直接影响了保险公司债券配置分布。基于 2014 年数据，产险的大部分债券投资集中于 A～AAA 级，占债券投资的 83.1%；寿险 A～AAA 级占比相对较小，为 62.5%，原因是寿险需要配置更多信用溢价较高的债券来提高收益水平。但总体来看不论是寿险还是产险，投资级债券的占比都在 93% 以上，以减少资本消耗。相关内容如表 1－7 和表 1－8 所示。

表 1－7　　　　　　　　　　**信用风险的最低资本因子**

债券等级	RBC 因子
1. A～AAA	0～0.4%
2. BBB	1.3%
3. BB	4.6%
4. B	10.0%
5. CCC	23.0%
6. D～CC	30～35%

表 1－8　　　　　　**2014 年美国保险行业固定收益资产投资评级分布**

NAIC Designation	Life	P/C
1	62.5%	83.1%
2	31.4%	12.5%
Investment Grade	93.9%	95.6%
3	3.9%	2.0%
4	1.6%	1.3%
5	0.4%	1.0%

NAIC Designation	Life	P/C
6	0.1%	0.1%
Non-investment Grade	6.1%	4.4%

资料来源:www.naic.org,Special Report,2015.06.22。

第二章　中国偿二代:新时代下具有中国特色的资本监管体系

第一节　中国偿付能力二代的背景

中国第一代偿付能力监管制度体系始建于 2003 年,主要参考了当时的国际保险行业监管经验,到 2007 年基本构建起一套较为完整的体系。

近年来,我国保险市场快速发展,按照 2 倍于 GDP 的增速高速前进,第一代偿付能力监管制度体系已不能适应新的发展形势:一是风险反映不够全面,风险计量不够科学;二是监管框架存在一定缺陷;三是定性监管有待加强。

2008 年爆发国际金融危机后,金融业的监管被提到很高的优先级,偿付能力监管作为现代保险监管的核心,是各国监管改革的重点。随着改革的不断深化和国际交流的日益频繁,各国对偿付能力监管的理念和框架的认识日趋一致,改革过程中出现了一些共同的发展趋势。

中国偿付能力监管在借鉴国际经验的基础上,立足于本国国情,走中国特色的发展道路。2012 年 4 月,中国正式启动了第二代偿付能力监管制度体系的建设工作。2013 年 5 月,《中国第二代偿付能力监管制度体系整体框架》正式发布,标志着偿二代的顶层设计基本完成,中国偿二代建设工作取得了重大的阶段性成果。2015 年 2 月启动试运行,中国偿二代又向前迈进一大步。

第二节 中国偿二代的核心内容

偿二代监管规则由 17 份具体规则构成,以风险为导向,采用定量监管要求、定性监管要求、市场约束机制"三支柱"框架,具有风险导向、中国特色和国际可比三个显著特征。

偿二代将保险公司面临的风险进行了划分(见图 2-1),分别提出定量及定性监管要求。

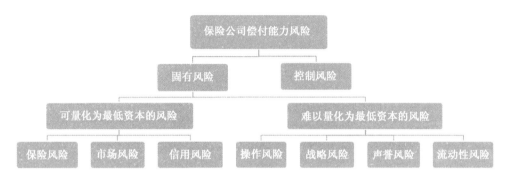

图 2-1 保险公司在偿二代下的风险划分

一、第一支柱:定量资本监管要求

第一支柱为偿二代监管规则的主要内容,包括第一号至第九号规则,明确具体地规定了保险公司偿付能力计量的各项定量测算方法。

保险公司实际资本计量评估遵循企业会计准则的确认、计量原则,资产及负债的评估原则尽量一致,但要根据偿付能力监管目的对资产及负债的评估标准进行调整。资产的评估基本与会计准则一致。寿险合同负债主要由三部分构成:现金流贴现值(BEL)、风险边际和选择权及保证利益的时间价值(TVOG)。这与会计准则下的负债计量和法定准备金的计量都有较大的差异。在偿二代口径下,期限长、保证利率低且采用期缴方式的产品负债估值低,而高保证利率或高现值产品的负债估值较高,增加了资本的消耗。

最低资本计量评估是指最低资本的计量以风险为基础,采用行业统一的方法、模型和参数,基于在险价值(VaR)的理念,各类型风险采用相关系数矩阵法以反映分散效应。

最低资本计量以因子法为主,除了人身险公司的利率风险外,其他类型风险的最低资本要求为 $MC = EX \times RF$,其中 MC 为最低资本,EX 为风险暴露,RF 为风险因子。风险因子包括基础因子及特殊调整因子。

财产保险公司的利率风险最低资本采用风险暴露与风险因子计量;人身保险公司的利率风险最低资本采用情景法计量,分别评估基础情景和不利情景下的资产及负债认可价值,将两种情景下的差额作为资本要求,以体现公司在利率变动时的损失。

除了具体资本的计算规则,第一支柱还对保险公司进行偿付能力压力测试提出了相关要求。

二、第二支柱:定性风险管理要求

第二支柱主要包括第十号至第十二号规则,明确具体地规定了保险公司各项风险管理的监管要求。

中国保险监督管理委员会根据相关信息,以风险为导向,综合分析、评价保险公司的固有风险和控制风险,制定风险管理能力评估表,根据其偿付能力风险大小,评定为四个不同的监管类别,并采取相应监管政策或监管措施。

三、第三支柱:信息披露市场约束机制要求

第三支柱主要包括第十三号至第十七号准则,规范了保险公司对外信息披露的相关要求,规范保险公司及时、完整、准确地披露偿付能力相关信息。

中国偿二代的基本理念和原则与国际趋同,三支柱的设计与欧Ⅱ、美国 RBC 基本一致,但在具体评估方法上,基于中国会计准则计量,采用标准法,因子的具体取值也根据中国市场特性而定,具有明显的中国特色。

四、偿二代与偿一代的比较

与偿一代相比,偿二代在偿付能力计量时主要有以下几点变化:

实际资本方面,偿一代对资产计量采用认可比例的形式,偿二代不再有认可比例,直接按照会计准则计量认可资产;偿一代对负债采用法定最低准备金作为认可负债,偿二代重新确定了更加全面的评估原则。

最低资本方面,偿一代主要考量负债风险,对于资产风险处理非常简单;而偿二代分别考量资产、负债及资产负债联动的各类风险,可以更加全面地度量保险公司经营中的各类风险,提出相应的资本要求。

从定性监管的角度,偿二代提出了更加全面具体的保险公司风险管理要求,并提出分类监管的思路,并对压力测试等提出了更为具体的要求。

根据安永的数据资料,2014年进行的行业测试阶段偿付能力数据的情况如图2—2所示,考虑损失吸收后的偿二代充足率较一代有所提升。

偿二代下,由于计算规则的改变,寿险行业实际资本增长约10 000亿元,最低资本增长约4 000亿元,资本溢额增长约6 000亿元,释放了较多资本空间,如图2—3所示。

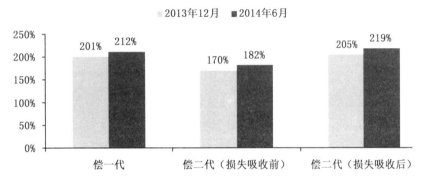

图2—2　平均偿付能力充足率比较

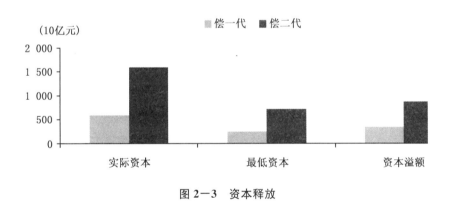

图2—3　资本释放

第三章　偿二代下的保险资产管理的影响

在偿二代体系下,不同的资产大类和品种都因其具有不同风险特性而对公司的偿付能力产生不同的影响。因此,不论是在战略层面还是战术层面,将偿付能力因素纳入投资决策的考量,能够为公司节约更多的资本,提升公司整体的资本使用效率。

第一节 偿二代下的战略资产配置(SAA)

一、资产配置优化模型

1952 年由哈里·马科维茨(Harry Markowitz)提出的均值—方差模型理论在现代金融资产配置实践中应用最为广泛。该理论阐述了证券投资中风险与收益的关系,通过方差与协方差来量化单类资产和资产组合的风险。通过对每个资产组合的收益和风险进行量化统计得出最优的资产组合有效边界,即在同一风险水平上预期收益最高的组合,或者对应同一预期收益风险最小的投资组合。

在马科维茨均值—方差模型框架下,保险公司在寻找最优资产配置组合过程中通常将资产组合的预期收益率作为投资目标的衡量指标,同时以收益率标准差作为最主要的风险指标。有效前沿上的点代表着既定风险水平上能够获得最高风险收益的资产组合。马科维茨资产配置有效前沿如图 3—1 所示。

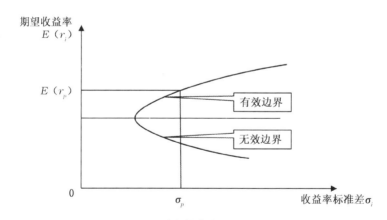

图 3—1 马科维茨资产配置有效前沿

根据公司经营目标、风险偏好的不同,均值—方差模型中的投资目标不断被扩展,风险度量指标也日益多样化。

投资优化目标并非一成不变,单纯以资产收益率作为配置优化目标可能与公司的财务目标或资本管理目标不完全一致,因此选择合适的优化目标是资产配置中的重要环节。

除了投资收益率之外,净资产收益率(Return on Equity,ROE)、未来可分配利润(Present Value of Distributable Earnings,PVDE)或经济价值(Economic Value,EV)等指标都可以作为资产配置优化的目标,服务于不同的公司战略。

资产配置优化过程中,风险指标也随着资本市场的发展而更为多样化。用方差(Standard Deviation)作为资产风险的度量逐渐被认为过于简单,不能充分反映市场风险的复杂性。在相当长的时间里,资产收益率是用正态分布(Normal Distribution)或高斯分布(Gaussian Distribution)来模拟的,而市场投资主体的独立性或弱相关性则是该模型应用的基本前提。然而,在这个互联网高速发展的时代,这种独立性假设被不断地证伪。在一次又一次的金融危机中,人们观察到投资主体在特定环境下的高度相关性,从而导致极端不利情形给资产组合带来巨大损失,这也就是金融统计上所说的厚尾风险(Fat Tail Risk)。因此,在险价值(VaR)和经济资本(Economic Capital)被越来越广泛地运用到风险量化中,两者都能较好地反映出资产组合的尾部风险。

二、偿二代体系对资产配置的影响

偿二代的实施对于保险公司的资产配置管理来说是意义深远的。因为偿二代不仅是给出资本充足率的计算规则,而且对保险公司的资产配置决策也产生了影响。

(一)偿二代将促使保险公司更为关注风险调整后的投资收益

在偿二代体系下,保险资金的配置将直接影响公司的最低资本要求,高风险、高收益的资产,如股票、长期股权投资等资产被赋予更高的风险因子,即意味着更多的资本消耗。保险公司需要在追求高收益配置组合与维持资本充足率这两个目标之间进行权衡。因此,在做资产配置优化时,不仅要考虑资产本身的预期收益,而且要考量扣减资本消耗成本之后的预期收益。

$$风险调整后收益＝风险调整前收益－风险因子×资金成本$$

通过对投资收益的风险调整,改变了资产组合有效前沿的计算方式,在同一风险水平下,最优资产组合将向资本消耗相对较低的资产大类倾斜。如房地产和基础设施建设股权投资的风险调整后,收益将大大高于公开市场的股票投资,因此另类投资在偿二代体系下可能更受青睐。偿二代最低资本风险因子如图3—2所示。

除了对投资收益目标的调整之外,保险公司也可以将风险指标与偿二代最低资本相关联。除了利率风险之外,偿二代下的市场风险最低资本要求采用因子法,计算较为直接简单,可操作性强。此外,各类资产的风险因子是基于VaR值的方法而得到

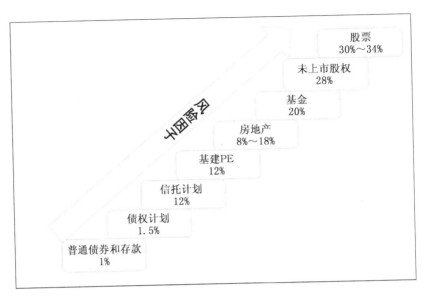

图 3—2　偿二代最低资本风险因子

的,其实质是基于市场尾部风险并考虑分散效应来量化资产组合的风险。在欧洲,已经有一些保险公司在研究用欧洲偿付能力 Ⅱ 下的最低资本要求作为资产组合的风险度量指标,并将尽可能减少最低资本作为资产配置优化的目标之一。

但是,采用偿二代规则中的最低资本来衡量资产风险也有其缺点。偿二代规则下的最低资本因子反映的是整体市场风险,并不能完全对应每一个公司所投资的各单项资产的风险特征,最低资本可能高估或低估特定资产实际的风险。这也是欧洲偿付能力 Ⅱ 引入内部模型法的原因。因为欧洲监管机构认为,标准公式无法充分、全面地反映每个保险机构自身面临的风险,因此鼓励保险公司开发适用于自己的内部模型以更好地计量和管理风险。虽然目前中国偿二代规则还没有内部模型的相关规定,但保险公司可以基于偿二代的风险导向原则以及在险资本的原理和方法,探索自己的风险量化模型并将其运用到资产配置优化流程中。

(二)保险公司需要将偿二代纳入资产配置风险偏好体系

制定风险偏好是资产配置中最重要的一环。如何在有效前沿上选择最合适的资产配置组合需要基于既定的风险偏好。风险偏好简单来说就是对于某类风险能够承受的最大容忍程度。它必须是可量化的,通过定义一个或多个风险指标来度量,如可承受的最低投资收益率或资本充足水平。对于以稳健经营为原则的保险公司而言,风险偏好是资产配置过程中必须坚持的底线。通过设立风险底线,确保在市场波动中维持良好的财务和资本状况。

将偿二代相关量化指标作为资产配置的风险偏好指标成为大势所趋,保险公司可以直接使用偿付能力充足率作为风险指标,通过设定偿付能力充足率底线来体现资产配置中的风险前置理念。风险偏好的制定也可以与压力测试相结合,如在给定压力情形下,风险指标必须要满足的相应水平。

此外,将偿二代的最低资本要求设为风险指标也是保险公司的选择之一。最低资本要求可以从整体投资风险细化到各大类资产的风险,通过限制每类风险的上限达到投资风险预算的目标,同时促进资产配置分散化。

(三)保险公司需要将资产负债管理纳入资产配置流程

偿二代体系强调资产负债管理的重要性,公司的资本充足水平不仅取决于投资的收益和风险,而且与保险产品结构、负债特征密切相关,体现了资产负债管理中盈余管理的理念。

利率风险是偿二代框架下对保险公司,特别是寿险公司影响最大的风险之一。原因在于寿险产品的负债久期较长,特别是终身险产品,其久期甚至可长达 30 年以上,当评估利率波动时,负债规模将随之大幅波动从而对资本充足水平产生影响。通过配置相应久期和规模的固定收益类资产,可以起到对冲利率风险的作用,也就是通常所说的资产负债久期管理。如果单纯从收益最大化角度考虑,权益类资产的风险溢价使其预期收益率远高于固定收益类资产;但从资本优化角度看,配置长久期债券更能节约资本。在实践中,通常以资产负债久期缺口作为衡量久期匹配度的指标,可以通过设定久期缺口目标值来指导资产配置的方向。

为了更好地体现资产负债管理理念,也可以直接将资产负债表中的资本盈余最大化作为配置优化目标,但这种方法计算较为复杂,需要资产、负债及财务等多维度的输入值,特别需要考虑资产负债的联动关系。对于保险公司而言,资产和负债不是割裂的,资产由负债而来,而投资收益的高低也会影响负债的规模。比如分红、万能产品,当投资收益高的时候,公司的分红水平和结算利率将相应提高,从而导致负债的增加,资本盈余增幅值减小;反之,收益率下降时,公司可以通过降低分红水平和结算利率来减少负债,资本盈余降幅减小。这体现了保险负债具有一定的凸性。因此除了久期管理之外,对负债的凸性研究也是资产配置中的重要课题。

(四)保险公司需要根据自身战略目标和实际经营状况选择最适合的资产配置策略

制定投资配置策略可以从三个维度来考量:财务维度(利润目标)、经济价值维度(EV 价值目标)和资本监管维度(偿付能力充足率目标)。三个维度代表着三个不同的计量口径,彼此相关但并非一致。对于偿付能力处于较低水平的公司,应优先考量资产配置策略对监管规则下资本充足率的影响,并以此为出发点制定投资优化目标和风险偏好体系。对于偿付能力非常充足的公司来说,提升公司的利润或内含价值成为更重要的目标,选择基于 ROE 或 EV 口径的投资优化策略更为合适。当然,对于投资配置策略的选择是动态的,随着监管规则、公司经营状况以及市场的变化,公司需要积极地、动态地调整策略,以确保投保人和股东的利益最大化。

总而言之,在偿二代体系下,资产配置策略的制定将变得更加复杂,不同口径的计算指标为决策带来难度。因此,自上而下的决策流程和体系变得尤其重要。

第二节　偿二代下的战术资产配置(TAA)

偿二代第七号、第八号准则规范的市场风险及信用风险最低资本计量规则中,对保险资产进行细致划分并赋予不同的风险因子,资产类型的选择及交易策略的选择直接影响最低资本,因此对保险资产的战术资产配置策略提出了更高要求:需要同时考虑资产投资大类、资产会计分类、交易对手、久期、信用评级等影响最低资本的各个因素,结合市场情况制定最优交易策略。

一、固定收益资产

市场风险中利率风险的考量主要取决于负债的久期远超资产的久期,目前能够缩小这个风险敞口的主要办法是加大长久期 AFS 债券的配置。对于存量资产,可以考虑将 HTM 债券进行会计分类转化成 AFS。

国债久期较长,但目前经济下行的市场环境下,利率逐步下降;高等级的信用债是可以兼顾收益和达到久期匹配目的的一种资产选择,目前高等级信用债对应的信用风险依然可控,但在久期上可选择长久期的标的较少。

对于信用债,由于其信用风险最低资本直接与评级相关,因此应权衡考虑收益要求与资本占用进行具体评级选择。

二、股票

偿二代监管规则中对于股票风险因子的设计体现了监管逆周期管理的思路,根据股票所处板块确定基础因子 RF_0:

$$RF_0 = \begin{cases} 0.31, & \text{沪深主板股} \\ 0.41, & \text{中小板股} \\ 0.48, & \text{创业板股} \end{cases}$$

根据股票涨跌幅设定特征因子 k_1：

$$k_1 = \begin{cases} 1, & x \geq 1 \\ x^2, & 0 \leq x \leq 1 \\ -x^2, & -1 \leq x < 0 \end{cases}$$

其中，

$$x = \frac{\text{股票账面价值} - \text{购买成本}}{\text{购买成本}}$$

由此可见，股票浮动盈亏的比例越大，所要求的资本越高。因此，在投资策略的选择时，及时实现浮盈可降低资本占用。同时，创业板等波动性较大的品种被赋予更高的风险因子，因此在具体品种选择时也应考虑对资本的要求。

三、另类资产

房地产、PE 股权投资、债权计划、信托计划、资产管理产品等另类投资资产，由于其高风险、高波动性或低流动性的特征，被提出了更高的资本要求，因此在投资决策时需要平衡好资本要求与投资收益目标。

对于信托计划、资管产品等，需具体考虑投资产品是否可穿透。由于对不可穿透产品，权益风险因子和交易对手风险因子都相对较高，因此应优先选择可穿透产品。

四、衍生品

第七号准则中规定，保险公司对上市普通股票、外汇资产或负债、国债资产进行套期保值操作，套期保值操作符合会计准则规定的高度有效的要求，可将衍生品与其被套期资产（负债）组合合并计算最低资本。因此，有效使用衍生品可以降低投资风险、降低资本消耗，在投资决策时可考虑借助衍生品来提高资本使用效率。

鉴于股指期权于 2015 年才开通，保险资金并未得到批准可以投资此类衍生品。今后有待市场进一步成熟和中国保险监督管理委员会的审批后，可以利用期权对冲权益类资产的下行风险，但并不损失股市上涨带来的权益类资产收益。这种保护型组合策略在监管进一步放开后将成为降低市场风险最低资本的有利补充。

第四章　对偿二代规则的建议

第一节　偿二代中第一支柱的计算规则

作为保险行业监管的基本规则,偿二代应立足行业发展的客观现实,致力于保险行业的长期稳健发展,才能发挥偿二代体系"定海神针"的作用。

当前,我国保险行业最大的国情就是,作为一个发展中的保险市场,保障型保单形成的负债久期长于发达国家,而作为一个发展中的金融市场,固定收益的深度不足,长久期资产供不应求。

基于这个现实,资产久期短于负债久期,尤其是国家鼓励发展的保障型保单形成的负债久期更长,资产负债不匹配,优质公司的资产负债更不匹配,这将成为一个长期问题。这个问题不是保险公司主观上努力就能够改变的。由此,衍生出以下几个问题,值得进一步研究。

一、资产和负债估值方法不一致

目前,资产和负债在估值时采用不同的利率曲线。资产通过市值计价或者摊余成本法等财务规则计算,而保险负债则是采用 750 天移动平均利率曲线贴现。这导致市场利率变化对资产和负债产生了不同程度的影响,即使在资产负债久期匹配的情况下,也会导致实际资本的大幅波动,从而增加了公司进行利率风险管理的难度。

二、利率风险的计量问题

偿二代从度量资产负债对利率敏感性的匹配程度出发来测算风险资本的规模。从保险公司的测试来看,利率风险占比非常高,导致这个结果的主要原因是行业的资产负债久期缺口大。一方面保险产品特别是一些保障型产品期限很长,另一方面可配置的长久期资产供给有限。此外,由于可用于对冲负债利率风险的资产仅为以公允价值计量的固定收益类资产,而许多保险公司出于财务稳定性考虑,将大部分固定收益类资产设为持有至到期类,限制了利率风险的对冲效果。这迫使保险公司不得不在财务稳定性和资本充足率之间做出权衡。

从国际保险偿付能力监管经验来看,主流做法是用市场一致性方法来评估资产及负债的利率风险,这意味着财务上被归为持有至到期的债券也可用于对冲负债利率风险。从实际操作上来讲,在保险公司遭遇重大偿付风险时,公司可以通过变现持有至到期债券来满足偿付需求。因此,建议在计算利率风险时,采用市场一致性口径或采用经济资本的方法来计量。

此外,目前仅固定收益类资产可计量久期,实际上如长期股权投资、房地产等一些非固定收益资产一样能够长期保值,并产生持久的现金流收益。所以,建议适当考虑这些资产的利率风险对冲效果。

第二节　偿二代规则在实际投资操作中的难度

一、股票交易问题

偿二代中使用了逆周期监管的思路,其初衷是为了避免保险公司的偿付能力随着权益投资大起大落,但在实际操作中,持有一只浮盈证券可能导致最低资本要求快速上升,而卖出实现浮盈再买回则可能会显著降低资本,这样的规则会导致保险公司过快地卖出浮盈证券。持有一只浮亏证券比实现亏损再买回证券的资本占用明显降低,保险公司为了节约资本,很可能持有亏损证券时间过长。以上两种情况,将引起保险公司的交易逻辑偏离正常的投资逻辑,影响保险公司投资经理的正常交易决策。

二、衍生品的使用

在前文关于保险资产交易的分析中,我们提到有效使用衍生品可以降低资产负债久期缺口、管理投资风险、节约资本占用、提升资本使用效率。但在目前的保险资产投资实践中,衍生品的使用仍受到非常严格的监管限制。对保险公司放开使用的衍生品仅为股指期货及利率互换,而且在投资资格、交易量等方面均有严格限制,虽严控了衍生品交易风险,但也限制了行业在衍生品使用上的发展与创新。从偿二代的角度来看,限制了保险公司通过衍生品降低资本消耗的有效性和可行性。建议进一步放开保险公司各类衍生品的使用,一方面使得保险公司可以有效降低资本消耗,另一方面也有利于整个衍生品市场的发展。

衍生品被国际保险公司广泛地使用于风险管理,尤其是作为利率风险和权益风险的对冲管理工具。根据 NAIC's Capital Markets Bureau 的统计,2014 年末美国保险公司对各类衍生品的持仓情况如表 4—1 所示,互换和期权是使用最广泛的衍生品,而且主要以对冲为投资目的。在衍生品的使用深度及品种广度上,海外保险公司比中国保险公司要领先许多。

表 4—1 2014 年末美国保险公司的衍生品持仓

Derivative Type	Purpose/Strategy					
	Hedging	Replication	Income Generation	Other	Total Notional Value($ mil)	% of Total
Swap	940 353	32 040	—	8 263	980 655	49%
Options	819 005	319	4 440	81 804	905 569	45%
Futures	63 365	0	—	1 497	64 862	3%
Forwards	62 595	—	—	1 363	63 958	3%
Total	1 885 318	32 359	4 440	92 927	2 015 044	100%
% of Total	94%	2%	0%	5%	100%	

资料来源:http://www.naic.org/capital_markets_archive/150826.htm。

第三节 需进一步考虑并体现各保险公司的具体情况

考虑到行业内各保险公司的经营情况差异较大、业务结构、投资结构、资本充足情况都有各自的特点,采用通用的标准模型无法准确体现各公司特点。例如,大型保险公司开展资产配置时,考虑大类资产之间的动态关联特征,但这个关联特征的假设,可能与市场风险最低资本计算时保险资金的关联系数矩阵明显不同,这就会导致资产配置的取向与最低资本的计算法则导向相背而行。另外,从保险产品的角度来看,各公司的产品情况差异较大,而且含有高利率保单等历史特殊产品,在评估负债时,需要针对这些产品做特殊处理。因此,建议参考欧洲偿付能力 II 的做法,在标准法运行稳定后,进一步推广内部模型法,以促进公司内部资本决策和投资决策的取向一致,促进保险公司决策效率的提升。

第四节 偿二代规则下的压力测试

偿二代中设计了一套压力情景下的测试规则。压力测试分为三类:由中国保险监督管理委员会确定统一情景的必测情景测试、各公司根据自身风险状况确定的自测情景测试、基本情景下偿付能力充足率介于100%～150%之间需开展的反向压力测试。

这种在偿付能力充足率必须达标前提下的二次测试，可以看作是偿二代框架中的一个创新。尤其是保险公司可根据自身风险状况确定自测情景，这一理念与内部模型有异曲同工之妙。压力测试的设计，让保险公司不仅基于目前的市场环境看到眼前的公司健康状况，更基于对未来多变的市场环境的警醒和提前应对，充分反映了中国保险监督管理委员会对规范行业稳健经营的监管力度和决心。

但是如果按照偿付能力风险导向的设计理念来理解，最低资本对应的已经是99.5%的VaR值，在此基础上进行进一步压力测试的合理性值得磋商。当然，资本市场的波动越来越大，对偿付能力进行压力测试还是有其必要性的。但是，建议简化压力测试，保留自测情景，让各保险公司结合自身经营状况来确定最为合适的压力测试。

第五章　偿二代对保险公司提出的挑战

第一节　加强资产负债匹配迫在眉睫

保险资金投资的最主要目标就是覆盖负债的资金成本，因此在设定资产配置的风险偏好时，除了要充分考虑资本市场波动带来的资产损失之外，还需要考虑负债本身的不确定性所隐含的风险。前者已经成为保险公司投资配置中的重点考核因素，而对于后者的考量则仍有所欠缺。因为在投资配置中同时考虑资产和负债风险，需要基于一个自上而下的资产负债管理模型（ALM）。在这一方面，国内很多保险公司仍处于初级阶段。但随着偿二代规则的颁布与实施，ALM将逐步成为保险公司不可或缺的管理工具，并在保险资金的资产配置规划中得以落地实施，资产配置不再是单纯的"资产管理"，而是基于资产负债联动的"盈余管理"。

资产负债管理体系要求投资部门与精算、产品、市场等部门进行多次沟通。一方面，资产配置必须结合负债成本久期和现金流需求；另一方面，保险产品的设计也必须考虑其对公司的投资和偿付能力所带来的影响。

第二节　尽快建立数据系统和量化分析支持

偿二代体系对保险公司的数据管理系统提出了更高的要求。资产和负债数据均需要开发适应偿二代计算规则的模块,同时构建数据库和信息平台,实现资产管理、精算和财务等数据信息共享。

保险公司也需要适应偿二代的要求,进一步优化资产配置量化分析系统,综合考虑资产、负债、财务、资本要求等因素。

第三节　人才储备

为了保证偿二代的顺利实施,各保险机构需在产品开发、精算评估、财务、投资、互联网和法律合规等设立与偿二代相关的岗位,进行偿二代相关的培训。偿二代涉及公司的各层级和各部门,而且从提出到实施仅三年的时间,因此保险行业相关的人才储备明显不足。

国内市场上经验丰富的偿付能力专家非常紧缺,在从基础阶段培养锻炼新人的同时,公司可以进行以下应对工作:(1)与科研院所合作,使内部员工参与偿二代相关课题的研究开发从而快速取得相关经验;(2)在北美和欧洲等已经实施新型偿付能力的地区,与重要的公司机构合作,为员工申请进入对方公司学习交流的机会;(3)直接从海外招聘有丰富经验的行业专家或部门领导来担任偿二代项目的中高层负责人。

参考文献

[1]中国人民银行金融稳定局课题组. 巴塞尔协议与保险业偿付能力监管标准[J].中国金融,2012(9).

[2]陈文辉. 中国保险偿付能力监管改革[J].中国金融,2013(7).

(本文获"IAMAC 2015 年度系列研究课题"优秀奖)

保险资产配置及策略研究

——基于偿二代资本约束影响的视角

太平资产管理有限公司

摘要

偿二代监管体系建设对深化保险业市场化改革、增强保险业风险防范能力和提高我国保险监管的国际影响力都具有重要意义。偿二代采用国际通行的定量资本要求、定性监管要求和市场约束机制的三支柱框架,全面覆盖保险公司的风险状况,将风险管理能力与资本要求挂钩,促进偿付能力监管从规模导向模式向风险导向模式升级转型。

从资产配置的角度来看,偿二代监管规则通过风险分类、定量计量和制度约束等方式,对偿一代下仅考虑资产认可比例和收益的二维组合管理模式进行了颠覆性的变革。在偿二代多维管理模式下,资本占用体现了不同风险维度的综合作用,强化了偿付能力对保险资金配置的影响和约束作用,保险资产配置将面临全新的挑战。本课题就偿二代对保险资产管理的影响进行全面分析,并在此基础上提出了偿二代下保险资产配置的应对策略。

偿二代对大类资产配置策略的主要影响:一是分险种管理和资产负债匹配管理将成为保险资产配置的重要目标。二是资产穿透认定,资产配置"重实质轻形式",简单嵌套的产品形式会因为监管方式的改变而受到约束。三是最低资本计量引入相关性矩阵,重视风险分散,体现资产配置管理对组合风险收益的贡献。四是资产配置管理不再局限于大类资产结构,期限结构、信用结构和会计分类结构共同影响组合风险收益效率。偿二代下保险大类资产配置管理的应对策略建议：一是加强资产负债双向互动，提升资产配置的主动性和有效性；二是均衡配置大类资产，控制无法穿透的另类资产配置比例；三是优化资产配置的区域分布，合理分散投资风险；四是以资本回报率为主要目标，动态细化资产配置方案。

从保险分类资产管理的角度来看，偿二代的实施将通过市场风险的最低资本要求对险资的投资理念、投资策略、大类配置、负债匹配、风险管理、绩效考核等业务环节产生重要影响。偿二代下保险分类资产配置管理的应对策略建议：一是固收类资产中寿险久期缺口挂钩资本要求，非寿险谨防"短债长投"；二是权益类资产中股基资本要求低于股票，财务性股权投资一视同仁；三是房地产类资产应控制投资占比，选择合理区域；四是境外资产以发达市场为主，兼顾新兴市场，合理分散投资。

此外，偿二代体系对保险投资的风险管理能力提出了更高的要求，将定性风险管理能力与分类监管挂钩，将操作、战略、声誉、流动性等非量化风险首次纳入了分类监管评价指标中。新体系将资产风险进一步细分，从单一认可比例拓展到包括利率市场、价格风险、利差风险、违约风险等在内的风险矩阵，对风险管理体系健全性的评估将直接影响最低资本。因此，资产管理公司需要与负债端保险公司密切配合，统一部署，建立完善的投资风险管理体系，以偿付能力充足率和负债成本为硬约束，实现资产收益率最大化的目标。

关键词

偿二代　国际比较　大类资产配置　分类资产配置

第一章　偿二代监管体系简析

2012年3月，保监会启动中国风险导向偿付能力体系（China Risk Oriented Solvency System，CROSS，简称"偿二代"）建设工作，2013年5月发布《中国第二代偿付能力监管制度体系整体框架》，2015年2月正式印发偿二代17项监管规则及过渡期内试运行方案，标志着我国保险业偿付能力监管掀开了新的历史篇章，偿二代的建设对于加快我国保险行业市场化改革、提高保险业风险抵御能力以及保险业的国际化程度都具有积极意义。与侧重定量监管和规模导向的偿一代监管体系相比,偿二代采用与国际接轨的定量资本要求、定性监管要求和市场约束机制的三支柱框架,如图1—1所示。

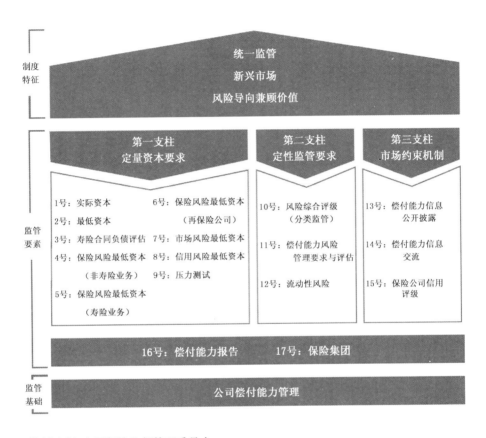

资料来源:中国保险监督管理委员会。

图1—1 偿二代整体框架构成

第一节 偿二代监管体系的制度框架

一、第一支柱:定量资本要求

第一支柱定量资本要求,主要防范可以用资本量化的保险风险、市场风险和信用风险等。第一支柱包括:(1)量化风险的最低资本要求,即保险风险、市场风险与信用风险的最低资本要求;(2)实际资本的评估标准,具体表现为资产和负债的评估标准和认可标准;(3)资本分级,通过对保险公司实际资本的分级,进而明确各类资本的标准和特点;(4)动态偿付能力测试,在基本情景和各种不利情景下,对保险公司未来一段时间内的偿付能力状况进行预测和评价;(5)监管措施,监管机构对不满足定量资本要求的保险公司,根据不同情况而采取监管甚至干预措施。

二、第二支柱:定性监管要求

第二支柱是在第一支柱的基础上,进一步防范难以量化的风险,如操作风险、战略风险、声誉风险和流动性风险等。保险公司在各项业务开展过程中面临着诸多不确定性风险,其中甚至存在非常重要的风险,但同时这些风险难以准确或有效的量化,尤其是我国保险市场仍处于快速发展的新兴市场阶段,通过定量监管方式对此类风险进行计量存在较大难度,因此需有效使用第二支柱的定性监管进行评估和防范。第二支柱包括:(1)风险综合评级,监管部门综合第一支柱对能够量化的风险的定量评价,以及第二支柱对难以量化风险的定性评价,对保险公司总体的偿付能力风险水平进行全面评价;(2)保险公司风险管理要求与评估,并根据评估结果计量公司的控制风险最低资本;(3)监管检查和分析,即对保险公司偿付能力状况进行现场检查和非现场分析;(4)监管措施,即监管机构对不满足定性监管要求的保险公司采取监管干预措施。

三、第三支柱:市场约束机制

第三支柱市场约束机制是在第一、二支柱的基础上,通过对外信息披露、提高透明度等手段,借助市场的约束力,加强对保险公司偿付能力的监管。第三支柱包括:(1)通过对外信息披露手段,充分利用市场力量对保险公司进行约束;(2)监管部门与市场相关方建立持续、双向的沟通机制,加强对保险公司的约束;(3)规范和引导评级机构,使其在偿付能力风险防范中发挥更大作用。

第三支柱市场约束机制是我国保险市场监管体系的重要构成,也是新兴保险市场健康发展的内在需求。一方面,市场力量能够发挥监管的作用,并在一定程度上约束保险公司的经营管理,但现阶段我国市场化约束作用和力量尚未充分发挥,需要不断完善市场约束机制;另一方面,现阶段我国市场监管资源仍然较为有限,需要充分调动、有效发挥市场力量,与监管机构形成合力。

第二节 偿二代监管体系改革的重要意义

一、推动保险业健康发展

偿二代坚持风险导向,既能直接推动保险公司经营管理水平的提高,又能对保险公司粗放式发展模式形成有力的制约,引导保险公司平衡业务增长、资本管理和风险控制。根据保监会 2014 年 6 月 30 日测试结果,偿二代下行业整体偿付能力充足率保持稳定。从公司情况看,大约 1/3 的公司偿付能力充足率有所上升,2/3 的公司有所下降。产险公司的保险风险、市场风险、信用风险的最低资本占比分别为 48%、17%、35%;寿险公司分别为 22%、66%、12%;再保险公司分别为 51%、36%、13%。与偿二代测试时的数据相比,行业偿付能力状况明显改善。这反映出偿二代规则已经在引导保险公司提高风险管理、改善偿付能力,偿二代实施的成效逐步显现。

二、支持保险监管改革升级

保监会根据中共十八届三中全会精神,形成了"放开前端、管住后端"的市场化改革思路。偿二代"三支柱"实现了对风险的事前、事中和事后的全流程监管,为保险监管市场化提供了重要保障。通过第一支柱最低资本约束加强事后监管,通过第二支柱风险综合评价、第三支柱公开信息披露来强化事中监管,通过第一支柱压力测试和第二支柱风险管理能力评估来实现事前预警。

三、提升保险行业国际影响力

偿二代符合我国国情,顺应国际趋同的大潮流,总体上体现了新兴市场特征。通过加强国际宣传,开展国际合作,偿二代的国际影响力显著扩大,受到国际社会的高度关注。同时,我国以偿二代为支撑,积极参与全球著名保险机构和国际保险集团的统一监管规则的制定和讨论,反映我国和新兴市场的诉求,提升了在国际规则制定中的影响力,进而为我国保险业开展国际竞争创造了良好环境。

第二章　偿付能力监管改革的国际比较

偿付能力监管是保险业监管改革的重点,保险业发达的国家和地区都在推进此项工作。国际上保险偿付能力监管标准主要是欧洲偿付能力监管标准和美国基于风险的资本标准。偿付能力监管改革的国际比较如表 2—1 所示。

表 2—1　　　　　　　　　偿付能力监管改革的国际比较

	中国偿二代	欧盟 Solvency Ⅱ	美国 RBC
监管理念	接近 Solvency Ⅱ	通过准确反映资产负债的风险额潜在损失,识别出需要监管干预的公司	通过准确反映资产负债的经济价值,确定保险公司应该持有的资本
价值评估标准	中国会计准则(接近 IF-RS)	国际财务报告准则(IF-RS)下的公允价值	美国一般公认会计准则(GAAP)
风险测量模型	损失分布与压力测试	损失分布与压力测试	多风险因素分析
是否具有置信水平	是,99.5%	是,99.5%	否
是否接近资产负债匹配问题	是	是	否
模型	标准模型法	标准模型法、内部模型法	标准模型法
量化风险	保险风险、市场风险、信用风险	保险风险、市场风险、信用风险、操作风险	附属机构投资资产风险、资产风险、保险风险、利率风险、业务风险

资料来源:中国人保资产管理股份有限公司。

第一节　欧盟偿付能力Ⅱ(Solvency Ⅱ)

一、Solvency Ⅱ 的背景

欧盟偿付能力体系包括了偿付能力Ⅰ和偿付能力Ⅱ两类标准。偿付能力Ⅰ是欧盟于 20 世纪 70 年代制定的,根据业务规模对资本提出要求,但没有反映在实际经营中所承受的全部风险。Solvency Ⅰ的特点是整体计算方式较为简单,而公司的业务

规模决定了偿付能力,这种方式只能够反映保险公司的部分风险,尤其集中反映了理赔损失风险,难以反映公司整体在经营中所面临的全部风险。近年来,随着监管要求的提高以及监管理念的进步,Solvency Ⅰ已经难以充分满足欧盟对保险业偿付能力的监管要求。在借鉴了银行业系统的巴塞尔协议(Basel Ⅱ)之后,欧盟建立了在理论和体系上更加完备的 Solvency Ⅱ。Solvency Ⅱ 的建立就是为了提高保险业监管效率,确立以风险为基础的监管制度,构建风险管理架构,实现以明确的标准或内部模型对风险资本进行有效计量的目的。

二、Solvency Ⅱ 的三支柱框架

Solvency Ⅱ 主要借鉴了巴塞尔协议的监管理念,建立了包含定量监管、定性监管和市场约束的"三支柱"体系,其主要目的在于提高监管水平,使各项指标要求能够更好地反映和准确计量保险公司承受的风险;同时,借助模型设计提高保险监管水平,不仅有效保护消费者的基本权益,又能够具备足够的资本发展基础,从而有效提升欧盟保险业在国际市场中的竞争力。

三、Solvency Ⅱ 的特点

一是监管理念与银行业巴塞尔Ⅱ和Ⅲ趋同,借鉴了"三支柱"管理体系,促进金融监管的一致性。二是体现全面风险管理理念。借助"三支柱"监管要求,不仅可以关注公司的财务状况,涵盖了对于偿付能力的计量,而且能够关注公司的内部控制、风险管理和信息披露等多层面运营信息。三是融入风险之间的相关性,在各项资本要求加总时,通过设置不同风险之间的相关系数矩阵,综合考虑不同产品、不同公司、不同业务甚至不同国家之间风险的相关性,提升系统防范综合性、系统性风险的能力。四是提高风险转移意识。Solvency Ⅱ中增加对于风险波动性较大业务的资本要求,尤其是重点关注异常资本密集的风险,进一步体现审慎性的监管原则,提高了对于重点风险的防范。五是体现市场一致性原则。Solvency Ⅱ普遍使用国际会计准则对保险公司的资产与负债的情况进行计算,以市场的公允价值为基础,有助于增强投保人对公司财务状况的信任。

四、Solvency Ⅱ 的难点

一是开发成本和监管成本整体较高。Solvency Ⅱ中关于风险以及风险相关性的度量要求较高,尤其是在考虑了操作风险之后,量化难度进一步提高,而且由于存在监管要求和计算方式的差异,导致保险产品在设计和定价阶段都需要重新进行,结合个

性化较强的内部模型,这些因素对系统建设都提出了更高的要求。二是设定内部模型的难度较大。部分保险公司或将利用复杂的内部模型机制有意隐藏风险,从而实现降低资本的要求,这对监管水平以及监管制度提出了更高的要求。三是监管尺度难以保持一致。欧盟内各国的经济以及保险市场发展水平不同,而且不同国家的保险公司在规模上也不尽相同,每个国家对于本国同类保险公司进行监管时的尺度也难以一致。

第二节 美国偿付能力现代化计划(SMI)

美国风险资本标准发展于 20 世纪末,注重提高保险公司的安全性,采用不同于通用会计准则的法定会计准则作为资产负债的评估基础。2008 年以来,美国保险监督官协会推行了美国偿付能力现代化工程(SMI),在对国际保险、银行监管以及国际会计准则最新进展进行研究的基础上,重点从资本要求、公司治理和风险管理、集团监管、法定会计和财务报告(含评估)、再保险五个领域完善美国 RBC 制度。

一、资本要求

SMI 将对当前计量风险资本的方法进行调整和完善,并对各计算口径进行了统一,并确定各 RBC 风险因子公式能够在置信水平、时间跨度等方面保持一致。SMI 还将重新评估现有 RBC 中未考虑的特定风险,包括:建立巨灾风险标准、细化资产和投资风险标准、完善再保险信用风险标准。

二、公司治理和风险管理

保险公司对风险的管理以及抵御能力进行综合评估已经成为国际保险业的发展趋势。SMI 对全面风险管理(ERM)和风险与偿付能力自评估(Own Risk and Solvency Assessment,ORSA)等风险管理工具进行了研究。在此基础上,NAIC 于 2012 年 3 月发布了"NAIC 风险与偿付能力自评估报告(ORSA)指南",将 ORSA 纳入美国 RBC 监管框架中。

三、集团监管

SMI 吸取了历次金融危机的经验教训,增加并修订了 RBC 中集团监管方面的内容,强化了监管机构的权力。SMI 认为金融危机对监管机构最重要的经验就是,监管必须能够有效落实到集团内每个子公司的风险,以及这些风险可能对集团造成的影响。SMI 将在现有集团公司监管方式上增加对集团内各子公司的监控,以确保监管机构能够更好地观察集团内各子公司的运营情况,形成一个"窗口和防火墙"(Windows and Walls)的监管框架。这一框架具体包括:加强监管机构之间的沟通、强化监管机构的信息获取能力、强化董事会的责任、对集团进行资本评估等。

四、法定会计和财务报告

目前,美国寿险准备金还是采用基于规则的方法进行评估,SMI 已决定将要实施基于规则的寿险准备金评估方法。2009 年底,NAIC 发布了新的《准备金评估模板法》,将在操作手册出台后正式施行。操作手册由监管机构的精算人员分析新方法对行业的影响后起草,重点研究了使用基于各个假设的边际或综合边际、再投资资产的收益率假设、死亡率发展及净保费准备金定义等问题。

五、再保险

2008 年,NAIC 通过了再保险监管现代化框架建议,主要涉及未获美国监管部门授权的再保公司的抵押品要求、授权标准以及美国再保险监管框架的修订。针对上述三个问题,SMI 对美国再保险示范法(Credit for Reinsurance Model Law ♯785)及再保险示范监管规则(Credit for Reinsurance Model Regulation ♯786)进行了修订。SMI 希望通过改进再保险监管法规达到促进跨境再保交易、提高美国保险市场的竞争力、保护美国保险公司及承保人免受偿付能力不足风险的目的。

第三节　偿二代与欧美偿付能力监管体系的比较

总体上看,偿二代顺应国际资本市场监管体制的改革方向,符合我国新兴市场特征并能够与国际偿付能力监管标准相接轨。偿二代以风险为导向的监管理念,与欧盟偿付能力Ⅱ、美国 RBC、巴塞尔资本协议一脉相承,同时也符合全面金融监管的国际发展趋势。

一、相同点:均以风险为导向

偿二代与国际主流的偿付能力监管体系的最主要共性特征是都以风险为导向。与偿一代的规模导向相比,偿二代的变化主要体现在以下方面:一是风险覆盖更加全面。偿二代结合我国保险业实际情况,能够相对完整地覆盖我国保险公司在不同时期所面临的风险,建立了一套全面的风险识别、风险计量和风险防范的制度体系。二是风险计量更加科学。对于可量化风险,偿二代采用先进的随机方法对其进行度量;对于难以量化风险,偿二代通过风险分类监管,确保各项评估更加真实、科学,做到有理有据。三是风险反应更加灵敏。偿二代能够及时反映保险公司因各项业务调整所带来的风险变化,对各项业务的适应性更强。四是进一步强化风险管理能力。偿二代在保险公司风险管理能力与资本要求之间建立了联系。而且,偿二代将偿付能力监管指标由偿一代下单一的偿付能力充足率,扩展为核心偿付能力充足率、综合偿付能力充足率和风险综合评级三个有机联系的指标体系。

二、不同点:更加立足中国实际

偿二代在充分借鉴国际主流的偿付能力监管体系的基础上,更加注重与中国实际相结合,充分体现我国保险市场的发展现状。针对我国当前金融体系不健全、公司治理和经营机制不完善的实际情况,偿二代下的资产负债评估采用了以会计账面价值为基础的方法,提高资本使用效率。针对市场技术水平相对薄弱的实际情况,偿二代将大量模型计量工作前置到建设过程,量化资本标准主要采用综合因子法,可操作性增强,实施成本较低。偿二代能根据我国保险市场实际情况,在现有的规则框架下,完善监管要求、提高监管水平,充分体现出偿二代较强的适应性。偿二代首次建立了中国保险业的风险分层模型,将保险公司面临的风险分为难以监管风险和可监管风险,而可监管风险又分为固有风险、控制风险和系统风险。借助大数据分析技术,通过对我国保险业近 20 年的数据测算,得出适用于我国实际情况的各项参数,有效反映了我国保险业的实际风险状况,也使各项监管指标具有更强的可操作性和更高的信赖度。

第三章　偿二代对保险大类资产配置的影响及策略分析

第一节　偿二代对保险大类资产配置的主要影响

一、分险种监管,资产负债匹配管理成为重中之重

在偿一代监管体系下,资产配置仅通过资产认可比例的选择影响实际资本,与负债

端的指标计算基本是独立的。因此,只要资产规模和配置结构相同,不管面对的是何种负债形式,资产端对偿付能力指标的影响都是相同的。单一的监管指标,以及资产端和负债端相对独立的监管方式,使得资产负债匹配因缺乏机制的引导,而难以实施。

在偿二代监管体系下,监管以保险产品为出发点,分险种管理,充分考虑到资产负债的相互作用,以更贴近实务的精细化管理代替了原先较为粗放的管理模式。以寿险为例,在负债评估时,考虑到不同险种对投资敏感度的差异,对负债现金流及折现率做出了不同要求。如《保险公司偿付能力监管规则第3号:寿险合同负债评估》要求对万能险的负债评估合并考虑保险部分现金流和投资部分现金流,不得拆分。

同时,监管规则还要求对于分红、万能等负债责任与投资收益相关的保险产品评估最优准备金时,需将非保证利益纳入计算。从不同保险产品准备金评估方式(见表3—1)可以看出相同规模的保险产品,对投资的敏感性越高,准备金要求就越高。

表 3—1 主要寿险险种准备金评估要求比较

项 目	传统险	分红险	万能险
现金流	保险部分	保险部分	保险部分+投资部分
折现率	基础利率曲线	基础利率曲线+综合溢价	基础利率曲线+综合溢价
最优估计准备金	现金流现值(PV)	现金流现值(PV)+选择权及保证利益的时间价值(TVOG)	现金流现值(PV)+选择权及保证利益的时间价值(TVOG)

资料来源:太平资产管理有限公司课题组整理。

另外,在以资产端为主要风险源的市场风险计算中,占比70%的利率风险最低资本要求采用情景法测算,综合考虑资产与负债对利率变化的敏感性。也就是说,在保监会规定的情景下,资产与负债对利率变化的敏感性越一致,该项风险要求的最低资本就越低。不同类型的保险产品在其产品设立之初,因其产品期限、赔付方式等约定,负债端对利率的敏感性已基本确立。为了减少利率风险对资本的占用,最直接的方式就是通过资产端以负债特性为导向来加强资产配置。

分险种管理和资产负债联动是偿二代最显著的特点。在偿二代的监管要求下,资产负债管理是保险资金运用的重中之重。保险公司应根据自身产品结构和业务发展策略,明确自身的风险偏好,以负债特性为本,制定符合保险业务长期发展需要的资产配置策略。

二、各类资产需穿透认定,资产配置更注重实质

随着大资管时代的来临,市场上金融产品的形式日益丰富,这其中有许多通过结构的优化、新型金融工具的运用等方式对资产的风险收益水平进行了重新安排。但也有一些由于发行机构的不同而被赋予不同的产品名称。在偿一代下,资产认可比例以资产类型为认定标准。而在偿二代下,要求资管产品、未上市股权、信托等金融产品需穿透认定,真正从底层资产的风险收益水平来衡量资产价值。对于无法穿透认定的金融资产,可能面临更高的资本要求。未来资产配置将更重实质而轻形式,简单嵌套的产品形式会因为监管方式的改变而受到约束。

三、最低资本计量引入相关性矩阵,重视风险分散

偿二代下,资产端需要关注的风险主要集中在市场风险和信用风险两大部分。这两个风险大类下,又分别包含了多种维度的细分风险类型。各类风险占用的最低资本之间并非简单的加总关系,而是通过两层相关性矩阵将各类风险占用的最低资本有机地联系在一起。组合管理重点关注的风险如图 3—1 所示。

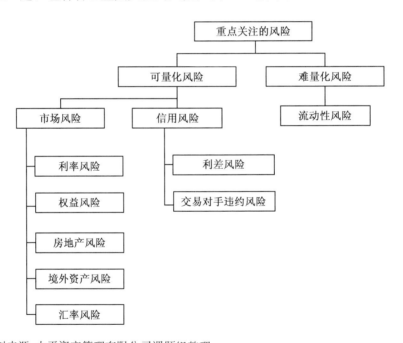

资料来源:太平资产管理有限公司课题组整理。

图 3—1　组合管理重点关注的风险

在过去的管理模式下,风险是线性的,风险收益比较高的资产必然也能为投资组合带来更高的风险收益比。因此,过往的保险资产投资模式更注重品种投资。偿二代下,孤立地判断一个资产的风险收益水平已经远远不够。同一个资产,面对不同的组

合可能会产生截然相反的作用。我们必须从组合的层面来评估组合整体的效率。从而,在未来的投资模式将更加注重配置管理的作用。

从保监会提供的各类风险相关性矩阵来看,各类风险的相关性系数均小于0.5,分散投资有利于降低组合整体资本占用。其中,利率风险与其他类风险的相关性都较低,甚至为负,以公允价值计量的固定收益资产对组合风险的分散作用较强。偿二代最低资本相关性矩阵如表3—2所示。

表3—2   偿二代最低资本相关性矩阵

第一层$MC_{市场}$	$MC_{利率}$	$MC_{权益价格}$	$MC_{房地产价格}$	$MC_{境外固收}$	$MC_{境外权益}$	$MC_{汇率}$
$MC_{利率}$	1	−0.14	−0.18	0	−0.16	0.07
$MC_{权益价格}$	−0.14	1	0.22	0.06	0.5	0.04
$MC_{房地产价格}$	−0.18	0.22	1	0.18	0.19	−0.14
$MC_{境外固收}$	0	0.06	0.18	1	0.04	−0.01
$MC_{境外权益}$	−0.16	0.5	0.19	0.04	1	−0.19
$MC_{汇率}$	0.07	0.04	−0.14	−0.01	−0.019	1

第二层$MC_{相关系数}$	$MC_{寿险(再)保险}$	$MC_{非寿险(再)保险}$	$MC_{市场}$	$MC_{信用}$
$MC_{寿险(再)保险}$	1	0.18	0.5	0.15
$MC_{非寿险(再)保险}$	0.18	1	0.37	0.2
$MC_{市场}$	0.5	0.37	1	0.25
$MC_{信用}$	0.15	0.2	0.25	1

资料来源:太平资产管理有限公司课题组整理。

四、最低资本消耗受多重因素影响,更注重精细化管理

偿二代下,资产配置的概念不再局限于资产结构,种类繁多的风险因子背后是对组合方方面面的约束,其中大类资产配置结构、期限结构、信用结构和会计分类结构都对最低资本消耗产生直接影响。

(一)从大类资产配置结构来看,权益资产风险因子最高,固定收益类金融产品风险调整后收益优势显著

偿二代赋予各类资产不同的风险因子(除寿险利率风险外),用于计算各类资产所具有的风险特性对应的最低资本。我们将风险因子按照大类资产的维度进行汇总,发现风险因子由高到低的资产分别为:权益>权益类金融产品>公允价值计价的债券>固定收益类金融产品、成本计价的信用债>存款和利率债。当加入收益维度之后,我们发现权益类资产风险因子调整后,资产收益和标准类固定收益资产比较接近。这说

明,长期来看,权益资产和标准固定收益资产对账户的平均贡献差异不大。但标准类固定收益资产可贡献稳定的利息收益,而权益资产波动较大,可能对账户短期资本消耗构成压力。因此,偿二代下对于战略资产配置的理性选择可能是合理控制权益占比,提高固定收益资产占比,权益资产应更多地被作为收益增强的工具,体现选时择股的能力。相关内容如图 3-2 和图 3-3 所示。

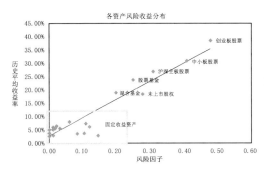
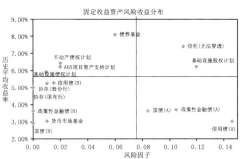

注:同一资产具有多个风险的,风险因子根据相关性矩阵汇总。
资料来源:太平资产管理有限公司课题组整理。

图 3-2 大类资产风险收益分布示意

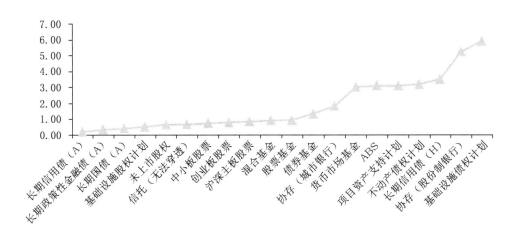

资料来源:太平资产管理有限公司课题组整理。

图 3-3 各类资产风险收益比示意

偿二代风险因子的赋值,还改变了偿一代下投资人对另类资产高风险、高收益的普遍认识。偿二代下,固定收益类金融产品(除信托)普遍具有较低的风险因子,尤其是基础设施债权计划,其风险因子甚至低于同信用等级的信用债。同时,不动产债权计划对资本的损耗也大幅低于目前水平。偿二代下,AAA 不动产债权计划的交易对手信用风险因子为 0.02,仅为同级别信托的 1/5。因此,适当提高固定收益类金融产品的配置,可达到节约资本、增加收益的效果。

除了境内资产的风险细分,偿二代对境外市场也做出了相应的风险赋值。从总体上来看,境外资产较境内资产没有显示出显著的资本损耗。这体现了监管层对境外投资的鼓励态度。但新兴市场风险因子显著高于发达市场,这说明,保险资金在涉足海外初期,仍应以发达市场投资为主。

(二)从期限结构来看,财产险公司不鼓励短债长投,寿险公司久期匹配仍是重点

期限结构主要影响了利率风险最低资本。在利率风险的计算中,财产险公司采用因子法,风险因子直接与期限挂钩。久期越长,风险因子越高,到 10 年以后则以 0.008 4 的斜率线性上升。众所周知,财产险具有负债久期短、流动性要求高的特点。偿二代下利率风险因子的安排,也体现了不鼓励短期的负债资金用于长期投资。财产险利率风险因子如图 3—4 所示。

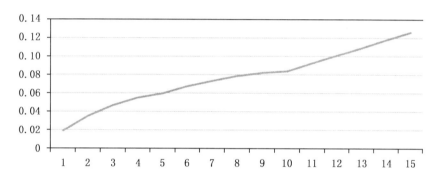

资料来源:太平资产管理有限公司课题组整理。

图 3—4　财产险利率风险因子

寿险利率风险最低资本计量采用情景法,计算公式为:

$$MC_{利率风险}＝\text{Max}[(AA_{基础情景}－PV_{基础情景})－(AA_{不利情景}－PV_{不利情景}),0]$$

其中,AA 为资产认可价值,PV 为评估日寿险负债现金流现值。公式的本意是分别计算当利率上升和利率下降时,资产负债盈余(Surplus)的变化,取大值作为最终最低资本。但是对公式做个简单变化时,发现公式可以变为:

$$MC_{利率风险}＝\text{Max}[(AA_{基础情景}－AA_{不利情景})－(PV_{基础情景}－PV_{不利情景}),0]$$
$$\approx\text{Max}[(PV\times DL\times\Delta iL－AA\times DA\times\Delta iA),0]$$

其中,DL 和 DA 分别为负债与资产的久期;ΔiL 和 ΔiA 分别为负债与资产利率的变化。

从变化后的公式可以看出,资产与负债对利率变动的敏感度越接近,则利率风险越小。久期匹配仍是寿险公司规避利率风险的重要课题。值得注意的是,偿二代下久期匹配较为复杂:(1)需要关注的是金额久期(dollar duration),即考虑资产和负债规模后的久期;(2)资产负债利率曲线的取值不同,不利情景较基础情景的变化也不是简单的平移,因此整体久期水平无法满足收益率曲线不规则变化时资产负债的敏感度分析,只有精细化研究各关键利率久期才能真正优化组合的期限结构,最大限度规避寿险利率风险。

(三)从信用结构来看,偿二代重视信用风险,不同信用级别对资本的需求差异较大

在偿二代下,信用风险作为与市场风险同级的两大风险,受到监管的极大重视。信用风险又可分为利差风险和交易对手违约风险。其中,利差风险适用于以公允价值计量的固收产品,风险因子与久期相关,资产久期越长,各信用等级间因子差距越大。但历史数据显示,不同信用等级资产的利差随期限的增长变化很小。从两者结合可以看出,短期产品低信用等级风险收益比相对较高,长期品种则反之。因此,从节约资本增强收益的角度,对于期限较短的资产信用结构可适当下沉,对于长期资产仍偏好高信用等级品种。相关内容如图 3—5 和图 3—6 所示。

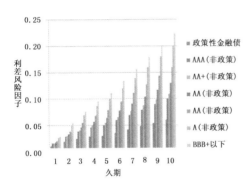

资料来源:太平资产管理有限公司课题组整理。　　资料来源:太平资产管理有限公司课题组整理。

图 3—5　信用风险因子　　　　　　　图 3—6　债券平均期限结构

以成本计价的固定收益资产,偿二代要求计量交易对手违约风险,从风险因子赋值来看,高信用等级的基础设施债权计划具有显著的投资价值,而 AAA 级信托资产风险因子与 BBB+以下级别的基础设施债权计划接近,偿二代下投资价值相对较小。各类资产交易对手违约风险因子比较如表 3—3 所示。

表3—3   各类资产交易对手违约风险因子比较

交易对手违约风险 RF_0	企业债、公司债 (不含可转债)	基础设施 债权计划	资产证券化产品、 资管产品、不动产 债权计划、项目 资产支持计划	信托 (无法穿透)
AAA	0.015	0.010	0.020	0.1
AA＋	0.036	0.031	0.041	0.135
AA	0.045	0.040	0.050	0.16
AA－	0.049	0.044	0.054	0.184
A＋、A、A－	0.09	0.085	0.095	0.225
BBB＋、BBB＋BBB－、 无评级	0.135	0.130	0.140	0.3

资料来源:太平资产管理有限公司课题组整理。

(四)从会计分类结构来看,会计分类是风险识别的主要依据,会计安排直接影响风险计量方式,从而影响资本损耗

偿二代下,各类资产是否需要计量某项风险最低资本的主要依据除了资产类别本身以外,还要看该项资产的会计分类。如信用债,若以公允价值计量,即会计分类为可供出售类或者交易类,则需计量利率风险和利差风险;若其以成本计价,即会计分类为持有至到期类,则仅需计量交易对手违约风险,可节约资本成本。偿二代下,会计分类已成为资产配置需考量的重要因素,应作为战略资产配置计划的一部分加以重视。

第二节　偿二代下保险大类资产配置策略分析

一、加强资产负债双向互动,提升资产配置的主动性和有效性

一是要密切关注负债特性,以资本要求为硬约束,分账户建立资产配置方案。偿二代下,不同的负债品种有不同的资本和监管要求。负债特性决定了对应的资产配置必然要与之相适应。偿二代的实施,从主观需求上体现了分账户进行资产配置的重要性,也在客观实践上支持了其可行性。对于资产配置部门而言,首先,应通过偿二代下的资产负债匹配模型,充分理解负债端的各项需求要素,如负债成本、投资期限、流动性需求、风险偏好、资本规划等;其次,要以资本要求为硬约束,在投资风险、收益和资本损耗的多重维度内,通过配置模型建立有效边界曲线;最后,根据负债产品策略和风

险偏好,在有效曲线上选择合适的方案,形成包括资产结构、期限结构、会计结构和信用结构在内的资产配置方案,并在实施中通过组合分析进行优化调整。

二是积极推动资产驱动负债的管理模式。偿二代下,负债评估不再使用固定的保证利率,而是以市场利率为基准,这就要求保险公司对宏观经济和利率走势有敏锐的判断力,尤其是在利率市场化改革即将全面完成的大背景下,保险公司更需紧跟市场的步伐,积极面对快速变化的市场,从单一的"以对标负债端要求进行资产端配置"的模式向"资产端驱动负债端发展"的模式转变。保险公司应充分发挥资产和负债双方各自的优势,进一步强化资产负债双轮驱动模式,将资产对市场的把握及时反馈于保险产品设计和定价中,积极发展资产主导型保险产品和客户自担风险型保险产品。

二、均衡配置大类资产,控制无法穿透的另类资产配置比例

在偿二代最低资本约束下,一般情况下,大类资产的市场风险因子的权重依次为:权益>权益类金融产品>债券>固定收益类金融产品>不动产。应按照大类资产的风险因子的权重,通过大类资产均衡配置,有效分散风险,降低资本消耗。其中,不动产、基础设施股权计划的风险因子较小,在偿二代推进过程中险资可适度加大该类资产的配置。

值得关注的是,偿二代对金融产品的风险评估中引入了穿透法。对于无法穿透的产品赋予了较高的风险因子,例如另类保险资管计划(以银行理财产品、信托计划等金融产品为投资标的)无法穿透,其风险因子高达 40%,在所有资产类别中最高。因此,在资产配置中,如涉及无法穿透的另类保险资管计划,应该严格控制配置比例。

三、优化资产配置的区域分布,合理分散投资风险

偿二代下,除了不同种类资产具有不同的风险因子,同一类资产由于区域分布不同,也会有不同的风险因子。从区域分布来看,对于发达市场,10 年以上的固定收益类产品,最低资本要求小于国内同久期品种。因此,投资长期限的发达市场固定收益品种不仅有利于减少负债久期缺口,也有利于节约资本。发达市场的上市股票的资本消耗略小于沪深主板,发达市场股票投资应是险资境外投资的主要领域。险资投资于新兴市场的权益和固定收益资产的资本消耗较大。在我国险资境外投资初期,应审慎尝试新兴市场投资。

四、以资本回报率为主要目标,动态细化资产配置方案

偿二代下,资本占用的有效性将成为评价各方运作效率的重要指标。对于资产管

理部门,在配置前端,资本约束应作为资产配置的重要限制;在配置后端,资本调整后的投资收益率(简称"资本回报率")应作为评价组合管理和投资能力的重要指标。一方面,资本回报率指标能将组合管理效率和负债需求形成统一对标;另一方面,采用偿二代的标准风险因子进行风险调整后,在一定期限内,各资产可置于统一的评价标准下比较,能科学地运用归因分析等方法清晰地剖析组合管理效率,从而为动态调整战术配置方案,提高资产配置效率提供依据。

第四章 偿二代下风险最低资本要求对分类资产配置的影响及策略分析

第一节 风险最低资本对分类资产的影响

一、市场风险最低资本要求对分类资产配置产生重要影响

从资产分类的角度来看,偿二代的实施,将通过市场风险的最低资本要求对险资的投资理念、投资策略、大类配置、负债匹配、风险管理、绩效考核等业务环节产生重要影响。市场风险是指由于利率、汇率、权益价格和商品价格等的不利变动而遭受非预期损失的风险。市场风险属于偿二代第一支柱量化风险中的固有风险,是最低资本的基础部分。市场风险涵盖范围包括:存款、国债、企业债、可转债等固定收益类资产;上市普通股、未上市股权计划、可转债、优先股等权益类投资;债券类基金、股票基金、混合基金、货币基金等证券投资基金;基础设施股权/债权投资计划、资产证券化产品、信托计划等另类投资;利率互换、国债期货、股指期货等衍生证券;投资性房地产;境外投资。

从风险构成来看,在寿险公司偿二代最低资本中,市场风险和信用风险在寿险公司风险中占了绝大部分的比重,而这两类风险主要是资产端风险,与保险资金的运用有着密切的关系。保险公司在投资时除了考虑投资的绝对收益外,还要按资产的不同特征综合考虑风险调整后的收益。偿二代下资产类别细分程度更高,风险较高的资产对资本的消耗将增加。因此,资产配置的结果将对公司的偿付能力资本要求产生重要的影响。

二、市场风险最低资本计量

偿二代下市场风险最低资本计量的方法原理使用的是在险价值(VaR),这与银行业巴塞尔协议市场风险最低资本计量原理一致[巴塞尔资本协议关于市场风险的修订案(1996),巴塞尔新资本协议(2004)]。在险价值是指在给定的置信水平下和一定的持有期内,估算最大可能发生的损失。偿二代市场风险最低资本即是市场风险在险价值,保监会基于中国市场历史数据,得到匹配的概率分布,使用99.5%或99%的分位点校准数,最后获得最低资本计量的标准参数,由此得到适用于全行业的市场风险标准法。偿二代下市场风险最低资本计量的具体方法有综合因子法和情景法,分别适用于不同的风险和业务类型,如表4—1所示。

表4—1 不同风险和业务类型适用的计量方法

可量化风险	细分风险		资产特征	资产范围	计量方法
市场风险	利率风险	非寿险	• 以公允价值计量 • 有明确期限 • 境内投资资产	• 债券类资产,包括政府债、准政府债、金融债、企业债、公司债等,不含可转债	综合因子法
		寿险		• 资产证券化产品,包括券商专项资管计划、信贷资产支持证券等 • 利率类金融衍生品,包括利率互换、国债期货等 • 其他固定收益类产品	情景法
	权益价格风险		• 境内权益类投资资产 • 房地产权益资产除外	• 上市普通股票 • 未上市股权(不含子公司、合营和联营企业股权) • 证券投资基金(含货币市场基金) • 可转债 • 基础设施股权投资计划 • 符合保监会规定的主体发行的资管产品 • 未上市股权投资计划/基金 • 权益类信托计划 • 股指期货 • 优先股 • 对子公司、合营和联营企业的长期股权投资	综合因子法
	房地产价格风险		• 投资性房地产 • 含境外投资性房地产	• 以物权形式持有的投资性房地产 • 以项目公司形式持有的投资性房地产股权	综合因子法
	境外房地产价格风险		• 境外投资资产 • 不含境外投资性房地产和境外存款	• 境外固定费收益率投资资产 • 境外权益类投资资产(不含子公司、合营和联营企业股权)	综合因子法

续表

可量化风险	细分风险	资产特征	资产范围	计量方法
市场风险	汇率风险	·以外币计价的投资资产与负债	·外币流动性管理工具 ·外币固定收益类投资资产 ·外币权益类投资资产 ·外汇衍生品 ·外币房地产 ·外币其他资产 ·外币负债	综合因子法

资料来源：太平资产管理有限公司课题组整理。

（一）综合因子法

偿二代下除寿险业务的利率风险最低资本外，市场风险最低资本采用综合因子法计算。各类资产（负债）的市场风险最低资本计算公式为：

$$MC_{市场}＝EX×RF$$

其中：

$MC_{市场}$ 为市场风险最低资本；

EX 为风险暴露，市场风险的风险暴露等于该项资产（负债）的认可价值，另有规定的除外；

RF 为风险因子，$RF＝RF_0×(1＋K)$；

RF_0 为基础因子；

K 为特征因子，$K＝K_1＋K_2＋\cdots＋K_n$，$K∈[-0.25,0.25]$，保监会另有规定的除外；

k_i 为第 i 个特征系数，n 为特征系数的个数；

对特征系数 k_i，由偿付能力监管规则规定和赋值；无明确规定并赋值的，则 $k_i＝0$。

上述公式为标准公式，适用于所有具有市场风险的投资品种，其中两个重要参数为 RF_0 和 K，它们决定了投资品种在险价值/市值的比例水平。不同的投资品种，因特性不同，RF_0 的赋值原则也不相同，固定收益品种的 RF_0 多与修正久期相关，而其他投资品种的 RF_0 或为常数。不同投资品种内部的细分品种，因特征不同，具有不同的特征因子，值得注意的是，除保监会另有规定外，特征因子对于总体风险最低资本的影响在 ±25% 范围内。

（二）情景法

偿二代下寿险业务的利率风险最低资本采用情景法计算，计算公式为：

$$MC_{利率风险} = Max\big[(AA_{基础情景} - PV_{基础情景}) - (AA_{不利情景} - PV_{不利情景})\big]$$

其中：

$MC_{利率风险}$ 为利率风险最低资本；

$AA_{基础情景}$ 为评估日人身保险公司认可资产的认可价值；

$PV_{基础情景}$ 为按《保险公司偿付能力监管规则第 3 号：寿险合同负债评估》考虑再保因素后计算得到的评估日寿险业务现金流现值；

$AA_{不利情景}$ 为不利情景假设下，重新计算的评估日人身保险公司认可资产的认可价值；

$PV_{不利情景}$ 为不利情景假设下，按照《保险公司偿付能力监管规则第 3 号：寿险合同负债评估》要求计算得出的寿险业务现金流现值，其预期现金流与计算 $PV_{基础情景}$ 时的预期现金流应保持一致。

上述公式可以调整为：

$$MC_{利率风险} = Max\big[(AA_{基础情景} - AA_{不利情景}) - (PV_{基础情景} - PV_{不利情景})\big]$$

即认可资产在基础情景和不利情景下的认可价值差额减去寿险业务现金流在基础情景和不利情景下的现值差额。

三、市场风险最低资本要求对分类资产影响分析

（一）利率风险

利率风险是指由于无风险利率的不利变动导致保险公司遭受非预期损失的风险。由于非寿险业务和寿险业务的利率风险最低资本计量方法不同，本文区分两种业务进行利率风险影响因素分析。

1. 非寿险业务利率风险

（1）一般固定收益类资产

EX 为认可价值

$$RF_0 = \begin{cases} D \times (-0.001\,9 \times D + 0.021\,4) & 0 < D \leqslant 5 \\ D \times (-0.000\,7 \times D + 0.015\,4) & 5 < D \leqslant 10 \\ D \times 0.008\,4 & D > 10 \end{cases}$$

其中，D 为资产的修正久期；对于浮息债，D 为资产的利率久期；无特征因子 K。

由上述公式可知，一般固定收益类资产的利率风险最低资本主要与其修正（利率）久期相关，久期越长，风险因子越大，单位风险暴露消耗的最低资本越多。修正（利率）久期在 0～5、5～10 两个区间内时，风险因子呈现二次方程抛物线，当久期大于 10 后，

风险因子呈一次线性直线向上。与国债收益率相比较,可以得到国债收益率/风险因子之比与修正久期的关系,由此协助固收投资人员进行久期配置决策。需要注意的是,国债收益率的曲线形态对于国债收益率/风险因子之比影响较大,需要关注国债曲线的动态变化。一般固定收益资产的利率风险如图4—1所示。

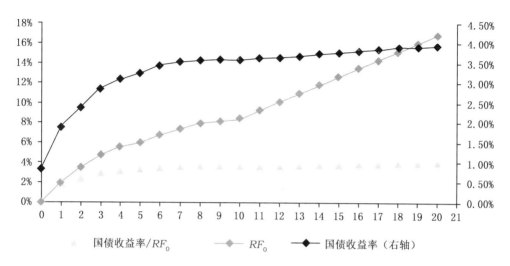

资料来源:太平资产管理有限公司课题组整理。

图 4—1　一般固定收益资产的利率风险

(2)利率互换资产

EX 为利率互换合约的名义本金

$$RF_0 = \begin{cases} D \times (-0.001\ 9 \times ABS(D) + 0.021\ 4) & 0 < D \leqslant 5 \\ D \times (-0.000\ 7 \times ABS(D) + 0.015\ 4) & 5 < D \leqslant 10 \\ D \times 0.008\ 4 & D > 10 \end{cases}$$

其中,D 由合约方向确定:收固定利率,付浮动利率的,D 为正;反之,为负。无特征因子 K。

由上述公式可知,利率互换的利率风险最低资本主要与合约方向和期限相关。当利率互换合约方向为付固定利率、收浮动利率时,利率互换合约对于固定收益品种的整体利率风险最低资本有对冲降低作用,因为这部分利率互换合约起到了利率风险缓释作用,由此降低了资本占用。利率互换的利率风险如图4—2所示。

(3)国债期货资产

A. 当套期保值高度有效,且套保期限超过 3 个月时,将国债期货空头与被套期债券组合合并计算利率风险最低资本:

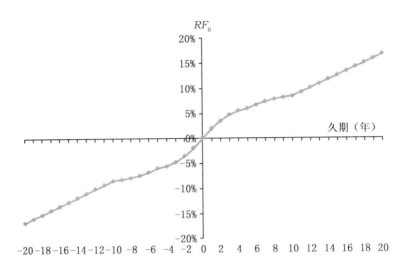

资料来源:太平资产管理有限公司课题组整理。

图4—2 利率互换的利率风险

国债期货套期组合最低资本=ABS(被套期债券组合资本要求－国债期货空头合约价值×套期有效性×风险因子)

其中,风险因子公式如下:

$$RF_0 = \begin{cases} D\times(-0.001\ 9\times D+0.021\ 4) & 0<D\leqslant5 \\ D\times(-0.000\ 7\times D+0.015\ 4) & 5<D\leqslant10 \\ D\times0.008\ 4 & D>10 \end{cases}$$

B. 当套期保值不符合高度有效要求,或套保期限低于3个月时

国债期货套期组合最低资本=ABS(国债期货空头合约价值×风险因子)

其中,风险因子公式如下:

$$RF_0 = \begin{cases} D\times(-0.001\ 9\times D+0.021\ 4) & 0<D\leqslant5 \\ D\times(-0.000\ 7\times D+0.015\ 4) & 5<D\leqslant10 \\ D\times0.008\ 4 & D>10 \end{cases}$$

从上述公式可知,国债期货的利率风险最低资本主要与套期保值是否高度有效、套保期限、套期有效性、国债期货合约期限相关。当且仅当国债期货满足套保"高度有效"[①]且套保期限超过3个月时,该投资可降低被套期组合的资本消耗。此外,套期有效性以及国债期货期限与被套期组合期限的匹配度,则将影响该国债期货对资本占用

---

① 套期保值"高度有效"概念,需同时满足:(1)套期开始及以后期间,该套期预期高度有效地抵消套期指定期间被套期风险引起的公允价值或现金流量变动;(2)该套期的实际抵消结果在80%~125%的范围内。

的降低程度。由此可见,偿二代下,不是所有的国债期货空头合约都可以在资本占用角度缓释利率风险的。

2. 寿险业务利率风险

保监会提供了利率上升和利率下降两种不利情景,前者对于负债端而言是不利情景,后者对于资产端而言是不利情景。保险公司比较两种不利情景下的利率风险最低资本,选取较大者作为最终的利率风险最低资本。由于负债端的现金流现值较大幅度高于资产端受利率风险影响的资产价值,因此,从全行业来看,往往是利率上升这一不利情景占主导地位(即 $MC_{利率风险} = \text{Max}\left[\left(PV_{不利情景} - PV_{基础情景}\right) - \left(AA_{不利情景} - AA_{基础情景}\right)\right]$)。与此同时,负债端现金流在基础情景和不利情景下的现值差额将大幅度高于资产端受利率风险影响的资产在基础情景和不利情景下的认可价值差额,由此造成寿险公司的风险最低资本中往往是利率风险最低资本占了最大的比重。

为降低寿险业务利率风险最低资本,一方面可以增加公允价值计量且有明确期限的境内固定收益资产投资,另一方面可以提升该部分资产的修正久期,由此扩大这部分资产在基础情景和不利情景下的认可价值差额。

(二)权益价格风险

权益价格风险是指由于权益价格不利变动导致保险公司遭受非预期损失的风险。

1. 各类资产的权益价格风险最低资本

上市普通股:

EX 为其认可价值

$$RF_0 = \begin{cases} 0.31 & \text{沪深主板股} \\ 0.41 & \text{中小板股} \\ 0.48 & \text{创业板股} \end{cases}$$

$$K_1 = \begin{cases} 1 & x \geqslant 1 \\ x^2 & 0 \leqslant x < 1 \\ -x^2 & -1 \leqslant x < 0 \end{cases}$$

其中,$x = \dfrac{\text{上市股票账面价值} - \text{购买成本}}{\text{购买成本}}$,购买成本为某只股票各次购买价格的加权平均值。

$$K_2 = \begin{cases} -0.05 & \text{沪深300指数成分股} \\ 0 & \text{其他} \end{cases}$$

由上述公式可知,上市普通股票的权益价格风险与其所属板块、涨跌幅、是否属于沪深 300 成分股密切相关。三个板块中,沪深主板股的风险因子水平最低,创业板股的风险因子水平最高。每一个板块中,属于沪深 300 成分股的股票的风险因子水平高于非沪深 300 成分股。持仓股票的涨跌幅对于风险因子的影响重大,当涨幅低于 100% 时,风险因子呈二次抛物线方程,风险性增长,当涨跌幅大于等于 100% 时,风险因子为基础因子的2 倍数(此处,上市普通股特征因子影响范围不适用 ±25% 限制),极端情况下,创业板股票风险因子最高可接近 100%,即该创业板股票的资本占用即其认可价值。因此,在偿二代下投资上市普通股票,投资经理需要注意及时止盈,来减小 x 值,以此降低风险因子。上市普通股权益价格风险因子如图 4—3 所示。

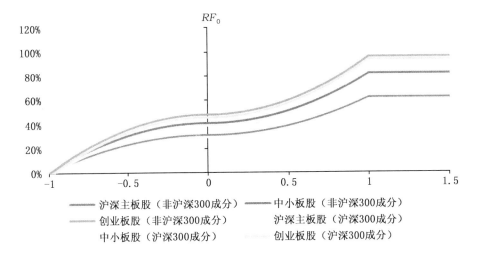

图 4—3　上市普通股权益价格风险因子

未上市股权:

EX 为其认可价值,

$$RF_0 = 0.28$$

由上述公式可知,未上市股权的权益价格风险因子计量与股权行业、性质等特征无任何关系,而是一个确定的值。

证券投资基金(包括债券基金、股票基金、混合基金、货币市场基金):

EX 为其认可价值。

$$RF_0 = \begin{cases} 0.06 & \text{债券基金} \\ 0.25 & \text{股票基金} \\ 0.1 & \text{股票基金(优先级)} \\ 0.45 & \text{股票基金(劣后级)} \\ 0.2 & \text{混合基金} \\ 0.01 & \text{货币市场基金} \end{cases}$$

$$K_2 = \begin{cases} -0.2 & \text{债券基金(优先级)} \\ 0.2 & \text{债券基金(劣后级)} \end{cases}$$

如果债券基金为分级基金,由上述公式可知,证券投资基金的权益价格风险因子与基金类型、优先/劣后等级相关,劣后级的股票基金、普通股票型基金、混合基金的权益价格风险因子相对较大,货币市场基金、优先级的债券基金风险因子则相对较小。证券投资基金权益价格风险因子如图4—4所示。

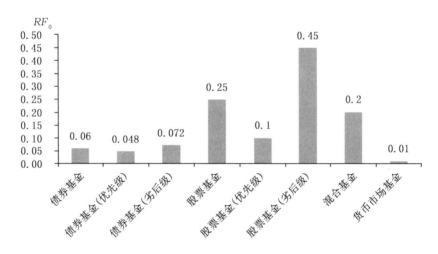

资料来源:太平资产管理有限公司课题组整理。

图4—4 证券投资基金权益价格风险因子

2. 可转债

EX 为其认可价值,

$$RF_0 = 0.18$$

由上述公式可知,可转债的权益价格风险因子计量与可转债正股、涨跌幅等特征均无任何关系,而是一个确定的值。对于兼顾权益和固收特性的品种,当可转债强势时,不失为一个收益率/资本占用性价比较高的品种。

3. 基础设施股权投资计划

EX 为其认可价值,

$$RF_0 = 0.12$$

对带有符合以下条件保证条款的基础设施股权投资计划,按照基础设施债权投资计划规则计算市场风险最低资本:

- 合同明确约定最低保证回报;
- 最低保证回报水平不明显低于相应信用等级债券的市场回报率;
- 最低保证回报设定担保机制;
- 合同中约定赎回条款,使合同双方有足够经济动机履行赎回权利或义务。

由上述公式可知,基础设施股权投资计划的权益价格风险因子与保证条款密切相关。实际业务中,明股实债的基础设施股权投资计划,当且仅当符合偿二代四条保证条款要求时,才可按照基础设施债权投资计划计算风险因子,且该风险因子一般小于基础设施股权投资计划。当被认定为符合偿二代四条保证条款要求时,需要注意该投资计划评级越高,风险资本占用越低。基础设施股权投资计划权益价格风险因子如图4—5所示。

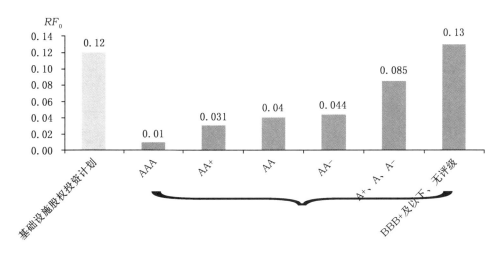

资料来源:太平资产管理有限公司课题组整理。

图4—5　基础设施股权投资计划权益价格风险因子

4. 金融产品(包括资管产品、未上市股权投资计划/基金、权益类信托计划、其他)

保监会对于上述金融产品,要求使用穿透法计算权益价格风险最低资本。穿透法是指确定某项金融产品所投资的具体、明确的基础资产(基础资产指债券、股票、未上市股权等具体产品),根据各项基础资产的风险暴露和风险因子计算相应的最低资本,并将各项基础资产最低资本算数加总作为该类金融产品最低资本的方法。

对于确实无法采用穿透法计算最低资本的,保监会对资管计划进行了分类(分类原则与偿一代基本一致,具体见表 4—2),同时给定了各类金融产品的风险最低资本算法。

表 4—2 无法采用穿透法计算最低资本的资管计划分类

资管产品类型	特征要求
权益类资管产品	60%以上资产投资于权益类资产(包括股票、证券投资基金等)
固收类资管产品	80%以上资产投资于固收资产(包括债权、存款、债权等);且投资于不高于20%金融产品(包括信托、银行信贷支持证券、商行理财产品、券商专项资管计划等)
另类资管产品	60%以上资产投资于金融产品(包括信托、银行信贷资产支持证券、商行理财产品、券商专项资管计划)
混合类资管产品	不能分类为上述三类的资管产品

资料来源:太平资产管理有限公司课题组整理。

EX 为其认可价值,

$$RF_0 = \begin{cases} 0.25 & \text{权益类资管计划} \\ 0.06 & \text{固收类资管计划} \\ 0.4 & \text{另类资管计划} \\ 0.2 & \text{混合类资管计划} \\ 0.31 & \text{未上市股权投资计划/基金} \\ 0.31 & \text{权益类信托计划} \end{cases}$$

从上述公式可知,当金融产品确实不可穿透时,其权益价格风险因子与投资方向、品种类型密切相关。其中,另类资管产品的资本消耗最高,为 0.4;未上市股权投资计划和权益类信托计划次之,为 0.31。实际业务中,需要在资管产品合同中明确投资比例,使得资管产品易于在偿二代下进行归类。未穿透时金融产品权益价格风险因子如图 4—6 所示。

对于可穿透的金融产品,穿透与否对于风险资本占用的影响不一。例如,对于未上市股权投资计划,穿透可带来资本节约;但对于上市股票投资类金融产品,穿透则增加了资本消耗。由此,在上市股票投资方面,或催生更多的委外、基金投资。相关内容如图 4—7 和图 4—8 所示。

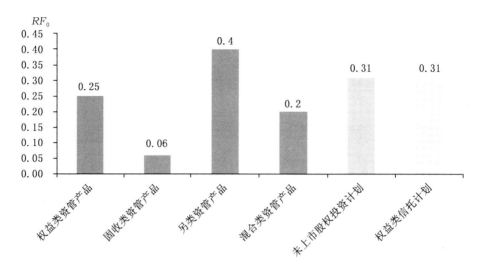

资料来源:太平资产管理有限公司课题组整理。

图4-6 未穿透时金融产品权益价格风险因子

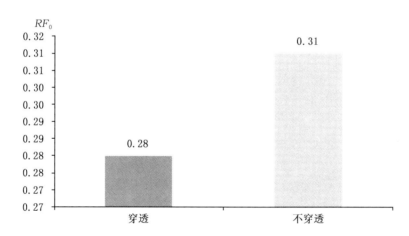

资料来源:太平资产管理有限公司课题组整理。

图4-7 未上市股权投资计划/基金风险因子

5. 股指期货

A. 当套期保值高度有效,且套保期限超过3个月时,将股指期货空头与被套期股票组合合并计算利率风险最低资本:

$$股指期货套期组合最低资本＝ABS(被套期股票组合资本要求－股指期货空头合约价值×套期有效性×风险因子)$$

其中,风险因子 $RF=0.31$。

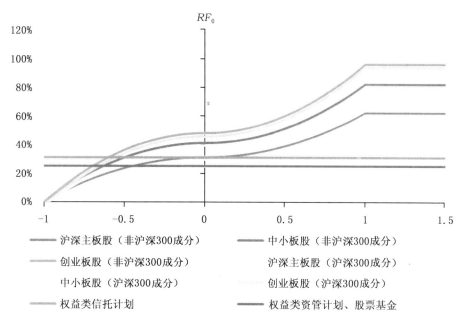

资料来源：太平资产管理有限公司课题组整理。

图 4—8　上市普通股投资的权益价格风险因子

B. 当套期保值不符合高度有效要求，或套保期限低于 3 个月时：

股指期货套期组合最低资本＝ABS（股指期货空头合约价值×风险因子）

其中，风险因子 $RF＝0.31$。

从上述公式可知，与国债期货相类似，股指期货的权益价格风险最低资本主要与套期保值是否高度有效、套保期限、套期有效性相关。当且仅当股指期货满足套保"高度有效"且套保期限超过 3 个月时，该投资可降低被套期组合的资本消耗。此外，套期有效性则将影响该股指期货对资本占用的降低程度。由此可见，偿二代下，不是所有的股指期货空头合约均可以在资本占用角度缓释权益市场风险的。

6. 优先股

偿二代下，优先股的权益价格风险因子由表 4—3 中的规则确定，主要由发行人上市与否、发行方式、发行人类型、资本充足率情况、强制转股条款等因素决定。当发行人是上市公司且优先股以公开发行方式发行时，其风险因子最低，为 0.06；但若发行人为非上市公司、各级资本充足率（偿付能力充足率）未全部达标、且附有强制转股条款的优先股，则风险因子最高，为 0.45、0.4。

表 4—3   优先股的权益价格风险因子

分类	发行方式	发行机构和类型		基础因子
上市公司	公开			0.06
	非公开	银行、保险机构发行的不带强制转换为普通股条款的;或者非银行、非保险机构发行的		0.12
		银行、保险机构发行的带强制转为普通股条款的	各级资本充足率全部达到监管要求	0.18
			各级资本充足率未全部达到监管要求	0.3
非上市公众公司	非公开	银行、保险机构发行的不带强制转换为普通股条款的;或者非银行、非保险机构发行的		0.15
		银行、保险机构发行的带强制转为普通股条款的	各级资本充足率全部达到监管要求 政策性银行、国有商行	0.15
			股份制商行、邮政储蓄银行	0.2
			城商行	0.25
			其他商行	0.3
			各级资本充足率未全部达到监管要求	0.45
		保险公司发行带强制转换为普通股条款的	各级偿付能力充足率全部达到监管要求	0.15
			各级偿付能力充足率未全部达到监管要求	0.4

资料来源:太平资产管理有限公司课题组整理。

在实际投资业务中,投资人员需就发行机构的资本充足率进行调研和跟踪,以此更好地进行优先股的投资和管理。

7. 对境内外子公司、合营企业和联营企业的长期股权投资

对境内外子公司、合营企业和联营企业的长期股权投资为该项投资的认可价值。

$$RF_0 = \begin{cases} 0.1 & \text{对子公司的股权投资} \\ 0.15 & \text{对合营企业和联营企业的股权投资} \end{cases}$$

$$K_1 = \begin{cases} -0.25 & \text{金融机构} \\ -0.2 & \text{保险关联行业(非金融)} \\ 0 & \text{其他} \end{cases}$$

境内外子公司、合营企业和联营企业的长期股权投资,其权益价格风险因子主要与长期股权性质、所属行业密切相关。将偿二代正式监管规则与征求意见稿相比较,可发现保监会在基础因子 RF_0 和特征系数 K_1 上都有较大比例的降低,显示了保监会对于保险公司长期股权投资持支持鼓励态度。

8. 各类资产的权益价格风险最低资本比较

将各品种的权益价格风险因子与其预期年化收益率进行比较,可以发现不同品种

收益风险比不同,这提供了投资人员投资配置思路参考,即在投资前思考该投资决策当下和投资期间的风险因子与预期收益,经权衡后选择适当的配置额度和时机。

图4-9就各品种的平均权益价格风险因子和预期年化收益率进行了测算比较(与实际投资和当前市场环境或有不同),其中货币基金、债券基金(劣后)、长期股权投资、债券基金、资管产品(固收类)等品种的资本占用性价比较高,资管产品(另类)、非公开发行优先股等则性价比较低。

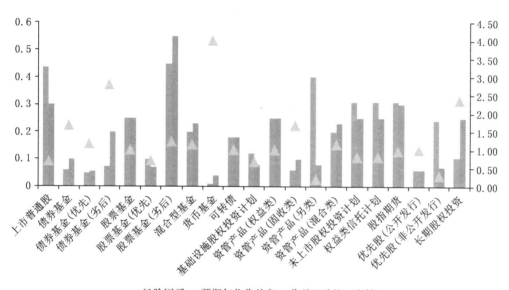

■风险因子 ■预期年化收益率 ▲收益风险比(右轴)

资料来源:太平资产管理有限公司课题组整理。

图4-9 权益价格风险比较

从图4-9也可以发现,偿二代下保险公司可以通过选取适当的品种降低资本占用,例如:(1)同样以投资股票为主要范围的股票基金、混合基金,预期收益率相当,但是后者资本占用相对较少;(2)看到可转债行情时,可以投资可转债基金,前者风险因子为0.18,后者属于债券基金,风险因子为0.06;(3)同样是投资固定收益资产,债券基金区分优先、劣后两级,风险因子分别为0.048、0.072,而资管产品不区分,风险因子为0.06,所以如果要投资劣后类份额,可以在资管产品中进行,减少资本占用,股票劣后份额同理;(4)公开和非公开发行的优先股预期收益率差异不会很大,但前者的资本占用则大大小于后者,故投资优先股时,尽量选择公开发行品种。

在上述收益风险比的比较中,未考虑预期收益的波动性,因此在实践中,建议投资人员要考虑预期收益的确定性和上下区间,以此与风险资本权衡进行投资决策。

（三）房地产价格风险

房地产价格风险是指由于投资性房地产价格不利变动导致保险公司遭受非预期损失的风险。

在计算房地产价格风险最低资本时，风险暴露 EX 为其认可价值，同时依据该项资产的计价原则确定风险因子：

A. 以历史成本计价的，$RF_0 = 0.08$

B. 以公允价值计价的，$RF_0 = 0.12$

$$K_1 = \begin{cases} 1 & x \geqslant 1 \\ x^2 & 0 \leqslant x < 1 \\ -x^2 & -1 \leqslant x < 0 \end{cases}$$

其中，x 为该项房地产价值变动幅度，$x = \dfrac{房地产账面价值 - 房地产购买成本}{房地产购买成本}$。

$$K_2 = \begin{cases} 0.2 & r \geqslant 10\% \\ 0.1 & 5\% \leqslant r < 10\% \\ 0.05 & 0 \leqslant x < 5\% \end{cases}$$

其中，r 为所有投资性房地产（包括穿透后的投资性房地产基础资产）认可价值占保险公司总认可资产（扣除卖出回购证券等融资性交易余额）的比例。

$$K_3 = \begin{cases} 0.03 & 直辖市、省会城市、计划单列市 \\ 0.05 & 境内其他地区 \\ 0.06 & 境外 \end{cases}$$

从上述公式可知，房地产价格风险最低资本主要与房地产计价方式、房地产价值变动幅度、房地产投资占比、房地产所在区域密切相关。以历史成本计价的房地产投资，固然可以减少资本占用，但是也会相应减少认可价值。以公允价值计量的房地产投资，当房地产价值涨幅大于等于 100% 时，其风险因子翻倍至 0.24。值得注意的是，房地产投资要注意投资占比 5%、10% 两个临界值，当房地产投资占比突破 5%、10% 时，最低资本前后增加 5%、10%。与此同时，直辖市、省会城市、计划单列市的房地产资本消耗相对较低，但从影响幅度来看地域因素并不是房地产价格风险最低资本的决定性因素。相关内容如图 4－10 和图 4－11 所示。

（四）境外资产价格风险

境外资产价格风险是指由于境外资产价格不利变动导致保险公司遭受非预期损失的风险。

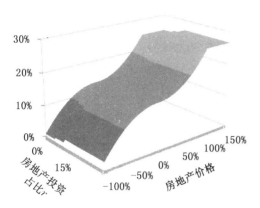

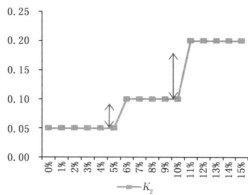

资料来源:太平资产管理有限公司课题组整理。

图4—10 直辖市、省会城市、计划单列市RF_0

资料来源:太平资产管理有限公司课题组整理。

图4—11 房地产投资占比对最低资本的影响

在计算境外资产价格风险时,将境外资产区分为固定收益类资产和权益类资产:

1. 对于境外固定收益类资产

EX 为认可价值

$$RF_0 = \begin{cases} 0.076\ 2 & 发达市场 \\ 0.213\ 9 & 新兴市场 \end{cases}$$

$$MC_{境外-固收} = \sqrt{MC^2_{境外-固收-发达} + 2 \times \rho \times MC_{境外-固收-发达} \times MC_{境外-固收-新兴} + MC^2_{境外-固收-新兴}}$$

其中,ρ 为 $MC_{境外-固收-发达}$ 和 $MC_{境外-固收-新兴}$ 的相关系数,$\rho = 0.136\ 5$。

2. 对于境外权益类资产

EX 为认可价值

$$RF_0 = \begin{cases} 0.30 & 发达市场 \\ 0.45 & 新兴市场 \end{cases}$$

$$MC_{境外-权益} = \sqrt{MC^2_{境外-权益-发达} + 2 \times \rho \times MC_{境外-权益-发达} \times MC_{境外-权益-新兴} + MC^2_{境外-权益-新兴}}$$

其中,ρ 为 $MC_{境外-权益-发达}$ 和 $MC_{境外-权益-新兴}$ 的相关系数,$\rho = 0.375$。

由上述公式可知,偿二代认可发达市场、新兴市场之间的投资可以分散风险。假设对境外发达市场固收、境外新兴市场固收、境外发达市场权益分别投资1亿元,境外固收和权益资产的价格风险最低资本比约为2∶5,风险分散效应分别为18%、16%。相关内容如图4—12和图4—13所示。

(五)汇率风险

汇率风险是指由于汇率波动引起外币资产与负债(含外币衍生品)价值变动,导致保险公司遭受非预期损失的风险。汇率风险计算包括一般外币品种、外汇衍生品。

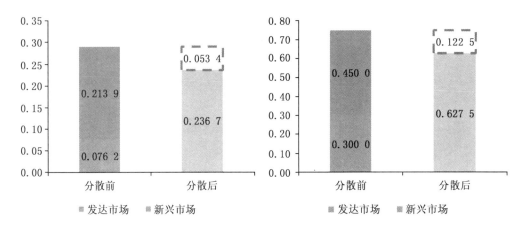

资料来源:太平资产管理有限公司课题组整理。　　资料来源:太平资产管理有限公司课题组整理。

图4-12　境外固定收益资产价格风险分散效应　　图4-13　境外权益资产价格风险分散效应

1. 一般外币品种

$$EX = ABS(同币种外币资产 - 同币种外币负债)$$

$$RF_0 = 0.035$$

$$K_1 = \begin{cases} 0 & 美元和汇率跟美元挂钩的货币 \\ 0.05 & 欧元、英镑 \\ 0.12 & 其他货币 \end{cases}$$

从上述公式可知,一般外币资产(负债)的风险最低资本与其同币种资产、负债对冲后的净值、币种密切相关。整体而言,美元和汇率与美元挂钩的外币资产风险资本占用相对较低。一般外币资产/负债风险因子如图4-14所示。

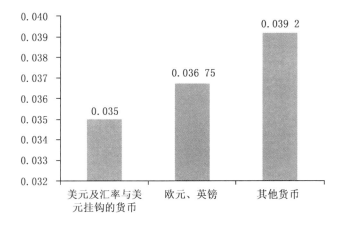

资料来源:太平资产管理有限公司课题组整理。

图4-14　一般外币资产/负债风险因子

2. 外汇衍生品

(1)当套期保值高度有效时

将外汇远期合约与其被套期资产(负债)组合合并计算汇率风险最低资本:

汇率套期组合最低资本＝ABS(被套期债外币资产(债务)总规模－外汇远期合约名义本金价值×套期有效性)×风险因子

(2)当套期保值不符合高度有效要求时

外汇远期最低资本＝ABS(外汇远期合约名义本金价值×风险因子)

从上述公式可知,外汇远期的风险最低资本主要与套期保值是否高度有效、套期有效性、货币币种相关。当且仅当外汇远期满足套保"高度有效"时,该投资可降低被套期组合的资本消耗。此外,套期有效性则将影响该外汇远期对资本占用的降低程度。

(六)市场风险汇总

根据偿二代监管规则,各类市场风险的最低资本采用相关系数矩阵进行汇总,计算公式为:

$$MC_{市场}=\sqrt{MC_{向量}\times M_{相关系数}\times MC_{向量}^{T}}$$

其中,$MC_{向量}$为一个行向量,$MC_{向量}=(MC_{利率},MC_{权益价格},MC_{房地产},MC_{境外固收},MC_{境外权益},MC_{汇率})$;$MC_{向量}^{T}$为$MC_{向量}$的转置;$M_{相关系数}$为市场风险最低资本相关系数矩阵(见表4—4)。

表4—4   各类市场风险的最低资本相关系数矩阵

	$MC_{利率}$	$MC_{权益价格}$	$MC_{房地产}$	$MC_{境外固收}$	$MC_{境外权益}$	$MC_{汇率}$
$MC_{利率}$	1	−0.14	−0.18	0	−0.16	0.07
$MC_{权益价格}$	−0.14	1	0.22	0.06	0.50	0.04
$MC_{房地产}$	−0.18	0.22	1	0.18	0.19	−0.14
$MC_{境外固收}$	0	0.06	0.18	1	0.04	−0.01
$MC_{境外权益}$	−0.16	0.50	0.19	0.04	1	−0.19
$MC_{汇率}$	0.07	0.04	−0.14	−0.01	−0.19	1

资料来源:太平资产管理有限公司课题组整理。

从上述公式可知,投资人员在进行大类资产配置时需要注意各类资产所属风险之间的相关性。在收益目标条件下,规划最优的资产配置方案,得到最优的市场风险最低资本,充分享受风险间的分散效应。

此外,值得注意的是,对于每类风险内部,偿二代目前未考量相关性,而是简单加总得到各类风险最低资本,长远来看随着内部模型的引入,每类风险间也许会将相关性考虑进来,同时相关性系数矩阵或将由各保险公司通过内部模型获取。

第二节 市场风险最低资本项下的分类资产配置策略

偿二代制度下,资本要求将随具体资产配置的高低而变化。保险机构可以通过分析不同投资组合的资本占用情况,科学评估自身投资行为的风险与收益,有效提高资本的使用效率。在此,我们将根据市场风险最低资本影响因素,分析保险资产的配置策略。

一、固收类:寿险久期缺口挂钩资本要求,非寿险谨防"短债长投"

偿二代中,寿险的利率风险评估采用资产负债联动的情景法,在其他因素不变的情况下,资产负债的久期缺口越大、资本要求越高。久期管理在寿险战略资产配置中的重要性进一步提升。

对于非寿险资金,配置固定收益类资产时,虽然随着久期的拉长,收益率会增加,但相应的风险因子也在增加。由于风险因子变化接近于线性趋势,随着期限延长,风险因子上升幅度显著大于收益率上升幅度,可以说偿二代在一定程度上并不鼓励非寿险资金的"短债长投"。因此,对于非寿险资金,应该选择中短期的固定收益类资产进行配置,控制风险因子,降低资本消耗。

二、权益类:股基资本要求低于股票,财务性股权投资一视同仁

偿二代中,股票的风险因子大于股票基金。而上市普通股票权益价格风险因子主要由股票所属板块、涨跌幅、是否属于沪深 300 成分股决定,一般而言,创业板(非沪深300 成分)>中小板(非沪深 300 成分)>沪深主板股(非沪深 300 成分)>创业板股(沪深 300 成分)>中小板(沪深 300 成分)>沪深主板股(沪深 300 成分)。因此,适当利用基金配置权益类资产有利于节约资本,其中指数型基金是较为经济的一种方式。特别是由于中小板和创业板股票的资本占用较多,使用指数基金进行投资的资本节约效果明显。

偿二代规则中对股票具有逆周期调整的机制,即股票浮盈需要保险公司计提更多的最低资本。保险公司可以通过及时止盈来降低对公司最低资本的要求。此外,不具

有控制性的股权投资不再区分标的的行业性质。这有利于将保险资金广泛地投资于新兴产业、养老、健康、现代农业等非金融企业。

三、房地产类：控制投资占比，选择合理区域

偿二代规则中，房地产计价方式、房地产价值变动幅度、房地产投资占比、房地产所在区域均影响房地产风险因子的大小。从房地产计价方式来看，虽然以历史成本计价的房地产资产可以减少资本占用，但是相应会减少认可价值，而且新会计准则更提倡使用公允价值。因此，房地产类资产的计价方式宜选择公允价值计量。

房地产价值变动幅度、房地产投资占比、房地产所在区域与房地产风险因子大小之间存在非线性关系。当房地产价值变动幅度和房地产投资占比达到一定的临界值时，其风险因子的大小会出现跳跃式的增加，最低资本要求也相应大幅度提高。值得注意的是，不同区域的房地产资本的资本消耗不同，境外房地产＞境内其他地区房地产＞直辖市、省会城市、计划单列市的房地产。因此，为降低资本消耗，可适度提高直辖市、省会城市、计划单列市的房地产投资占比。

因此，在配置房地产类资产时，配置比例应该控制在一定的临界值之下，同时，要合理选择房地产的区域位置，以便有效地降低最低资产消耗。

四、境外资产：以发达市场为主，兼顾新兴市场，合理分散投资

偿二代规则中，境外资产的风险因子的大小主要与资产是属于发达市场还是新兴市场有关。无论是境外的固定收益类资产还是权益类资产，新兴市场的风险因子都大于发达市场。但是，偿二代认可发达市场、新兴市场之间的投资可以分散风险。也就是说，按照一定的比例适度分散投资发达市场和新兴市场，可以有效地降低资本消耗。

另外，一般外币资产的风险因子与其同币种资产、负债对冲后的净值、币种密切相关。一般而言，美元、汇率以及与美元挂钩的外币资产风险因子相对较小，因此可适当提高美元资产，以及汇率与美元挂钩的外币资产。

第五章　结　语

偿二代监管体系建设对深化保险业市场化改革、增强保险业风险防范能力、提高

我国保险监管的国际影响力都具有重要意义。偿二代采用国际通行的定量资本要求、定性监管要求和市场约束机制的"三支柱"框架,全面覆盖保险公司的风险状况,将风险管理能力与资本要求挂钩,促进偿付能力监管从规模导向模式向风险导向模式的升级转型。

从资产配置的角度来看,偿二代监管规则通过风险分类、定量计量和制度约束等方式,对偿一代下仅考虑资产认可比例和收益的二维组合管理模式进行了颠覆性的变革。在偿二代多维管理模式下,资本占用体现了不同风险维度的综合作用,强化了偿付能力对保险资金配置的影响和约束作用。

偿二代对大类资产配置策略的主要影响:一是分险种管理和资产负债匹配管理将成为保险资产配置的重要目标。二是资产穿透认定,资产配置重实质轻形式,简单嵌套的产品形式会因为监管方式的改变而受到约束。三是最低资本计量引入相关性矩阵,重视风险分散,体现资产配置管理对组合风险收益的贡献。四是资产配置管理不再局限于大类资产结构,期限结构、信用结构和会计分类结构共同影响组合风险收益效率。从大类资产配置结构来看,权益资产风险因子最高,固定收益类金融产品风险调整后收益优势显著;从期限结构来看,财产险公司不鼓励短债长投,寿险公司久期匹配仍是重点;从信用结构来看,偿二代重视信用风险,不同信用级别对资本的需求差异较大;从会计分类结构来看,会计分类是风险识别的主要依据,会计安排直接影响风险计量方式,从而影响资本损耗。

偿二代下保险大类资产配置管理的应对策略建议:一是均衡配置大类资产,控制无法穿透的另类资管配置。二是重点配置发达市场大类资产,审慎尝试新兴市场投资。三是加强资产负债双向互动,提升资产配置的主动性和有效性。四是强化组合归因分析,以"资本回报率"作为账户配置主要目标,为动态调整战术配置方案,提高资产配置效率提供依据。

从保险分类资产管理的角度来看,偿二代的实施将通过市场风险的最低资本要求对险资的投资理念、投资策略、大类配置、负债匹配、风险管理、绩效考试等业务环节产生重要影响。偿二代下保险分类资产配置管理的应对策略建议:一是固收类资产中寿险久期缺口挂钩资本要求,非寿险谨防"短债长投";二是权益类资产中股基资本要求低于股票,财务性股权投资一视同仁;三是房地产类资产应控制投资占比,选择合理区域;四是境外资产以发达市场为主,兼顾新兴市场,合理分散投资。

此外,偿二代体系对保险投资的风险管理能力提出了更高的要求,将定性风险管理能力与分类监管挂钩,将操作、战略、声誉、流动性等非量化风险首次纳入了分类监管评价指标中。新体系将资产风险进一步细分,从单一认可比例拓展到包括利率市场、价格风险、利差风险、违约风险等在内的风险矩阵,对风险管理体系健全性的评估将直接影响最低资本。因此,资产管理公司必须在集团统一的偿付能力管理部署下,建立完善的投资风险管理体系,以偿付能力充足率和负债成本为硬约束,实现资产收益率最大化的目标。

参考文献

[1]阿尔内·斯坦德姆. 保险公司偿付能力——模型、评估与监管[M]. 北京:中信出版社,2012.

[2]陈文辉. 国际保险监管核心原则的最新发展与中国实践[M]. 北京:人民日报出版社,2012.

[3]陈文辉. 中国偿二代的制度框架和实施路径[J]. 中国金融,2015(5).

[4]陈文辉. 中国偿付能力监管改革的理论与实践[M]. 北京:中国经济出版社,2015.

[5]魏瑄. 偿二代下的保险资产管理[EB/OL]. http://www. piccamc. com/news/NewsAttachmentAction. do? method=downloadAttachment&attId=698,2015 年 5 月 6 日.

[6]项俊波. 保险业偿付能力监管——国际格局与中国道路[J]. 金融监管研究,2012(8).

[7]杨茜. 欧盟偿付能力(Solvency)Ⅱ改革综述及其借鉴意义[J]. 海南金融,2012(5).

[8]Holzmüller. The United States RBC Standards,Solvency Ⅱ and the Swiss Solvency Test:A Comparative Assessment,*Geneva Papers on Risk and Insurance-Issues and Practice*,2009,34(1),pp. 56—77.

[9]中国保险监督管理委员会. 工作简报第 8 期——美国偿付能力现代化计划简述[EB/OL]. http://www. circ. gov. cn/web/site0/tab4588/info216866. htm,2012 年 8 月 15 日.

[10]中国保险监督管理委员会. 欧盟偿付能力Ⅱ及对我国保险监管的启示[EB/OL]. http://www. circ. gov. cn/web/site0/tab5267/info261435. htm,2011 年 4 月 29 日.

(本文获"IAMAC 2015 年度系列研究课题"优秀奖)

保险资产配置研究

交银康联人寿保险有限公司

张宏良　　汪朝汉　　王珏　　计鹏毅　　顾冬梅

平文娟　　罗宇迪　　冯智坚(复旦大学)

黄绵芝(复旦大学)　　万明杰(复旦大学)

摘要

改革开放以来,我国保险资产管理历经投资受限、混乱无限制、严格规范和有序放宽四个阶段。2003年以来,各项保险资金投资相关政策陆续出台,保险资产管理行业迅速发展,保险投资多元化,投资结构日趋完善。在我国保险资产管理日益多元化和复杂化情况下,保监会适时推出偿二代监管体系,构建综合全面的风险管理框架,对风险进行细致划分,采取市场导向的资产负债评估,形成"一个框架,三个特征,四类机制,八大工具"的实施框架与操作规则,对保险资产管理的未来发展产生了深远影响。

首先,偿二代建立起"三支柱"框架体系,通过细化定量资本要求、定性监管要求以及市场约束机制功能,对各类别资产的市场风险和信用风险进行全新衡量,同时挂钩保险公司风险管理水平与其资本要求,以及强化市场关联方对于保险公司的监督约束功能。其次,本文通过将偿二代与偿一代下的对应量化监管指标进行比较分析,可以发现,多类别资产资本消耗较偿一代下均有所上升。其中,固定收益类资产久期管理效果显著,权益类资产基金与股权投资比其他权益资产得到保险机构更多的关注。而且,偿二代下境外投资资本消耗较其他资产低,这就为未来保险机构资产配置的标的选择、流程设置以及投资策略等提供了新的思考。除此之外,本文通过研究国际上两大主要偿付监管体系RBC和欧盟Solvency Ⅱ的基本内容与主要特征,总结归纳其对所在国家保险资产管理的影响,并与我国偿二代制度相对比,借鉴其先进理念,为我国未来偿二代下的保险资产管理发展路径提供参考。最后,本文通过分析当前我国保险资产管理所处的宏观环境与政策环境,对保险资产管理创新型投资标的的选择、风险管理能力的建设提出相关意见和建议。

关键词

保险业　偿二代　"三支柱"框架　资产管理　资产配置

第一章　我国保险资产管理的发展历程与现状特点

第一节　我国保险资产管理的发展历程

一、保险资金投资受限阶段(1980~1987年)

在改革开放初始阶段,保险公司的保险资金被规定存入银行,所产生的利息同时被要求上缴国家财政。国家出台的种种规定使得保险资金的投资运用在此阶段中受到很大限制。

二、保险资金投资无限制混乱阶段(1988~1995年)

1987年以后,随着经济迅速发展和政策的放宽,保险公司获得了保险资金投资的权利,但在当时经济发展过热的状况下相关金融秩序尚未跟上,大量保险资金投资于房地产、有价证券、期货、信托甚至借贷等领域,投资风险放大甚至失控,保险公司通过投资来增强自身偿付能力的愿望不仅一一落空,反而随着投资风险增大形成巨额不良资产,最终走向经营困难。

三、保险资金投资严格规范阶段(1996~2002年)

20世纪90年代中期,为了解决资金运用混乱的局面,央行陆续出台了非常严格的保险投资监管政策。1999年,我国对《保险法》进行修改,修改后的新法允许保险资金进行同业拆借、投资企业债券、投资证券投资基金以及在商业银行办理大额协议存款业务,同时也规定了保险资金间接进入证券市场的暂定规模为5%。自此,保险资金不再盲目进入房地产、有价证券等风险较高的领域,险资的投资领域被集中于国债和存款,有效地降低了保险行业的风险。

四、保险资金投资有序放宽阶段(2003年至今)

2003年起,中国经济开始新一轮的高速增长,市场上逐步涌现出系统性投资机遇。保监会根据经济发展的国情逐步推进保险资产管理的多样化和专业化。2003年1月,保监会允许成立保险资产管理公司,同年,保险资金投资领域扩大至中央银行票据;2004年,保险资金投资渠道被进一步放宽至银行次级定期债务、银行次级债券和可转换公司债券;2005年,保监会确定股票投资比例上限为5%;2007年,这一比例被提升至10%。种种利好政策的出台使得保险资产管理在中国经济发展的带动下逐步壮大。2008年金融危机之后,各行业均受到不同程度的冲击,保险业也不例外。为了进一步规范和拓宽保险资金投资渠道,2009年4月,保监会连续发布五个有关保险资金投资渠道调整的新方案,初步建立起多元化的资产配置体系,保险资金在债券投资、基础设施投资、股票投资以及未上市股权的投资领域获得新的突破。

2010年以来,A股市场震荡走低,中国保险业投资收益再一次面临巨大压力。在此背景下,2012年,中国保监会着手推进保险投资"新政",进一步拓宽了保险资金投资渠道。2014年以来,保险新政陆续出台,在"放开前端、管住后端"的原则下,为保险资产管理提供了多样化的发展路径和广阔的发展平台。2014年1月,中国保监会下发《关于加强和改进保险资金运用比例监管的通知》,文件中明确规定了权益类资产、不动产类资产、其他金融资产、境外投资账面余额占保险公司上一季度末总资产的监管比例分别不高于30%、30%、25%、15%。此次比例修订是对保险资金运用监管的重大突破。通过规范大类资产类别与投资比例来提升保险资金投资在小类投资品种上的自主性和灵活性,为保险资产管理创造了发展空间。

2014年下半年,保监会陆续出台了《国务院关于加快发展现代保险服务业的若干意见》(新"国十条")、《中国保监会关于保险资金投资优先股有关事项的通知》和《关于保险资金投资创业投资基金有关事项的通知》。2015年2月,保监会审议通过"偿二代"主干技术标准共17项监管规则。种种政策的出台丰富和细化保险资金投资范围,明确保险资金运用的关注点和风险点,加强保险资金的市场参与度,督促强化保险机构全面风险管理,提高保险资金投资效率。

第二节　保险资产管理的现状特点

一、总资产增长势头迅猛

根据中国保监会发布的统计数据显示,保险行业在 2004～2014 年间资产规模迅速扩大。2004～2014 年,我国保险业总资产从最初的 1.19 万亿元大幅增加到 10.16 万亿元,年复合增长率高达 30.96%,高于其他金融行业。在这十年间,保险业占金融业总资产的比重逐年同步提升。保险业资产规模的迅速增长,不仅使其成为紧随银行业之后的第二大金融行业,而且也使其逐步发展成为金融市场的重要参与者和投资者。2004～2014 年保险业总资产情况如图 1-1 所示。

资料来源:中国保险监督管理委员会。

图 1-1　2004～2014 年保险业总资产情况

二、监管政策逐步放开,保险投资多元化,投资结构日趋完善

自 2012 年以来,随着保险监管部门一系列保险资产管理新政策的颁布,保险资金的运用与投资范围进一步扩大。保险资金投资范围在原先传统投资工具的基础上,逐步拓宽至覆盖境外产品、私募产品和另类工具等。保险资金投资领域也由原先的实体经济延伸至虚拟经济等领域。可以说,在政策的鼓励下,保险资金投资范围几乎能覆盖所有市场上可预期的投资工具。2014 年以来,保险资金的投资领域在原有基础上继续放宽,创业板、优先股、创业投资基金等渠道陆续被打开。截至 2014 年底,保监会

数据显示保险业资金运用余额达到 93 314.43 亿元,相较 2014 年初大幅增长约 21.39%。其中,银行存款为 25 310.73 亿元,占比 27.12%;债券为 35 599.71 亿元,占比 38.15%;股票和证券投资基金为 10 325.58 亿元,占比 11.06%;其他投资为 22 078.41 亿元,占比 23.67%。相关内容如图 1—2 和图 1—3 所示。

资料来源:中国保险监督管理委员会。

图 1—2　2004～2014 年保险业资金运用余额情况

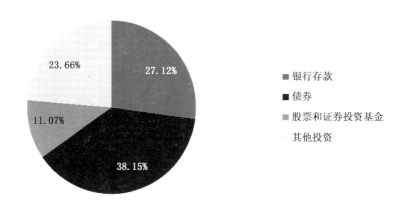

资料来源:中国保险监督管理委员会。

图 1—3　2014 年底保险业资金投向分布

三、资产管理能力正在提高中,保险投资收益波动较大

由于我国保险资产管理形成和发展时间较短,目前其投资渠道、资金运用形式、实际操作等方面尚不完善,仍需各方共同探索。因此,可以从保监会关于险资平均投资收益的数据中发现,我国保险资金运用的投资收益率目前呈现出不稳定状态。

如图 1—4 所示,2004~2014 年间我国险资平均投资收益率为 5.07%。其中,2004~2007 年间受益于经济高速发展、政策宽松以及投资渠道大量打开的多重影响,险资平均投资收益率逐年大幅上升,2007 年更是达到我国历史的最高点 12.17%。2008 年受金融危机和股灾影响,经济形势发生剧变,而当时我国保险业资产管理能力和风控能力尚未健全,险资平均投资收益率急挫至历史最低的 1.89%。2009 年险资平均投资收益率略有回升,但在之后的 2010~2012 年期间保险业仍然深受后经济危机时代的负面影响,保险资金投资效率不佳,险资平均投资收益率呈现逐年下滑趋势。从 2013 年起,随着保险资产管理新政陆续出台,保险资金投资渠道和领域逐步多样化,保险资金逐步开始配置高收益资产,从而使得保险资产投资收益从底部复苏,险资平均投资收益率呈现逐步回升态势,2013 年和 2014 年险资平均投资收益率分别为 5.04% 和 6.3%,分别同比增长 1.65 和 1.26 个百分点。

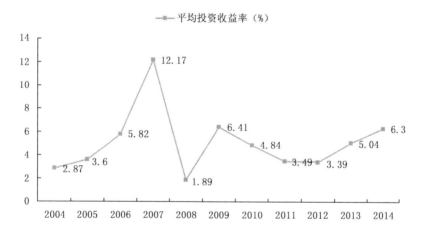

资料来源:中国保险监督管理委员会。

图 1—4 2004~2014 年底保险业平均投资收益情况

第二章 偿二代出台背景、内容概述及综合评价

第一节 偿二代出台背景

中国偿二代的建设,起源于 2008 年的国际金融危机。2008 年的国际金融危机给

全球经济带来沉重打击的同时,其不断产生的后续连锁反应和衍生金融风险也推动全球金融监管体制进入新一轮改革周期。在国际金融危机之后,我国保险行业呈现出业务结构多元化、保险产品复杂化的新特点,保险资金投资风险也越发呈现多样性和复杂性。为了在后危机时代下更好地防范和化解风险,构建一个严谨、全面、动态的风险评估体系,我国参照国际先进偿付能力监管理念、原则,充分结合本国实情,于 2012 年正式展开偿二代改革建设工作。2015 年 1 月偿二代的主干技术总计 17 项监管规则经保监会审议通过,偿二代开始进入过渡期试运行。

第二节　偿二代内容概述及整体框架

偿二代全部主干技术标准共 17 项监管规则:第一支柱 9 项,第二支柱 3 项,第三支柱 3 项,偿付能力报告和保险集团各 1 项。这些规则相互关联、密切配合,形成一套有机联系的监管标准。

第一支柱定量监管要求共有 9 项监管规则,具体内容包括:1 号实际资本规则;2 号最低资本规则;3 号寿险合同负债评估规则;4 号保险风险最低资本(非寿险业务)规则;5 号保险风险最低资本(寿险业务)规则;6 号保险风险最低资本(再保险公司)规则;7 号市场风险最低资本规则;8 号信用风险最低资本规则;9 号压力测试规则。

第二支柱定性监管要求共有 3 项监管规则,具体内容包括:10 号风险综合评级(分类监管)规则;11 号偿付能力风险管理要求与评估规则;12 号流动性风险规则。

第三支柱市场约束机制共有 3 项监管规则,具体内容包括:13 号偿付能力信息公开披露规则;14 号偿付能力信息交流规则;15 号保险公司信用评级规则。

最后两项主干标准为 16 号偿付能力报告和 17 号保险集团两项监管规则。

第三节　对偿二代监管制度的综合影响评价

总体来说,偿二代通过创建"一个框架,三个特征,四类机制,八大工具"的实施框架与操作规则,建立起综合全面的风险管理体系,既有其不可替代的优势,也给保险行业带来一定的挑战。优势在于,偿二代构建了综合全面的风险管理框架,对风险进行了细致的分类,采用了市场导向的资产负债评估,在这些基础上不同保险公司个体间的轮廓差异将更加明显。但也正因其风险刻画的复杂性,偿二代的实施也面临着很多挑战。首先最低资本的计量更加复杂,进行预测的难度也将增加。其次,资产负债评估方法不完全匹配将造成一定的波动,对保险公司的风险治理水平提出了更高的要求。

第三章　偿二代对我国保险资产管理的影响分析

第一节　偿二代下三支柱监管体系分析及其影响研究

一、偿二代下三支柱监管体系概览

与偿一代侧重定量监管和规模导向的特征相比,偿二代采用国际通行的定量监管要求、定性监管要求和市场约束机制的"三支柱"框架(见表3—1),具有风险导向、新兴市场和国际可比三个显著特征。

表3—1　　　　　　　　　　偿二代监管体系:"三支柱"框架

定量资本要求	量化风险 ・保险风险 ・信用风险 ・市场风险	定性监管要求	难以量化风险 ・操作风险 ・战略风险 ・声誉风险 ・流动性风险	市场约束机制	难以监管风险
	监管工具 ・量化资本要求 ・实际资本评估 ・资本分级 ・压力测试 ・监管措施		监管工具 ・风险综合评级(IRR) ・风险管理要求与评估(SARMRA) ・流动性风险 ・分析与检查 ・监管措施		监管工具 ・公司信息披露 ・监管信息披露 ・信用评级
	监管评价 ・综合偿付能力充足率 ・核心偿付能力充足率		监管评价 ・风险综合评级 ・控制风险得分		市场评价

资料来源:中国保险监督管理委员会。

二、"第一支柱:定量资本要求"基本特点及其对保险资产管理的影响

(一)"第一支柱:定量资本要求"基本特点

1. 最低资本计算方式取决于保险公司属性

"第一支柱:定量资本要求"主要通过测算各类风险下最低资本的方式,对保险公

司的主要风险如保险风险、市场风险和信用风险进行量化。各类风险下最低资本主要有两种计算方式：情景法和综合因子法。情景法是指保险公司分别在基础情景假设和不利情景假设下计算评估日的现金流现值，最低资本等于两种情景下的现金流现值之差，且不得为负。综合因子法计算公式为 $MC = EX \times RF$。其中：MC 为各类风险下的最低资本；EX 为风险暴露；RF 为风险因子。寿险/非寿险公司最低资本量化方法——按风险类别划分如表3-2所示。

表3-2　　　　　　　　寿险/非寿险公司最低资本量化方法——按风险类别划分

公司属性　　　　风险类别	寿险公司	非寿险公司
保险风险	情景法	综合因子法
市场风险	情景法、综合因子法	综合因子法
信用风险	综合因子法	综合因子法

资料来源：《保险公司偿付能力监管规则》。

2. 在不同风险下的最低资本计算中，第一支柱均明确细分了各类别资产对应的基础因子

（1）在保险风险对应的最低资本计算中，非寿险业务使用综合因子法。非寿险业务的保险风险主要包括保费风险和准备金风险。其中，保费风险基础因子 RF_0 从 0.035 至 0.467 不等，跨度较大。对保费风险下各业务类型所对应的 RF_0 最小值进行排序，从小到大依次为短期意外伤害险、短期寿险、短期健康险、车险、责任险、其他险、农业险、船货特险、财产险、信用保证险。在准备金风险的计算中，基础因子 RF_0 从 0.1003 至 0.641 不等，对准备金风险下各业务类型所对应的 RF_0 最小值进行排序，从小到大依次为车险、短期意外伤害险、短期寿险、短期健康险、其他险、农业险、责任险、信用保证险、船货特险、财产险。

（2）在市场风险对应的最低资本计算中，第一支柱对各类别投资资产的基础风险因子进行详细划分。在权益资产计算中，权益价格风险的基础风险因子与投资类别有关，RF_0 从 0.01 至 0.48 不等，按每种类型风险因子的最小值排序，由小到大依次为货币市场基金、债券基金、资产管理产品、优先股、股票基金、长期股权投资、基础设施股权投资计划、可转债、混合基金、未上市股权、上市普通股票、未上市股权投资计划（无法穿透）、权益类信托计划（无法穿透）、股指期货套期组合，其中上市普通股票中的创业板股基础因子最大，为 0.48。在房地产价格风险计算中，其基础风险因子与计价方式有关，以历史成本和以公允价值计量分别为 0.08 和 0.12。在境外资产价格风险计

算中,各类别中再细分为发达和新兴两个市场。基础因子由小到大依次为发达市场固定收益类资产、新兴市场固定收益类资产、发达市场权益类资产、新兴市场权益类资产,因子数值从 0.076 2 至 0.45 不等。值得注意的是,境外权益类资产的 RF_0 甚至比国内创业板股票的基础因子还低。

(3)信用风险对应的最低资本计算可分为利差风险最低资本和交易对手违约风险最低资本。在利差风险最低资本计算中,对修正久期较短的政策性金融债的 RF_0 给予较低赋值。其他投资资产利差风险 RF_0 均与信用评级、资产修正久期有关,信用评级越高,资产修正久期越短,RF_0 赋值越小,反之则越大。在交易对手违约风险最低资本计算中,偿二代很明确细分了不同类型的资产对应的基础因子。受工具类型、信用评级、资本充足率等因素的影响,交易对手违约风险下各细分类别风险基础因子跨度从 0 至 0.5 不等,按交易对手违约风险基础因子由小到大排序,对应的资产类型依次为现金及流动性管理工具、存款类、金融债(不包含次级债、混合资本债等资本工具)、基础设施债权投资计划、企业债(不含可转债)、资产证券化产品、商业银行理财产品、信托计划、次级债与混合资本债等资本工具(不含优先股)。

(二)"第一支柱:定量资本要求"对保险资产管理的影响

定量资本要求对保险资产管理所面临风险进行明确细分,使保险公司能够正确认识自身风险,从而有针对性地实施风险甄别、投资工具选择以及风险制度安排。根据保监会偿二代测试结果显示,从风险构成来看,寿险公司偿二代最低资本中,市场风险占 78%,信用风险占 15%,寿险保险风险占 26%,非寿险保险风险占 1%,风险分散效应为 −20%;非寿险公司偿二代最低资本中,非寿险保险风险占 63%,市场风险占 23%,信用风险占 44%,风险分散效应占 −30%。其中,市场风险与信用风险均为资产端风险,是保险资产管理过程中产生的风险。由测试结果可知,市场风险和信用风险在保险公司风险中占比较高,其中寿险公司以市场风险为主,非寿险公司以信用风险为主。因此,保险公司可以根据自身业务属性,在风险监控与管理上有所侧重,从而提高保险资产管理效率。

三、"第二支柱:定性监管要求"基本特点及其对保险资产管理的影响

(一)"第二支柱:定性监管要求"基本特点

在衡量风险方面,定性监管要求主要针对保险公司偿付能力风险中难以量化的固有风险和控制风险部分,主要包括操作风险、战略风险、声誉风险和流动性风险。

在衡量工具选择上,定性监管要求采用风险综合评级(IRR)和风险管理要求与评

估(SARMRA)双重监管工具。风险综合评级,即分类监管,是指保监会根据相关信息,以风险为导向,综合分析、评价保险公司的固有风险和控制风险,根据其偿付能力风险大小,评定为不同的监管类别,并采取相应监管政策或监管措施的监管活动。分类监管评价采用加权平均法。其中,量化风险评分所占权重为 50%,难以量化风险评分所占权重为 50%。保监会按照偿付能力风险大小将保险公司分为四个监管类别。保监会在市场准入、产品管理、资金运用、现场检查等方面,对 A、B、C、D 四类保险公司及其分支机构实施差异化监管政策。

风险管理要求与评估主要是指保监会根据保险公司的发展阶段、业务规模、风险特征等,将保险公司分为 I 类保险公司和 II 类保险公司,分别提出偿付能力风险管理要求。各项风险管理要求的制度健全性和遵循有效性的评估结果分为"完全符合"、"大部分符合"、"部分符合"和"不符合"四类。保监会根据四类评估结果给予监管评分。保险公司应当根据偿付能力风险管理评估结果和量化风险最低资本计算控制风险最低资本。

(二)"第二支柱:定性监管要求"对保险资产管理的影响

定性监管要求通过对保险公司总体的偿付能力风险进行全面评价,建立定量监管与定性监管相结合的监管机制,提高监管的有效性。对保险公司进行资产管理而言,定性监管要求将风险管理水平与资本要求相挂钩,高风险管理水平的保险公司可以降低资本要求;反之,资本要求会上升。在市场竞争日益激烈的情况下,高风险管理水平的保险公司无疑能拥有更充裕的可用资本,尝试多样化资产投资,从而获取比同行业更高的投资回报。

四、"第三支柱:市场约束机制"基本特点及其对保险资产管理的影响

(一)"第三支柱:市场约束机制"基本特点

偿二代下,第三支柱市场约束机制是整个偿付能力监管体系中非常重要的组成部分,其作用是在第一支柱定量监管要求、第二支柱定性监管要求的基础上,通过信息披露、信息交流、信用评级等手段,引导和发挥相关方对保险公司偿付能力风险的监督约束作用,进一步防范那些依靠常规监管工具难以发现和防范的风险。第三支柱监管工具主要包括保险公司公开信息披露、监管机构公开信息披露、信用评级机构管理。保险公司信息披露主要是定期公开披露、日常公开披露。市场约束机制注重培育和引导市场力量,通过信用评级约束公司偿付能力,同时发挥证券分析师对保险公司价值评估的作用,且通过公众、媒体、舆论等,及时发现公司风险和问题。

（二）"第三支柱：市场约束机制"对保险资产管理的影响

首先，市场约束机制建立起偿付能力信息公开披露制度，提升了偿付能力信息的透明度，使保险公司充分了解同行业偿付能力情况，有助于保险资产管理市场化改革。其次，市场约束机制建立健全了监管部门与保险消费者、投资者、信用评级机构、媒体等市场相关方之间的交流机制，在充分发挥市场相关方对保险公司的监督约束作用的同时也帮助保险公司获取更多有效资源，在资产配置策略、投资工具风险评估、交易流程、投后管理等方面给予专业指导和技术支持。最后，市场约束机制规范了保险公司的信用评级制度，使评级机构在资产管理的风险防范中发挥更好的作用。

第二节　"偿二代"与"偿一代"对保险资产管理的区别特征及影响研究

一、偿二代与偿一代的区别特征概述

综合而言，偿二代与偿一代的区别主要在于差异化资本金计算与灵活化后端管理。从资本金计算方法上来看，偿一代下偿付能力资本金采用因子法，使用同一个标准，因此公司资本金运作效率好坏凸显得不明显。相较于偿一代，偿二代在资本金计算上充分强调差异化，基于细节因素采用模型法决定资本金要求，更容易区分公司运作的优劣，使公司的管理层关注到渠道策略、产品结构、产品设计等细节问题；从偿付能力前后端衔接上看，由于偿付能力本身是涉及财务、精算、风险等后端的全面风险管理体系，相比偿一代而言，偿二代更紧密关联到前端产品设计开发方面，因此后端的市场化、灵活化使得公司未来在设计产品方面进行更多的思考，合理设计产品和优化产品结构，从而提升资本利用效率。

偿二代与偿一代下量化监管指标比较如表3—3所示。

表3—3　　　　　　　　　偿一代与偿二代量化监管指标比较

	偿一代	偿二代
监管指标	偿付能力充足率	核心偿付能力充足率 综合偿付能力充足率 风险综合评级

续表

	偿一代	偿二代
实际资本	认可资产:账面价值×认可比例	认可资产:账面价值,不再有认可比例,资产风险转入最低资本计算
	认可负债:以监管设定利率为基础的法定最低准备金	认可负债:以折现率曲线(基础利率曲线加综合溢价)为基础的最优估计准备金
最低资本	因子法、列举法	在险价值法、标准模型法
	长期寿险:法定最低准备金的 4% + 风险保额的 0.3% 非寿险:Max[自留保费×18%(1亿元以上部分为 16%),综合赔款×26%(7 000万元以上部分为 23%)]	根据保险风险、市场风险、信用风险和控制风险等分别计算资本要求

资料来源:根据中国保险监督管理委员会的偿一代和偿二代文件内容整理。

二、偿二代下总体变化特征及影响分析

与偿一代相比,偿二代风险管控更加严格,多类资产资本消耗较偿一代有所上升。偿二代下资产的风险因子变化总的来说有以下几个特点:

首先,资产的分类方式有所变化,根据不同产品的风险特征,既有合并也有拆分,对风险的刻画更为全面。

其次,大部分资产风险因子有不同程度的提高,按上升幅度由大到小排序依次为权益、权益类金融产品、债券、固定收益类金融产品、不动产。投资性不动产和基础设施股权计划是两个例外,它们的风险因子有所下降,这可能会在保险公司的资产配置中受到更多关注。

再次,穿透法的引入也是值得关注的一点。所谓穿透法,即确定某项金融产品所投资的具体、明确的基础资产(指债券、股票、未上市股权等具体产品),根据各项基础资产的风险暴露和风险因子计算相应的最低资本,并将各项基础资产最低资本算术加总作为该类金融产品最低资本的方法。涉及的资产包括信托计划、保险资产管理产品、股权投资计划等另类投资,同样的产品,如不做穿透,一般情况下资本消耗会更高。

最后,对于以公允价值计量且具有明确期限的境内资产,偿一代单纯考虑资产信用等级或者债券发行方的资质,只考虑信用风险;偿二代则分别计算此类资产的利率风险、利差风险和违约风险,同时考量市场风险和信用风险,更加严格和全面。

三、偿二代下固定收益类资产的变化特点及影响分析

首先,由于固定收益类资产涉及利率风险,对人身保险公司,偿二代利率风险最低

资本采用情景法计算,即分别在基础情景假设和不利情景假设下,计算评估日公司的认可资产减现金流现值的净额的变化值。如果交易类及可供出售类债券的规模过大、久期比较长,这会导致偿付能力充足率的大幅波动,久期管理的重要性便进一步凸显出来。而对于财险公司,利率风险直接与期限相关。对于此类公司,从资本节约的角度,"短债长投"将会更加谨慎。其次,比较同类型产品的风险因子变化可以发现,其他条件相同时,信用利差上升幅度大于其风险因子的上升幅度,短期限品种尤甚,这个特征在资产配置过程中将会得到更多利用。此外,比较不同类型产品的风险因子变化,债券的风险因子上升幅度要大于非标,这可能会将保险资金更多引入基础设施债权计划等领域。

四、权益类资产的变化特点及影响分析

首先,股票是资本消耗比较大的品种,且偿二代下对于股票有一个逆周期的调整机制,对股票浮盈要求计提更多的最低资本,因此做到及时止盈在保险公司的投资行为中将更受重视,对于市场也会有一定影响。其次,股票型基金的风险因子小于股票,而两者预期收益理论上并无太大差别,因此从节约资本的角度,基金在权益类资产配置的配置比例可能将有所上升。此外,对于股权投资,具有控制性的长期股权投资不再区分标的是否上市,但区分是否属于保险企业、金融企业,这可能刺激保险公司对金融保险行业相关的战略性投资;而对于不具有控制性的股权投资,不再区分标的的行业性质。

五、境外资产的变化特点及影响分析

境外资产的分类相比国内较为笼统,不同资产内部仅区分发达国家和新兴市场两类。总体来看,投资境外资产对资本消耗的影响并不显著。新兴市场相较于发达市场风险因子更高一些,需审慎选择,国内保险资金在投向海外市场时,发达市场股票投资将是兼具收益和资本节约优势的可选标的。

六、偿一代与偿二代行业数据比较分析

从保监会偿二代首季度试运行的数据来看(见表3—4),大约1/3的公司偿付能力充足率与偿一代相比有所提高,其中财险公司主要集中在车险业务占比较高的公司,寿险公司主要集中在长期期缴业务占比较高的公司。2/3的公司充足率与偿一代相比有所降低。偿二代体系下,一季度末偿付能力充足率不达标的公司共有13家。

与偿一代相比,偿二代下不达标公司数量有所增加,偿二代的风险识别能力显著增强,能够更加全面、科学地计量风险。

表3-4　　　　　2015年一季度偿一代和偿二代体系下偿付能力充足率对比

公司类别	偿二代	偿一代
产险公司	282%	317%
寿险公司	256%	291%
再保险公司	383%	436%

资料来源:中国保险监督管理委员会。

第三节　偿二代对保险公司资产配置流程的影响分析

偿二代的推行对保险公司的资产配置有着积极而深远的影响,偿二代体系下注重强化事中、事后监管工具以及偿付能力硬约束,利用资本约束来引导保险资产配置。作为保险公司,在制定资产配置策略时要考虑的核心问题是公司当前的负债情况、未来的业务计划、公司自身的风险偏好、监管的宏观背景以及收益需求等。具体分为如下几个步骤:一是对公司的资产及负债现状进行分析,初步拟定可行的投资策略;二是在既定的风险偏好下对拟定的投资策略进行量化与优化分析;三是进行多层次的资产配置策略;四是回顾与监控,定期进行评估与资产的再平衡。

一、现状分析:资产组合分析及当前的可行策略

现状分析主要涉及的步骤首先是结合当前的资产组合和负债情况识别问题,其次是明确当前市场上可行的资产配置方案,最后是结合当前的风险偏好以及对市场条件的内部预测形成最初的投资策略。

(一)诊断当前资产组合与负债特性

要识别目前存量的资产类别、资产占比、信用评级、历史收益、久期情况以及资产现金流与负债现金流的匹配情况。根据久期、评级等对资产组合进行分类,理清当前的资产组合与配置情况。预测负债现金流及考虑存量资产以后的净现金流,同时对负债成本和投资收益历史进行分析。

(二)考虑负债特性的约束

对于保险公司而言,负债特性是尤为重要的约束考量,须构造固定收益资产组合来尽可能地匹配市场资产以支持部分对应负债的现金流(尤其中短期)和久期;对于存

量持有至到期类资产一般不进行调整,用来匹配负债现金流;如仍有重大现金流缺口,需提升固收类资产组合配置比例。对于市场资产难以支撑的部分,最简单的资产配置策略是持有长期债券来最小化久期不匹配的可能性,但依然存在再投资的风险。对于市场资产难以支持的部分以及负债中非保证责任部分,公司结合风险偏好考虑配置高收益资产组合以获取利差收益。公司盈余的风险主要来自市场资产难以支持部分的久期不匹配。

二、偿二代新规下的量化与优化选择

资产配置的流程不是一个机械的过程,而是结合了客观优化评估与主观调整沟通的流程,通过有机循环的形式最终得到公司战略与风险的统一,从而形成公司各层次的资产配置目标,其目的是既满足公司的投资目标也符合投资的约束性条件。在既定的风险偏好下,结合相关的一系列资产组合进行收益和风险的量化分析,综合资本、利润、内含价值和投资收益等指标对资产组合进行最优化选择。

我们仍旧从风险—收益两个维度进行评估,构建有效的备选资产组合。收益及波动率的预期值需结合历史经验数据以及对未来宏观、市场走势和政策的预期与判断估算。

结合偿二代的风险因子配置,首先考虑的备选大类资产如表3—5所示。

表3—5 　　　　　　　　　　大类资产配置备选表

资产类别	细分种类
现金及流动性管理工具	现金、货币市场基金、三个月内银行存款、央票、短期融资券、货币市场类保险资管产品、逆回购协议等
无风险债券	政府债、政策性金融债
高信用评级固收产品	外部评级AAA级企业债、公司债、银行次级债、银行协议存款等
中低信用评级固收产品	外部评级AA—及以下企业债、公司债、银行次级债、固收类资管产品、信托计划、债权计划等
低风险权益类产品	大盘蓝筹股票、优先级股票基金或资管产品或信托计划、优先股、可转债、债券基金等
中高风险权益类产品	中小盘股、未上市股权、未上市股权基金、劣后级股票基金或资管产品或信托计划等
不动产	投资性不动产和不动产股权基金、REITs产品等

资料来源:中国保险监督管理委员会。

在资产类别的基础上,还要考虑会计分类的影响,对于寿险公司而言,最低资本中占比最大的利率风险受此影响尤甚。

下面进行细分投资品种的比较：

（一）一般权益类资产比较

对比表 3−6 中几种主要的权益类投资标的，先不考虑收益率情况，基础因子最低的为投资性房地产。同时，在计算总的市场风险最低资本时，其与利率风险的负相关性最大，这一点也可以利用。

表 3−6　　　　　　　　　　大类资产细分品种配置备选表

投资标的	风险基础因子
沪深主板股	0.31
中小板股	0.41
创业板股	0.48
沪深 300 成分股	在沪深主板、中小板或创业板 RF_0 的基础上增设调整因子 $K_2=-0.05$
普通股票基金	0.25
未上市股权	0.28
可转债	0.18
投资性房地产	历史成本计价 $RF_0=0.08$，以公允价值计价 $RF_0=0.12$

资料来源：中国保险监督管理委员会。

对比股票与股票型基金，两者的期望收益比较接近，而普通股票基金的基础因子要低很多。此外，对于股票的涨跌幅设定了特征系数 K_1，股价的上涨会增加资本消耗，相当于对浮盈有一个惩罚因子，这对及时止盈提出了隐性的压力，而股票型基金则没有，因此在偿付能力充足率紧张的情况下，配置股票型基金是更好的选择。

未上市股权的基础因子介于沪深主板股与普通股票型基金之间，如果期望收益率相近，则比配置上市股权要好。

可转债的基础因子最低，而且没有对于浮盈的惩罚因子，一般来说可转债的股性强于债性，可作为股票的替代选择。

（二）一般固定收益类资产比较

对固收类资产的配置要涉及以公允价值计量和以成本计量的选择，也即利率＋利差风险与交易对手违约风险的比较。

对于信用等级和久期相同的金融债（不包括次级债）、企业债及公司债，利差风险的风险因子通常要大于交易对手违约风险的风险因子；而次级债则与此相反，交易对手违约风险的风险因子通常要大于利差风险的风险因子。

从信用评级的角度看风险因子，评级越低，风险因子越高；但交易对手违约风险对于不同评级的产品相对于利差风险的因子差别要更显著,在其他条件相同的情况下,以成本法计量评级越低资本消耗更大。

从久期的角度看风险因子,久期越长,利差风险因子越高。

从资产类别的角度看风险因子,以公允价值计量的次级债和企业债及公司债的风险因子一致,可根据具体收益情况配置;国有银行的定期存款与协议存款风险因子为零,从资本消耗来讲配置更有利。

(三)信托产品

各信用评级的信托产品,其违约风险因子与持有至到期类的次级债的因子较为接近。一般信托产品收益率较次级债有较高的优势,当需要增加有稳定收益的资产配置时,综合考虑收益与风险,与次级债相比,信托产品更具有配置价值。

目前,国内信托发行主体普遍没有监管认可的评级,而无评级情况下风险因子要上调50%。此时,对于保险公司一般允许投资的评级较高的信托产品(如AA级以上),综合考虑收益与最低资本占用,信托产品的配置价值也许不如可比的混合/权益类资管产品。

此外,在偿二代下,如果信托投资总体规模占公司总认可资产规模的比例超过2%时,信托产品的资本占用就会上浮10%,体现了监管层对配置信托规模的谨慎态度。

(四)资产管理产品

权益类资产管理产品与同类型基金的最低资本要求接近,且比上市股票低。资管产品一般能提供较为稳定的收益,再考虑到其作为权益类资产能够与利率风险形成一定程度的对冲,因而适当配置可以实现公司"收益—最低资本"状况的改善。

四种权益类资管产品中,另类产品的风险因子高于其主要基础资产对应的风险因子,因此相比对应的基础资产,其配置价值下降。权益类和固收类资管产品以及同类型的基金,将是主流的配置品种。

目前,市场上大部分资管产品在会计上被划分为权益类,能够满足会计上固收类资产的数量较少。而固收类以公允价值计量的资管产品可以抵消负债端的利率风险,在收益稳定的情况下,比同类型金融债、次级债、企业债以及其他划分为持有至到期的资产更具有配置价值。

成本法计量的资管产品/债权计划中,AA级以下的风险因子远高于可比的存款、金融债、次级债,因此配置价值较低。

三、资产配置策略的选择

从风格来看,资产配置包括战略资产配置、动态资产配置和战术资产配置。从细分角度看,资产配置可以分为久期配置、行业配置和币种配置等类型。对于每一种类型,长期目标战略资产配置已经体现了负债分布、收益最大化等要求。在这些限制下,动态资产配置和战术资产配置可以用来寻找短期的获益机会以及中期的投资方向。另外,资产状况随时在随着市场发生变化,量变引起质变,因此一定时间之后需对资产配置进行审视以判断是否需要根据公司需求进行再平衡。

战略资产配置再平衡的过程通常是以下几种方法相结合使用:

周期性再平衡:定期将资产组合再平衡至目标比例,如每月、每季度、每半年和每年。每季度再平衡比较常见。但周期性再平衡也存在一定的缺陷,它与市场行为不相关,可能会给公司带来不必要的亏损或交易成本。

区间再平衡:设定一个资产组合价值百分比的再平衡门槛或触发点。某资产类别允许的投资范围称为安全廊。设置资产类别的安全廊时至少应考虑五个因素:交易成本、风险容忍度、与其他资产类别的相关性、该资产类别的波动性、其他资产类别的波动性。

其他再平衡方法:资产组合百分比定期重置、等概率再平衡、再平衡至可允许的范围而不是目标比例等。

四、回顾与监控:监控分析与预测再平衡

在资产配置策略执行的过程中,要不断对执行的结果进行监控分析,不同的公司应采用不同的监控手段。更精细化的管理是建立一套预警指标体系,设置各项重要的反映资产状况变化并可能产生重大影响的监控参数,对策略的历史表现进行动态跟踪分析。

压力测试也是必不可少的监控与预警环节。压力测试是检测经营战略和商业计划中核心假设的重要风险管理工具,通常用来测量公司在面对发生频率不同的风险事件时潜在的损失程度,以及用来观察不同风险事件之间关联关系的变化。压力事件可以被定义为发生率较低且会带来严重后果的事件。

进行有效的压力测试可以帮助公司评估实现目标可能遇到的潜在障碍,并建立应急计划,同时帮助公司深入地了解风险状况,并监控风险状况发生的变化。另外,压力测试还提供了一个评估异常状态下的风险暴露的工具,并帮助公司建立、测试以及实

施风险缓释策略。压力测试还是用以决定或检验公司风险偏好的重要基础工具,并且可以用来将当前的风险暴露与批准的风险偏好限额进行评估。

下面以交银康联 2014 年压力测试数据为例做一个简要的分析,如表 3—7 所示。

表 3—7　　　　　　　**2014 报告年度交银康联人寿保险有限公司偿二代压力测试**　　　　单位:%

综合偿付能力充足率	2014 年	2015 年
基础情景		653
必测一		576
必测二	563	656
必测三		723
自测		558

资料来源:交银康联人寿保险有限公司 2014 年度偿二代压力测试报告。

从公司的偿付能力预测结果上看,由于 2015 年底有 6 亿元的增资,且公司未来的新业务计划也较为稳健,所以在基本情景下该年底预测的偿付能力充足率为 653%;其后,2016 年为 540%,偿付能力处在非常充足的水平。在其他任何必测压力情景下,未来一年公司的偿付能力充足率也将大大超过 150%。

第四章　偿付监管体系对保险资产管理影响的国际比较

第一节　美国 RBC 标准下的保险资产管理

一、美国 RBC 标准

美国保险监督官协会(National Association of Insurance Commissioners,NAIC)为强化偿付能力监管,在 1993 年和 1994 年分别对美国非寿险、寿险公司实行风险资本监管要求(Risk-based Capital,RBC),取代之前各州制定明确最低资本金数额的制度。在美国 RBC 法中,先是利用 RBC 公式评估保险公司的盈余和资本充足率,具体公式表现为调整资本(Adjusted Capital)和 RBC 授权控制水平之比得出 RBC 比率,并依据保险公司面临的诸多风险确定最小资本金。RBC 的后半部分则是对保险公司采取一定的监管举措,借鉴巴塞尔协议对商业银行资本充足性的要求,对保险公司不同的风险暴露进行不同程度的监管。其中，量化和评估资本的风险水平的主要依据是投资资产对保险公司的偿付能力的影响水平和类别，这种影响程度受到风险因子和风险资本额大小的作用。不同于对普通公司资产和盈余利润的监管，保险公司监管资本的风险暴露各有不同，各个保险公司之间也不再有固定不变的监管要求，RBC 的灵活性和针对性得以体现。

另外，NAIC 不止一次提出，RBC 体系是一个较为完善的保险公司监管方法，但随着经济形势、金融环境、国际保险业监管状况以及会计准则的发展和变化，体系中也暴露出了一定的问题和缺陷。因此，为了顺应金融和宏观经济的变动对保险带来的冲击，NAIC 于 2008 年 6 月启动了偿付能力现代化计划（Solvency Modernization Initiative，SMI）。这个计划的出现时机是在美国次贷和金融危机期间，目的是为了帮助保险行业能更好地应对未来可能继续发生的资金紧缺、利率异动等冲击，而此计划本身在原有 RBC 基础上对保险公司的资本充足性、全面风险管理、公司与集团的监管、财务会计和法务、再保险这五个方面提出了新的标准，以更严格、更多面的要求促进美国保险市场健康发展。

二、资产配置、资金收益及投资监管

美国保险资产投资渠道在全球范围内最为广泛，主要投向债券、权益和股票、抵押贷款和不动产、保单贷款这四个方面。债券投资一直是寿险资产最主要的投资品种，在美国保险行业资产配置中占比超过了 50%；股票和权益类投资已成为第二大投资品种，尽管在 2014 年资产配比中下降到 20% 左右，但在 2010 年曾达到过 30% 的最高占比；保单贷款和不动产投资在美国保险公司投资资产配置中的比例一直很低，分别占比持续在 3% 和 1% 以下。可以观察到美国寿险公司股票从 20 世纪 90 年代开始就逐步提升，这与寿险公司的独立账户资产管理规模迅速提高有关。寿险公司的独立账户与一般账户的显著不同就在于选择的配置资产和比例大相径庭。美国寿险公司一般账户中债券占比往往超过 70%，股票占比不足 5%；而独立账户中则恰恰相反，股票配置比重可达到 80% 左右，因此公司扩展独立账户业务时会导致股票投资比重增加。

美国保险行业的投资效率与稳定性较高，在金融和经济环境波动剧烈时能保持投资收益率的相对稳健。美国保险行业资产投资收益率整体呈现持续下滑态势，数据显示从 1980 年的 8% 经过重重变动直至 2014 年的不足 4%，尽管下降一半之多，但与美国 10 年期过载收益率相比仍保持一个良好的状态；另外，再考虑到美国和全球下行的经济环境、波动的利率条件等因素，美国保险业投资收益水平还是处于相对平稳的

态势。

美国是对保险业严格监管的典型国家,实行的是州政府和联邦政府的协调监管。州政府是美国保险监管的主体,均下设了州的保险监管部门,建立了一套本州独有的保险监管制度,配合各州不同的法律,设置了不同的投资监管细则以及各投资比例限制。例如,纽约州保险法中关于保险投资的规定,保险公司在股权投资方面的比例不得超过可投资资产的 20%,投资于不动产的比例不得高于 20%,海外投资不得高于10% 等,各州之间各有差异。为协调配合各州完成保险监管任务,联邦也设有保险局从事监管工作,再加上行业中的全美保险监督官协会也承担了一部分监管职责,美国保险市场中建立有多层有效的投资监管制度,同时辅以透明的信息披露机制,为保障保险行业和控制投资风险起到了极大的作用。美国这种分级协调多主体的保险监管模式,促使美国保险公司的抗风险能力不断增强,资产配置的结构也不断趋于合理和高效。

三、资金投资概况

美国是全球保险市场规模最大、保险种类和技术最为先进的国家。2014 年,美国拥有各种保险公司3 900多家,保险公司的投资金额为51 634亿美元,其中超过 70%的投资来源于寿险业。同时,美国保险业是证券投资市场前三大资金来源之一,另两大来源为共同基金和商业银行。美国保险资金投资总额如表 4—1 所示。

表 4—1 　　　　　　　美国保险资金投资总额(2008~2014 年)　　　　　　单位:10 亿美元

年　份	2008	2009	2010	2011	2012	2013	2014
寿险业投资总额	3 018.3	3 071.9	3 196.2	3 360.5	3 406.6	3 486.3	3 631.5
非寿险投资总额	1 205.4	1 260.4	1 316.2	1 343.5	1 382.9	1 479.3	1 531.9
合　计	4 223.7	4 332.3	4 512.4	4 704.0	4 789.5	4 965.6	5 163.4
增长率	1.92%	2.57%	4.16%	4.25%	1.82%	3.68%	3.98%

资料来源:Annual Report on the Insurance Industry 2012,2013,2014,2015。

从保险公司的投资收益率来看(见表 4—2),寿险和非寿险投资收益都非常稳定,整体来看虽然处于下行状态,但即使在 2008 年金融危机之中也未明显体现冲击带来的不利结果。2009~2014 年美国保险投资平均收益率为 4.65%,较 2009 年之前有一定幅度下行。

表 4—2　　　　　　　美国保险资金投资收益率（2006～2014 年）

年　份	2006	2007	2008	2009	2010	2011	2012	2013	2014
寿险	5.65%	5.70%	5.26%	5.14%	5.24%	5.10%	4.93%	4.88%	4.83%
非寿险	4.49%	4.48%	4.21%	3.93%	3.73%	3.83%	3.68%	3.43%	3.65%

资料来源：ACLI Tabulations of National Association of Insurance Commissioners data。

在具体投资品种上，美国寿险资金的配置集中在各类政府和企业债券、股票、抵押贷款、保单贷款这几项上，占比总和往往超过 90%，其中债权类以及股票和权益类投资在近几年的投资比重均有小幅上升。相对于寿险资产来说，非寿险资金更加青睐一些短期性和高流动性的产品，因此倾向于配置风险和收益均相对较低的债券、股票，以及更加稳健的投资渠道，如应收贸易账款、货币资产及等价物。

四、美国保险资产管理特点和经验借鉴

美国保险资产管理拥有丰富的资金投资渠道，缘于其高度有效的资本市场，保险资金可以投资到种类多样、久期各异的金融工具上，主要包括政府和企业债券、股票、抵押贷款、保单贷款、应收贸易账款、现金等，为其资金流向提供了多种选择。

同时，美国保险公司还依据不同产品的不同属性，如保额、时间期限和利率敏感程度等，综合考虑来配置资产，使得保险公司的产品和期限均能与资产相匹配，即资金的投资结构与负债端的产品结构相匹配，保险资金的投资期限与产品的偿付期限相匹配，达到保险公司资产负债在净现值、久期等方面匹配的最终目的，提高保险公司投资经营的稳定性。

第二节　欧盟 Solvency Ⅱ 及保险资产管理

一、欧盟 Solvency Ⅱ 框架

除了美国 RBC 标准外，还有一种保险监管的代表模式是欧盟的第二代偿付能力标准，这也是我国第二代偿付能力标准最初设立时重要的参考依据。欧盟的偿付能力Ⅱ（Solvency Ⅱ，简称欧Ⅱ）在欧洲多国多地实施，从较早时期即开始逐步实行，但推行难度较高，推行进程缓慢，但是根据欧洲具体的实施结果表明，欧Ⅱ的推行确实卓有成效。

欧Ⅱ标准类似于银行业监管的巴塞尔协议，从保险公司的偿付能力金额标准、监

管督查机制、公开信息披露三方面来实施对保险公司的全面监管。在欧Ⅱ体系下,保险公司偿付能力的监管主要依托于全面风险管理(Enterprise Risk Management, ERM)和公司的资产负债表,将可投资资产和负债分别进行分拆。负债方面包括提取的各类准备金和最低偿付能力资本水平,资产端也对应分成用于匹配准备金和应对偿付能力要求这两部分,使用资产与负债进行匹配,以指导完成资产配置并据此对保险公司进行监管。

二、欧盟 SolvencyⅡ量化测试

2011 年,欧盟进行了欧Ⅱ的第五次量化测试,根据量化测试结果(见表 4—3)显示,欧Ⅱ实行后,保险行业的偿付能力充足率从 310% 骤降至 165%,有近一半左右,同时资本盈余减少了 1 210 亿欧元,下降幅度约为 20%。这次测试的结果普遍较差,保险公司对测试的方法和结果也各有看法。一方面,保险公司认为欧Ⅱ的风险评估模型趋于复杂,各种指标和要求的计算成本较高,短时间要全面实现有一定困难;另一方面,在利率风险、权益风险等部分中,欧Ⅱ设定的计算标准和结果过于苛刻,保险公司的任务和负担将大大加重。由于欧Ⅱ体系对资产面临的风险暴露极为看重,某些投资标的和组合的产生、设置将大大提高保险公司风险资本金的要求。根据保险公司情况来看,投资风格较为稳重的债券投资变动比例很小,而对偿付能力水平影响最大的是基础设施债权计划、跨境新兴经济体的权益投资、未上市股权投资这几类。当投资资产面临的风险提高时,欧Ⅱ体系下保险公司的最低风险资本和偿付能力要求将会迅速增长。总的来说,欧Ⅱ的推行也是多方共同努力的结果,时至 2014、2015 年可以发现欧Ⅱ的全面实行未对欧洲保险公司资产配置状况产生明显质变的影响。

表 4—3　　　　　　　　欧Ⅰ和欧Ⅱ第五次量化测试结果比较　　　　　　　单位:10 亿欧元

	欧Ⅰ	欧Ⅱ	变化
偿付能力充足率	310%	165%	−145%
盈余	476	355	−121
资本要求	227	547	320
实际资本	703	902	199

资料来源:EIOPA。

三、保险资产管理情况:以德国安联集团为例

(一)安联集团资产管理业务

德国是执行欧盟偿付能力监管标准的重要参与国之一,此处以德国安联集团(Allianz)为例来看保险资产管理情况。德国安联集团是欧洲最大的保险公司,也是全球最大的保险和资产管理集团之一。

截至 2014 年末,安联集团管理的资产总规模达 1.8 万亿欧元,其中集团内资产6 146亿欧元,占比 34%;第三方资产 1.19 万亿欧元,占比 66%。而在过去十年中,安联集团逐渐增加集团内资产规模和占比,由最初占比 23% 左右增加至 2014 年的34%;管理的集团内资产在 2009 年由于受金融危机影响而达到最低值(2 760亿欧元),之后规模总量持续上升。如图 4-1 所示。

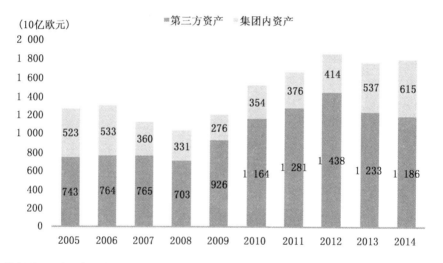

资料来源:安联集团年报。

图 4-1 安联资产管理公司的资产规模构成

2014 年末,安联资产管理公司管理的集团内资产相较于 2013 年末增加了 77.7亿欧元,并且当年集团内资产净总投资收益为 215.9 亿欧元,投资收益率为 3.5%,略低于美国保险行业同年资产投资收益率。2007~2014 年间,安联集团内资产的年平均投资收益率为 4.4%,总体来看保持了较高的稳定性;除 2008 年金融危机使投资收益率大幅下滑外,其余年份均维持了稳定状态,如图 4-2 所示。

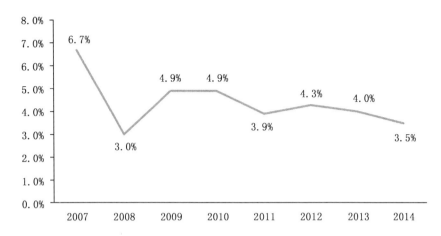

资料来源:安联集团年报。

图4—2 安联资产管理公司的集团内资产投资收益率

(二)安联集团内部资产管理配置

截至2014年末,安联集团内一般保险账户的资产配置中,债权投资工具的比重几乎达到90%,高出美国寿险公司一般账户的债券投资比重10%左右,并且其中风险和收益级别相对较低的政府债券占比34%;除债券投资之外,其他几大类投资品种依次是股票和权益类投资、货币资产及其他投资,这种资产配备状况与美国资产配置种类较为相似。分险种来看,寿险和非寿险均以债权投资为主要配置资产,寿险以股权投资占比较高一些,非寿险则以货币资金与现金资产以及其他投资占比较高。相关内容如表4—4和表4—5所示。

表4—4 2014年末安联集团保险资产配置结构 单位:10亿欧元

	资产配置	
	金额	占比
1. 股权投资	41.2	6.7%
2. 房地产	11.3	1.8%
3. 债权投资工具	549.8	89.5%
其中:政府债券	209.3	34.0%
资产担保债券	107.6	17.5%
公司债券	145.1	23.6%
银行证券	32.4	5.3%
资产支持证券	22.9	3.7%

续表

	资产配置	
	金额	占比
其他	32.5	5.3%
4. 现金及其他投资	12.2	2.0%
总　计	614.6	100%

资料来源:安联集团年报。

表 4—5　　　　　　2014 年末安联集团寿险、非寿险资产配置结构　　　单位:10 亿欧元

项　目	寿险		非寿险	
	金额	比例	金额	比例
股权投资	32.2	8.4%	6.3	6.7%
债权证券	331.8	86.8%	72.4	77.2%
货币资金与现金资产	8.0	2.1%	5.6	6.0%
其　他	10.4	2.7%	9.5	10.1%
总　计	382.4	100%	93.8	100%

资料来源:安联集团年报。

(三)欧盟 Solvency Ⅱ 对安联集团的影响

依照欧Ⅱ的保险监管模式和内部风险资本管理情况,保险公司面临的内部、外部风险主要可以分为市场风险、信用风险、承保风险、商业风险和操作风险几大类。其中,保险公司的资产管理业务主要面临的风险是市场风险、操作风险、利率风险、信用风险等。2014 年,安联集团暴露的市场风险溢价和操作风险溢价分别为 5.21 亿欧元和 6.68 亿欧元,而信用风险溢价相对来说较小,为 1.28 亿欧元。

欧Ⅱ自试实行以来已有一个年度,对保险公司资产配置和资本金要求也产生了一定的限制。安联集团基于欧Ⅱ偿付能力标准的充足率表现如表 4—6 所示。

表 4—6　　　　　　安联集团在欧Ⅱ资本充足表现　　　　　　单位:10 亿欧元

年　份	2014	2013
自有资金	66.0	52.4
资本金要求	34.6	23.6
资本充足率	191%	222%

资料来源:安联集团年报。

可以看到,欧Ⅱ标准下安联集团资本充足率下降了 31 个百分点至 191%,这是由

两个原因造成的:首先是金融市场的变化,其次是欧Ⅱ标准中新的规定和新的模型的变化。为了适应新的模型和标准,集团必须准备更高的自由资金以应对更高的资本金要求,同时在新的模型下市场风险、信用风险的溢价均有所上升,因此要通过更加稳健的投资以应对新的压力测试。表4—7为安联集团在欧Ⅱ标准下进行压力测试得到的资本充足率表现。

表4—7 安联集团在欧Ⅱ资本充足率压力测试 单位:%

年 份	2014	2013
基础资本充足率	191	222
利率提高0.5%	205	228
利率降低0.5%	170	202
股权价格增加30%	199	232
股权价格降低30%	179	210
利率降低0.5%且 股权价格降低30%	158	191

资料来源:安联集团年报。

四、欧盟 Solvency Ⅱ 影响总结

总体来说,风险分散化能力较强的再保险公司能够轻松地适应欧Ⅱ,而那些含有保证利率的传统寿险产品公司将会受到较大影响,因为在欧Ⅱ的监管模式下,有最低保证利率的产品和其他风险暴露较高的产品将会面临极多的最低资本金需求。

实力强的非寿险公司资本基本不受影响;对寿险公司来说,传统分红寿险保单在逐步减少,低收益和低资本回报率带来了长期压力,但息差调整和过渡期阶段可以支持短期产品,投连险和变额年金产品在增加。

保险公司大量使用对冲以移除无回报的风险(尤其是利率风险),同时产生了更多的动态资产负债管理,更多地使用衍生品来管理下跌风险和久期。另外,弱小的保险公司更多地使用再保险,并且需要保险公司加大技术投资和人力投资。

资产配置方面,保险公司增强使用互换和衍生品以控制利率风险,并在股票配置几乎不增加的基础上,进一步使用股票衍生品。各保险公司对信贷、抵押贷款、资产抵押债券的欲望取决于自身的风险承受能力,一些公司受到鼓励开始投资于某些流动性较差的资产。

监管体系与市场敏感的不一致使资本市场产生一定的波动,资本的成本也因公司

调整而提升,但会从目前的混合资本工具开始有秩序地过渡。

第三节　世界各国偿付能力监管比较

一、部分主要国家监管动向

世界部分国家偿付能力监管动向如表4—8所示。

表4—8　　　　　　　　　世界部分国家偿付能力监管动向

美国	1994 年引入风险资本监管要求;2008 年启动偿付能力现代化计划
欧洲	使用欧Ⅰ标准,向欧Ⅱ标准过渡
日本	保持欧盟偿付能力标准和 RBC 的混合
瑞士	2003 年发起 SST 计划,建立以风险为导向的监管框架;在 SST 的体系下,可以通过标准模型来计算市场风险、信用风险以及保险风险
英国	2004 年基于欧Ⅰ标准进行监管,2009 年跟随欧Ⅱ标准修订其监管标准
韩国	2009 年引入 RBC 监管制度,2011 年在 RBC 框架下进行了修改,考虑各风险之间的相关性
加拿大	2012 年对 1999 年开始实施的偿付能力框架进行改革,对监管资本计量框架、最低资本和目标资本充足水平作出了规定
新加坡	2012 年发布《新加坡保险公司风险资本监管框架回顾》,改革实施新一代风险资本监管框架 RBCⅡ,以纳入波动性测量和对保险人的资本需求影响
澳大利亚	2013 年正式实施新《寿险及非寿险公司资本标准》,采用与欧Ⅱ相一致的"三支柱"法则,增强风险防范能力
中国	2015 年试行偿二代试点工作

资料来源:中国保险监督管理委员会网站;Sigma。

二、美国、欧盟、中国偿付能力监管规定的比较

美国 RBC 设立时间最早,而中国的第二代偿付能力标准更多地借鉴参考了欧盟 Solvency Ⅱ的理论和施行结果,这三种模式既有共同点也有不同点(见表4—9)。中国在量化模型上与美国相同,均只采用标准模型法。除此之外,中国在监管理念、价值评估标准、风险测量模型、置信水平、量化风险等方面较多借鉴欧盟的先进理念和方法。美国的 RBC 和欧Ⅱ标准在目前都较为先进和完善,但更多的是各国因地制宜地使用,并不一定能够直接搬来为我国或其他新兴国家所用。比如,美国 RBC 模式依赖于对保险公司的数量指标进行核定监管,对于新兴市场中新的变化和新的风险并不能

做出直接、迅速的反应;而欧盟的 Solvency Ⅱ 采用的内部模型法需要人才技术等数据和指标,对于发展中国家来说,保险、精算经验并不丰富,投资技术相对薄弱,因此难以与不成熟的保险市场相适应。因此,中国的偿二代监管体系是在借鉴发达国家经验的基础上,充分结合本国国情的产物。它将定量与定性监管相结合,采用标准模型法,设定适用于我国保险市场的风险因子参数,对我国保险资产管理的发展提供了开放且有序的空间。

表 4—9 　　　　　　　　美国、欧盟、中国偿付能力监管规定的比较

	美国 RBC(现代化法案)	欧盟偿付能力标准Ⅱ	中国偿二代
监管理念	通过准确反映资产负债的经济价值,确定保险公司应该持有的资本	通过准确反映资产负债额的潜在损失,识别出需要监管干预的公司	与欧Ⅱ几乎完全一致
价值评估标准	美国一般公认会计准则(GAAP)	国际财务报告准则(IFRS)下的公允价值	中国会计准则(接近 IFRS)
风险测量模型	多风险因素分析	损失分布与压力测试	损失分布与压力测试
是否具有置信水平	否	是,99.5%	是,99.5%
是否接近资产负债匹配问题	否	是	是
模型	标准模型法	标准模型法和内部模型法	标准模型法
量化风险	保险风险、利率风险、业务风险、资产风险和附属机构投资资产风险	保险风险、市场风险、信用风险、操作风险	保险风险、市场风险、信用风险

资料来源:中国保险监督管理委员会。

第五章　偿二代下未来保险资产管理的发展建议

第一节　保险资产管理发展面临的环境

从宏观环境方面看,我国正在经济结构深度转型阶段,国内改革预期、国际上量化宽松政策退出预期、人民币加入 SDR 等事件导致国内外经济环境充满不确定性。自2015 年 6 月份以来国内股市大跌,各类金融投资渠道收益率下降,使得微观主体把握

经济形势与投资趋势的困难增加。除此之外,我国金融市场尚待完善,市场化机制尚未健全,金融机构和产品的竞争越激烈,会使得投资者对保险的收益率预期增加。而券商、银行资产管理、信托、基金等与保险会在更多领域展开多样化的竞争,对在资本市场缺乏经验的保险而言是一个巨大的考验。

从政策环境方面看,纵观历往,我国的保险资金运用经历了一个从不重视投资端到投资日趋规范的发展过程。尤其是 2012～2015 年期间保险新政出台较多,2012年,保监会连续颁布 13 条保险资金运用新政,极大地松绑了保险资金运用的限制。2014 年更是颁布超过 15 条保险资金运用新政,尤其是"偿二代"对保险公司风险的精确识别和计量,更是在"放开前端、管住后端"的原则下极大地调动了保险资管投资的灵活性、稳定性,让保险公司在更广泛的范围和领域自主投资、自主决策,实现资产多元配置,从而拓宽保险资金收益率提高的空间,促进了保险与银行金融机构、非银行金融机构,甚至实体经济之间的合作互赢,推动保险资金投资盈利模式向全产业链发展。可以说,保险资产管理的总体前景乐观,具体配置仍充满挑战性。在这样的双重大环境下,保险资产管理未来应时刻保持清醒,积极创新与稳健投资齐头并进。

第二节　对偿二代下保险资产配置标的选择的相关建议

一、资产配置多样化,更多关注另类资产投资机会

目前,保险资金主要分布于银行存款和债券、股票与证券投资基金以及另类资产。其中,银行存款和债券合计所占比重在 60% 左右,股票与证券投资基金仅占很小一部分。由于银行存款和债券属于利率敏感型投资标的,目前市场正处于利率下行通道,因此未来在银行存款和债券的配置将会逐步减少。相反,得益于偿二代下另类资产资本消耗的下降以及国家对实体经济发展不遗余力的政策支持,另类投资会是保险资金未来的一个重要投资方向,比例会持续增加。本文认为,保险资金可以更多地关注和把握另类投资机会。首先,另类投资具有收益高、安全性好、担保力度强、与公司负债端的匹配性高等特点。相比于银行理财产品短负债配长久期资产的特点,保险资金采用长久期负债配短久期资产,在同样的情况下其收益率较低,而另类投资期限拉长了组合久期,大幅提升了保险资金的投资收益率,从组合收益上看对保险资金具有吸引力。其次,在国家经济转型的大背景下,另类资产的投资路径可以帮助保险资金凭借其独特的长期资金优势积极参与到各项基础设施建设中,在支持经济发展的同时分享

经济发展的成果,我国不动产尤其是一线城市地产仍有巨大配置价值,投资收益率可观。除此之外,可以预见的是,国家还会陆续出台相关优惠政策,例如关于保险资金投资实体经济项目的税收问题、不动产抵押登记手续问题等,对保险资金给予更大支持力度。多样化配置将带来更低的资本消耗,不动产、基础设施建设等另类资产值得关注。

二、传统投融资模式寻找全新格局,多元化使用股权投资工具

在当下各保险公司负债、资本金情况大致相同的情况下,偿二代为保险资产管理未来发展指明了方向。我国目前正处于经济新常态中,传统投融资模式需要通过转变建立起一个全新的格局。本文认为,考虑到各大类资产风险因子不同的实际情况,未来保险资金投资可以逐步摆脱现行的简单债务性融资模式,转变为更加多元化地使用股权投资工具的投资格局,如夹层投资模式。夹层投资既有债权投资属性,又兼含股权投资属性。这种投资模式不仅一定程度上借鉴了股权投资方式,而且通过引入回购机制,保证了保险公司对于绝对收益的需求,兼顾平衡收益性和资金安全性。从全球范围来看,夹层基金中有11%的资金来自保险机构,虽然我国险资在这方面涉猎较少,但这不失为可探索的发展之路。值得关注的是,目前已有越来越多的机构投资者开始关注夹层基金,2014年以来已有多家保险公司与私募股权机构签订了夹层基金投资协议。可以预见,夹层投资将成为未来我国保险资产管理进行股权投资工具多元化创新的重要方式之一。

具体而言,保险资金在夹层投资的投资方式选择上,主要包括先股权后债权、先债权后股权、股权债权并行三种模式。通过发起设立或投资私募股权项目,在股权债权配比、资本稀释比率、公司未来价值分配等方面进行最优化选择,构建起符合监管要求的投资框架,在确保有效分红及担保要素的前提条件下,收获较好的投资收益,使得夹层投资在未来市场上成为保险资金多元化运用股权投资工具的重要有效手段。

保险资金在夹层投资的项目遴选上,本文认为可以重点关注与保险行业业务密切联系的相关稳定收益性行业,如养老、医疗以及汽车服务等领域。在这些相关领域中挑选合适标的,与其建立起战略合作关系,从而资源共享,合作共赢。通过与相应的养老服务机构、医疗服务、健康管理、汽车服务机构进行股权合作,借助自身寿险、车险的经验,在为股权方提供优质资源与协助市场开拓的同时,进一步了解目标客户群,从而增强自身产品的吸引力,提高客户黏性,从而为保险资金提供更好的投资手段和领域。除此之外,由于我国在当前经济新常态下重视并积极支持创业投资与新兴产业发展,

"政府引导"与"市场化运作"并行的政府引导基金日益增多。2014 年,政府引导基金总计 41 家,基金管理资产规模达到 1 291 亿元,管理规模同比增长 347%。因此,在股权投资标的的选择上,本文建议还可以多关注政府引导基金。可以预见,在政府引导基金规模的壮大与政策大力驱动的乘数效应下,创投引导基金未来发展前景良好、收益可观。保险资金可通过多元化股权参与,积极加入政府引导基金的设立和投资,在助力创业创新和产业升级的同时获取良好的资本收益。

三、境外投资平台广阔,涉猎初期仍需谨慎

2015 年 4 月,中国保监会发布了《关于调整保险资金境外投资有关政策的通知》,通知中进一步放宽了保险资金境外投资的范围,赋予保险公司在投资品种及范围上更多的配置选择。放眼未来,境外投资势必将成为保险资产管理的一大发展方向。具体理由如下:一方面,境外投资对保险资产管理而言,其吸引力在于保险资产与负债之间的兑价关系。由于当前国内投资形势错综复杂,国外获取的负债相较国内配置的资产兑价而言具有成本低、收益高的特点,为了寻求资产配置的分散化、安全垫和高效能,保险资金的全球化配置必然会持续增加。另一方面,在偿二代要求下,投资境外资产对资本消耗的影响并不显著。投资发达国家市场上的固收品种,尤其期限较长的固定收益类债券,将一定程度上达到减少寿险负债久期缺口以及资本节约的目的。境外投资平台广阔,虽然当前境外配置资产和品种并非各保险公司的投资重点,但未来境外资产必然会随着政策支持逐步成为我国保险资金的主要投资品种之一。

本文认为,在海外资产配置方面,有以下几大可操作方向:

第一,主要投资地域集中在发达国家尤其是以美元为主货币的经济体。在当前全球经济动荡的大背景下,国家的自身稳定性必须作为境外投资的第一考量因素。相较于新兴国家,发达国家汇率风险较小、市场成熟度高、信息较对称、总体市场风险可控,比较适合谨慎的保险资金投资。除此之外,当前全球市场正处在美元的加息阶段,纵观历史可以发现,在这一阶段中美元升值会直接影响许多新兴国家,使其外债成本突然上升。在资本外流的影响下,新兴国家的外汇储备骤降,将会面临货币贬值和国内市场剧烈波动等多重压力。综上原因,本文认为在目前美元加息预期明显的情况下,保险资金投资于新兴市场的风险系数较高。谨慎投资于发达国家市场才是明智的选择。因此,建议中短期内中国保险资金的境外投资还是应以美元资产为主要配置对象为宜。

第二,以被动投资为主,逐步加强主动性权益类资产配置。建议我国保险资产管

理境外初步尝试应以较稳健的被动投资为主,ETF 是最优的初期境外投资工具。随着海外投资经验的逐步积累,保险机构可以逐步尝试主动管理型基金或者对自行选择的个股标的进行投资。

第三,建议积极配置境外另类资产,"一带一路"蕴含重大机遇。我国目前大部分海外投资主要集中在海外发达国家的不动产投资项目。主要原因在于成熟的发达国家市场产品定价和透明度较高,能有效降低信息不对称风险,不动产项目具有与保险资产相匹配的长期限特征,并且能够在利率较低的市场环境下获取较稳定的长期投资收益率,因此成为我国投资者初涉境外投资的首选。除不动产投资外,境外基础设施投资近年来也逐渐兴起,美国、加拿大等均是基础设施投资分布较多的地区。在投资方式上,与国内债权投资基础设施的方式不同的是,海外基础设施投资主要以直接投资未上市股权为主。经 OECD 数据统计,养老金资产配置中 2.9% 为直接投资于基础设施的未上市股权,0.5% 为基础设施债权。因此,对我国险资海外投资的专业能力提出了更高的要求。此外,国家"一带一路"建设也将成为保险资金海外投资的重要方向。通过与境外其他投资机构展开合作,设立投资基金,投资"一带一路"项目,获取良好的资本回报。

第三节　对偿二代下保险投资风险管理能力建设的相关建议

在"偿二代"监管体系下,定量资本要求对保险资产配置的细分风险因子使得保险投资领域和标的更加多样化,必然会有更多的潜在的风险被识别、被发现,而且这些风险会更多地跟资本金相挂钩,影响到经营效益。因此,全面建设风险管理能力必须成为未来保险资产管理中的工作重点。除此之外,偿二代将保险公司自身风险管理能力作为控制风险的资本要求,计入第一支柱下的最低资本。这对于那些投资风险管理能力强的保险公司而言,将极大程度降低最低资本,在市场竞争中更具优势。因此,我们应对保险投资的风险管理能力加强建设。

首先,保险资产管理必须建立起完善的投资风险管理体系和严密的资金运用内控制度,内容应覆盖保险投资业务前、中、后端,针对所有的投资领域、投资品种、投资工具及运作的每个环节和岗位实施有效监督,确保公司董事会制定的投资策略和目标能够顺利实现。其次,应全面衡量创新型投资品种投资风险,建立完善的风险评估机制。以股权投资工具为例,与股票、债权等传统投资资产不同,私募股权资产风险性更高,且保险公司投资股权经验较少,因此对这一新型的投资工具,保险公司应对项目甄别、交易对手选择、投后管理等方面设立风险评估机制,严格把控信用风险。最后,保险资产管理应加强风险管理人才队伍的培养和储备,尤其是在各投资专业领域的风险管理人才建设,一方面,通过制定引进专业人才的激励政策,从市场中吸纳具有丰富投资经验的专业人才;另一方面,不断加大内部人才的培养力度,提高从业人员的素质和能力。

参考文献

[1]巴曙松、杨倞、刘少杰等. 中国资产管理行业发展报告(2015 年)[M]. 北京:中国人民大学出版社,2015.

[2]陈文辉. 中国偿二代的制度框架和实施路径[J]. 中国金融,2015 (5).

[3]姜茂生. 我国保险资产管理发展现状、问题与对策研究[J]. 科学决策,2014(10).

[4]李佳怡. 偿二代下最低资本要求与保险投资[J]. 北方经贸,2015 (10).

[5]毛志勇、韩猛. 美国、欧盟以及瑞士保险业偿付能力监管的比较研究——基于风险基础资本法[J]. 未来与发展,2013(5).

[6]魏瑄. 国际保险资产管理业发展经验及启示[J]. 中国保险,2013(4).

[7]魏瑄. 偿二代下的保险资产管理[N]. 上海证券报,2015-05-15A06.

[8]王海晶. 偿二代下之新"投资方法论"[J]. 当代金融家,2015 (8).

[9]张艳妍、吴韧强. 美国保险资金运用的分析及借鉴[J]. 金融与经济,2008(10).

[10]张越昕. "大资管"时代下保险资管公司的挑战和机遇[N]. 中国保险报,2012-10-16.

[11]张兰. 保险偿付能力监管抉择"中国路径"[N]. 金融时报,2013-4-10(009).

[12]曾文革、温融. 后金融危机时代保险偿付能力监管模式的创新与发展[J]. 保险研究,2010(2).

(本文获"IAMAC 2015 年度系列研究课题"优秀奖)

偿二代约束下的保险公司资产配置

东方金诚国际信用评估有限公司

徐承远　　郁　聪　　徐基伦

摘要

2015 年是偿二代体系实施的过渡年,偿二代的实施将对各家保险公司的投资、产品、再保险等业务策略产生重大影响。相比于偿一代体系下的投资实践,偿二代将各个资产类别的内在风险水平量化为具体最低资本要求,从后端约束各保险公司的投资行为,将对保险资产管理产生重大影响。本文将对偿二代体系中与保险公司投资管理有关的规定,从资产配置的微观影响因素到资产负债管理等方面进行详细的分析和阐述,并结合当前我国保险业的投资实践,提出在偿二代体系下的投资建议。

关键词

偿二代　保险资产管理　风险管理

第一章　引　言

2015 年 2 月 3 日,中国保险监督管理委员会(以下简称"保监会")正式发布了中国风险导向偿付能力体系(以下简称"偿二代")的 17 项监管规则,从发文之日起进入偿二代试运行过渡期,并将于 2016 年进入正式实施阶段。

偿二代体系的实施,正好伴随着保监会一系列市场化改革方案的出台。保监会于 2013 年 8 月正式启动人身险费率市场化改革,截至目前已陆续完成了普通型、万能型和分红型人身险费率改革工作,建立起了市场化的人身险费率机制。2015 年 3 月,保监会正式启动了商业车险费率市场化改革的试点工作,并将于 2016 年在全国范围内扩大试点。同时,保监会陆续出台文件放开对保险资金的各种投资限制,为进一步优化保险资产的配置在制度上创造了条件。

市场化改革给中国保险业带来了空前的机遇和动力,同时也对保险业自身的风险管理能力提出了重大的挑战。保监会较早地确立了"放开前端、管住后端"的监管思路,并极具前瞻性地启动了新一代监管体系的研究开发工作。2012 年 3 月,保监会正式启动偿二代制度体系的建设工作,从确立制度框架到推出 17 项具体的监管规则,从发布征求意见稿到组织全行业进行数轮量化测试,在短短的三年时间里,保监会走过了欧美监管部门走了近十年的历程。偿二代体系以风险为导向,在赋予市场主体更大的经营自由度的同时,也将管控风险的责任交给了市场主体,而监管部门则把重点放在对各个市场主体的资本充足性和风险管控能力的监管上。

本课题主要研究偿二代体系的实施对于保险公司资产管理的影响。与规模导向的第一代偿付能力体系(以下简称"偿一代")相比,风险导向的偿二代对于各项投资资产给出了更细化的资本要求,投资风险不再是一个可以忽视的模糊概念,而是直接形成对公司实际资本的占用。保险资金的投资运用不能再像过去那样单纯追求绝对收益率或相对收益率,而必须将资本的约束纳入投资决策中。此外,对于具有长期性质的寿险业务来说,资本要求与资产负债的匹配程度有关。对于投资部门来说,资产负债管理不再只是停留在书本上的理论,而是成为可以节约资本占用的有效工具。本文通过对偿二代中与保险资产管理有关的规则进行解读,并结合一系列量化分析,希望能够以一种更加具体和形象的方式展现出偿二代对保险资产管理的影响,并给出建议供读者探讨。

第二章　偿二代简介

与偿一代规模导向和侧重定量监管的特征相比,偿二代以风险为导向,并采用国际通行的"三支柱"框架(Three Pillars):定量资本要求、定性监管要求和市场约束机制。在偿二代体系下,保险公司面对的风险可以分为固有风险①(Inherent Risk)和控制风险②(Control Risk)两个大类。其中,固有风险又可以分为量化风险(Quantifiable Risk)和难以量化风险(Non-quantifiable Risk),量化风险包括保险风险、市场风险和信用风险三个类别,难以量化风险包括操作风险、战略风险、声誉风险和流动性风险四个类别。

对于量化风险的防范主要是依靠保险公司的自有资本,各项资本要求的确定是基于一定的置信水平下通过 VaR 方法确定得到的。对于难以量化风险来说,由于没有成熟的方法对其进行量化评估,所以不能完全依靠自有资本进行风险防范,难以量化风险的防范更多的是依赖于有效的风险管理体系。为了激励保险公司持续提升风险管理体系,保监会对保险公司的风险管理能力进行定性打分,定性得分的高低体现了保险公司的控制风险的大小,并转化为控制风险的最低资本要求。此外,保监会还会对每一家保险公司的难以量化风险的水平进行定性评估,定性得分将影响到保险公司的监管等级,并进而影响到保监会对其采取的分类监管措施。

第一支柱包含 9 项规则,主要是侧重于量化风险的最低资本要求。1 号规则和2 号规则分别阐述了实际资本和最低资本的计量方法。3 号规则阐述了长期寿险业务的未到期责任准备金在偿二代体系下的计量方法。4~8 号规则分别阐述了保险风险、市场风险和信用风险的最低资本的计算方法。9 号规则阐述了对偿付能力充足率进行压力测试的方法。

第二支柱包含 3 项规则,主要是侧重于针对难以量化风险进行的定性评估。10 号规则阐述了风险综合评级的确定依据,包括偿付能力充足率水平和保监会对保险公司的四类难以量化风险水平的定性评估,最后按照 50%:50% 的权重设置,得出保险公司的风险综合评级。保险公司的风险综合评级分为 A、B、C 和 D 四档,保监会根据评级结果实施对应的分类监管措施。11 号规则阐述了保监会对保险公司的风险管理能力的定性评估内容,以及根据定性得分确定控制风险最低资本的方法。12 号规则阐述了流动性风险的监管指标计算方法和压力测试流程。

第三支柱包含 3 项规则,主要是侧重于通过加强信息披露来促进市场对保险公司的约束力,加强对保险公司偿付能力的监管。13 号规则和 14 号规则分别阐述了保险

---

① 固有风险是指在现有的正常的保险行业物质技术条件和生产组织方式下,保险公司在经营和管理活动中必然存在的客观的偿付能力相关风险。

② 控制风险是指因保险公司内部管理和控制不完善或无效,导致固有风险未被及时识别和控制的偿付能力相关风险。

公司和监管部门关于偿付能力信息的披露内容和频率。15 号规则阐述了保险公司信用评级方面的相关要求。

此外,16 号规则对偿付能力报告的报告格式和报送要求进行了规定。17 号规则是对保险集团偿付能力评估的特别要求。

对于保险公司来说,一方面,偿二代的量化风险最低资本要求更加细化、对风险更加敏感,保险公司在产品、投资、再保险等领域的决策将直接决定资本的耗用水平。另一方面,偿二代更加注重定性监管评价。对于那些虽然资本水平充足但经营策略激进或风控制度薄弱的保险公司来说,监管部门有两个途径对公司经营施加影响:第一个途径是通过对公司风险管理能力的定性打分来增加控制风险的最低资本要求;第二个途径是通过风险综合评级中的定性部分打分来影响公司的监管评价,进而对其采取相应的分类监管措施。

偿二代 17 项监管规则主要内容如表 2—1 所示。

表 2—1　　　　　　　　　　　偿二代 17 项监管规则主要内容

第一支柱:定量资本要求	
《1 号:实际资本》 认可资产、认可负债、实际资本、资本分级、资本补充工具	《2 号:最低资本》 风险分类、最低资本计量方法、不同风险类型的相关系数矩阵
《3 号:寿险合同负债评估》 寿险合同的未到期责任准备金的评估方法（"偿二代"目的、非"财务会计"目的）	《4 号:保险风险最低资本(非寿险业务)》 保费及准备金风险、巨灾风险
《5 号:保险风险最低资本(寿险业务)》 损失发生风险、费用风险、退保风险	《6 号:保险风险最低资本(再保险公司)》
《7 号:市场风险最低资本》 利率风险、权益价格风险、房地产价格风险、境外资产价格风险、汇率风险	《8 号:信用风险最低资本》 利差风险、交易对手违约风险
《9 号:压力测试》 压力测试方法、基本情景、压力情景	
第二支柱:定性监管要求	
《10 号:风险综合评级(分类监管)》 分类监管的评价内容(操作风险、战略风险、声誉风险、流动性风险)、监管类别的确定方法(偿付能力充足率和分类监管的定性评价)及对应的分类监管措施	《11 号:偿付能力风险管理要求与评估》 偿付能力风险管理能力的评估内容、控制风险最低资本的计算方法
《12 号:流动性风险》 定性制度要求、定量指标的计算方法	

第三支柱:市场约束机制	
《13号:偿付能力信息公开披露》 保险公司偿付能力信息披露内容及频率	《14号:偿付能力信息交流》 监管部门偿付能力信息披露内容及频率
《15号:保险公司信用评级》 针对保险公司的主体评级和债项评级,评级机构的资质要求、评级业务的过程要求	
其他	
《16号:偿付能力报告》 偿付能力报告的编制和报告要求	《17号:保险集团》 保险集团的分类及定义、最低资本和实际资本的计算方法、定性监管要求

资料来源:东方金诚根据偿二代规则整理。

中国保险偿二代体系建设,从一开始就遵循"既不简单模仿美国,也不照搬欧盟,而是要建设一套符合中国保险业实际的制度体系"的建设思路,在制度框架和具体实施规则上都彰显了发展中国家市场的特点。与发达保险市场不同,中国保险业缺乏具有相关经验的技术人员来实施高度量化的监管模型,大多数保险公司也没有足够长的历史经验数据来校验模型参数,保监会创造性地将大量模型计量工作前置到偿二代的开发过程,大大降低了偿二代的实施成本。对于难以量化风险,监管部门对其进行定性评估,定性评估结果对保险公司经营行为、业务结构和投资结构等调整所带来的风险变化更加敏感,比较符合新兴市场发展速度快、风险变化快的特点。经过几轮行业测试,在偿二代监管规则之下,行业整体的偿付能力充足率水平并不会发生剧烈变化,但是对个体公司的区分度更高,有助于监管部门根据企业真实的风险水平实施正确的激励和惩戒。

第三章　保险资产管理的模式

保险公司作为重要的机构投资者之一,具有与其他金融机构不同的资产负债特征。保险公司的资金来源主要包括资本金和保险合同负债这两大类。资本金来自股东缴纳的资本、公司经营利润的积累等,适合进行较为长期的投资。保险合同负债根据具体保险产品的不同具有不同的期限和现金流特征。保险公司收取的保险费并不能够在收取当期全部转入利润,而必须基于精算评估提取充足的准备金,用于未来整个保障期限的理赔支出。由于寿险产品的保障期限通常较长,因此寿险公司的保险合同准备金往往规模巨大,是公司占比最大的负债。保险资产管理,需要充分考虑保险准备金负债的特征,如果一味地追求绝对收益率,而忽视资产与负债的匹配,当市场发生较大幅度的不利波动,则会使保险公司陷入偿付能力困境中。

目前,市场上保险公司的投资模式可以大致分成两类:负债驱动资产模式和资产驱动负债模式。传统的负债驱动资产模式,是指先有保险产品的形态,然后基于负债的久期、预期现金流等因素,去寻找合适的资产类型来匹配准备金负债。在传统的保险产品开发中,投资部门的参与度相对较低,主要是在获得保费收入后对资金进行投资运用。注重保障功能的传统型寿险产品,一般采用负债驱动资产模式。由于保障型产品建立在多种精算假设^①之上,实际经验可能与假设发生一定的偏差,因而要找到与负债高度匹配的资产相对较难,经营结果的不确定性也较高。随着居民投资理财需求的逐渐增长,保险公司推出各种投资型保险产品力求在理财市场占据一定的份额。投资型保险产品在产品设计上,一般会将保障的成分尽可能地压低,以避免风险保险费削减投资收益,由于负债的结构相对简单,因此可以匹配的资产类型范围更广。资产驱动负债的投资模式也应运而生,在这方面较有代表性的保险公司有安邦人寿、华夏人寿、生命人寿等。资产驱动负债模式,是指保险公司的投资部门先找到优质的投资项目,确定投资规模和组合构成后,再与产品部门协商设计与收益率相匹配的产品。但优质的投资项目本身是比较稀缺的,随着业务规模的扩大,这种投资模式能否持续下去的关键在于保险公司能否在长期内拥有比其他竞争者更稳定、更优秀的投资能力。当然,也有部分保险公司为了实现短期利益,而采取了更加激进的投资风格。从消费者的角度来看,不同公司的保障型产品在形态上的差异很大,一般难以进行同业比较,同时消费者的关注点放在了保障内容是否满足自己的需要上,对于保险费率的敏感度相对较低;而投资型产品的形态相对更简单,消费者倾向于在不同保险公司、甚至不同金融机构之间进行收益率的比较,这也无形中对保险公司的投资收益率提出了更高的要求。

资产驱动负债模式被不少保险公司作为快速扩大业务规模的利器。对于成立时间较短的中小型保险公司来说,如果完全依靠保障型产品,受限于品牌认可度、销售渠道等方面的因素,业务规模的增长将比较缓慢。长期寿险业务的准备金中含有较高比

---

① 死亡率、伤残率、重疾发生率、退保率等。

例的风险边际(Risk Margin),作为潜在利润来源的风险边际需要在整个保险合同期内逐渐释放,导致新业务销售时会计利润为负,新设立公司需要很多年才能实现盈利。同时,保障类产品的负债属性决定了资产端不能配置太多高收益资产,因此能够实现的利差收益相对较小。而投资型保险产品根据资产收益率确定保险产品的内含收益率,利差收益的稳定性更高;同时,因为期限较短、保障水平较低,计提的风险边际也相对较小。新成立的保险公司通过销售投资型保险产品,一方面可以快速提升销售规模,因为偏重理财需求的消费者更多地关注收益率而对保险公司品牌的要求相对较低,投资型产品结构简单更适合在银行理财专柜和互联网理财平台销售;另一方面相对稳定的利差收入使得新设立的保险公司能够大大缩短实现盈利的时间,偏重于权益类投资和另类投资的资产配置也能够实现更大的利差收益。

资产驱动负债存在诸多风险,首先这种投资模式导致保险公司的成本较大,成本的增加对公司的投资管理能力和风险管控要求很高,一旦投资不能覆盖成本,出现利差损,容易产生破产风险,近期资本市场的剧烈波动就是警示。目前,宏观经济状况对保险资金投资而言仍有不确定性,如果宏观形势和投资环境发生改变,现金流出现问题,这种模式将会面临严峻考验。此外,在新的偿付能力监管框架下,对各类资产的风险最低资本要求有较大变化,保险公司投资资产占用变化将引发对投资风险的关注,引发保险公司将从优化最低资本的角度来管理投资资产。这种投资模式更要充分考虑到负债端的承压能力,否则也容易产生偿付能力风险。

第四章　偿二代对资产配置的影响

在偿一代体系下,法定资本要求主要取决于保险公司的业务规模,与保险公司的风险水平并没有建立起直接的联系,因此投资的风险水平往往被忽视,收益率成为评价投资绩效的主要标准。在偿二代体系下,各类资产都规定了与其风险水平相对应的资本要求,高收益、高风险的资产往往对应着较高的资本要求,反之亦然。投资部门需要在公司既有资本的约束下,探索最优的资产配置方案。研究偿二代对于保险资产管理的影响,不仅有助于提高资本使用效率,而且在保险公司偿付能力充足率下跌到预警水平时,可以通过调整投资策略来改善偿付能力充足率。

保险资产投资所涉及的风险类型主要是市场风险和信用风险,以 2014 年 6 月 30

日为基准日进行的偿二代量化测试结果显示:保险风险、市场风险和信用风险这三大量化风险的资本占用百分比,产险公司分别为 48％、17％、35％;寿险公司分别为 22％、66％、12％;再保险公司分别为 51％、36％、13％。从中可以看出,对于产险公司和再保险公司来说,保险风险是最消耗资本的风险类别,产险公司由于资产和负债的期限相对较短,从而利率风险水平相对较低。与之形成对比的是,寿险产品的市场风险是最消耗资本的风险类别,这一方面是因为寿险业务的保险事故发生率产生不利偏差的可能性比非寿险业务相对要低,所以保险风险的资本消耗相对较低;另一方面是因为寿险业务准备金负债的规模庞大,因此投资风险的资本占用也远高于保险风险。

市场风险大类下包括利率风险、权益价格风险、房地产价格风险、境外资产价格风险和汇率风险五个小类。信用风险大类下包括利差风险和交易对手违约风险两个小类。每一个风险小类的最低资本为所有含有这类风险的资产(负债)的最低资本的算术加总;而每一个风险大类的最低资本并不是其所包含的各个风险小类的最低资本的算术加总,而是经过相关系数矩阵调整、考虑了风险分散化效应以后的汇总。

第一节　利率风险最低资本

利率风险是指由于无风险利率的不利变动导致保险公司遭受非预期损失的风险。从统计精算角度看,保险公司的准备金负债科目可以看作是在未来各个时点具有固定支出金额的负债,准备金负债的公允价值大小与折现率水平成反比关系。同时,保险公司为了应对未来的理赔支出,也持有了大量的固定收益类资产,这部分资产的公允价值大小同样与折现率水平成反比关系。

导致折现率曲线发生变动的原因主要有两种:第一种是由于市场整体利率水平发生变动导致无风险利率曲线发生变动,第二种是由于特定发行人的信用状况发生变化导致投资者对于该类资产所要求的信用利差(信用风险溢价)发生变化,利率风险对应的是第一种情况。当无风险利率曲线上移时,固定收益类资产和准备金负债的价值都下降,反之亦然。但是,资产和负债的变动幅度往往是不同的,若资产上升的数额小于负债上升的数额,或者资产下跌的数额大于负债下跌的数额,则保险公司的实际资本下降,偿付能力恶化。实际资本在不同利率情景下的波动幅度大小,在很大程度上取决于固定收益类资产与准备金负债之间的匹配程度,两者价值变动的匹配程度越高,对实际资本的净影响就越小,从而利率风险的资本占用水平也越低。提高资产与负债的匹配程度的一个有效途径是,使资产和负债的修正久期尽量保持一致。

偿二代体系下,利率风险最低资本的确定方法根据公司类型的不同而不同。对于产险公司来说,由于大部分准备金负债的期限在一年以内,所以利率变动导致的准备金负债的波动幅度很小,偿二代下产险公司的利率风险最低资本的大小只与资产端有关,利率风险最低资本等于(固定收益类)资产的认可价值乘以对应的风险因子。风险因子的大小随着资产修正久期的增加而增加,具体如图 4—1 所示。由于产险公司的负债期限较短,所以通常资产端的修正久期也较小。

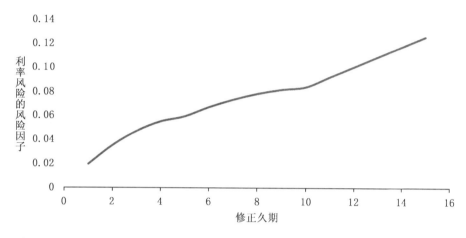

资料来源:东方金诚根据偿二代监管规则整理。

图 4—1　产险公司利率风险因子与修正久期的关系

对于寿险公司来说,准备金负债的期限通常较长,需要在资产端配置大量的长期固定收益类产品。在偿一代下,投资人员在进行资产配置时,主要从现金流匹配和资产收益率两个角度考虑,基于精算部门预测的负债现金流,组合不同期限的固定收益类资产。高度的现金流匹配并不具有可操作性,一方面是因为负债现金流具有不确定性(赔付、退保),另一方面是因为匹配程度高的债券可能收益率较低。此外,当投资人员对于未来的利率变动方向较有把握时,也会主动增加资产负债的不匹配程度,谋取更高的投资收益。

偿二代下寿险公司的利率风险最低资本采用情景法计算,大小等于折现率曲线由基础情景变为不利情景时,公司实际资本减少的数量。根据久期理论,如果资产与负债的修正久期相等,折现率曲线发生小幅平行移动时,资产和负债的价值同向变动并且变动量相等,从而实际资本不变。然而在实际操作时,并不能完全消除实际资本的波动,原因包括缺乏足够长期的资产去匹配负债、折现率曲线的变动幅度较大、折现率曲线的变动形式中扭曲(Twist)的成分较多等。

图4-2展示了修正久期与利率风险最低资本之间的关系,数据是基于一个假设的终身寿险产品计算得到的,准备金负债的修正久期为16.34。横轴是资产的修正久期,纵轴是利率风险最低资本占资产的百分比。从图中可以看到,随着资产的修正久期的增加,利率风险的资本占用先下降后上升,这体现了久期匹配的确可以降低实际资本波动从而降低资本占用。然而图中的曲线最低点,发生在资产的修正久期为11.34的地方,与准备金负债的修正久期有不小的差距,究其原因与保监会设定的折现率曲线不利情景有关,不利情景相对于基础情景的变动幅度较大,变动方式为非平行移动。投资人员可以进一步计算准备金负债的凸性(Convexity),并构造凸性更高的资产组合,解决久期匹配在利率大幅变动时效果不理想的问题。投资人员确定初步资产配置方案以后,再通过评估模型计算出实际资本在不同利率情境下的变动情况,从而决定如何调整债券的期限以进一步降低资本要求。

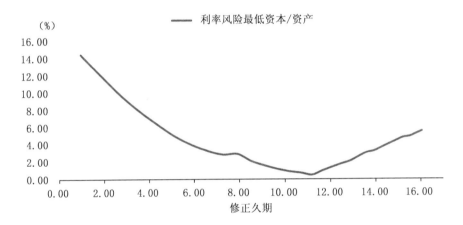

资料来源:东方金诚根据偿二代监管规则整理。

图4-2 寿险公司利率风险最低资本与修正久期的关系

通过调整资产的修正久期,可以改变利率风险最低资本;然而,实际操作时可能无法找到期限足够长、能够与长期寿险业务的准备金负债相匹配的债券。投资人员可以考虑运用利率类金融衍生品来提高资产的久期。根据监管规定,目前保险公司可以在银行间市场交易利率互换,另外保监会已原则同意保险资金参与国债期货。寿险公司可以在每季度投资组合建仓时,根据资产端和负债端的久期缺口,计算出需要叠加的利率互换合同份数,从而使资产的久期更接近于负债的久期。为了提高资产的修正久期,保险公司作为固定利率收取方(Fixed Receiver)交易利率互换,相当于买入固定利率债券的同时卖出浮动利率债券。由于相同到期期限的固定利率债券比浮动利率债券的修正久期大很多,所以上述操作可以提高资产端的修正久期。

继续前面的例子,假设准备金负债的修正久期为 16.34,准备金负债的数量为 1 亿元;将准备金负债 10% 配置在 1 年期的债券(修正久期为 0.97),20% 配置在 3 年期的债券(修正久期为 2.77),30% 配置在 5 年期的债券(修正久期为 4.40),40% 配置在 7 年期的债券(修正久期为 5.90)。另外,假设利率互换的名义本金为 100 万元,修正久期为 3.92。

在没有配置利率互换时,资产端的修正久期为:

$$10\% \times 0.97 + 20\% \times 2.77 + 30\% \times 4.40 + 40\% \times 5.90 = 4.33$$

如果要将资产端的修正久期提高到 11,则需要配置 X 份利率互换:

$$(10\% \times 0.97 + 20\% \times 2.77 + 30\% \times 4.40 + 40\% \times 5.90) \times 100\ 000\ 000 + X \times 3.92 \times 1\ 000\ 000 = 11 \times 100\ 000\ 000$$

$$X = 170.15$$

保险公司作为固定利率收取方买入 170 份利率互换,可以将资产端的修正久期从 4.33 提高到 11。

第二节　权益价格变动风险最低资本

权益价格变动风险是指由于权益价格不利变动导致保险公司遭受非预期损失的风险。偿二代体系下,需要计算权益价格变动风险最低资本的资产类别有股权、权益类金融产品、可转换债券和证券投资基金,最低资本等于含有此类风险的资产的认可价值乘以对应的风险因子。图 4—3 列出了每一类产品的基础因子。从图中可以看出,基础因子的大小与权益风险的大小基本保持同比的关系:创业板股票的基础因子最高为 0.48,沪深主板股票的基础因子为 0.31。各类证券投资基金,根据其持有股票的比重的不同,基础因子介于 0.01~0.25 之间。优先股的固定收益属性高于权益属性,其对应的基础因子与债券基金相同。股指期货的基础因子的大小与沪深主板股票相同。未上市股权的风险因子为 0.28,低于沪深主板股票,主要因为监管规定[①]对未上市股权的投资标的做出了相关限制,从而整体风险略低。

除了上述常见资产类别以外,保险公司投资的各种权益类金融产品也会带来权益价格风险,包括基础设施股权投资计划、(符合保监会规定的)资产管理产品、未上市股权投资计划、权益类信托投资计划等。

---

① 《保险资金投资股权暂行办法》,2010 年。

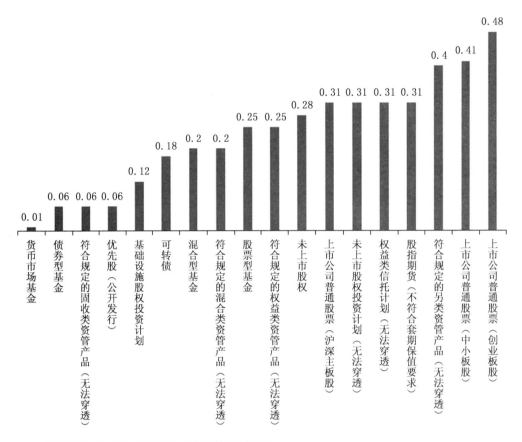

资料来源：东方金诚根据偿二代监管规则整理。

图 4—3　权益类资产风险因子

基础设施股权投资计划的风险因子较低，为 0.12，一方面是由于投资项目本身的安全性较高、现金流较稳定，另一方面也体现出了监管层面的引导性。对于资产管理产品、未上市股权投资计划、权益类信托投资计划等权益类金融产品，如果能够使用穿透法确定其具体、明确的基础资产[①]，则根据各项基础资产的认可价值和风险因子计算相应的最低资本；如果对上述权益类金融产品不能使用穿透法，则按照无法穿透时的风险因子计算其最低资本。整体来看，无法穿透时适用的风险因子较高。

第三节　信用风险最低资本

信用风险是指由于交易对手不能履行或不能按时履行其合同义务，或者交易对手

---

①　基础资产是指债券、股票、未上市股权等具体产品。

信用状况的不利变动，导致保险公司遭受非预期损失的风险。信用风险包括利差风险和交易对手违约风险，利差风险来自以公允价值计量的固定收益类资产，交易对手违约风险来自以历史成本计量的固定收益类资产和经营保险业务产生的债权资产。

利差风险是指利差（资产的收益率超过无风险利率的部分）的不利变动而导致保险公司遭受非预期损失的风险。需要计算利差风险最低资本的对象，主要是保险公司持有的以公允价值计量且具有明确期限的境内投资资产，包括债券类投资资产、资产证券化产品、固定收益类信托计划、其他固定收益类产品等。从以上描述可以看出，利差风险最低资本的计算对象和利率风险最低资本的计算对象基本是一致的。

利差风险的风险因子大小取决于两个因素：资产的修正久期和信用等级。修正久期越长，风险因子越大；信用等级越低，风险因子越大。图4—4展示了不同修正久期和信用等级下风险因子的变化趋势。该图显示从政策性金融债到AAA级信用债，风险因子出现较大幅度的跳升；从AA—级到A级信用债，风险因子出现较大幅度的跳升。对于BBB级、修正久期为5年的信用债，每100元投资需要提取11.2元的利差风险最低资本；与之形成对比的是，对于修正久期为1年的政策性金融债，每100元投资只需要提取1.1元的最低资本，两者相差将近10倍。偿二代实施后，预计保险公司会增加对高信用等级债券和短期债券的持有比重。

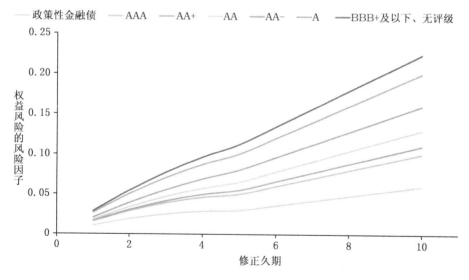

资料来源：东方金诚根据偿二代监管规则整理。

图4—4　不同信用久期和信用等级下风险因子的变化趋势

利差风险最低资本和利率风险最低资本的一个重要的区别在于，前者不考虑负债端的结构①,而后者需要考虑资产端和负债端的联动效应。如果一味地降低利差风险最低资本,则会引起其他方面的问题:一方面,期限短、信用等级高的资产的预期收益率一般也比较低;另一方面,如果负债的修正久期较长,配置期限较短的固收类资产会引起利率风险最低资本的大幅上升。因此,对于期限较长的寿险产品,随着所配置的(以公允价值计量的)固收类资产期限的增长,利差风险最低资本逐渐增长,而利率风险最低资本则呈现出先降后升的趋势。在挑选资产时,除了收益率因素以外,投资人员还需要考虑两种风险对资本的综合影响。

交易对手违约风险(以下简称"违约风险")是指交易对手不能履行或不能按时履行其合同义务,导致保险公司遭受非预期损失的风险。需要计算违约风险最低资本的对象,主要是以摊余成本或历史成本计价的境内债权资产,包括但不限于现金及流动性管理工具、固定收益类投资资产、用于套期保值的外汇远期和利率互换、保单质押贷款、再保险资产、应收款项类资产、债务担保等。

各项债权资产的违约风险因子的大小,取决于各项资产所蕴含的信用风险。其中,银行和保险公司的监管体系相对更加成熟健全,风险因子的大小取决于发行机构的类型以及资本充足率是否达标。其他机构发行的债权工具,违约风险因子的大小取决于信用等级的高低;对于(无法穿透的)信托投资计划来说,除了信托计划本身的信用等级以外,违约风险因子的大小还取决于信托公司的信用等级。资本充足率达标的银行和保险公司由于风险水平较低,其发行的一般债务工具的风险因子也较低;其他发行人所发行的各种债务工具,其风险因子随着外部信用评级的降低而增大,值得注意的是,证券公司发行的金融债要比同等级下的企业债的风险因子更高;对于无法采用穿透法的信托计划,由于信息透明度较低,其风险因子比一般的固收类金融产品高很多;最后,风险因子变化幅度最大的是银行和保险公司发行的各类债务性资本工具,视发行机构类型和资本充足率达标情况,其大小介于 $0.1 \sim 1$ 之间。

第四节　房地产价格风险最低资本

房地产价格风险是指由于投资性房地产价格不利变动导致保险公司遭受非预期损失的风险。需要计算房地产价格风险最低资本的对象,主要是保险公司持有的投资性房地产(含境外投资性房地产),包括以物权形式持有的投资性房地产和以项目公司

---

① 资产端发生违约事件,并不能减免保险公司的保单负债。保险公司对某项资产采取增信措施或使用信用风险缓释工具的,其信用风险最低资本计量标准由保监会另行规定。

形式持有的投资性房地产股权。这里需要注意的是,偿二代下需要计算房地产价格风险最低资本的投资对象,仅仅是保险公司全部房地产类投资品种中的一部分,包括直接持有的房地产和对房地产项目公司的股权投资。对于不动产类信托计划、基础设施债权投资计划、不动产类资管产品、不动产债权投资计划、项目资产支持计划等不动产金融产品,不计算房地产价格风险最低资本,而是计算交易对手违约风险最低资本。保险公司对于房地产公司(非项目公司)的股权投资,则需要计算权益价格风险最低资本。投资人员可以比较一下,在三种风险分类下风险因子的差异,并进而决定采用哪一种投资形式参与到房地产市场中来。

以物权形式持有的投资性房地产,房地产的账面价值为风险暴露;以项目公司形式持有的投资性房地产股权,股权的账面价值为风险暴露,两者的风险因子相同。以历史成本计价的,基础因子 RF_0 为 0.08;以公允价值计价的,基础因子 RF_0 为 0.12。从基础因子的大小来看,相对于权益类资产来说,投资性房地产的资本消耗要低很多。随着保险资金投资收益率的下降,适当地提升房地产资产在整个投资组合中的比重,有助于改善投资收益率。对于房地产投资比重较低的保险公司来说,在增加房地产投资的比重在提升收益率的同时也有助于降低资本占用。考虑到房地产项目公司的股权含有杠杆效应,如果保险公司对用于房地产投资部分的资金的流动性要求不高的话,投资与房地产项目公司的股权更加节省资本。

除了基础因子以外,风险因子还取决于三个特征因子,分别是公允价值计量下房地产投资的价值变动幅度、投资性房地产占公司总资产的比例、房地产所处的地区特征。

如果房地产投资采用公允价值评估,则评估增值的幅度越大,最低资本要求也越大;当房地产(房地产项目公司股权)的账面价值翻一番时,最低资本的数量也翻了一番。由于各家公司对于房地产价值的评估标准差异很大,在偿一代下,一些保险公司通过调节投资性房地产的评估价值来提高利润和偿付能力充足率;而这种做法在偿二代下将会导致更高的最低资本要求。如果采用历史成本法作为计量模式,可以避免房产增值引起的资本消耗增加,但是需要对房产计提折旧从而影响到利润。另外,根据《企业会计准则第3号——投资性房地产》的规定,已采用公允价值模式计量的投资性房地产,不得从公允价值模式转为成本模式。

房地产投资占公司总资产的比例也会影响到最低资本要求,占比越高,最低资本要求越高。从特征因子的参数设置来看,投资比例超过10%时特征因子达到0.2,是投资比例在5%以下时的4倍,反映了监管部门对于当前经济形势下房地产领域风险的谨慎看法。对于一些股东具有房地产背景的保险公司来说,在通过投资型寿险产品销售为房地产项目融资的同时,需要注意偿付能力充足情况,在必要情况下进行增资。保险公司房地产投资应专注于租金收入而非价格上涨收益,在目前高房价的市场环境下,应避免不动产价格波动造成较大的损失,而专注于获得稳定的租金收入。

第五节　偿二代体系与资管产品设计

在偿二代体系下,资产管理公司[①]在设计资管产品时,应该将资管产品看作是保险公司整个投资组合中的一个组成部分,而不能割裂地去追求单个资管产品的收益和风险。对于各类资产管理产品、信托计划和投资计划等,其最低资本要求的计算可以分成两种情况:适用穿透法和不能适用穿透法。这类金融产品的发行公司如果能够提供精确的投资标的信息给投资者,则根据穿透法计算得到的最低资本可能低于不使用穿透法情况下得到的最低资本。从另一个角度考虑,这类金融产品在不能穿透时,其对应的风险因子并不直接与其所持有的基础资产的风险水平挂钩,而是与产品(发行人)的信用等级挂钩,因此发行公司在产品设计时,应该与外部评级公司保持沟通,在产品的预期收益、风险水平和信用等级之间取得平衡。

在偿二代体系下,创业板和中小板上市的股票的风险因子较高,分别达到 0.48 和 0.41。而符合保监会规定的主体发行的资产管理产品,如果无法采用穿透法计算最低资本的,权益类资管产品的风险因子为 0.25。因此如果设计一款资管产品,投资目标以创业板和中小板股票为主,由保险公司来决定对于资管产品的配置比重。而资管产品的设计目标就是为那些想增加持有高风险股票的保险公司节省资本。

在偿二代体系下,债券型基金和(不能穿透的)固定收益类资产管理产品的风险因子均为 0.06。而对于信用等级在 A+(含)以下的信用债,其风险因子超过 0.09。从节约资本的角度,保险公司会降低对低信用等级的债券的持有。资管公司可以设计一款专注于高风险债券[②]投资的资管产品(基金产品),从而帮助保险公司节省资本。此外,资管产品的设计可以考虑杠杆的运用,放大投资收益,而在不能穿透的情况下风险因子并不会因为运用杠杆而增加。

保险公司投资房地产可以采取多种形式,既可以采取直接投资方式(房地产、项目

[①] 此处的资产管理公司是广义的投资管理公司,包括证券投资基金、证券公司、保险资产管理公司、信托公司等。

[②] 仍然需要满足监管部门的要求,只能投资于 BBB 级及以上的信用债券。

公司),也可以采取间接投资方式(基础设施股权投资计划、基础设施债权投资计划、不动产债权投资计划、信托计划等)。不同的投资形式具有不同的最低资本要求,然而即使对于同一种投资形式,不同的产品可能具有不同的风险收益特征,投资人员可以选择相对节省资本的形式。投资于房地产项目公司,其风险因子与直接投资房地产是相同的,但是投资项目公司的股权可以运用杠杆放大收益。直接投资房地产公司的股权,无论其是未上市的还是在沪深主板上市的,其风险因子都是 0.31,是房地产项目公司股权的 3 倍,可能会抑制保险公司直接参股房地产公司的意愿。基础设施债权投资计划、不动产债权投资计划、基础设施股权投资计划的风险因子均小于直接投资房地产项目,适合风险容忍度较低的保险公司。

第五章　偿二代与资产负债管理

在偿二代体系下进行资产配置,没有一套标准的方法,不同的保险公司由于自身业务类型和资本充足情况不同,因此关注点也不一样。对于资本水平较为紧张的保险公司,在调整产品策略的同时,会增持资本要求低的资产类别和减持资本要求高的资产类别。然而,这更多的是从满足监管要求的角度出发,不是真正意义上的资产配置。对于资本充足性较好的公司,在偿二代体系下进行资产配置,需要根据不同的负债类型制定不同的配置策略。

在偿二代下进行资产配置,需要同时兼顾收益率、风险和资本要求。投资部门在制定资产配置策略时,需要得到公司董事会层面关于投资目标和风险偏好方面的信息,基于风险偏好水平确定可用于覆盖市场风险和信用风险的风险资本预算(Risk Capital Budget)。风险偏好的表达形式可以表示为在一定的置信水平下,所允许的资产的下跌幅度。例如,在 95% 的置信水平下,资产的下跌幅度不超过准备金负债的 10%。如果董事会对收益率有较高的要求,并且风险偏好水平也较高,则分配给市场风险和信用风险的风险资本预算也较高,反之亦然。在偿二代体系下,这是一个反复的过程,投资部门根据分配的风险资本预算,结合偿二代规则中对于各资产类别的最低资本要求,计算偿付能力资本收益率(Return on Solvency Capital Requirement),并反馈给公司董事会。如果偿付能力资本收益率低于董事会的收益率目标,则董事会或者降低收益率目标,或者追加对投资部门的风险资本预算,以进一步提升风险资产的比重,但同时需要重新评估新的资产配置方案是否仍然符合董事会的风险偏好水平。

在确定了可用于覆盖投资风险的风险资本预算以后,可以在此基础上制定战略性的资产配置策略(SAA)。根据投资理论,战略性的资产配置决定了80%的投资收益率,因此需要与董事会的收益率保持一致。投资部门结合当前的资本市场环境和公司的内部研究成果,在战略性资产配置的基础上进行调整,制定出战术性的资产配置(TAA)。战术性的资产配置可以在一定的范围内偏离战略性资产配置的权重设置,但需要确保新的资产配置方案所对应的最低资本要求,仍然处在分配给投资部门的风险资本预算之内。此外,在投资组合的日常管理中,需要监控由于资产的市值变化而导致偿付能力资本要求的变化,并在必要时进行投资组合再平衡。从制订资产配置方案到对投资组合的日常监控并进行再平衡,风险管理部门应从两个层面来对投资风险进行把控:一个将实际投资风险控制在公司的风险偏好水平内;另一个是确保资产配置所对应的最低资本要求与投资风险资本预算保持一致,在这个层面需要将偿二代的量化资本要求纳入公司的报告系统中去,使其能够满足风险管理部门对于资产和负债的日常监控要求,确保偿付能力充足率指标维持在一定的水平之上。

资产负债管理部门作为投资部与精算部之间的"桥梁",在制定投资政策以前,应对负债有较深刻的理解。精算部门应该就保险产品的形态和特点与资产负债管理部门进行充分的沟通和交流,具体包括产品的预测现金流、产品的保证条款、产品的卖点、市场同业的竞争情况以及对于准备金负债的久期的预测期间。而投资部提供给资产负债管理部门的信息包括各类可配置资产的收益率/风险特征、现金流特征和各类对资产收益率进行预测的内部研究成果。

产险业务由于负债期限较短,所以在进行资产配置时,受到负债端的约束相对要少一些。寿险业务的负债期限较长,因此资产配置需要建立在对负债的深入理解之上。寿险产品大致可以分成两个大类:传统型寿险产品和新型寿险产品。传统型寿险产品主要有四个基本险种:定期寿险、终身寿险、年金保险和两全保险。新型寿险产品主要有三个基本险种:分红保险、万能保险和投资连结保险。新型寿险产品在传统寿险产品的基础上,更加突出了保险产品的投资功能:分红保险将实际经验与定价假设之间的有利偏差作为红利分配给投资者;万能保险可以看作是传统型寿险产品与储蓄的结合,储蓄利率随着保险公司的投资收益而调整(有最低利率保证);投资连结保险可以看作是传统寿险产品和基金的结合,投资风险一般由客户承担。

从投资管理的角度来看,可以把传统型寿险产品以及期交型分红险和万能险看作是一个类别——保障型产品,而把趸交型分红险和万能险看作是一个类别——投资型产品。另外,投资连结保险由于全部投资风险由客户承担,所以单独成为一个类别。保障型产品主要满足客户的各种人身保障需求,包括死亡、长寿、疾病、残疾等,部分产品也会让客户分享保险公司经营上的利润,保障型产品的竞争主要是在保险公司之间展开的。对于保险公司来说,保障型产品的利润主要来自实际经验与定价假设之间发生的有利偏差[①]。保障型产品的期限通常较长,负债端的成本在产品定价时就已确定,资产配置上追求长期收益目标。投资型产品主要满足客户的理财需求,客户倾向于将投资型产品与其他理财产品进行比较,客户的基本目标是保险产品的收益率超过同期限的银行存款产品。投资型产品不仅仅是保险公司之间的竞争,也是与其他金融机构之间的竞争。投资型产品的保障成分通常较低,保险公司的利润主要来自利差收入。投资型产品的客户对于收益率高度敏感,因此产品退保率取决于与其他理财产品收益率的比较,投资期限的不稳定性较高。投资型产品的负债成本(结算利率/分红水平)受到竞争因素和市场平均收益率水平的影响,有较大的不确定性。

对于保障型产品来说,由于客户对于产品收益率[②]的要求并不明显,因此退保率相对于投资型产品来说稳定性更高,负债端的现金流出形态更加稳定。保障型产品的投资目标,就是在长期(产品的合同期)内取得高于产品定价利率的投资收益率。在制定定价利率时,投资部门应该对未来整个产品期限内可能获得的利率水平进行预测,并将各种可能的变动因素考虑进去,而不能只是基于过去几年的历史率数据;因为一旦未来的实际利率低于定价利率,现有业务产生的利差损将削弱公司的自有资本。对于传统的(长期)寿险业务,资产和负债的匹配是一个非常关键的问题,如果两者的久期缺口较大,则会大幅增加实际资本和偿付能力充足率的波动性。在进行资产配置前,投资人员需要对负债结构有一个较为深刻的理解,并在此基础上计算负债的久期。因此,在资产配置上将以长期债券类资产为主,通过资产和负债的久期匹配,将利率风险控制在较低的水平。当然在特定情况下,如果投资人员也会根据利率走势适当调整久期的缺口。例如,如果央行执行宽松的货币政策导致利率较大地偏离历史平均水平,则减持长期债券,以避免未来利率上升时长期债券的价格大幅下跌。

虽然保障型产品的客户对于产品的定价利率并不敏感,但有竞争力的投资收益率既可以降低产品费率,也可以增加产品的利差益,从而提高公司的利润。信用债的配置是提高投资收益率的重要途径。投资人员需要达到收益、风险和资本占用三者之间的平衡。目前,中国寿险业对于信用债的投资基本以 AA 级以上的债券为主,风险容

---

① 包括利差异、死差异、费差异、退保率差异等。
② 寿险产品的定价利率。

忍度较低；而与之形成对比的是，美国寿险业虽然也以投资级债券为主，但也会持有一部分高收益债券。在偿二代下债券期限的增加对于风险因子的影响较小，而债券的信用质量对于风险因子的影响较大，因此债券配置的分析重点放在债券的信用质量上。如何在债券的类型、发债人所处的行业（板块）、地理区域等因素上进行有效的分散，将直接影响到整个信用债组合的违约风险水平。偿二代下对于企业债的风险因子只跟其信用级别有关，但是相同的信用级别下，不同行业的发债人所面临的违约风险并不相同，意味着在相同的资本约束下信用债的收益/风险特征仍然具有较大的差异。在充分分散的前提下，保险公司根据内部信用部门的分析减持风险攀升的行业；在配置高收益债券（低信用等级）时，可以适当地偏向于重资产的行业；另外，对于私募发行的债券来说，应重点关注债券合同中的保护性条款以及在出现违约以后资产重组的相关安排。对于资产证券化产品，以持有高信用等级的分级债券为主，并重点关注偿债保障比高、贷款抵押比率较低的品种。

除了债券投资以外，保险公司也应适度少量地投资权益类资产和另类资产，以增加投资收益率覆盖负债端的成本。中国的债券市场整体收益率偏低，一方面由于长期券种相对较少，另一方面由于行政干预，在前几年债券的实际违约案例数目并不多，违约风险并不能充分地在债券的信用溢价中得到体现；此外，管制过多、发行费用过高也是造成债券收益率较低的原因。因此，适度地投资权益类资产和另类资产，可以改善资产端的实际收益率，提高产品的竞争力。在偿二代下，虽然权益类的风险因子较高，但经过相关系数矩阵调整后，资本要求会有所降低。然而，对于保障型产品来说，权益类资产的比重不宜过高，因为从寿险业的长期历史经验数据来看，股票收益率并不是非常好，原因在于，寿险业资金量大，权益类资产研究力量与其他机构比相对薄弱，常常采用跟随趋势投资的策略，因此在低位进入和高位抛出的资金的比重相对较少，从而资金实际从股市获得的涨幅要小于股指所表现出的涨幅。对于股票，要提高收益率可以多配置另类资产。

投资型寿险产品通常以趸交型产品为主，客户在购买产品时缴纳一笔金额较高的保费，除了满足各类费用要求以外，这笔资金中有很大一部分将沉淀在保险公司由其进行投资运作。由于客户对于收益率很敏感，所以当产品的实际收益率低于市场上其他理财产品，退保率将上升；反之亦然。所以，产品的现金流稳定性较差。负债端的成本由两部分组成：第一部分是投资者的预期收益率，通常以五年期的存款利率作为参考；第二部分是产品销售佣金年化以后摊入每一年的成本。虽然产品的预期收益率并非保证利率，但是考虑到市场竞争因素，保险公司仍然会对客户的资金提供有吸引力的结算利率或红利。投资型产品的投资目标,是在满足流动性要求的前提下实现尽可能高的投资收益率。一方面,投资型产品的负债端现金流出稳定性较低,需要保持充足的流动性资产;另一方面,投资型产品的竞争对手不仅包括其他保险公司的产品,还包括市场上其他理财产品以及银行定期存款,所以获取有竞争力的收益率对保险公司非常重要,既可以提高业务规模,也能够降低退保引起的现金流出。为了获得有竞争力的投资收益率,投资型产品比保障型产品持有更高比重的权益类资产,但具体持有的比重随市场行情而调整。当股市处于牛市阶段时,提高对权益类资产的持有比重,此时实际投资收益率超过结算利率(红利)的幅度较大,保险公司可以将部分利差收入作为平滑准备金用于在资本市场不景气的年份补贴较低的投资收益率。而当股市处于熊市阶段时,降低对权益类资产的持有比重,并用平滑准备金来补贴较低的实际投资收益率,当平滑准备金耗尽以后,保险公司可能动用自有资金来补贴,一旦公司停止补贴,结算利率(红利率)低于客户的预期收益率,退保率就会上升。保障型产品的利润水平取决于产品销售时点的资本市场情况,短期的投资收益率可能与战略性配置的假设收益率有较大的差异,需要公司建立充足的平滑准备金。

保险公司在对自有资金进行投资时,或者对于万能保险等投资型保险产品进行投资时,追求的往往是资金的绝对收益,因为没有责任准备金负债需要去匹配[①]。在偿二代体系下,在构建投资组合时,可以引入风险调整后的资本收益率(Risk-Adjusted Return on Capital,RAROC),它等于资产的预期收益率除以资产在偿二代下的最低资本要求。按照金融学理论,资产的预期收益率与风险水平呈线性关系,投资者每承担一单位风险所获得的超额收益是相同的。投资者在确定资产大类的配置比例以后,在每一个资产大类内部,挑选收益/风险比最高的资产品种,然而由于对风险的评估可能缺乏客观有效的方法,造成一些高风险(高收益)资产的风险被低估,使得其收益/风险比较为诱人。偿二代下对于每一项具体的资产引入资本要求以后,对于风险的衡量有了监管层面上的评价,在挑选具体的资产类别时,可以考虑以 RAROC 作为评价指标,对 RAROC 相对较高的资产品种设置相对较高的投资比重。

从评级公司的角度看,对于那些自有资本[②]较高的公司,在资本充足性方面的得分或相对较高。有的保险公司会采取动态调整投资组合的方法来确保满足最低资本要求,因而自有资本的持有水平较低。然而,这种做法在实际操作时可能效果较差,当

---

① 万能保险的投资部分与保险部分有不同的投资策略,保险部分的准备金负债较小,投资部分在会计上记入保户储金科目。

② 实际资本超过固定资本的部分。

一些系统性的因素引起整个行业的资本充足性下降的时候,为了降低资本要求而出售高风险资产时或者对外发行资本工具时,很有可能并不是有利的时机,会遭受损失或面临较大的融资成本。因此,留有充足的自有资本是保证未来偿付能力达标的重要途径。基于同样的原因,保险公司的战略性资产配置是最重要的,因为一个适合的战略性资产配置,避免了由于监管资本要求方面的原因而去被动地调整投资组合,特别是在市场不利的环境中作出这样的调整。

对于那些为了满足资本要求而大量持有低风险因子资产类别的保险公司来说,尤其需要留出充分的自有资本。因为当资产价格下跌时,偿付能力充足率的分子(实际资本)会随之而大幅下跌,而分母(最低资本)的变化却很小,原因在于其资本要求本来就很低,所以会造成偿付能力充足率大幅下降。评级公司会特别关注在给定的压力情景下,其自有资本是否能够确保偿付能力充足率达标。与之相反的是,如果投资组合中高资本要求的资产类别占比较高,那么当资产价格下跌时,不仅分子(实际资本)会大幅下跌,分母(最低资本)也会大幅下跌。其原因在于此类资产本来的资本占用水平就很高,所以当资产价格下跌后,最低资本要求下降的幅度很明显,偿付能力充足率的分子和分母下降的幅度都很大,因而偿付能力充足率本身下降的幅度较小。所以,从上述分析可以看出,低风险资产占比高的投资组合反而需要更高的自由资本,来确保未来能够持续满足偿付能力监管要求。降低当前的资本要求和持续在未来能够满足资本要求,两者在一定程度上存在冲突,保险公司需要进行权衡。

第六章　对保险资产管理的一些建议

2015 年是偿二代体系的过渡实施年,保险公司已经逐渐在各个业务领域做出调整。对于投资部门来说,偿二代体系对于资产配置提出了一个新的约束条件,也就是最低资本要求。如何将资本约束纳入投资决策流程中去,仍有待各家保险公司基于自身的特点进行探索。对于保障型保险产品来说,加强资产负债管理,降低利率风险资本占用,是提高资本使用效率的主要途径。对于投资型保险产品和公司的自有资金来说,投资部门需要对各个资产类别的收益率重新进行评估,结合偿二代的最低资本要求,分析资本调整后的收益率,并逐渐对现有投资组合进行调整。

无论是保障型产品还是投资型产品,在进行投资业绩评估时,为了提高各个资产类别收益率的可比性,笔者建议将资本回报率作为评价各个资产类别投资业绩的重要指标。以往在进行各个资产类别的投资业绩比较时,由于缺乏各项资产准确的波动率数据,因而无法基于风险调整后的收益率进行横向比较。偿二代对于每一类资产都规定了最低资本要求,可以将资本要求看作是该类资产风险水平的代表。通过计算每一类资产的资本回报率,将各类资产的投资绩效放在一个收益/风险的框架下进行横向比较,对于资本回报率高的资产,可以分配相对较高的资本预算,反之亦然。用资本回报率考核投资绩效,可以引导投资经理在进行资产配置时不再单纯追求投资收益率,而必须同时兼顾资产的风险水平(资本耗用)。

对于保障型产品来说,提高通过计算(偿付能力)资本回报率,可以将资产负债不匹配风险转化为相应的资本要求(分母),从而抵消忽视资产负债管理带来的高收益。此外,通过运用利率衍生金融产品,降低利率风险资本占用,可以提高(偿付能力)资本回报率。对于投资型产品来说,不能仅仅只看资产的绝对收益率,而必须考虑到带给股东资本的回报率。投资部门需要基于偿二代的最低资本要求,在预期收益率相近的资产类别中挑选出资本占用最低的投资品种。偿二代对于资产配置方面的影响,主要体现为降低对于高资本消耗的资产类别的投资比重。例如,上市股票的资本耗用是偿一代下的6~10倍,可以预计保险公司对上市股票的配置动力或将下降。对于债券资产来说,保险公司会加大对高信用等级、短期债券的持有比重。在相同的信用等级情况下,信托计划的资本占用最大,因此保险公司将倾向于降低对信托资产的配置比重。另外,保险公司未来对投资性房地产及部分另类投资的配置动力会相对上升。

除了在投资业绩考核时纳入资本要求以外,在日常的投资组合管理时同样需要考虑各个资产类别的资本要求。投资部门给定的资本预算可以在各个资产类别上进行分解,同时根据各个资产类别的实际持有情况动态地计算最低资本要求,通过监控实际资本与最低资本要求的大小,各个投资业务单元可以动态地对资产组合进行再平衡。如果实际资本较为充足,则可以利用盈余资本适当增持高风险资产的比重,以提高整个组合的预期收益率。反之,当实际资本下降、逼近最低资本要求时,为了避免偿付能力不足状况的出现,应适当减持高风险资产。动态地监控偿付能力充足性的变化,可以主动地对投资组合进行调整,避免在市场不利条件下被动地出售资产去满足监管资本要求。

最后,偿二代体系带来的不仅仅是定量的资本要求,也对保险公司的风险管理能力提出了更高的要求。公司风险管理体系的完善性和有效性,直接影响到监管部门的定性打分,并进而影响到保险公司的控制风险的资本要求和风险综合评级(分类监管）。建立完善的投资风险管理体系,并切实有效地按照制度流程进行实际投资决策,有助于保险公司获得较高的定性评估分数,从而降低资本要求以及避免面临限制性的监管措施。同时,有效的风险管理体系,有助于保险公司控制那些单纯依靠自有资本无法抵御的风险类型。在偿二代体系下,保险公司自身风险管理能力将作为控制风险的资本要求,被计入第一支柱下的最低资本。这对于那些投资风险管理能力强的保险公司来说,将大大节约最低资本,从而在竞争中占得先机。

参考文献

[1]陈文辉. 中国偿二代的制度框架和实施路径[J]. 中国金融,2015(5).

[2]段纯锴. "偿二代"的国际经验与路径选择[J]. 银行家,2014(7).

[3]解强,李秀芳. 基于多目标规划的保险公司资产负债管理[J]. 现代管理科学,2009(10).

[4]王海晶. 偿二代下新"投资方法论"[J]. 当代金融家,2015(8).

[5]赵锋. 我国保险企业偿二代政策下的保险资产配置研究[J]. 科学中国人,2015(11).

[6]杨丹,屈燕. 偿二代下之险企评级影响——访穆迪投资者服务公司亚洲保险信用评级副总裁严溢敏[J]. 当代金融家,2015(8).

[7]宗会苓. 第二代偿付能力框架下我国寿险公司偿付能力研究[D]. 东北财经大学硕士论文,2014.

[8]杨烨华. 国际视角下我国保险公司偿付能力监管研究[J]. 经营管理者,2014(2x).

[9]沈烈. 保险公司资产负债管理[M]. 北京:经济科学出版社,2009.

[10]段国圣. 保险资产负债匹配管理的比较、实践与创新[M]. 北京:中国社会科学出版社,2012.

[11]李冰清. 投资学[M]. 北京:中国财政经济出版社,2011.

[12]Anton Kapel,Graeme Miller and Rob Paton. *Impact of Liability Profile on Investment Strategy for Insurers*. Towers Watson,2010.

[13]Goldman Sachs. Revisiting the Role of Insurance Company ALM within a Risk Management Framework. *Goldman Sachs Asset Management*,2010.

[14]Russel Ward et. al. *Living with Solvency Ⅱ: An Economic Capital Perspective from Recent History*. Milliman,2013.

[15]Solvency Ⅱ: A Field of Missed Opportunities? Moody's Analytics,2013.

大类比例监管下的保险资金运用
风险监测预警研究

南开大学

李志辉　王　近　李　源

摘要

全球性金融危机实践表明,对风险实行预测和预防比危机的事后处置更为有效和经济,因而通过建立金融风险预警系统,对风险实现监测预警尤为必要。随着我国保险资金运用渠道的不断拓宽以及市场化水平的持续提升,保险资金运用将面临更为复杂的风险,对这些风险进行监测预警有助于为保险资产管理提供参考与借鉴,以避免保险公司出现较大损失。本文在对保险资金运用风险进行有效识别的前提下,以现有金融风险预警研究为基础,构建了保险资金运用风险监测预警的模型框架,并运用聚类分析、主成分分析、RBF 神经网络等模型和方法对样本保险公司的资金运用风险进行了实证分析。

关键词

大类资产比例监管　风险监测预警　RBF 神经网络模型

第一章　引　言

随着我国金融业市场化水平不断提高以及对外开放程度持续加大,我国金融机构之间的竞争日益加剧,并面临来自外部金融风险的冲击,这些因素使我国金融体系运行处于极大的风险之中。金融风险具有突发性和传递性,并且相比事后的风险处置,对金融风险进行预警和防范显得更为有效和经济。金融风险预警是指对金融体系运行过程中遭到破坏的可能性以及金融机构可能发生的资产损失进行分析预测,为金融体系稳健运行提供参考及建议。从金融监管的角度来看,建立金融风险预警系统有助于金融监管部门针对高风险机构和领域合理配置监管资源,提高监管效率,并在风险发生之前及时采取处置措施,避免风险发生及传染至其他金融机构,从而导致系统性金融风险的发生;从金融机构的角度来看,实现金融风险预警可为金融机构开展经营活动提供参考,在风险发生前调整业务策略,避免发生损失。

作为金融体系的重要组成部分,保险是风险管理的基本手段之一,这决定了保险资金运用应遵循安全性、稳健性原则。自《保险法》颁布以来,我国保险资金运用市场化改革持续推进,使保险资金运用渠道不断拓宽,保险资金运用市场化水平不断提升,在收益水平有所提高的同时也使保险公司面临的风险状况更为复杂,因此对保险资金运用所面临的风险进行监测预警显得尤为重要。另外,国务院在《关于加快发展现代保险服务业的若干意见》中提出,加强保险业全面风险管理,建立健全风险监测预警机制,这为加强保险资金运用风险监测预警机制建设指明了方向。

在金融风险预警的实践中,银行风险早期预警的研究及实践已有多年历史,并积累了大量经验,可以为保险资金运用风险监测预警提供借鉴与启示。比如,美国联邦金融监管当局使用的 CAMELS 评级体系(也称"骆驼评级体系"),以资本充足性、资产质量、管理、收益状况、流动性水平以及银行对市场风险的敏感程度作为评级要素分别进行评分,并综合考虑各要素的权重得到对所评估银行的综合评级。该评级体系通过单项要素评估与综合评估相结合、定性分析与定量分析相结合,并充分考虑银行经营的流动性、安全性和效益性状况,使其能够对单体银行的经营风险实现有效的静态评估,而被大多数国家所采用。另外,中国银监会为加强对商业银行的持续有效监管,制定了《商业银行风险预警操作指引(试行)》,通过非现场监管、现场检查等手段获取银行业金融机构的信息,并采用多种模型分析方法对商业银行风险状况进行动态监测和早期预警。

根据现有金融风险预警的实践,保险资金运用风险监测预警框架应至少包含以下内容:第一,风险监测预警指标体系,即以有效识别各类风险为前提,选取能够反映保险资金运用风险的定性指标和定量指标,构建指标体系;第二,保险资金运用风险评估体系,即根据保险资金运用的历史数据和监管经验,对各指标所反映的风险程度予以界定,如设定预警阈值、指标体系权重向量等;第三,风险指标预测方法,即利用风险指标的历史数据,对其未来值进行预测,从而实现未来时期的风险预警。

本文共分为四章,各章的内容安排如下:第一章为引言,简要介绍了对金融风险进行预警的意义、保险资金运用风险监测预警的必要性、风险监测预警系统的框架以及本文的内容结构等;第二章为保险资金运用风险研究,对我国保险资金运用的发展沿革进行介绍,并对我国保险资金运用过程中所面临的各类风险进行识别,为风险监测预警研究奠定基础;第三章为保险资金运用风险监测预警模型设计研究,明确了模型设计的总体思路及具体步骤,并以我国保险公司关于保险资金运用的数据为样本进行实证分析;第四章为总结与建议,对模型设计的经验及不足进行总结,并针对如何有效防范保险资金运用风险提出建议。

第二章　保险资金运用风险研究

第一节　我国保险资金运用发展回顾

自 1980 年恢复保险业务以来,我国保险资金运用不断发展。在经历了将存款作为单一运用渠道和拓宽运用渠道导致盲目投资两个阶段后,以 1995 年《保险法》颁布为标志,我国保险资金运用进入规范发展阶段。根据《保险法》,保险公司的资金运用限制在银行存款、政府债券、金融债券等形式。随着我国保险业的发展,加之保险资金运用监管不断完善,使提高保险资金运用水平成为必然要求,并推动我国保险资金运用进入专业化、市场化发展阶段。[①] 在该发展阶段下,保险资金运用逐步实现专业化、

[①]　杨明生:对保险资金运用与监管的思考,《保险研究》,2008(8)。

市场化,是各方面因素共同作用的结果。

首先,保监会不断拓宽保险资金运用渠道,可投资领域由银行存款、政府债券、金融债券,逐步扩大到证券投资基金、股票、基础设施债权计划、境外投资等。尤其自2012年以来,保监会颁布一系列保险资金运用的政策文件,以放开各类金融产品投资限制为主要途径,为保险资金运用取得良好的投资收益创造了条件。

其次,为提高保险资金运用的收益水平,保监会推动建立集中化、专业化的保险资产管理模式,将分散于保险公司各分支机构的保险资金集中起来,并委托其出资设立的保险资产管理公司进行专业化管理。为进一步完善保险资产管理模式,解决部分投资能力不足的中小保险公司对资产管理服务的需求,保监会规定符合资质条件的证券公司和基金公司等专业投资管理机构也可受托管理保险资金,委外模式的引入有助于提升保险资产管理行业的市场化水平,并最终改善保险资金运用的收益水平和风险状况。

最后,推进资金运用比例监管改革是逐步深化保险资金运用市场化改革的重要步骤。既有的保险资金运用比例监管一般在各投资品种的管理办法中予以规定,某些监管比例的更新,将导致比例监管呈现繁多、无序的现象。并且随着投资品种的丰富,监管比例也日趋复杂。这些弊端对保险资金的有效运用产生不利影响。为此,保监会按照"抓大放小"的思路,在大类资产分类的基础上,将原有对各投资资产进行比例限制的监管方式,转变为大类资产比例监管。

在大类资产比例监管下,保险公司需将所投资资产划分为流动性资产、固定收益类资产、权益类资产、不动产类资产和其他金融资产五大类资产,大类资产配置比例不得超过监管上限以防范系统性风险。与此同时,保险公司投资单一资产和单一交易对手不得超过保险资金运用集中度上限比例,以防范集中度风险。此外,保监会增加风险监测比例及内控比例管理,构建监管、监测、内控"三位一体"的比例监管体系。为防范资产的流动性、高波动性等风险,保险公司应针对自身流动性状况、融资规模和类别资产等制定监测比例,并进行风险预警。在内控比例管理方面,保险公司应严格控制各项监管比例,并制定各类风险预警监测比例及流动性风险管理方案,以增强全面风险管理能力。"三位一体"的比例监管体系不仅改变了对具体投资品种进行比例限制的监管思路,有助于提升保险机构的投资自主性,提高保险资金运用的市场化水平,而且通过强化风险监测比例以及内控比例约束,有助于加强保险资金运用的事中和事后监管,以有效防范风险,并及时化解风险。我国保险资金运用比例监管体系如表2-1所示。

表 2-1   我国保险资金运用比例监管体系

监管类别	监管对象	监管内容	处置措施
大类资产监管比例	权益类资产	1. 投资权益类资产的账面余额,合计不高于本公司上季末总资产的30%; 2. 重大股权投资的账面余额,不高于本公司上季末净资产。	保险公司若突破比例,中国保监会责令限期改正。
	不动产类资产	1. 投资不动产类资产的账面余额,合计不高于本公司上季末总资产的30%; 2. 购置自用性不动产的账面余额,不高于本公司上季末净资产的50%。	
	其他金融资产	投资其他金融资产的账面余额,合计不高于本公司上季末总资产的25%。	
	境外资产	境外投资余额合计不高于本公司上季末总资产的15%。	
集中度风险监管比例	投资单一资产	投资单一固定收益类、权益类、不动产类等资产的账面余额,均不高于本公司上季末总资产的5%。	
	投资单一法人主体	投资单一法人主体的余额,合计不高于本公司上季末总资产的20%。	
风险监测比例	流动性监测	1. 投资流动性资产与剩余期限在1年以上的政府债券、准政府债券的账面余额合计占本公司上季末总资产的比例低于5%; 2. 财产保险公司投资上述资产的账面余额合计占本公司上季末总资产的比例低于7%。	若达到或超出监测比例,保险公司应履行相关报告或披露义务。
	融资杠杆监测	同业拆借、债券回购等融入资金余额合计占本公司上季末总资产的比例高于20%。	
	类别资产监测	投资境内的具有国内信用评级机构评定的AA级(含)以下长期信用评级的债券,账面余额合计占本公司上季末总资产的比例高于10%等。	
内控比例管理	严格控制大类资产投资比例、高风险(类)资产投资比例等监管比例;制定流动性风险、信用风险、市场风险等风险预警监测比例和流动性风险管理方案等。		经董事会或董事会授权机构审定后,向保监会报告。

资料来源:《关于加强和改进保险资金运用比例监管的通知》。

第二节　我国保险资金运用风险识别

风险识别是风险管理基本流程的首要环节,只有正确识别保险资金运用面临的各类风险,才能对相应风险进行度量、化解和处置,从而保证保险资金运用在风险可控的状态下进行。保险资金运用直接形成保险公司的投资资产,而投资资产是保险公司偿付能力监管中认可资产的重要类别之一,对该公司偿付能力产生关键性影响。因此,保险资金运用面临的风险是影响保险公司偿付能力的重要因素,可以从偿付能力监管中加强对风险的分类认识。结合我国第二代偿付能力监管体系,保险资金运用的风险可以分为量化风险和难以量化风险。量化风险包括市场风险和信用风险;难以量化风险包括操作风险、战略风险、声誉风险和流动性风险。一方面,对于量化风险,可以通过现有的风险度量模型和技术进行科学的识别和量化。经过多年的探索,金融风险度量研究取得了重大进展,对市场风险、信用风险等的定量分析和监测已经相对成熟。另一方面,尽管风险管理方法和技术取得了长足的进步,但由于风险自身性质及行业现实约束,部分风险无法量化或难以量化。例如,操作风险难以量化,我国保险业作为新兴市场,相关历史数据积累也较为薄弱,对这类风险进行定量评估存在较大困难。我国保险资金运用风险识别框架如图 2—1 所示。

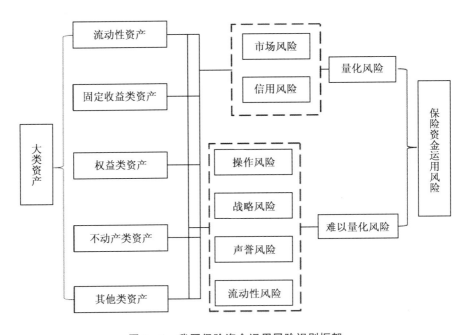

图 2—1　我国保险资金运用风险识别框架

　　从风险来源看,保险资金运用形成的投资资产是风险的载体,也是经济损失的最终表现形式。因此,从大类资产的角度出发,有助于对保险资金运用面临的各类风险进行识别。根据监管规定,我国保险公司投资资产划分为流动性资产、固定收益类资产、权益类资产、不动产类资产和其他金融资产五大类资产。本文通过考察大类资产与风险的映射关系,对保险资金运用过程中面临的各类风险进行分析。

一、市场风险

保险资金运用的市场风险主要源于市场要素价格的不利变动,会使所投资资产的价值产生损失,市场要素价格包括利率、权益价格、房地产价格、汇率等。因此,在保险资金运用过程中,所面临的市场风险主要分为利率风险、权益价格风险、房地产价格风险和汇率风险等。

(一)利率风险

利率风险是指由于无风险利率的不利变动导致保险公司遭受非预期损失的风险。在保险公司所投资资产中,债券、资产证券化产品、利率类金融衍生品以及其他固定收益类产品均面临利率风险。总体上,保险资金运用所面临的利率风险主要源于经济转型升级时期利率下行以及利率市场化改革完成后利率波动程度的加剧。

一方面,经济升级转轨时期,我国经济增速放缓,为此需要多项宏观经济政策予以调控,其中稳健并适度宽松的货币政策是重要措施之一。2015 年上半年,中国人民银行多次下调金融机构存款准备金率及存贷款基准利率,引导市场利率平稳适度下行,使社会融资成本高的问题得到一定程度的缓解。可以预见,为应对未来经济形势变化,无风险利率水平将与经济增长速度变动方向相一致。当前我国经济正处于探底阶段,无风险利率下行趋势短期内不会改变(见图 2—2)。基于此,我国保险资金运用将

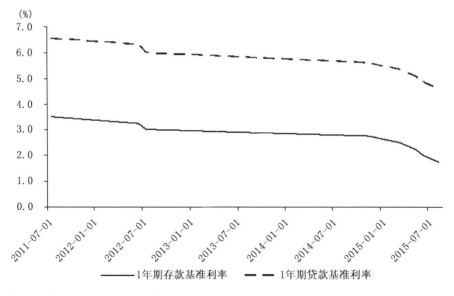

资料来源:Wind 资讯金融数据库。

图 2—2 我国 1 年期存贷款基准利率变化

面临极大的风险挑战。长期来看,在市场利率下行时,保险公司面临较大的再投资风险,容易形成利差损风险隐患。

另一方面,作为国家管理利率的机关,中国人民银行于1996年启动利率市场化改革。以"先外币,后本币;先贷款,后存款;先长期、大额,后短期、小额"作为改革的总体思路,中国人民银行稳步有序地开展利率市场化改革实践,逐步改变央行对利率实行集中统一管理、金融机构不得自定利率的现状,并最终建立由市场供求状况决定金融机构存贷款利率水平的利率形成机制,使市场在金融资源配置中发挥主导作用。在操作上,对实现市场化利率的金融市场进行培育是推进改革进程的关键环节。我国同业拆借市场于1996年实现利率市场化,债券市场中金融债券、国债、企业债等交易品种的利率管制也逐步放开。随着货币市场和债券市场成交量不断增长,SHIBOR、央票利率与国债收益率曲线逐步构成我国金融市场的基准利率体系,并为市场提供从隔夜到50年、期限结构完整的定价基准。

2015年,中国人民银行相继发布《存款保险条例》和《大额存单管理暂行办法》,推动建立存款保险制度并逐步实现大额金融产品存款利率市场化。同年10月,中国人民银行宣布对商业银行和农村合作金融机构等取消存款利率浮动上限,这不仅意味着金融市场主体可按照市场化原则自主确定各类金融产品定价,也表明我国利率市场化改革进入新阶段。根据美国、日本在利率市场化改革中的成功经验,存款利率放开后的运行状况大致分为两个阶段:短期上浮阶段和长期下行阶段。存款利率放开管制后,商业银行为保持存款市场份额而相互竞争,导致存款利率在短期内呈现上浮趋势。为保持利差,商业银行必然追求高收益资产,并最终使未来可投资资产收益率逐步下降,从而倒逼存款利率进入下行阶段。可以预见,利率实现完全市场化后,其波动幅度将进一步扩大,波动性显著提升,这将导致固定收益类资产价格的频繁波动,加大保险资金运用风险管理的难度。

(二)权益价格风险

权益价格风险是指由于权益价格不利变动导致保险公司遭受非预期损失的风险。我国保险资金可投资于上市普通股票、证券投资基金等上市权益类资产以及未上市股权、基础设施股权投资计划等未上市权益类资产。2015年6月底,我国股票市场结束单边上涨行情,在持续震荡中呈现出下跌趋势,加之在保险资金运用余额中,股票和证券投资基金的比例逐步上升(见图2—3),使保险资金投资上市权益类资产面临极大的遭受非预期损失的可能。

在中共十八届三中全会上,《中共中央关于全面深化改革若干重大问题的决定》指

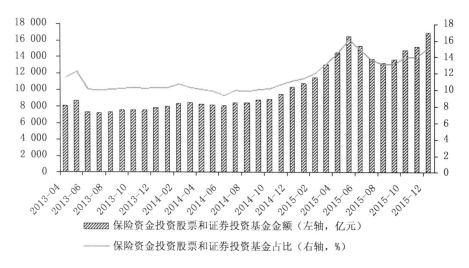

资料来源:Wind 资讯金融数据库。

图 2—3 我国保险资金投资股票和证券投资基金状况

出,应通过推进股票发行注册制改革、多渠道推动股权融资等途径提高直接融资比重,健全多层次资本市场体系。基于此,监管部门采取降低融资融券客户资金门槛、推进新股发行体制改革等多项政策措施活跃股票市场。其中,融资数量的扩张使二级市场增加近 2 万亿元资金(见图 2—4)。另外,银行理财资金通过信托、证券公司的资产管理业务通道为投资者进行场外配资,处于优先级的银行理财资金在股价上涨的过程

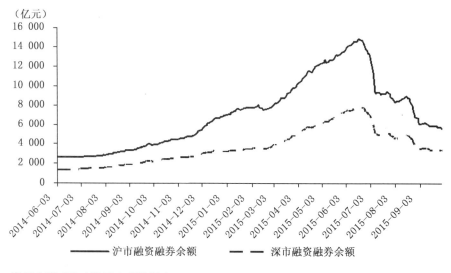

资料来源:Wind 资讯金融数据库。

图 2—4 我国沪深两市融资融券业务规模

中,能够在几乎不承担风险的情况下获得较高收益。风险与收益的不对称刺激银行及信托机构加速将资产配置到股票市场,资金大量进入使我国股票市场自2014年下半年呈现单边上涨的牛市行情。

融资融券业务及场外配资的不断扩张推高了市场资金的杠杆水平,使股票市场的系统性风险不断增加,一旦股票市场运行出现趋势性扭转,将导致风险爆发并严重打击股票市场,进而冲击银行体系。为此,监管部门出台相关政策对融资融券业务进行规范,以降低资金杠杆水平。二级市场的去杠杆使股票市场在剧烈震荡中进入下跌周期(见图2—5),导致高杠杆资金账户进入强制平仓程序,使市场预期进一步恶化。总之,在国内资本市场监管有待加强的背景下,场外配资及场内融资过快增长成为股票市场暴涨暴跌的主要原因。另外,国际金融市场震荡、美联储加息预期升温等外部因素也使我国股票市场运行充满不确定性。

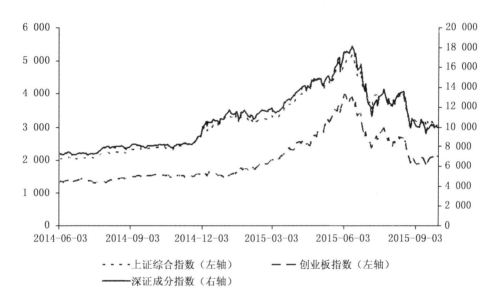

资料来源:Wind资讯金融数据库。

图2—5 我国股票市场主要指数变化状况

在国际、国内多种因素的综合影响下,我国股票市场运行情况将更为复杂,从而使保险资金投资上市股权面临极大的系统风险。在此情况下,保险资金运用主体一方面要严格控制上市权益投资规模,适度降低资金运用余额中股票和证券投资基金的比例。另一方面,优化股权类资产配置结构,坚持稳健型的投资风格,优先配置经营业绩较好、具有稳定且较高现金股利支付的蓝筹股,降低高风险、高估值股票或板块的投资比例。

（三）房地产价格风险

2009 年 10 月实施的新《保险法》在考虑保险资金运用满足行业发展需要，并兼顾安全性、稳健性原则的基础上，适当拓展保险资金运用渠道，使保险资金投资不动产具备了明确的法律依据。2010 年 9 月，中国保监会发布《保险资金投资不动产暂行办法》，对保险资金投资不动产行为进行规范，以防范投资风险。从此，投资性房地产成为保险资金运用的重要渠道之一。2014 年一季度末，保险机构投资性不动产规模754.87 亿元，总体规模不大，但较 2013 年同期 384.7 亿元的投资规模，增幅达到96.22%，增长速度较快。从风险管理的角度看，房地产价格风险是指由于投资性房地产价格不利变动导致保险公司遭受非预期损失的风险。面临房地产价格风险的投资资产包括：以物权形式持有的投资性房地产、以项目公司形式持有的投资性房地产股权等。

2010 年以来，经过多轮政策调控，我国房地产市场价格单边上涨的格局有所改变，投机性购房得到抑制，市场预期逐步转变。新时期，面临经济增长趋势明显放缓的压力，房地产投资作为固定资产投资的重要组成部分，对经济增长具有明显的拉动作用。在政策方面，各地限购政策逐步放松和取消，公积金政策和个人住房贷款政策也相应作出调整，使房地产市场出现复苏迹象，并在不同城市有所分化。一方面，人口流入和聚集的一线城市房地产价格率先反弹；另一方面，部分中小城市仍处于去库存的调整期。因此，房地产价格风险主要来自市场分化产生的价格波动（见图 2—6）。另外，不动产投资因流动性差、变现难、市场行情波动较大等特点，使投资收益往往存在较大的不确定性，加大了保险资金投资不动产遭受损失的可能。

（四）汇率风险

中国保监会于 2012 年 10 月发布《保险资金境外投资管理暂行办法实施细则》，从扩大投资地区、明确投资资质及范围、扩大投资品种等方面促进保险资产在全球范围内配置，揭开了保险资金境外投资的新时期。2015 年以来，人民币国际化趋势日益明显，国家"一带一路"建设需要保险资金更多地进行海外布局。在此形势下，保监会发布《关于调整保险资金境外投资有关政策的通知》，进一步拓宽保险资金境外投资范围，并给予保险机构更多的自主配置空间。

监管政策逐步放宽以及保险机构境外投资经验的不断积累，使保险资金境外投资规模持续增加。截至 2014 年末，保险资金境外投资余额为 239.55 亿美元，占保险业总资产的 1.44%。从风险管理的角度看，保险资金运用的汇率风险是指由于汇率波动引起外币资产（含外汇衍生品）价值变动，导致保险公司遭受非预期损失的风险。保

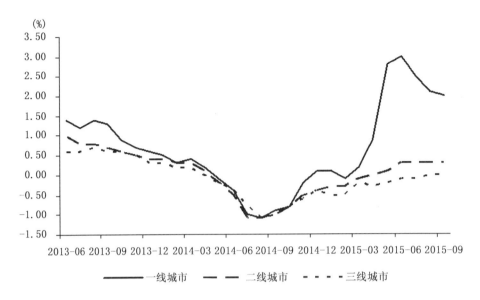

资料来源:国家统计局,70个大中城市新建住宅价格指数(环比)。

图2—6 我国房地产市场分化情况

险机构在其他国家或地区的金融市场投资货币市场工具、固定收益产品、权益类工具、不动产、基金等金融产品,均面临汇率波动导致非预期损失的风险。

后危机时代以来,随着美国量化宽松政策的退出,世界经济格局逐步呈现出美国经济复苏和其他经济体增速放缓甚至衰退的分化局面,这导致美元对其他经济体货币升值,并加剧了国际资本流动。此时,如果美联储基于国内经济发展现状实施加息政策,将进一步增强美元升值预期。2015年8月,人民币兑美元汇率中间价出现连续三天贬值,累计贬值约4.66%。人民币贬值使外币资产增值,有助于改善保险资金境外投资收益状况。但长期来看,随着人民币国际化进程的逐步推进,可能重新形成人民币升值预期,从而导致以外币计价的资产价值下降,投资资产发生汇兑损失。人民币汇率中间价变化情况如图2—7所示。

此外,保险资金运用面临的汇率风险还源于资本项目可兑换后外部冲击的增加。为进一步加大对外开放力度,我国政府将稳步实现人民币资本项目可兑换,扩大人民币国际使用。中共十八大以来,我国通过设立自由贸易试验区等重大改革举措,加快了金融开放的步伐。从国际经验看,资本项目可兑换完成后,短期投机性资本可能对我国金融体系稳定产生冲击,造成汇率大幅波动,从而增大汇率风险管理的难度。

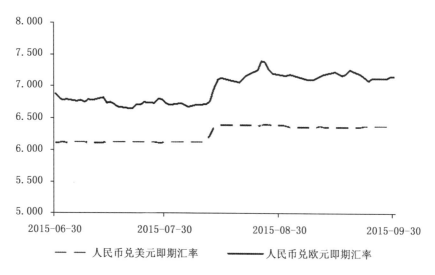

资料来源：Wind 资讯金融数据库。

图 2—7　人民币汇率中间价变化情况

二、信用风险

信用风险是指由于交易对手不能履行或不能按时履行其合同义务，或者交易对手信用状况的不利变动，导致保险公司遭受非预期损失的风险。保险公司面临的信用风险包括利差风险和交易对手违约风险。其中，利差风险是指利差（资产的收益率超过无风险利率的部分）的不利变动而导致保险公司遭受非预期损失的风险。交易对手违约风险是指交易对手不能履行或不能按时履行其合同义务，导致保险公司遭受非预期损失的风险。

从保险资金运用的角度看，面临信用风险的资产主要为固定收益类投资资产，包括存款类金融产品、固定收益债券、资产证券化产品，以及基础设施债权投资计划、不动产债权投资计划等部分另类投资产品。2014 年底，银行存款在资金运用余额中占比为 27.12%，债券占比为 38.15%。根据《保险资金投资债券暂行办法》，保险资金所投资债券应具有较高的信用评级或提供担保，因而保险资金投资债券具有较低的信用风险。

此外，另类投资在保险资金运用中占比为 23.67%，其中约有一半为固定收益类金融产品。随着保险业竞争日益加剧，保险负债端产品"短期化、趸交化、高退保、高成本"的特点难以改变，高成本的保险产品加大了保险公司对高收益投资资产的迫切需求。在保险资金运用渠道不断拓宽的背景下，另类投资产品因具有收益高、担保力度强、能够匹配公司负债等特点,在保险资金运用中投资比重迅速上升,并为总投资收益水平的提升做出了较大贡献。但值得注意的是,另类投资产品交易结构复杂、流动性差、透明度低,保险机构难以及时有效地判断项目经营状况。从资金需求方的角度来看,投资地方融资平台的保险资金所面临的信用风险应加以关注。

2008 年全球金融危机爆发后,我国实施积极的财政政策,使地方政府投融资需求不断扩张。2009 年 3 月发布的《关于进一步加强信贷结构调整促进国民经济平稳较快发展的指导意见》指出,支持有条件的地方政府组建投融资平台,发行企业债、中期票据等融资工具,拓宽中央政府投资项目的配套资金融资渠道。依托于地方政府融资平台,全国地方政府性债务规模迅速增大。截至 2013 年 6 月底,负有偿还责任的地方政府债务约为 11 万亿元,负有担保责任和可能承担一定救助责任的或有债务有 7 万亿元,总共 18 万亿元。

在我国,大部分地方政府负有偿还责任的债务是由地方融资平台形成的,地方融资平台风险可以通过基础设施债权投资计划传导至保险机构。总体上看,大多数涉及地方融资平台的基础设施投资计划采取了相应的担保措施,信用风险基本可控。另外,为化解财政金融风险,2015 年 3 月,我国财政部下达了 1 万亿元地方政府债券置换存量债务额度,允许地方把一部分到期高成本债务转换成利率较低的地方政府债券,减轻了地方政府的利息负担。但是,产业结构调整和房地产市场分化可能对部分地方政府的财政收入产生不利影响,降低其偿债能力。一方面,产业结构单一、将周期性行业作为主导产业的地区受宏观经济周期的影响较大,比如以钢铁、煤炭、有色金属、化工、水泥、工程机械、装备制造等周期性行业为支柱产业的地区,财政收入增速大幅下降。2014 年全国公共财政收入增速最低的三个省是辽宁、黑龙江、吉林,分别为 −4.6%、1.85%、4.01%,均受到产业结构调整的较大冲击;另一方面,对土地出让收入依赖大的地区,房地产行业的发展对地方政府土地出让收入影响很大,房地产市场分化将导致一线城市与二、三线城市的土地出让收入波动性不同。对于土地出让收入占比较高的地区,其财政收入的波动性被放大,由此带来的风险值得高度关注。

三、流动性风险

流动性风险是指保险公司无法及时获得充足资金或无法及时以合理成本获得充足资金,以支付到期债务或履行其他支付义务的风险。流动性风险可以分为融资流动性风险和市场流动性风险。融资流动性风险是指保险公司在不影响日常经营或财务状况的情况下,无法及时有效满足资金需求的风险。市场流动性风险是指由于市场深度不足或市场动荡,保险公司无法以合理的市场价格出售资产以获得资金的风险。流动性风险与其他风险关联性较强,信用风险、市场风险、保险风险等风险可能导致保险资产管理机构的流动性不足,因此,流动性风险通常被视为一种综合性风险。

随着"大资管"时代的到来,金融业竞争日趋激烈,由于我国金融产品高度同质化,收益率竞争成为扩大市场份额的主要手段之一,直接导致部分保险产品出现短期化和高回报倾向,容易引发资产负债的期限错配问题。另外,近年来资金运用渠道不断放宽,多种流动性低的另类资产被纳入投资范围。当另类投资业务快速发展时,投资资产面临的市场流动性风险显著上升。总之,保险资金运用的流动性风险主要来自资产负债的期限错配风险和投资资产的市场流动性风险。

(一)期限错配风险

长期性、稳定性是保险资金的基本特性,然而近年来由于保险业市场竞争日益激烈,部分保险机构,尤其是寿险公司,大力发展短期限、高收益的万能险产品等理财型保险业务。这些高现金价值产品,期限多为1~2年,结算利率达到5%以上,手续费率3%左右,预定利率加上销售费用,资金成本超过6%。在资产端,由于债券等传统金融工具的久期较短,为匹配资金成本与投资收益,保险资金往往投向收益率高、期限长的未上市股权、基础设施投资计划、投资性房地产、信托计划等另类资产,数据显示,另类资产的平均久期在7年以上,"短钱长用"现象突出。一方面,寿险费率市场化改革有助于激发市场活力,提高保险公司的自主性和灵活性;但另一方面,保险公司开发和销售高收益保险产品,以及由此导致的资产负债久期难以匹配将使保险资金运用面临巨大的流动性风险。

(二)市场流动性风险

2014年以来,各家保险资产管理机构积极布局另类投资业务,增加另类资产配置,市场流动性风险也随之产生。一方面,由于没有统一的公开交易市场或信息发布平台,另类资产缺乏转让渠道;另一方面,另类资产本身非标准化、透明度低、风险评估难度大,给资产定价带来极大的限制。另类资产规模的增加将降低保险资产管理机构所持有流动性管理工具的最大数量,同时拉长投资资产组合的平均久期(见表2-2),在一定程度上挤压流动性风险管理的空间。

表2-2　　　　　　假设情景下投资资产组合的平均久期估计

投资资产组合	银行存款占比	债券占比	股票和证券投资基金占比	另类资产占比	平均久期
1	31.97%	47.09%	12.11%	8.83%	2.35

续表

投资资产组合	银行存款占比	债券占比	股票和证券投资基金占比	另类资产占比	平均久期
2	34.21%	44.59%	11.79%	9.41%	2.34
3	29.45%	43.42%	10.23%	16.9%	2.78
4	27.12%	38.15%	11.06%	23.67%	3.07

注：为简化计算过程，假设银行存款久期为1、债券久期为3、股票和证券投资基金期限为0、另类资产久期为7。表中结果是对平均久期的近似估计。

四、其他风险

除以上三类风险外，保险资金运用面临的其他风险还包括操作风险、战略风险、声誉风险等。其中，操作风险是指由于不完善的内部操作流程、人员、系统或外部事件而导致直接或间接损失的风险，包括法律及监管合规风险（不包括战略风险和声誉风险）。从资金运用的角度看，与另类投资有关的操作风险不容忽视。一方面，随着资金运用市场化改革持续推进，投资渠道不断拓宽，另类投资获得了足够的发展空间。由于另类投资往往具有相对较高的投资回报，运作更加灵活，得到了保险机构的普遍青睐，成为资金运用的新领域。另一方面，相比于公开市场投资品种，另类投资期限长，流动性低，交易对手情况复杂，透明度不高，运作不规范，存在较大的操作风险隐患。

战略风险是由于战略制定和实施的流程无效或经营环境的变化，导致公司战略与市场环境、公司能力不匹配的风险。保险资产管理机构确定投资决策遵循一系列流程。首先，保险资产管理机构根据公司经营战略，综合考虑保险资金来源、期限、收益要求、流动性要求、风险容忍度和偿付能力等因素，制定投资资产配置策略；其次，保险资产管理机构基于资产配置策略，结合公司的风险管理能力和市场情况，确定投资范围、投资品种、投资限制等内容。可见，公司经营战略对投资决策的制定具有决定性作用，如果公司经营战略存在科学性、合理性、可行性等问题，或是在上述流程中偏离既定战略，则投资资产可能发生重大损失，从而使保险资金运用遭受战略风险损失。

声誉风险是由于保险公司的经营管理或外部事件等原因导致利益相关方对保险公司负面评价，从而造成损失的风险。声誉风险与其他风险关联度较强，其他各类风险均可能引发声誉风险。来自互联网的负面评价是使保险资金运用面临声誉风险的关键因素。互联网在减少信息不对称、加快信息传播速度的同时，也带来了信息质量和真实性的严重下降，进而增加了声誉事件处置的难度。

第三章　保险资金运用风险监测预警模型设计研究

　　保险资金运用风险监测预警模型包含风险监测与风险预警两方面内容。风险监测是指通过构建科学的风险评价体系,对各种情形下保险资金运用的风险状况进行评估与界定;风险预警是指对未来时期反映保险资金运用风险的要素指标进行科学预测,并凭借风险监测体系,结合所预测指标对预测时期内保险资金运用面临的风险状况作出预警。

　　从保险资金运用所面临的风险出发,本文明确了风险监测预警模型的总体思路:首先,从不同角度选取反映保险资金运用状况的指标,作为筛选、构建监测预警指标体系的指标集;其次,通过聚类分析等数据挖掘方法从指标集中选出一系列最具代表性的指标,构建监测预警指标体系;再次,综合运用主成分分析等统计方法确定指标体系中各要素指标的权重,并借此建立风险监测体系,对保险资金运用的风险状况进行综合监测;最后,借助历史数据,以 RBF 神经网络模型为主要手段对各要素指标进行预测,并通过风险监测体系对整体风险作出预警。保险资金运用风险监测预警模型设计框架如图 3—1 所示。

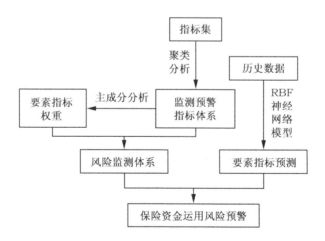

图 3—1　保险资金运用风险监测预警模型设计框架

第一节　风险监测预警指标体系

一、聚类分析

聚类分析是一种对样本进行分类的多元统计分析方法,在数据挖掘方面有广泛应用。对指标集的聚类分析是指对指标集内的指标依据其相似性进行分类,使同一聚类内指标相似性尽可能最大,不同聚类间指标相似性尽量达到最小。从分析系统的角度看,聚类分析系统输入的是指标集和指标相似性的度量标准,输出的是指标集的聚类结构。与事先了解指标集类别的分类算法不同,聚类分析方法通常针对类别未知的指标集,依据其统计特征进行分类。另外,根据分类结果,该方法可以赋予各类别指标的综合描述,从而有助于进一步了解指标集的模式与特征。

为度量指标间的相似度(或相异度),需要一些统计量作为判断依据。通常,以欧氏距离[①]等多种形式的距离作为度量标准。以欧氏距离为例,聚类分析的基本步骤为:首先,假设指标集内包含 N 项指标,将每项指标看作一类,通过比较两聚类间的欧氏距离进行分类,距离最小的两类予以合并,形成 $N-1$ 类指标;其次,对 $N-1$ 类指标再选择欧氏距离最小的加以合并;最后,重复以上步骤,使各类指标聚合为一类,并形成反映聚类过程的树状结构。

二、建立风险监测预警指标集

在选取保险资金运用风险的监测预警指标时,应至少遵循以下原则:

(1)全面性原则,即指标集应当尽可能覆盖保险资金运用过程中面临的各类风险;

(2)预测性原则,即应尽量选取具有先行特征的指标,以确保在风险发生并导致损失之前,指标对险情有所揭示,从而发出预警信号;

(3)灵敏性原则,即风险监测预警指标应准确反映保险资金运用状况,并对异常情形做出及时反应,为模型正确分析并确定警情提供依据;

(4)可行性原则,即风险监测预警指标须从上市公司财务报告或其他公开途径获取,并保证数据真实与完整。

---

① 对于变量 $x_i = (x_{i1}, x_{i2}, \cdots, x_{ip})^T$, $x_j = (x_{j1}, x_{j2}, \cdots, x_{jp})^T$, 欧氏距离为:$d(x_i, x_j) = \sqrt{\sum_{k=1}^{p} |x_{ik} - x_{jk}|^2}$。

根据以上原则,本文以 2009 年 12 月至 2015 年 6 月中国人寿保险公司(简称"中国人寿")有关保险资金运用的半年度数据为样本,选取 12 项指标作为保险资金运用风险监测预警指标集,如表 3－1 所示。

表 3－1 保险资金运用风险监测预警指标集

类　别	指标名称	主要含义
盈利水平	x_{11}:总投资收益率	保险资金所投资资产的年化收益率
	x_{12}:交易性金融资产收益率	保险资金投资交易性金融资产的年化收益率
	x_{13}:可供出售金融资产收益率	保险资金投资可供出售金融资产的年化收益率
	x_{14}:持有至到期投资收益率	保险公司持有至到期投资的年化收益率
	x_{15}:银行存款类资产收益率	定期存款及货币资金等保险资产年化收益率
	x_{16}:汇兑损益比率	汇兑损益占非人民币金融资产之比
市场风险	x_{21}:市场利率敏感度	市场利率变动 50 个基点时,利息收入波动与交易性金融资产损益之和占税前总利润之比
	x_{22}:股权型投资价格敏感度	股权型投资价格变动 10%时,交易性金融资产损益占税前总利润之比
	x_{23}:外汇汇率敏感度	人民币对美元和港币汇率变动 10%时,税前利润波动比率
流动性风险	x_{31}:1 年内综合流动比率	1 年内预期现金流入与预期现金流出之比
资本风险	x_{41}:偿付能力充足率	保险公司实际资本与最低资本的比率
	x_{42}:内含价值	经调整的净资产价值与扣除偿付能力额度成本后的有效业务价值之和

资料来源:中国人寿保险公司各年度、半年度财务报告。

三、筛选风险监测预警指标

在上述指标集中,同一类别指标间存在较大相关性,这会影响风险监测预警的有效性。因此,需要进一步通过聚类分析筛选出代表性指标,构建风险监测预警指标体系。具体来讲,第一步,对各项指标进行归一化处理。由于指标集内各项指标存在量纲不同、与风险程度正负映射关系不同等现象,需要通过样本数据归一化消除由此对聚类分析结果产生的影响。

根据指标的数值大小与风险程度之间变动方向的不同,可分为正向指标和逆向指标。正向指标数值越大,所反映的风险程度越小,如各类保险资产投资收益率、综合流动比率等;逆向指标数值越小,所反映的风险程度越大,如各类要素价格敏感度等。对正向指标 x_i 与逆向指标 x_j,分别运用式(1)、(2)进行归一化,转化至[0,1]之间。

$$X_i = \frac{x_i - \min(x_i)}{\max(x_i) - \min(x_i)} \tag{1}$$

$$X_j = \frac{\max(x_j) - x_j}{\max(x_j) - \min(x_j)} \tag{2}$$

第二步,对经归一化的指标,以指标间欧式距离作为相似性度量标准进行聚类分析。本文运用 SPSS 软件进行聚类分析,并得到相关的树状图(见图 3—2)。根据该树状图,指标集共可分为 7 小类。其中,X_{11}、X_{12} 和 X_{13},X_{14}、X_{21} 和 X_{23} 各自合并为一类,X_{16} 和 X_{41} 合并为一类,X_{15}、X_{22}、X_{31}、X_{42} 均单独作为一类。

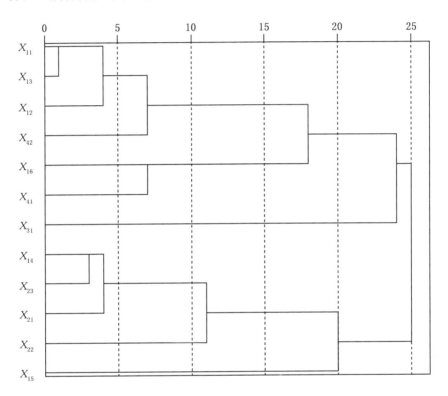

图 3—2   风险监测预警指标集聚类分析树状图

第三步,对所产生的各个聚类,分别选取代表性指标构成风险监测预警指标体系。聚类分析结果中,由于聚为一类的指标具有较强的相关性,选取其中任何一项指标均可作为该类的代表性指标。为提高筛选指标所包含信息的丰富程度,本文以相关系数均值作为筛选依据,即聚为一类的指标中,以与指标集内其他要素指标间的相关系数均值较大者作为该聚类的代表性指标。各要素指标相关系数均值如表 3—2 所示。

表 3—2　　　　　　　　　　　　各要素指标相关系数均值

指　标	X_{11}	X_{12}	X_{13}	X_{14}	X_{16}	X_{21}	X_{23}	X_{41}
相关系数均值	0.556	0.440	0.424	0.509	0.165	0.434	0.486	0.386

以 X_{11}、X_{12}、X_{13} 三项指标为例，X_{11} 与其他指标间的相关系数均值为 0.556，在该聚类中最大，从而最具代表性。同样，X_{14}、X_{21} 和 X_{23} 中代表性指标为 X_{14}、X_{16} 和 X_{41} 中代表性指标为 X_{41}。完成以上步骤后，最终形成包含 X_{11}、$X_{14} \sim X_{15}$、X_{22}、X_{31}、$X_{41} \sim X_{42}$ 在内的风险监测预警指标体系，如图 3—3 所示。

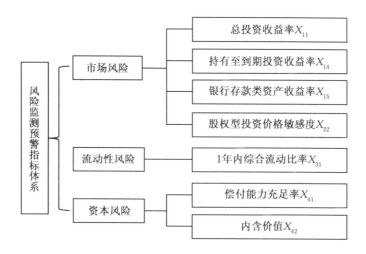

图 3—3　保险资金运用风险监测预警指标体系

第二节　保险资金运用风险监测体系

在对保险资金运用面临的风险进行监测时，风险等级的划定以及风险大小的界定将直接影响监测效果。目前在风险监测预警系统的实践中，主要将风险等级分为三级或者五级，前者分别为较低、正常、较高，后者分别为极低、偏低、正常、偏高、极高。本文为提高风险监测的精确度及灵敏度，将保险资金运用风险划分为五级，并分别以蓝色、浅蓝色、绿色、浅红色、红色的信号灯分别对应由低到高的各级风险，实现对保险资金运用风险的形象监测与预警。在风险监测体系中，包含对单项指标的风险监测与以单项指标监测为基础的综合风险监测。

一、单项指标监测

在对单项指标的风险进行界定时,本文借助指标均值 μ 与标准差 σ,分别以 $\mu-1.28\sigma$、$\mu-0.52\sigma$、$\mu+0.52\sigma$ 与 $\mu+1.28\sigma$ 作为风险临界值,将单项指标的风险等级划分为极低、偏低、正常、偏高、极高五类。据此划分的原因在于,根据统计学原理,对于服从正态分布的随机变量,其小于 $\mu-1.28\sigma$、介于 $\mu-1.28\sigma$ 与 $\mu-0.52\sigma$ 之间、介于 $\mu-0.52\sigma$ 与 $\mu+0.52\sigma$ 之间、介于 $\mu+0.52\sigma$ 与 $\mu+1.28\sigma$ 之间、大于 $\mu+1.28\sigma$ 的概率分别为 10%、20%、40%、20%、10%,即单项指标所反映的风险极低、偏低、正常、偏高、极高的概率分别为 10%、20%、40%、20%、10%。

根据指标数值与风险程度的正负映射关系,正向指标和逆向指标的风险界定有所差别。比如,对于总投资收益率等正向指标而言,当其小于 $\mu-1.28\sigma$ 时,市场风险极高;当其介于 $\mu-1.28\sigma$ 与 $\mu-0.52\sigma$ 之间时,市场风险偏高;当其介于 $\mu-0.52\sigma$ 与 $\mu+0.52\sigma$ 之间时,市场风险正常;当其介于 $\mu+0.52\sigma$ 与 $\mu+1.28\sigma$ 之间时,市场风险偏低;当其大于 $\mu+1.28\sigma$ 时,市场风险极低。而对于股权型投资价格敏感度这类逆向指标而言,当其小于 $\mu-1.28\sigma$ 时,市场风险极低;当其介于 $\mu-1.28\sigma$ 与 $\mu-0.52\sigma$ 之间时,市场风险偏低;当其介于 $\mu-0.52\sigma$ 与 $\mu+0.52\sigma$ 之间时,市场风险正常;当其介于 $\mu+0.52\sigma$ 与 $\mu+1.28\sigma$ 之间时,市场风险偏高;当其大于 $\mu+1.28\sigma$ 时,市场风险极高。

基于上述单项指标风险的界定标准,本文对各要素指标所反映的风险大小进行衡量,并以信号灯颜色实现对其风险的监测(见表3—3)。根据监测结果,保险资金运用在不同时期所面临的主要风险有所不同。比如,在2012年,多数反映市场风险的指标监测为红色或浅红色,表明这段时期保险资金运用过程中所面临的市场风险较高;2012年至2013年6月,反映流动性风险的指标监测为浅红色,表明这段时期保险资金运用过程中所面临的流动性风险偏高。另外,自2014年下半年以来,所有要素指标均未监测出红色或浅红色,表明该时期内保险资金运用所面临的各类风险基本处于正常或者更低的状态。

表3—3 各时期单项指标风险监测状况

时　间	x_{11}	x_{14}	x_{15}	x_{22}	x_{31}	x_{41}	x_{42}
2009年12月	浅蓝	绿	红	浅蓝	浅蓝	蓝	浅红
2010年6月	绿	绿	红	浅蓝	浅红	绿	浅红

时　间	x_{11}	x_{14}	x_{15}	x_{22}	x_{31}	x_{41}	x_{42}
2010 年 12 月	绿	绿	浅红	浅蓝	蓝	浅红	浅红
2011 年 6 月	绿	绿	绿	浅蓝	蓝	红	浅红
2011 年 12 月	浅红	浅红	绿	浅蓝	浅蓝	红	浅红
2012 年 6 月	浅红	浅红	绿	红	浅红	绿	绿
2012 年 12 月	红	红	绿	浅红	浅红	绿	绿
2013 年 6 月	绿	浅蓝	绿	浅红	浅红	绿	绿
2013 年 12 月	绿	绿	浅蓝	浅蓝	绿	绿	绿
2014 年 6 月	绿	浅蓝	浅蓝	浅蓝	浅红	绿	浅蓝
2014 年 12 月	绿	蓝	浅蓝	绿	绿	浅蓝	蓝
2015 年 6 月	蓝	浅蓝	浅蓝	绿	绿	蓝	蓝

注:红、浅红、绿、浅蓝、蓝分别对应风险极高、偏高、正常、偏低、极低。

二、综合风险监测

(一)计算要素指标权重

本文运用主成分分析法确定指标体系权重向量。主成分分析法是指将数据中原有的可能彼此相关的变量,通过线性组合得到相互独立变量的多元统计方法。假设有 p 个变量,若经过线性组合后得到 k 个彼此间相关系数为 0 的新变量,则这 k 个新变量即为主成分。对于主成分分析,主要形式为:

$$Y_j = a_{j1}X_1 + a_{j2}X_2 + \cdots + a_{jp}X_p \quad (j = 1, 2, \cdots, k) \tag{3}$$

其中,X_{ji} 为原变量,Y_j 为新变量,a_{ji} 为线性组合系数。主成分分析旨在选择恰当的线性组合形式使新变量具有尽可能大的方差,以反映原变量尽可能多的信息,因而往往以主成分解释原变量方差的比例作为衡量主成分因子提取效果的依据。通常,可以借助各主成分的线性组合形式以及所解释的原变量方差比例,确定变量集内各要素的权重结构。本文运用 SPSS 软件对风险监测预警指标体系进行主成分分析。

根据主成分分析结果(见表 3—4),特征值大于 1 的主成分因子有三项,并且累计解释原指标体系方差的占比为 87.87%,能够满足主成分分析确定要素指标权重的条件。因此,本文选取 $F_1 \sim F_3$ 作为指标体系的主成分。

表 3—4 主成分分析结果

主成分因子	特征值	解释方差比例	累计解释方差比例
F_1	3.042	43.45%	43.45%
F_2	2.080	29.71%	73.16%
F_3	1.030	14.71%	87.87%
F_4	0.418	5.97%	93.84%
F_5	0.233	3.33%	97.17%
F_6	0.168	2.40%	99.57%
F_7	0.030	0.43%	100%

主成分因子载荷是指第 j 个主成分 F_j 与第 i 项指标 x_i 的相关系数 r_{ji}。以相关系数矩阵进行主成分分析时，r_{ji} 与线性组合系数 a_{ji} 存在如下关系：

$$a_{ji} = \frac{r_{ji}}{\sqrt{\lambda_j}} \tag{4}$$

其中，λ_j 为第 j 个主成分的特征值。

主成分因子载荷矩阵如表 3—5 所示。

表 3—5 主成分因子载荷矩阵

要素指标	F_1	F_2	F_3
X_{11}	0.759	0.526	−0.223
X_{14}	0.751	0.475	0.251
X_{15}	0.543	−0.425	0.701
X_{22}	−0.069	0.884	0.153
X_{31}	−0.358	0.765	0.203
X_{41}	0.756	−0.046	−0.586
X_{42}	0.950	−0.164	0.133

由表 3—4 及表 3—5 可得出所提取主成分的线性组合形式：

$$F_1 = 0.435X_{11} + 0.431X_{14} + 0.311X_{15} - 0.039X_{22} \\ - 0.205X_{31} + 0.433X_{41} + 0.545X_{42} \tag{5}$$

$$F_2 = 0.365X_{11} + 0.329X_{14} - 0.295X_{15} + 0.613X_{22} \\ + 0.531X_{31} - 0.032X_{41} - 0.114X_{42} \tag{6}$$

$$F_3 = -0.219X_{11} + 0.248X_{14} + 0.691X_{15} + 0.151X_{22}$$
$$+ 0.200X_{31} - 0.577X_{41} + 0.131X_{42} \tag{7}$$

另外，以各主成分解释方差的比例为权重，可得到 F 关于 F_1、F_2、F_3 的线性组合：

$$F = 0.434\,5F_1 + 0.297\,1F_2 + 0.147\,1F_3 \tag{8}$$

将式(5)~式(7)代入式(8)，可得：

$$F = 0.265X_{11} + 0.321X_{14} + 0.149X_{15} + 0.187X_{22}$$
$$+ 0.098X_{31} + 0.094X_{41} + 0.222X_{42} \tag{9}$$

根据运用主成分分析计算权重的方法，则各要素指标的权重 w_i 可通过式(10)得到：

$$w_i = b_i / \sum_{i=1}^{7} b_i \tag{10}$$

其中，b_i 为式(9)中第 i 项要素指标的系数。经计算，各要素指标权重如表 3-6 所示。

表 3-6　　　　　　　风险监测体系下各要素指标权重

指标名称	X_{11}	X_{14}	X_{15}	X_{22}	X_{31}	X_{41}	X_{42}
权重	0.198	0.240	0.112	0.140	0.073	0.070	0.166

（二）保险资金运用风险监测

本文通过对各时期要素指标进行加权，并结合风险的界定标准，实现对保险资金运用风险的综合监测。在加权之前，首先依据单指标的风险监测结果，按照风险由高到低分别赋以 1~5 的分值(见表 3-7)，即风险程度越低，分值越高；风险程度越高，分值越低。该赋值方法将用于综合风险各等级的划定，并为监测保险资金运用的综合风险提供依据。

表 3-7　　　　　　　各时期单项指标风险监测分值

时间	x_{11}	x_{14}	x_{15}	x_{22}	x_{31}	x_{41}	x_{42}
2009 年 12 月	4	3	1	4	4	5	2
2010 年 6 月	3	3	1	4	2	3	2
2010 年 12 月	3	3	2	4	5	2	2
2011 年 6 月	3	3	3	4	5	1	2
2011 年 12 月	2	2	3	4	4	1	2
2012 年 6 月	2	2	3	1	2	3	3

续表

时 间	x_{11}	x_{14}	x_{15}	x_{22}	x_{31}	x_{41}	x_{42}
2012 年 12 月	1	1	3	2	2	3	3
2013 年 6 月	3	4	3	2	2	3	3
2013 年 12 月	3	3	4	4	3	3	3
2014 年 6 月	3	4	4	4	2	3	4
2014 年 12 月	3	5	4	3	3	4	5
2015 年 6 月	5	4	4	3	3	5	5

注:分值1~5分别表示风险极高、偏高、正常、偏低、极低。

在如何对综合风险进行界定方面,目前缺乏较为系统的、广为接受的标准或方法,并且现有的相关研究多采用经验判断法,缺乏客观性及一般性。本文创造性地利用单项指标风险的监测分值,通过设计不同的权重向量,对监测分值进行加总,作为各风险等级间的临界值(见表3-8)。在两种临界值的计算方法中,第一种方法下各临界值分别占最高监测分值的90%、70%、50%、30%,第二种方法下各临界值分别占最高监测分值的86%、74%、54%、34%,这与现有研究中分别以最高监测分值的86%、72%、48%、34%作为临界值基本吻合。[①]

表 3-8   综合监测下各风险等级临界值计算方法

计算方法		权 重					临界值（加权平均）
		极低(5)	偏低(4)	正常(3)	偏高(2)	极高(1)	
方法 1	极低与偏低之间	0.6	0.3	0.1	0	0	4.5
	偏低与正常之间	0.1	0.3	0.6	0	0	3.5
	正常与偏高之间	0	0.1	0.3	0.6	0	2.5
	偏高与极高之间	0	0	0.1	0.3	0.6	1.5
方法 2	极低与偏低之间	0.5	0.3	0.2	0	0	4.3
	偏低与正常之间	0.2	0.3	0.5	0	0	3.7
	正常与偏高之间	0	0.2	0.3	0.5	0	2.7
	偏高与极高之间	0	0	0.2	0.3	0.5	1.7

将单指标风险监测值按照指标权重进行加权后,得到各时期保险资金运用风险的监测指数。由此,借助由上述两种计算方法确定的各风险等级临界值,便可以实现对保险资金运用风险的综合评估与监测(见表3-9)。从监测结果来看,2011年下半年至2012年间,风险监测指数均介于1.5~2.5或1.7~2.7之间,表明这段时期保险资

---

① 马兰芳、刘金兰、杨军等:人工神经网络在商业银行监测预警中的应用研究,《管理工程学报》,2002(2)。

金运用所面临的综合风险处于偏高状态;自 2014 年以后,风险监测指数介于 3.5～4.5 或 3.7～4.3 之间,表明这段时期综合风险处于偏低状态。

表 3—9　　　　　　　　　　　　保险资金运用风险综合监测状况

时　间	监测指数	风险监测(方法 1)	风险监测(方法 2)
2009 年 12 月	3.158	绿	绿
2010 年 6 月	2.674	绿	浅红
2010 年 12 月	2.935	绿	绿
2011 年 6 月	2.977	绿	绿
2011 年 12 月	2.466	浅红	浅红
2012 年 6 月	2.206	浅红	浅红
2012 年 12 月	1.908	浅红	浅红
2013 年 6 月	3.024	绿	绿
2013 年 12 月	3.249	绿	绿
2014 年 6 月	3.582	浅蓝	绿
2014 年 12 月	3.991	浅蓝	浅蓝
2015 年 6 月	4.217	浅蓝	浅蓝

注:红、浅红、绿、浅蓝、蓝分别对应风险极高、偏高、正常、偏低、极低。

第三节　保险资金运用风险预警

一、RBF 神经网络模型

人工神经网络(Artificial Neural Network)是在简化和模拟人脑神经系统运行的基础上,由大量简单计算单元(即神经元)构成的信息处理系统。这类系统由于具有独特的结构,并且能够很好地解决非线性问题而得到广泛应用。在人脑神经系统中,神经元构成信息传递的基本单元,神经元之间通过相互连接形成高度复杂的生物神经网络,进而实现感知、理解、记忆等人类智能。基于此,人工神经网络以大量人工神经元作为信号输入点,通过不断调整神经网络的内部结构,使输出不断接近期望值,从而完成人工神经网络的学习过程,并借此实现信息预测等功能。

在人工神经网络的研究与应用中,RBF 神经网络模型是一种重要创新。从结构上看,该模型由输入层、隐含层和输出层组成。在隐含层中,以径向基函数(Radial Basis Function,RBF)作为核函数,实现对输入数据的非线性变换,从而将低维空间的点映射到高维空间,使低维空间内非线性可分的问题得以解决。径向基函数值具有随与中心点的距离增大而逐步减小的性质,因而将其作为隐含层核函数时,若输入数据靠近核函数中心,隐含层神经元将产生较大输出,这与人脑反应原理相一致。另外,从函数逼近功能角度看,只要隐含层神经元数目足够多,RBF 神经网络能以任意精度拟合任何连续目标函数。目前,该神经网络模型因具有逼近精度高、网络结构简单、学习速度快等特点在信息预测等领域得到广泛运用。

从结构上看,RBF 神经网络通过输入层各神经元节点输入外部数据,神经元节点数量取决于输入数据的多少。进入隐含层后,利用径向基函数对输入层数据进行非线性变换。以径向基函数中的高斯函数为例,非线性变换形式为:

$$u_j = e^{-\frac{(X-C_j)^T(X-C_j)}{2\sigma_j^2}} \quad (j=1,2,\cdots,h) \tag{11}$$

其中,u_j 为第 j 个隐含层节点的输出,X 为输入向量,C_j 为高斯函数的中心值,σ_j 为高斯函数的扩展常数。一般地,可以通过不断增加隐含层节点数 h 进行 RBF 神经网络模拟,并依据模拟效果确定恰当的 h。最后,RBF 神经网络的输出层为对隐含层输出 u_j 的线性组合,即:

$$Y_i = \sum_{j=1}^{h} w_{ij}u_j - \theta_i \quad (i=1,2,\cdots,m) \tag{12}$$

其中,w_{ij} 为隐含层输出值 u_j 到 Y_i 的权值,θ_i 为第 i 个输出层节点的阈值。

RBF 神经网络的拓扑结构如图 3—4 所示。

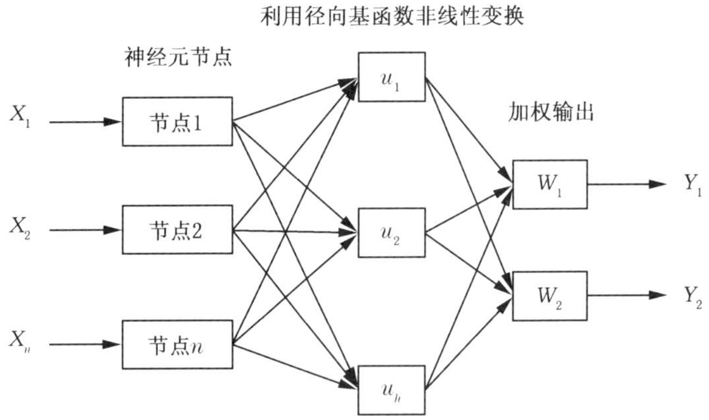

利用径向基函数非线性变换

神经元节点

加权输出

X_1 节点1 u_1 W_1 Y_1

X_2 节点2 u_2 W_2 Y_2

X_n 节点n u_h

图 3—4　RBF 神经网络的拓扑结构

在输入向量与期望输出予以确定的基础上,需要通过持续的学习过程来实现RBF 神经网络模型。从操作上看,模型的实现也是确定隐含层节点数、径向基函数的中心值、扩展常数以及输出层权值的过程。对于径向基函数的中心值和输出层权值，可以分别采用自组织选择法、最小二乘法等方法确定。

二、要素指标预测

在对要素指标进行预测时，传统模型由于缺乏自适应的学习能力，大大降低了预测的准确性及灵敏性，并对风险预警效果产生不利影响。本文利用 RBF 神经网络模型以任意精度逼近连续函数、自学习能力较强等特点，对保险资金运用风险指标体系内各要素指标进行预测。具体步骤为：对 2009 年 12 月至 2013 年 12 月间各要素指标作窗口移动，窗口大小设为四个时期，以实现 RBF 神经网络的学习与训练。在每一次学习与训练中，输入层设为三个节点，分别对应要素指标前三时期的数据，输出层设为一个节点，对应要素指标后一时期的数据。神经网络完成学习后，以各要素指标 2014 年 6 月至 2015 年 6 月间的样本作为输入层数据，便得到 2015 年 12 月各要素指标的预测值。本文借助 Matlab 软件中的人工神经网络工具箱进行计算。

为避免要素指标量纲不同对模型预测效果可能产生的影响，在进行预测前，本文采用式(1)对指标体系内各要素指标进行归一化。完成预测后，由式(13)将所预测指标进行还原。本文在构建 RBF 神经网络模型时，以隐含层神经元数量达到 5 或预测均方误差在 5% 以下作为退出条件。模型构建完成后，分别输入各要素指标 2014 年 6 月至 2015 年 6 月间的样本数据，从而得到相应的预测结果(见表 3—10)。

$$x_i = [\max(x_i) - \min(x_i)] \times X_i + \min(x_i) \tag{13}$$

表 3—10 　　　　　　　　　RBF 神经网络模型下各要素指标预测状况

指标名称	x_{11}	x_{14}	x_{15}	x_{22}	x_{31}	x_{41}	x_{42}
预测值	8.076	4.937	4.723	5.351	3.349	286.51	590 861.64
均方误差（%）	4.59	4.25	0.62	6.94	3.82	3.30	0.86

三、风险预警

针对 2015 年 12 月各要素指标的预测值，本文利用已建立的风险监测体系分别进行单指标风险预警和综合风险预警(见表 3—11)。根据单指标预警结果，除其他要素指标处于风险正常或更低状态外，股权型投资价格敏感度指标具有较高数值，反映出未来保险资金投资股权类金融资产的收益将面临较大波动。这一方面源于该公司将保险资金投资于股票、股票型基金等权益类资产的比重不断提升，另一方面也受目前国内资本市场震荡行情的影响。另外,从综合风险预警结果来看,由于股权型投资价格敏感度指标所占权重较低,并未对整体风险状况产生影响,下一时期保险资金运用风险预警信号为浅蓝色,表明整体风险偏低。

表 3—11 保险资金运用风险预警状况

指标名称	x_{11}	x_{14}	x_{15}	x_{22}	x_{31}	x_{41}	x_{42}
单指标预警	蓝	蓝	浅蓝	浅红	正常	浅蓝	蓝
综合预警	预警分值	$5\times0.198+5\times0.240+4\times0.112+2\times0.14+3\times0.073+$ $4\times0.07+5\times0.166=4.247$					
	风险状况	浅蓝(方法1)			浅蓝(方法2)		

注:红、浅红、绿、浅蓝、蓝分别对应风险极高、偏高、正常、偏低、极低。

第四节　保险资金运用风险监测预警对比分析

本文以中国人寿有关保险资金运用数据为样本,建立了对资金运用风险进行监测预警的模型与体系。从模型应用角度出发,本文以中国太平洋保险公司(简称"中国太保")保险资金运用指标集作为模型输入数据,并将模型输出结果与中国人寿进行对比研究。在选取要素指标时,通过对 2009 年 12 月至 2015 年 6 月期间中国太保 10 项数据指标进行聚类分析,筛选出 6 项代表性指标构成指标体系,如表 3—12 所示。

表 3—12 中国太保风险监测预警指标集及指标体系

类　别	指标集	指标体系
盈利水平	总投资收益率(y_{11})、固定收益类资产收益率(y_{12})、权益类资产收益率(y_{13})、汇兑损益比率(y_{14})	y_{12}、y_{13}、y_{14}
市场风险	市场利率敏感度(y_{21})、5 日权益价格风险价值[①](y_{22})、外汇汇率敏感度[②](y_{23})	y_{21}
流动性风险	1 年内综合流动比率(y_{31})	y_{31}
资本风险	偿付能力充足率(y_{41})、内含价值(y_{42})	y_{41}

注:①风险价值估计在正常市场条件假设下进行,并采用95%的置信区间。

②该敏感度是指人民币对美元和港币汇率变动 5%时,保险公司税前利润的波动比率。

资料来源:中国太平洋保险公司各年度、半年度财务报告。

在进行风险综合监测前,需运用统计学方法界定各单项指标的风险程度。从各时期单项指标风险监测结果来看,2011~2012 年间,受资本市场影响,该公司权益类资产收益状况较差,甚至出现亏损。从风险角度来看,所投资资产收益状况受利率波动影响较大,1年内资金流入覆盖资金流出的水平有待提升,存在较高的利率风险和流动性风险。2014年下半年以后,由于固定收益及权益类保险资产收益水平持续提升,各类风险暴露程度较小,偿付能力也相应有所改善,如表3—13所示。

表3—13　　　　　　　　　中国太保单项指标风险监测状况

时 间	y_{12}	y_{13}	y_{14}	y_{21}	y_{31}	y_{41}
2009年12月	绿	浅蓝	绿	绿	蓝	蓝
2010年6月	红	浅红	浅红	绿	浅蓝	蓝
2010年12月	绿	浅蓝	浅红	绿	浅蓝	浅蓝
2011年6月	红	浅红	绿	绿	浅红	绿
2011年12月	绿	浅红	绿	浅红	浅红	浅红
2012年6月	绿	浅红	浅蓝	浅红	浅红	浅红
2012年12月	绿	浅红	浅蓝	红	绿	绿
2013年6月	绿	绿	浅红	浅蓝	浅红	浅红
2013年12月	浅蓝	绿	红	浅蓝	绿	浅红
2014年6月	绿	绿	蓝	浅蓝	红	浅红
2014年12月	浅蓝	浅蓝	浅蓝	绿	浅蓝	浅红
2015年6月	浅蓝	蓝	浅蓝	浅蓝	绿	绿

注:红、浅红、绿、浅蓝、蓝分别对应风险极高、偏高、正常、偏低、极低。

以RBF神经网络模型为工具,借助前述指标预测方法及模型参数设定,可实现对2015年12月中国太保各要素指标数值的预测。基于此,结合主成分分析所得到的要素指标权重向量,可分别对中国太保下一时期保险资金运用所面临的风险进行预警(见表3—14)。具体来看,受证券市场运行状况发生变化、人民币汇率波动程度加剧等因素影响,2015年12月中国太平洋保险公司固定收益及权益类资产的收益水平将有所下滑,汇兑损失加大,并导致下一时期保险资金运用风险由"偏低"变为"正常",监测预警信号也相应由"浅蓝"变为"绿"。

表3—14　　　　　　2015年12月中国太保保险资金运用风险预警状况

要素指标	y_{12}	y_{13}	y_{14}	y_{21}	y_{31}	y_{41}
预测值	4.797	10.129	−1.929	1.655	2.199	289.382
预警信号	绿	浅蓝	浅红	浅蓝	绿	绿
指标权重(%)	17.05	27.79	10.45	9.52	21.69	13.50
监测预警指数(加权值)	3.269(绿)					

注:红、浅红、绿、浅蓝、蓝分别对应风险极高、偏高、正常、偏低、极低。

在完成对中国太保保险资金运用风险的监测预警后,可结合中国人寿风险监测指数,对两家保险公司在资金运用过程中面临的风险状况及其变化进行对比分析。由指标权重加权计算得到的监测指数反映了保险公司资金运用的总体风险水平,由图 3—5可以发现,2011～2012 年间,两家保险公司资金运用风险状况先后出现恶化。监测指数下降后,中国太保在扭转下降趋势上更为迅速及时,表现出较好的资金运用风险化解能力。2013 年后,两家保险公司总体风险逐步降低。从指数水平来看,中国人寿高于中国太保,表明前者资金运用的总体风险相对更低。从指数波动性来看,中国人寿相对更小,并在近两年内呈稳步上升趋势,体现出该公司更为有效的资金运用风险管理能力。

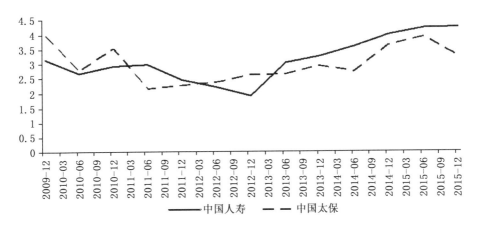

图 3—5　样本公司保险资金运用风险监测指数变化

第四章　总结与建议

第一节　风险监测预警模型设计总结

　　在保险资金运用渠道不断拓宽以及市场化程度逐步提升的背景下,加强对运用过程中所面临风险的监测和预警,对维护被保险人利益、促进保险业稳健发展具有重要意义。本文在充分认识保险资金运用各类风险的基础上,借助聚类分析、主成分分析、

RBF 神经网络模型等方法及模型,通过筛选最能反映保险资金运用风险的指标、构建风险监测体系以及预测未来时期指标数值,完成对样本公司保险资金运用所面临风险的评估及预警。基于该风险监测预警体系,保险公司及保险资产管理机构可以针对模型发出的预警信号,提前采取调整资产配置等应急措施予以应对,避免发生较大损失。

具体来看,在保险资金运用风险监测预警模型的构建中,本文从分析对象、分析方法等多个方面予以完善并有所突破。首先,在筛选具有代表性的样本指标时,本文从样本数据的统计特征出发,借助聚类分析、主成分分析等一系列数据挖掘方法探究风险监测预警指标集的有效信息及各指标间的相关结构。多种统计分析方法的运用有助于保证模型构建的科学性,为模型提供良好的监测预警效果奠定了坚实的基础。另外,以主成分分析法确定的要素指标权重向量随输入样本数据的变化而有所不同,反映了样本数据的独有特征,使该模型体系可广泛运用于其他保险机构。

其次,在构建风险监测体系时,本文以较为成熟的单指标风险监测为要素,通过设置不同的权重向量设计了两种风险界定方法,并将现有相关风险界定实践作为界定方法成功与否的判定依据。相比部分依靠主观经验划分风险程度的方法,本文所设计的风险界定方法有助于提高综合风险界定的客观性,并极大地改善保险资金运用风险监测预警的整体效果。

最后,在对要素指标进行预测时,充分利用 RBF 神经网络模型所具备的自适应能力、非线性分析等特点,使预测的精确程度得以提高。尤其是该模型具有的自适应的学习能力,针对不同指标的输入及期望输出,分别计算径向基函数中心值、扩展常数等参数的最优值,从而确定合理的拓扑结构,避免了多数传统模型单一、僵化的预测模式。

在取得以上成果的同时,本文也在一些方面存在着不足。从风险监测预警指标的充分性来看,由于数据可得性及部分类型风险难以量化等原因,指标集未能包含尽可能多的风险指标。对样本保险公司进行对比研究时,两家公司所选取指标也未保持完全一致。这直接限制了风险监测预警系统的运行效率,并对对比分析效果产生不利影响。对于操作风险、战略风险、声誉风险等风险,由于其风险性质,使得对这些风险的定量评估极为困难。另外,在信用风险的度量方面,由于保险资金所投资债券大多信用评级较高,信用风险主要集中在非标准化固定收益类金融资产,而这类资产的投资透明度较低,加大了信用风险的评估难度。但是,随着偿付能力监管体系的不断完善,保险资金运用的风险度量体系会持续健全,并推动风险监测预警的实践向前发展。比如,中国保监会于 2014 年 10 月发布《保险资产风险五级分类指引》,要求保险机构根据资产质量,将保险资产分为正常、关注、次级、可疑和损失五类,后三类合称为不良资产。随着保险资产风险分类制度的逐步实施,将逐步规范保险公司固定收益类资产的信用风险度量,并使风险监测预警指标体系得到有效补充。

此外,在对综合风险的风险等级进行划定时,两种临界值的计算方法所涉及的权重向量仅以现有相关研究的临界值设定作为验证依据,缺乏充分的内在逻辑作为支撑,对其界定风险的准确性也有待证实,需要在风险监测预警的不断实践中对权重向量进行调整,或者探索更为科学的风险界定方法。总之,随着保险业的不断发展以及保险资金运用市场化改革的不断深入,相应的风险监测预警也将积累越来越多的实践经验,并推动风险监测预警系统不断完善并走向成熟。

第二节 防范保险资金运用风险建议

保险资金运用的风险管理是指保险公司为维护保险公司的财务稳健和保障保险公司的偿付能力,对保险资金运用过程中的风险进行识别、评估、管理和控制。从定义来看,在系统发出预警信号后加强风险防范是保险资金运用风险管理的应有之义。一方面,保险公司应结合保险资金运用各类风险的特征,加强分类管理。比如,对市场风险,保险公司应加强对利率风险、汇率风险及金融市场波动风险的评估,建立有效的市场风险管理机制,实行市场风险限额管理;对信用风险,保险公司应跟踪分析持仓信用品种和交易对手,定期组织回测检验,实现信用风险的及时跟踪评估;对流动性风险,保险公司应根据保险业务特点和风险偏好,测试不同状况下可以承受的流动性风险水平和自身风险承受能力,制定流动性风险管理策略、政策和程序,防范流动性风险。[①]

另一方面,保险公司应以第二代偿付能力监管体系发布为契机,加强公司内部偿付能力管理。国际金融危机后,为适应保险业市场状况及外部环境所发生的重大变化,中国保监会在第一代偿付能力监管体系的基础上,提出第二代偿付能力监管体系(简称"偿二代")。偿二代建立了风险管理的激励机制,通过定期评估保险公司的风险管理能力,将风险管理能力与资本要求相挂钩,督促保险公司不断增强风险管理能力,进而提升保险业核心竞争力。具体来说,偿二代以风险监管为导向,要求保险公司在进行资产负债评估时,应适时、恰当地反映所面临的实际风险状况及变动,并对包含保险资金运用风险在内的各类风险提出最低资本监管要求,以保证保险公司的资本充足

---

① 中国保险监督管理委员会:《保险资金运用管理暂行办法》,2014。

性。2015年2月,保监会发布了中国风险导向偿付能力体系的17项监管规则。根据17项监管规则,对于市场风险、信用风险等能够量化的风险,保险公司应分别计量最低资本要求;对于操作风险、战略风险、声誉风险等难以量化的风险,保险公司应加强定性评估。此外,偿二代建立了市场约束机制,引导、促进并发挥市场相关利益人的力量,通过对外信息披露等手段,借助市场的约束力,加强对保险公司偿付能力的监管,进一步防范风险。

偿二代监管体系以定量资本要求、定性监管要求和市场约束机制为监管要素三支柱,有助于保险公司更加科学、准确地计量和防范各类风险。另外,偿付能力监管标准对资本的要求也能够覆盖保险资金运用面临的各类风险。因此,保险公司应在偿二代监管体系发布并逐步推行的新机遇下,通过加强公司内部偿付能力管理实现保险资金运用风险的有效防范。

参考文献

[1]陈成,宋建明. 保险资金不动产投资模式研究[J]. 保险研究,2009(10).

[2]陈秋玲,薛玉春,肖璐. 金融风险预警:评价指标、预警机制与实证研究[J]. 上海大学学报(社会科学版),2009(5).

[3]陈守东,杨莹,马辉. 中国金融风险预警研究[J]. 数量经济技术经济研究,2006(7).

[4]陈述云. 风险评级统计方法论研究[J]. 统计与决策,2003(4).

[5]陈文辉. 推进第二代偿付能力制度建设[J]. 中国金融,2013(9).

[6]陈文辉. 中国偿二代的制度框架和实施路径[J]. 中国金融,2015(5).

[7]迟国泰,冯雪,赵志宏. 商业银行经营风险预警模型及其实证研究[J]. 系统工程学报,2009(4).

[8]方炜,刘张君,谭震. 处置金融风险案例[M]. 北京:中国人民银行培训中心,2000.

[9]韩柯,王汇源. 基于主元分析和神经网络的人脸识别方法[J]. 山东大学学报:工学版,2004(2).

[10]马兰芳,刘金兰,杨军等. 人工神经网络在商业银行监测预警中的应用研究[J]. 管理工程学报,2002(2).

[11]缪建民. 我国保险资产管理行业的发展与展望[J]. 中国金融,2010(3).

[12]曲扬. 保险资金运用的国际比较与启示[J]. 保险研究,2008(6).

[13]沈世镒. 人工神经系统理论及其应用[M]. 北京:科学出版社,1998.

[14]田永青,杨斌,朱仲英. 基于RBF神经网络建立税务预测模型的研究[J]. 计算机工程,2002(5).

[15]王洪,陈秉正,刘超. 我国保险资金投资不动产的现状与问题[J]. 中国金融,2010(3).

[16]王新棣. 建设中国第二代偿付能力监管制度[J]. 中国金融,2012(13).

[17]王祖继. 新国十条开启保险业发展新纪元[J]. 中国金融,2014(17).

[18]吴国培,沈理明. 金融风险预警系统的构建[J]. 中国金融,2014(24).

[19]徐慧玲,许传华. 金融风险预警模型述评[J]. 经济学动态,2010(11).

[20]杨明生. 对保险资金运用与监管的思考[J]. 保险研究,2008(8).

[21]杨明生. 保险资金运用必须遵循稳健、安全性原则[J]. 中国金融,2010(21).

[22]杨明生. 保险资金运用新规的历史跨越[J]. 保险研究,2011(6).

[23]杨永恒,胡鞍钢,张宁. 基于主成分分析法的人类发展指数替代技术[J]. 经济研究,2005(7).

[24]尹中立. 股市缘何暴涨暴跌[J]. 中国金融,2015(16).

[25]余浩. 四位一体的信用评估法:浅析保险资金另类资产投资[J]. 金融市场研究,2014(10).

[26]张洪涛,王国良. 保险资金管理[M]. 北京:中国人民大学出版社,2005.

[27]张健. 保险资金运用全面风险管理——基于机制建设的角度[J]. 保险研究,2009(3).

[28]张立明. 人工神经网络的模型及其应用[M]. 上海:复旦大学出版社,1992.

[29]中国人民银行调查统计司课题组. 我国利率市场化的历史、现状与政策思考[J]. 中国金融,2011(15).

[30]中国银监会银行风险早期预警综合系统课题组. 单体银行风险预警体系的构建[J]. 金融研究,2009(3).

[31]Richard A. Johnson,Dean W. Wichern. 实用多元统计分析[M]. 陆璇,译. 北京:清华大学出版社,2001.

[32]Brockett Patrick L. ,Cooper William W. A Neural Network Method for Obtaining an Early Warning of Insurer Insolvency[J]. *Journal of Risk & Insurance*,Sep 94,Vol. 61,Issue 3.

[33]Dominic Barton,Roberto Newell,Gregory Wilson. An Early Warning System for Financial Crises[J]. *Mckinsey on Finance*,2003,Spring:1—7.

[34]Ranjana Sahajwala,Paul Van den Bergh. Supervisory Risk Assessment and Early Warning Systems[J]. *Basel Committee on Banking Supervision Working Papers*,2000,4(12):1—51.

(本文获"IAMAC2015 年度系列研究课题"优秀奖)